Cornelia Ortlieb / Patrick Ramponi / Jenny Willner (Hrsg.)

Das Tier als Medium und Obsession

Zur Politik des Wissens von Mensch und Tier um 1900

Cornelia Ortlieb, Patrick Ramponi, Jenny Willner
(Hrsg.)

Das Tier als Medium und Obsession

Zur Politik des Wissens von Mensch und Tier um 1900

Neofelis Verlag

Bibliografische Information der Deutschen Nationalbibliothek
Die Deutsche Nationalbibliothek verzeichnet diese Publikation in der Deutschen Nationalbibliografie; detaillierte bibliografische Daten sind im Internet über http://dnb.d-nb.de abrufbar.

www.neofelis-verlag.de

Umschlaggestaltung: Marija Skara
Druck: PRESSEL Digitaler Produktionsdruck, Remshalden
Gedruckt auf FSC-zertifiziertem Papier.
ISBN (Print): 978-3-943414-16-5
ISBN (PDF): 978-3-943414-33-2

Inhalt

Vorwort und Dank

Dieser Band geht auf einen zweitägigen Workshop am Institut für Allgemeine und Vergleichende Literaturwissenschaft der LMU München zurück, dessen Idee und Konzept in der Zusammenarbeit von Jenny Willner und Patrick Ramponi entwickelt wurde. Dank der großzügigen Förderung aus Exzellenzmitteln der LMU München und aus Fördergeldern der dortigen Zentralen Frauenbeauftragten konnten die Stelle einer Wissenschaftlichen Mitarbeiterin auf Zeit für sechs Monate, unter anderem zur Vorbereitung des Workshops und der Buchpublikation, die Durchführung der Arbeitstagung und schließlich diese Veröffentlichung finanziert werden. Für die großzügige und umfassende Unterstützung sei dem Präsidium der LMU München und Margit Weber vielmals gedankt. Elisabeth Dobringer danke ich für die allgegenwärtige Hilfe zur Organisation, Verwaltung und Betreuung des Projekts.

Danken möchte ich auch allen Vortragenden des Workshops, darunter besonders Roland Borgards für den Abendvortrag zum Auftakt der Veranstaltung. Kári Driscoll und Annette Keck sei zudem für die Überarbeitung und Erweiterung ihrer Vorträge zu den Beiträgen dieses Bandes gedankt. Sandra Fluhrer, Annika Kemmeter und Patricia Scheurle haben durch ihre Moderationen und Diskussionsbeiträge entscheidend zum Gelingen des Workshops beigetragen, auch Ihnen sei an dieser Stelle gedankt.

Über Hanna Engelmeiers, Sandra Fluhrers, Jacques Lezras, Werner Michlers und Elisabeth Strowicks Zusagen der Zusammenarbeit für das Buch haben wir uns sehr gefreut; ihnen möchte ich für die großzügige Überlassung ihrer unverzichtbaren Beiträge hier eigens danken, wie auch Barbara Natalie Nagel für ihre Übersetzung des

Beitrags von Jacques Lezra. Jasmin Pfeiffer danke ich für die vielfältige Unterstützung bei den kleinteiligen redaktionellen Arbeiten. Und nicht zuletzt gebührt ein besonderer Dank Frank Schlöffel und dem Neofelis Verlag für die Aufnahme des Bandes in das Programm und die perfekte Betreuung des Buches, seiner Autorinnen und Autoren und des Herausgeberteams.

München, Mai 2015, Cornelia Ortlieb

Nachdarwinistische Obsessionen

Eine Vorgeschichte der *Human-Animal-Studies*

Patrick Ramponi / Jenny Willner

> Wir wollen dich in unseren Tiergarten führen. / Du sollst das Tier sehen. Wie es ist. Aus Fleisch und Blut. Mit Lust und Weh. Mit Trieb und Macht. Mit Liebe und Haß. / Das Tier – nicht über dir und nicht unter dir, sondern neben dir und mit dir. / Das Tier – nicht mehr als du und nicht weniger als du, nur anders als du.[1]

> In den letzten Tagen hatte die Paarungslust der Tiere ihren höchsten Grad erreicht. In allen dunklen Ecken, im Wasser und in der Luft gatteten sich die verschiedensten Geschöpfe. Aus den Ställen drang ein Wiehern, Meckern und Grunzen. Ein Stier, durch den Anblick der Schlachtkühe wütend gemacht, hatte einen Metzger an die Wand zu Brei gequetscht.[2]

Die Tiere sind in der Akademie angekommen. Sie bevölkern schon seit geraumer Zeit die Seminare und Curricula der angloamerikanischen *Humanities*, nicht zuletzt weil nichtmenschliche Tiere als jüngste Kandidaten für das Subalterne, für das ‚signifikant Andere' entdeckt wurden und sich in der Nachfolge von Figuren wie ‚Arbeiter', ‚Frau', ‚Kolonisierte' und ‚Psychiatrisierte' als neuestes politisches Subjekt für den Katalog der Emanzipationsfiguren qualifiziert haben. Die Frage nach einem ethischen Umgang mit Tieren bewegt nicht nur die

1 Heinrich Zimmermann (Hrsg.): *Bruder Tier. Das Hausbuch der Tierfreunde.* Berlin: Mensch und Tier 1930, S. 5.

2 Alfred Kubin: *Die andere Seite. Ein phantastischer Roman.* München: Nymphenburger Verlagshandlung 1968, S. 189.

Feuilletons und die Bestsellerlisten,[3] sondern auch die Debatten um politische Repräsentation.[4] Sogar die deutschen Kulturwissenschaften, die einst angetreten waren, dasjenige zu verstehen, was durch den Menschen für den Menschen gestaltet wurde[5] und dafür den Namen ‚Kultur' reservierten, haben in den Tieren, die sie lange als bloßes Motiv behandelten, neue Agenten gefunden, deren materielle Präsenz die konstruktivistische Theorietradition nachhaltig zu erschüttern scheint.[6]

Längst geht es nicht mehr allein um tierische Fährten oder um die Semiotik animalischer Spuren, sondern um das weit mächtigere Phantasma einer intensiven Begegnung von menschlichem und nichtmenschlichem Tier. Was philosophisch und theoriepolitisch als Dekonstruktion der alteuropäischen „anthropologischen Differenz"[7] begann, hat sich mittlerweile in ein mannigfaltiges Aktionsfeld unterschiedlichster Performanzen einer sogenannten *Interspecies*-Kommunikation ausdifferenziert. Der vielleicht ambitionierteste und aufregendste Versuch ist bislang Donna Haraways Vorhaben, „neue *Praktiken*, andere Lebensformen" zu suchen, „in denen sich menschliche und nichtmenschliche Wesen zusammenfinden".[8] Aus dieser

3 Das lässt sich an der auffälligen Konjunktur von Sachbüchern und Streitschriften zeigen, die das Verhältnis von Mensch und Tier vor allem als Nahrungsfrage spätindustrieller Gesellschaften und als Ökologie der Haltung von Nutztieren problematisieren. Vgl. u. a. Karen Duve: *Anständig essen. Ein Selbstversuch.* München: Goldmann 2012; Hilal Sezgin: *Artgerecht ist nur die Freiheit. Eine Ethik für Tiere oder Warum wir umdenken müssen.* München: Beck 2014; Jonathan Safran Foer: *Tiere essen.* Frankfurt am Main: Fischer 2012; Melanie Joy: *Warum wir Hunde lieben, Schweine essen und Kühe anziehen. Karnismus – eine Einführung.* Münster: compassion media 2013.

4 Vgl. Sue Donaldson / Will Kymlicka: *Zoopolis. Eine politische Theorie der Tierrechte.* Berlin: Suhrkamp 2013.

5 Kanonisch ist die Annahme, die man als Vico-Axiom bezeichnen könnte, „dass menschliche Erkenntnis immer Selbsterkenntnis in dem Sinne ist, dass sie nur jenen Bereich beinhalten kann, der sich menschlicher Gestaltungskraft verdankt" (Silvia Serena Tschopp / Wolfgang E. J. Weber: *Grundfragen der Kulturgeschichte.* Darmstadt: WBG 2007, S. 64).

6 Für die methodischen Konsequenzen eines praxeologischen Verständnisses von Tieren als kulturell Handelnde vgl. Gesine Krüger / Aline Steinbrecher / Clemens Wischermann (Hrsg.): *Tiere und Geschichte: Konturen einer „Animate History".* Stuttgart: Steiner 2015.

7 Vgl. dazu Markus Wild: *Tierphilosophie zur Einführung.* Hamburg: Junius 2008, S. 27.

8 Donna Haraway: *Monströse Versprechen. Coyote-Geschichten zum Feminismus und zur Technowissenschaft.* Hamburg: Argument 1995, S. 103. Vgl. vor allem aber Donna J. Haraway: *When Species Meet.* Minneapolis / London: University of Minneapolis Press 2008.

antispeziezistischen Sichtweise an der Schnittstelle von Human- und Naturwissenschaften, Ökofeminismus und Technikaffinität, werden neue Aspekte der Verwandtschaft zwischen den Arten verhandelt: Das jahrtausendealte Bündnis von ‚Herr und Hund' wird als hierarchisches Verhältnis demontiert und dafür mit dem Hinweis auf eine gemeinsame Darmflora neu begründet.[9] Es stellt sich die Frage, was eigentlich anhand der nichtmenschlichen Tiere verhandelt wird, in Gesprächen mit ihnen und über sie. Was wird möglicherweise verschwiegen oder verdrängt, wenn die anthropologische Perspektive mit Blick aufs Animalische erweitert oder sie gar zugunsten eines nachhumanistischen Wissensparadigmas ganz aufgegeben wird?[10]

I. Das Tier als Medium und Obsession

Um die tieferen Gründe und Mechanismen der gegenwärtigen Konjunktur zu überblicken, dürfte es zu früh sein. Die aktuelle disziplinübergreifende Auseinandersetzung mit Tieren bietet allerdings den Anlass, sich kritisch mit einer ähnlichen und doch ganz anderen, historischen Konjunktur auseinanderzusetzen, die Thema des vorliegenden Bandes ist. In den Jahrzehnten nach der Erstveröffentlichung von Charles Darwins *On the Origin of Species* (1859) geriet das Mensch-Tier-Verhältnis verstärkt in den Sog nicht nur naturwissenschaftlicher, sondern auch politischer, esoterischer und poetischer Diskurse und Praktiken. Dieses Interesse ging einher mit der zunehmenden Bedeutung der Biologie als Wissenschaft des Lebens überhaupt. Dass die Phänomene in den kulturellen Kontaktzonen[11] zwischen Mensch und Tier um 1900 und diejenigen um 2000 eine Reihe analoger Strukturmuster aufweisen, ist bislang kaum kommentiert worden. Anlässe gäbe es jedoch genug: Wenn, wie in den vergangenen Jahren, von geisteswissenschaftlicher Seite aus dazu aufgerufen wird, methodologische Konsequenzen daraus zu ziehen, dass die (Neuro-)Biologie und

9 Donna Haraway: *The Companion Species Manifesto: Dogs, People, and Significant Otherness*. Chicago: Prickly Paradigm 2003, S. 32: „[H]uman gut tissue cannot develop normally without colonization by its bacterial flora. The diversity of earth's animal forms emerged in the oceans' salty bacterial soup. All stages of the life histories of evolving animals had to adapt to eager bacteria colonizing them inside and out."

10 Zum nachhumanistischen Wissensparadigma vgl. Cary Wolfe: Human, All Too Human: „Animal Studies" and the Humanities. In: *PMLA* 124,2 (2009), S. 564–575.

11 Im angloamerikanischen Raum hat man den genaueren Neologismus „naturalcultural contact zones" geprägt. Vgl. Haraway: *When species meet*, S. 7.

Bio-Genetik zum Wissensparadigma des 21. Jahrhunderts geworden seien,[12] gilt es zu bedenken, dass entsprechende Fragen das akademische und literarische Leben bereits um 1900 bewegten. Der Biologe und Philosoph Ernst Haeckel, der die Rezeption der Evolutionstheorie weit über den Bereich der Naturwissenschaften hinaus prägte, erklärte damals die Biologie zur Leitwissenschaft und proklamierte, dass sämtliche Erscheinungen sich auf physikalisch-chemische Prozesse reduzieren ließen.[13] Ganze literarische Strömungen wie beispielsweise der Naturalismus entstanden infolge dieses wissenschaftshistorischen Komplexes.[14]

Auch das gesteigerte Interesse für Mensch-Tier-Metamorphosen in der Literatur um 1900 lässt sich vor dem Hintergrund der Verbreitung evolutionsbiologischen Wissens begreifen: Der Gedanke an die animalische Vergangenheit des Menschen, so wurde unlängst wieder argumentiert, habe das Bedürfnis erzeugt, das Verhältnis zwischen menschlichen und nichtmenschlichen Organismen aus nachdarwinistischer Perspektive neu zu formulieren.[15] Die frühmoderne Verbreitung künstlerischer wie naturkundlicher ‚Tierstudien' erscheint demzufolge als Symptom einer anthropologischen Krise: ausgelöst durch die Konfrontation des Menschen mit allem, was ihn destabilisiert. So ist auch die Vorstellung einer Verbrüderung mit den Tieren – auf Kosten des geläufigen Menschenbildes – ein gängiger Topos

12 Vgl. etwa Martin G. Weiß: Die Auflösung der menschlichen Natur. In: Ders. (Hrsg.): *Bios und Zoe. Die menschliche Natur im Zeitalter ihrer technischen Reproduzierbarkeit.* Frankfurt am Main: Suhrkamp 2009, S. 34–54; Karl Eibl: *Kultur als Zwischenwelt. Eine evolutionsbiologische Perspektive.* Frankfurt am Main: Suhrkamp 2009. Für weitere Literaturhinweise und eine kritische Auseinandersetzung mit dieser Tendenz siehe den Beitrag von Elisabeth Strowick im vorliegenden Band. Aufschlussreich ist in diesem Kontext zudem Bernd Hüppauf: *Vom Frosch. Eine Kulturgeschichte zwischen Tierphilosophie und Ökologie.* Bielefeld: Transcript 2011, S. 21–30.

13 Eve-Marie Engels: Darwins Popularität in Deutschland des 19. Jahrhunderts: Die Herausbildung der Biologie als Leitwissenschaft. In: Achim Barsch / Peter Hejl (Hrsg.): *Menschenbilder. Zur Pluralisierung der Vorstellung menschlicher Natur (1850–1914).* Frankfurt am Main: Suhrkamp 2000, S. 91–145.

14 Bezeichnend hierfür ist der Titel des 1887 erschienenen Standardwerks naturalistischer Literaturtheorie, Wilhelm Bölsche: *Die naturwissenschaftlichen Grundlagen der Poesie. Prolegomena einer realistischen Ästhetik*, hrsg. v. Johannes J. Braakenburg. München: dtv 1976, S. 45–46.

15 Siehe Ursula Renner: „Jetzt aber war der Mensch auch ein Tier geworden". Verwandlungsgeschichten um 1900. In: *Hofmannsthal Jahrbuch zur europäischen Moderne* 19 (2011), S. 357–399.

sowohl der Zivilisationskritik der vorletzten Jahrhundertwende als auch der heutigen Zeit: „Jetzt aber war der Mensch auch ein Tier geworden",[16] konstatiert Hermann Bahr im Jahr 1909 auf die Verbreitung der Evolutionstheorie zurückblickend. „Früher war's eine Naturgeschichte, jetzt ist's unsere Familiengeschichte",[17] deshalb sei es endlich an der Zeit, „alle Brüder im Busch und alle Schwestern am Bach" auch wirklich kennenzulernen, „näher und anders als einst".[18] Auch der gegenwärtige Tierdiskurs scheut die Nähe zu seinem Gegenstand nicht, mitunter wird sie leiblich-emotional gedacht, etwa wenn eine zwischen Theoriepolitik, Performance und teilnehmender Ethologie angesiedelte Kommunikation mit Pferden in einem einschlägigen Aufsatztitel als „Liebesgeflüster" bezeichnet wird.[19]

Es liegt nahe, diese Grenzverwischungen mit der Infragestellung sowohl des humanistischen Paradigmas als auch der Vorstellung souveräner menschlicher Handlungsmacht in Verbindung zu bringen. Für uns ist vor allem der Gestus von Interesse, mit dem dieser Diskurs jeweils geführt wird, wenn also die Destabilisierung des Menschenbildes nicht etwa als Kränkung bedauert,[20] sondern – im Gegenteil – lyrisch überhöht oder als emanzipatorisch zelebriert wird. Wenn man die gegenwärtige Popularität posthumanistischer Positionen[21] hinsichtlich möglicher Strukturhomologien zur De-Subjektivierungsemphase um 1900 etwas genauer befragt, fällt bei allen Unterschieden genau dies als gemeinsamer Nenner auf: Das Ende des Anthropomorphismus wird emphatisch heraufbeschworen. Im Medium des

16 Hermann Bahr: Natur. In: Ders.: *Essays*. Leipzig: Insel 1912, S. 127–136, hier S. 128.

17 Ebd., S. 133.

18 Ebd., S. 131.

19 Vgl. Marion Mangelsdorf: ‚Liebesgeflüster' zwischen Menschen und Pferden? Möglichkeiten und Grenzen speziesüberschreitender Emotionalität. In: *Tierstudien* 3 (2013): Tierliebe, S. 114–126. Man beachte das Fragezeichen im Aufsatz-Titel und das durchaus kalkulierte Wortspiel von „Liebesgeflüster" und „Pferdeflüsterer".

20 Mit der Evolutionsbegeisterung, die Sigmund Freuds berühmte Behauptung von der Kränkung des menschlichen Selbstbildes durch Darwin (*Eine Schwierigkeit der Psychoanalyse*, 1917) zu relativieren scheint, befasst sich Werner Michler: *Darwinismus und Literatur. Naturwissenschaftliche und literarische Intelligenz in Österreich, 1869–1914*. Wien: Böhlau 1999, S. 103. Siehe hierzu den Beitrag von Jenny Willner im vorliegenden Band.

21 Vgl. Cary Wolfe: *What is Posthumanism?* Minneapolis: University of Minnesota Press 2009.

Tierdiskurses wird das als souverän gedachte menschliche Subjekt vom Sockel gestoßen, oft ohne jede Spur von Bedauern.

Es stellt sich allerdings die Frage, ob es dabei jemals wirklich um das Nichtmenschliche geht, oder ob sich der Tierdiskurs nicht vielmehr im Rahmen einer Tendenz verselbständigt, bei der – allen Beteuerungen zum Trotz – das Menschliche dem Nichtmenschlichen gegenüber erst recht in den Vordergrund drängt. Betrachtet man die Hinwendung zum Tier als Element menschlicher Selbstinszenierung, verlangen Konjunkturen wie diese nicht nur nach einer wissenschaftshistorischen, sondern zugleich nach einer sozialgeschichtlichen und psychohistorischen Herangehensweise. Lässt sich die überschwängliche Auseinandersetzung mit Mikroorganismen, Amphibien und ausgestorbenen Reptilien auf den Wunsch zurückführen, das Amorphe zu inkorporieren und dadurch zu bannen?[22] Spricht aus der monistischen Sehnsucht nach einer All-Einheit mit der Natur um 1900 der Wunsch nach Teilhabe an einer für natürlich befundenen Vitalität als Reaktion auf Industrialisierung und Technikmoderne? Und wie verhält sich dieser Komplex zu den aufkommenden Debatten und Praktiken der Züchtung und Eugenik?[23] Mit der Fantasie einer Verbrüderung mit den Tieren gegen die ‚degenerierte' Menschheit drängt sich nicht zuletzt die Frage nach dem Verhältnis von Tierliebe und Misanthropie auf.[24] Besonders einschlägig dafür ist die biozentrische Kulturtheorie des späten Friedrich Nietzsche, der

22 Vgl. auch den Beitrag von Annette Keck im vorliegenden Band.

23 Eine Extremform politischer Science Fiction bilden die Schriften von Jörg Lanz von Liebenfels, der in seiner *Theozoologie* die menschliche Gattung in zwei Rassen aufteilt: die Arier als Nachkommen biblischer Engel und die anderen, in seinen Augen ‚minderwertigen' Rassen als Produkt einer Kreuzung der biblischen Eva mit domestizierten Primaten. Arische Züchtungsfantasien gepaart mit Sterilisationsprogrammen der sog. Tiermenschen bilden hier den makabren Höhepunkt einer christlich-darwinistisch-esoterischen Kosmologie, die einiges antizipiert, was die NS-Eugenik später realisieren sollte. Vgl. Jörg Lanz von Liebenfels: *Die Theozoologie oder die Kunde von den Sodoms-Äfflingen und dem Götter-Elektron.* Wien / Leipzig / Budapest: Moderner Verlag 1905.

24 Vgl. die Beispiele bei Ursula Renner: „Jetzt aber war der Mensch auch ein Tier geworden", bspw. S. 367. – Eine besonders krasse Form menschenfeindlicher Tierliebe lässt sich im Nationalsozialismus finden. Vgl. kritisch dazu und zum gängigen medialen Faschismusvorwurf von Tierschutzhaltungen Andrea Heubach: „Hitler war Vegetarier". Über die Zuschreibung menschenfeindlicher Tierliebe. In: Chimaira – Arbeitskreis für Human-Animal-Studies (Hrsg.): *Tiere Bilder Ökonomien. Aktuelle Forschungsfragen in der Human-Animal-Studies.* Bielefeld: Transcript 2013, S. 213–239.

die Überwindung des Menschlichen zum Übermenschen gerade als Zoopolitik konzipiert: als Transfiguration hin zum Animalischen.[25] Auch wenn diese transfigurative Fluchtlinie bei Nietzsche dezidiert antiteleologisch gedacht wird, also gerade nicht als forcierte Entdeckung seiner selbst „als lebenden Schleim“,[26] bleibt auch Nietzsches Hingabe an die Welt tierischer Urahnen unterschwellig mit der Hybris verbunden, die Schranken des Menschseins über das ‚Medium Tier‘ gleichsam transzendieren zu wollen.

Medien. Dass wir uns im Titel für den Ausdruck ‚Tier als Medium‘ entschieden haben, hängt vorrangig mit der semantischen Vielfalt dieses Begriffs zusammen. Zunächst entspricht er dem Umstand, dass wir uns grundsätzlich mit dem Tier als textuell-medialem Phänomen befassen. Auch wer betont, dass Tiere im Text keineswegs eine lediglich metaphorische Funktion erfüllen, wird das Fell eines Texttiers nicht streicheln können. Wir schreiben literaturwissenschaftlich, also streng genommen nicht über Tiere, sondern über die diskursive Häufung von Tierrepräsentationen und -erwähnungen.[27] Gerade unter dieser Prämisse stellt sich allerdings die Frage danach, wie sich ein im Text genanntes Tier im Rahmen jener Dreierkonstellation verorten ließe, von der die lateinische Bedeutung des Begriffs ausgeht: Das Medium – lat. *medius* – ist das in der Mitte Befindliche, das gegenüber zwei weiteren Entitäten in eine Vermittlerfunktion tritt.[28] Wenn einem Tier im Text eine solche mediale Funktion zukommt, dann würde es gerade nicht auf ein reales, außertextuelles Tier (mit echtem Fell) verweisen, sondern auf etwas anderes. Von einer solchen vermittelnden Funktion kann etwa bei einem poetischen Verfahren die

25 Vgl. dazu Stephan Braun: *Nietzsche und die Tiere oder: Vom Wesen des Animalischen.* Würzburg: Königshausen & Neumann 2009, S. 37–39; Vanessa Lemm: *Nietzsche's Animal Philosophy. Culture, Politics, and the Animality oft he Human Being.* New York: Fordham University Press 2009, S. 16.

26 Friedrich Nietzsche: Vom Nutzen und Nachteil der Historie für das Leben. In: Ders.: *Sämtliche Werke. Kritische Studienausgabe*, hrsg. v. Giorgio Colli / Mazzino Montinari. Bd. 1. München: dtv 1980, S. 312–313.

27 Zur Fragwürdigkeit einer klaren Trennlinie zwischen ‚realen‘ und ‚medialen‘ Tieren siehe allerdings Stefan Zahlmann: Tiere und Medien. In: Krüger / Steinbrecher / Wischermann (Hrsg.): *Tiere und Geschichte*, S. 153–170, hier S. 153.

28 Karlheinz Barck / Martin Fontius / Dieter Schlenstedt et al. (Hrsg.): *Ästhetische Grundbegriffe. Historisches Wörterbuch in sieben Bänden.* Bd. 4: Medien–Populär. Studienausgabe. Stuttgart / Weimar: Metzler 2010, S. 1.

Rede sein, bei dem die ‚Tierkarte' gezogen wird, um zwischen Vorstellungen des Unsagbaren – etwa des Schmerzes – und der Ebene der Darstellung zu vermitteln. Besonders das sterbende, gequälte oder tote Tier ist mit dem Ideal verbunden, die abstrakte Sprache zugunsten ‚immanenter Immensität' zu überwinden.[29] Das Bild des Tieres lässt sich zudem als Vermittler zwischen verschiedenen Diskursebenen begreifen, etwa wenn mit der Figur des Affen um 1900 sowohl evolutionsbiologisches Wissen (‚äffische Vorfahren') als auch Originalitäts- und Plagiatsdiskurse (‚nachäffen') aufgerufen werden,[30] oder wenn ausgestorbene Lebewesen wie etwa der seit den Fossilienfunden der 1860er Jahre immens populäre Archaeopteryx im einzelnen Text als Denkfiguren fungieren, die sowohl zwischen Taxonomien (Vogel, Eidechse) als auch zwischen wissenschaftlichen Ordnungssystemen (Archäologie, Zoologie) vermitteln.[31]

Von solchen Überlegungen abgesehen wäre ein noch viel konkreteres Verständnis einer Medienfunktion des Tieres denkbar, etwa mit Blick auf die Brieftaube,[32] die als beflügelte Datenträgerin zu begreifen wäre. In der Tat wurde in den Medienwissenschaften bereits ausführlich thematisiert, dass Tiere in ihrer domestizierten Form schon früh als Transportmedien dienten. Prominent ist Paul Virilios kulturkritische „Dromologie" im Hinblick auf die Beschleunigungsfunktion von Pferden, Eseln, Dromedaren oder Elefanten in der Kulturgeschichte.[33] Dabei ist eine strukturelle Analogie zwischen zoologischen und medialen Dynamiken auch weit über den Transport- und Transferaspekt hinaus zu beobachten: Im Rahmen einer Mediengeschichte der Schwarmforschung wurde argumentiert, dass der politischen Metaphorologie kollektiver (Schwarm-)Intelligenz eine tieferliegende, mediale Operationsweise zugrunde liegt. Zwischen biologischen Prinzipien und informationstechnischen Verfahren

29 Siehe hierzu Kári Driscoll, dessen Beitrag im vorliegenden Band dieses Phänomen in Relation zur Sprachkrise um 1900 als poetisches Tieropfer diskutiert, das den Dualismus überwinden und tiefere Einsicht gewähren soll.

30 Siehe hierzu den Beitrag von Hanna Engelmeier im vorliegenden Band.

31 Dass die Denkfigur des Arachaeopteryx bei Wilhelm Jensen und Freud auf noch komplexere Weise im Rahmen einer Vermittlung zu begreifen ist, zeigt Jacques Lezra im vorliegenden Band.

32 Vgl. Zahlmann: Tiere und Medien, S. 156.

33 Vgl. Paul Virilio: *Der negative Horizont. Bewegung, Geschwindigkeit, Beschleunigung*. Frankfurt am Main: Fischer 1995, S. 40.

lässt sich nicht mehr klar unterscheiden, sodass Schwärme nicht bloß Zoo-Metaphern sind, sondern als Zootechnologien fungieren, „die längst das zoé, das unbeseelte tierische Leben mit der experimentellen Epistemologie der Computersimulation kombiniert“ haben.[34] Der in den technikaffinen Tierstudien geläufige Gestus, das Konzept des Menschen (insbesondere des Subjekts) im Bereich des Amorph-Animalischen seinem Ende zuzuführen, entspricht einem solchen Medienbegriff, der nach biotechnischen Adressierungen jenseits menschlicher Selbstwahrnehmung sucht. Genau diese posthumanistische Tendenz zeitigt ebenso latente wie verwegene und abgründige Parallelen zu jenen Entgrenzungsphantasien, mit denen um 1900 der Mensch im Medium des Animalischen verhandelt wurde.[35]

Der vorliegende Band nutzt den Medienbegriff, um einen Schritt zurückzugehen und Inszenierungen des Humanen, aber auch des Trans-Humanen über den Umweg des Animalischen zu analysieren. Für die Erforschung der konstitutiven Rolle des Medialen in ihrer Historizität liefert der *Brockhaus* des Jahres 1910 einen wesentlichen Hinweis, der allerdings unmittelbar vor Augen führt, wie gerade das Bemühen um begriffshistorische Verankerung häufig zu den schwindelerregendsten thematischen Verknüpfungen führt. Gleich als erster Verweis unter dem Lemma „Medium“ steht die Assoziation mit dem sog. „Tierischen Magnetismus“, der Vorstellung einer dem Elektromagnetismus analogen Kraft, die Franz Anton Mesmer im menschlichen Körper vermutete und die noch um 1900 von medizinischer und geisteswissenschaftlicher Bedeutung war.[36] Über die damit verbundene Hypnosemethode, das Mesmerisieren, ergibt sich die Verbindung zur spiritistischen Dimension des Medienbegriffs, womit gleich zwei zentrale Aspekte angesprochen sind, die sowohl die Animalität des Medialen als auch die Medialität des Animalischen berühren. Mit dem animalischen Magnetismus ist zunächst eine

34 Sebastian Vehlken: *Zootechnologien. Eine Mediengeschichte der Schwarmforschung*. Zürich: Diaphanes 2012, S. 19.

35 Inspirierend für diesen Zusammenhang sind auch die Arbeiten von Akira Mizuta Lippit: *Electric Animal. Toward a Rhetoric of Wildlife*. Minneapolis: University of Minnesota Press 2000. – Zur Wissens- und Mediengeschichte des Tiers vgl. grundlegend Anne von der Heiden / Joseph Vogl (Hrsg.): *Politische Zoologie*. Zürich: Diaphanes 2007.

36 Vgl. die Belegstellen bei Stefan Münker / Alexander Roesler: Vorwort. In: Dies. (Hrsg.): *Was ist ein Medium?* Frankfurt am Main: Suhrkamp 2008, S. 7–12, hier S. 8.

Medien- und Wissensgeschichte der Elektrizität impliziert, die das ganze 19. Jahrhundert prägt und ihren epistemischen Ausgangspunkt an Experimenten mit Fröschen nimmt: Dem Anatomen Luigi Galvani fiel auf, dass ein Froschschenkel, der mit einer Messerklinge in Berührung steht, immer dann zusammenzuckt, wenn bei einer in der Nähe stehenden Hochspannungsmaschine ein Funke überspringt. Die folgenreiche Auseinandersetzung zwischen Galvani und Alessandro Volta um die tierische Elektrizität lässt den Frosch und andere elektrische Tiere, etwa den Zitteraal, nicht nur als Versuchstiere zur experimentellen Erforschung einer unsichtbaren Ordnung des Elektrischen, sondern darüber hinaus als Präfigurationen technisch operierender elektrischer Medien erscheinen: „In den Froschschenkeln Galvanis zuckt also nicht, wie von naturphilosophischen Kreisen gerne behauptet, die Lebenskraft irgendeiner animalischen Elektrizität, sondern der Bauplan einer ersten Batterie."[37]
Über den Frosch lässt sich außerdem die Bioelektrizität von diversen anderen Tieren und schließlich die gesamte Welt elektrischer Ströme messen,[38] „[d]er Frosch als Medium",[39] so Stefan Rieger, ist ein regelrechtes Messgerät. Auch die sogenannten Froschwecker und Froschunterbrecher des Emil du Bois-Reymond sind Gerätschaften, die vom Mediencharakter des Frosches, aber auch – *ex negativo* – vom Menschen als Mängelwesen, zeugen, der mittels Bionik, also der technoiden Nachahmung von biologischen Fähigkeiten, die im Tierreich vorhanden sind, seine Medien konstruieren muss.[40] Dass diese Tiermedien in eminenter Weise in die Ordnung des anthropologischen Wissens eingreifen, führen Rieger und Benjamin Bühler in ihrem *Bestiarium des Wissens* aus:

37 Stefan Rieger: Der Frosch – Ein Medium? In: Münker / Roesler (Hrsg.): *Was ist ein Medium?*, S. 285–303, hier S. 295.

38 Ebd.

39 Stefan Rieger: Der Frosch als Medium. Vortrag im Rahmen der Ringvorlesung *Was waren Medien?*, Universität Wien, 18.04.2007. Als Audiodatei abrufbar unter http://homepage.univie.ac.at/claus.pias/aktuell/WasWarenMedien/09_Rrieger.mp3 (Zugriff am 15.03.2015).

40 Dasselbe gilt für die soziologischen Implikationen der Verhaltens- und Kommunikationsweisen von Tieren. Für die Entomologie hat dies Niels Werber beeindruckend rekonstruiert, indem er den Ameisenhaufen als diskursive und mediale Brutstätte einer neuen Soziologie ohne den Menschen analysiert. Vgl. Niels Werber: *Ameisenhaufen. Eine Faszinationsgeschichte.* Frankfurt am Main: Fischer 2013.

> Wissenschaftler sehen durch die Augen der Tiere auf den Menschen, und was sie sehen, sind Defizite und Mängel nicht des Tieres, sondern des Menschen. Die Krone der Schöpfung scheint in dieser Verkehrung als das Defizitär der Figur des Tieres. [...] Das Tier als evolutionäre Vorform des Menschen wird zur Maßgabe dessen, wohin der Mensch sich allererst noch zu entwickeln hat oder hätte – etwa im Sinne einer Evolution sozialer Einrichtungen und technischer Errungenschaften, von Medien und Apparaturen.[41]

Das Tier dient dem Menschen demnach als Vorbild im Rahmen einer Ergänzung und Optimierung seiner selbst mit Hilfe von Werkzeugen, Fahrzeugen und Kommunikationsmedien. Als Ziel angestrebter Entwicklung erscheinen Tiere nicht nur im Rahmen der Technologiegeschichte: Als spiritistische Medien – und das ist die zweite oben angesprochene Dimension – bergen sie zudem das Versprechen, die als beschränkt erkannte Wahrnehmung menschlicher Subjektivität und Rationalität in Bereiche auszudehnen, die ganz anderen Bewusstseinsregionen angehören. Hellsehende Tiere, Tier-Materialisierungen sowie animalische Geistermanifestationen waren in der Spiritismus-Mode des Fin-de-Siècle allgegenwärtig.[42]

Gerade als Medium der Transzendenz aber überschreitet das Tier den (mitunter folkloristischen) Bereich spiritistischer Séancen und betritt ein Feld, dessen politische Implikationen im beginnenden 20. Jahrhundert unübersehbar werden. Thomas Mann hat – durchaus angeregt durch parapsychologische Impulse – die Begegnung von Mensch und Kreatur als eine Grenzüberschreitung beschrieben, die auf Totalität abzielt: „Das Tierische transzendiert. Alle Transzendenz ist tierisch. Naturvertraute sinnliche Irritabilität überschreitet die Grenzen des eigentlich Sinnlichen und mündet ins Übersinnliche, Naturmystische ein."[43] Es ist naheliegend, diese im Tonfall eines Glaubensbekenntnisses formulierte Vorstellung einer naturmystisch verstandenen Totalität als Regressionsfantasie zu lesen. Damit greift Mann im Jahr 1921 eine Stimmung auf, die bereits Jahrzehnte davor prägend war

41 Benjamin Bühler / Stefan Rieger: *Ein Bestiarium des Wissens*. Frankfurt am Main: Suhrkamp 2006, S. 9.

42 Vgl. dazu Ernest Bozzano: *Les manifestations métapsychiques et les animaux*. Paris: Meyer 1926; Camille Flammarion: *Rätsel des Seelenlebens*, aus d. Frz. v. Gustav Meyrink. Stuttgart: Hoffmann 1909. – Näheres dazu im Beitrag von Patrick Ramponi in diesem Band.

43 Thomas Mann: Goethe und Tolstoi. In: Ders.: *Große kommentierte Frankfurter Ausgabe*, Bd. 15.1: Essays II, 1914–1926, hrsg. v. Hermann Kurzke. Frankfurt am Main: Fischer 2002, S. 809–936, hier S. 901.

und die sich besonders im psychophysischen Monismus durch das Bestreben charakterisieren lässt, das Tier rhetorisch als Fluchtpunkt einer Entgrenzung ‚nach unten' einzusetzen.[44] Das Tier als fluoreszierende Geistermanifestation steht also in einem unklaren, wenn auch nicht zu leugnenden Verhältnis zur Faszination für triefenden, organischen Urschlamm. Dabei geht gerade der Impuls einer Entgrenzung ‚nach unten' – und dies ist bereits um 1900 der Fall – häufig mit Fortschrittsfantasien einher. Spätestens wenn Gottfried Benn in seiner berüchtigten Akademie-Rede von 1932 Manns Formulierung einer tierischen Transzendenz im Rahmen seiner „aggressiv melancholischen Poetik"[45] wörtlich aufgreift, handelt es sich um eine signifikante Verschiebung. Sie macht eine (bio-)politische Funktion des Tiermediums augenfällig, die um 1900 noch weitestgehend latent geblieben war: „Wenn es nämlich noch eine Transzendenz gibt, muß sie tierisch sein, wenn es noch irgendwo eine Verankerung im Überindividuellen gibt, kann es nur im Organischen sein."[46] Der gegen die Regionen des ‚Hirns' gerichtete Regress auf die Stufe des Kreatürlichen wird von 1933 an einer Züchtungsideologie des In-Form-Bringens weichen, die aus eben jener antikulturellen Archaik tierhafter Triebhaftigkeit und Körperlichkeit ihre Legitimation bezieht.[47]

Wenn Benn der ‚Verhirnung' des Menschen durch die Verankerung im Organisch-Kreatürlichen ein Jahr vor dem Ende der Weimarer Republik entgegenwirken will, drängt sich der Eindruck auf, dass die Sehnsucht nach der Daseinsform menschlicher „Ur-ur-ahnen" als „Klümpchen Schlamm in einem warmen Moor"[48] womöglich vor allem dem Wunsch dient, sich in neuer Stärke wieder aus demselben zu erheben. Gerade diese Denkfigur – hinab in den Schlamm

44 Grundlegend hat diesen Diskurs aufgearbeitet Monika Fick: *Sinnenwelt und Weltenseele. Der psychophysische Monismus in der Literatur der Jahrhundertwende.* Tübingen: Niemeyer 1993.

45 Eckart Goebel: Jenseits *des Unbehagens: „Sublimierung" von Goethe bis Lacan.* Bielefeld: Transcript 2009, S. 184. Zum Verhältnis der Akademie-Rede Benns zu Manns Begriff einer tierischen Transzendenz vgl. ebd., S. 209–210.

46 Gottfried Benn: Akademie-Rede. In: Ders.: *Gesammelte Werke in 8 Bänden*, hrsg. v. Dieter Wellershoff, Bd. 4. München: dtv 1968, S. 995–1003, hier S. 1000.

47 Diese für Benn um 1930 charakteristische Paradoxie zwischen Biologie und Züchtung diskutiert Helmut Lethen: *Der Sound der Väter. Gottfried Benn und seine Zeit.* Berlin: Rowohlt 2006, S. 158–164.

48 Gottfried Benn: Gesänge. In: Ders.: *Gesammelte Werke in 8 Bänden*, hrsg. v. Dieter Wellershoff, Bd. 1. München: dtv 1975, S. 25.

und hinauf in die Zukunft – lässt sich weiter anhand der komplexen Überschneidung von Medialität und Animalität artikulieren: Das Sehnsuchtsbild einer vitalistischen Verbundenheit von Mensch und Tier ist mit der Hoffnung auf Erweiterung einer als mangelhaft empfundenen Menschlichkeit verbunden und verhält sich insofern strukturanalog zum vielleicht einflussreichsten Paradigma moderner Medientheorie. Von einer Diskursformation, bei denen Tiere der Erweiterung, Ergänzung und Entgrenzung des Menschlichen dienen, liegt nämlich die Vorstellung von Medien als Applikationen und Ausweitungen menschlicher Sinnesorgane nicht fern, wie sie Marshall McLuhan in den 1960er Jahren – vor dem Hintergrund des Siegeszugs der neuen elektronischen Medien – entwarf.[49] Bei McLuhan handelt es sich bekanntlich um (elektro-)technische Medien, die den Menschen erweitern, seinen Aktionsradius vergrößern und seine Bewegungen beschleunigen. Ihre Vorgeschichte ist allerdings – wie oben skizziert wurde – die Geschichte des Spiritismus, der Trance-Medien und der Tier-Medien. Genau genommen steht also das Tier, bislang unbemerkt, im Zentrum sogar der von McLuhan charakterisierten „narzisstisch[n] Zurichtung des Menschen, der von einer Abtrennung und Ausweitung seiner eigenen Person durch eine neue Form der Technik hypnotisiert wird".[50]

Einerseits wird also das Tier im Spiritismus wie in der Technologiegeschichte als Medium der Selbstoptimierung des Menschen eingesetzt. Andererseits wirft gerade das derart funktionalisierte Tier die Frage nach dem Verhältnis des Menschen zu seinen Medien erneut auf, denn es stellt sich die Frage, ob das ‚Tier als Medium' sich in die ihm zugewiesene Funktion fügt. Friedrich Kittler greift bei der Formulierung seiner berühmten Kritik der von McLuhan vertretenen, auf Erweiterung basierten „landläufige[n] Medientheorie"[51] auf die Morphologie einfachster Lebewesen zurück: Medien seien „keine Pseudopodien, die der Menschenkörper ausfahren würde",[52]

49 Marshall McLuhan: *Understanding Media. The Extensions of Men.* New York: McGraw-Hill 1964.

50 Erhard Schüttpelz: Mediumismus und moderne Medien. Die Prüfung des europäischen Medienbegriffs, in: *DVjs* 86,1 (2012), S. 119–144, hier S. 143.

51 Friedrich Kittler: Synergie von Mensch und Maschine. Ein Gespräch mit Florian Rötzer. In: *Kunstforum* 98 (Januar / Februar 1989), S. 108–117, hier S. 115.

52 Ebd., S. 114.

also keineswegs wie die Scheinfüße eines Einzellers strukturiert, jene beweglichen Plasmaumstülpungen, die sowohl der Nahrungsaufnahme als auch der Fortbewegung des Organismus dienen. Vielmehr seien es die Medien selbst, die in der jeweils historischen Konstellation das Wissen und Denken der Menschen erst formen. Gegen das fortschrittsoptimistische Bild gezielt eingesetzter Erweiterungen spricht Kittler deshalb den Medien eine „Logik der Eskalation"[53] zu. Wenn der Mensch, diesem Gedanken weiter folgend, nicht nur von seiner Mediennutzung hypnotisiert, sondern als Phantom seiner Medien agiert, und wenn Tiere konstitutiv für die Kommunikationsmedien um 1900 sind, dann wird der Mensch nicht nur in seiner Tierliebe, sondern zugleich im scheinbar entgegengesetzten Bereich seiner Technikaffinität passiv vom Bild des Animalischen gelenkt. Unverhofft finden wir uns also bei einer posthumanistischen Position wieder, die geeignet ist, die menschliche Fantasie der Erweiterung, der Unverletzbarkeit, vielleicht auch der Unsterblichkeit zu entlarven. Wenn das Subjekt nicht Herr im eigenen Hause ist, dann ist es auch nicht Herr über seine Medien und erst recht nicht über seine Haustiere und Tiermedien.

Obsession. Gerade als Medium und Platzhalter lässt sich das Tier auf keinen festen Platz verweisen, als Projektionsfläche sowie als Gegenstand von Abgrenzung und Leidenschaft entwickelt es vielmehr ein Eigenleben. Die Frage danach, ob die Leidenschaft für das Haustier mit der Inbesitznahme des Interessierten durch den Gegenstand seines Interesses einhergeht, hat uns zur Arbeitshypothese veranlasst, den Tierdiskurs um 1900 im Rahmen des Obsessiven zu denken. Was passiert, wenn Menschen Tiere betrachten und sich von ihnen betrachtet wähnen, wenn der Versuch, jeden Anthropozentrismus bei der Beschreibung dieses Blickwechsels zu vermeiden, erst recht in eine textuelle Belagerung des Tieres mündet? Die Etymologie des Begriffs ‚Obsession' führt direkt zur Szene der Gegenüberstellung mit offenem Ausgang: Das Wort leitet sich vom lateinischen *ob sedere* und *obsidere* her, es steht somit in Verbindung mit einem Bedeutungsfeld, das sich über ‚vor etwas sitzen' bis hin zu ‚besetzt halten', ‚blockieren' und ‚einschließen' erstreckt.[54]

53 Kittler: Synergie von Mensch und Maschine, S. 114.

54 Vgl. Ursula Hermann / Arno Matschiner: *Herkunftswörterbuch. Etymologie, Geschichte, Bedeutung.* Gütersloh: Bertelsmann Lexikon 1998, S. 433. Für den psychologischen

Eine der bemerkenswertesten Tierbegegnungen in der gegenwärtigen poststrukturalistischen Tiertheorie[55] ist sicherlich Jacques Derridas Anekdote über seine Katze, die ihn an einem konkreten (und realen) Morgen im Badezimmer insistierend anblickt und damit zum Auslöser einer seitenfüllenden Meditation über das Verhältnis von Tier, Name und Repräsentation wird: Die Katze kommt „als *dieses* unersetzliche Lebewesen, das eines Tages meinen Raum betrat, diesen Ort, an dem es mir begegnen, mich sehen (*voir*), ja sogar (*voire*) mich nackt sehen konnte."[56] Unschwer lässt sich hier eine Obsession ausmachen: Die wiederholte Wendung des „mich sehen" zeigt eine nachhaltige Berührung, ja Verstörtheit durch den ‚belagernden' Blick der Katze, die den Philosophen dazu bewegt, darüber nachzudenken, ob die Katze antwortet (*répond*) und was mit dem Ausdruck ‚hören'/‚antworten' (*répondre*) wiederum zu sagen wäre.[57] Dass Derridas Text vom Blick der Katze weiterhin heimgesucht wird (und womöglich nur dadurch als Text funktionieren kann), dürfte damit zusammenhängen, dass seine eigene Antwort auf das Antworten der Katze darin besteht, diese wiederum im Rahmen seiner dekonstruktiven Lektüre des westlichen Philosophiekanons zu belagern. Zwar reduziert er die Katze nicht auf eine ‚Katzenmetapher', wohl aber wird die Scham, die der nackte Philosoph vor dem Blick seines Haustiers verspürt, zur Metapher für die Scham der westlichen Metaphysik im Angesicht des Tiers.[58]

Gebrauch des Begriffs vgl. das Stichwort „Obsession" in Markus A. Wirtz (Hrsg.): *Dorsch - Lexikon der Psychologie*. 17. überarb. Aufl. Bern: Huber 2014, S. 1187.

55 Zum Begriff vgl. Roland Borgards: Tierphilosophie, Tiertheorie und teleosemantische Differenz. In: *Erwägen – Wissen – Ethik* 23,1 (2012) 1, S. 41–44.

56 Jacques Derrida: *Das Tier, das ich also bin*, aus d. Frz. v. Markus Sedlaczek. Wien: Passagen 2006, S. 28.

57 Ebd., S. 26–28.

58 Vgl. Haraway: *When Species Meet*, S. 23. Donna Haraway zufolge bleibt Derrida insofern trotz aller Verdienste einer Dekonstruktion des Kollektivsingulars Tier in einer anthropozentrischen Matrix befangen: Die Hauskatze antwortet, der Philosoph antwortet allerdings nicht zurück, er lässt sich auf keine gemeinsame Begegnung („other-worlding") mit der Katze ein, bei der beide als Akteure jenseits des Textes operieren würden. Derrida verpasse in der Sorge um seine Nacktheit den entscheidenden Moment, die entscheidende „Einladung", sich auf das Risiko eines „intersecting gaze" mit seinem „companion species" einzulassen (ebd., S. 21). „Actually to respond to the cat's response to his presence would have required his joining that flawed but rich philosophical canon to the risky project of asking what this cat on this morning cared about, what these bodily postures and visual entanglements might mean and might invite, […] and delving into the developing knowledges of

Bezeichnenderweise zitiert Derrida hier bevorzugt Schriftsteller aus dem Zeitraum um 1900: Lewis Carroll, Rainer Maria Rilke und Martin Buber.[59] Seine Reflexion über den speziesübergreifenden Blickwechsel im Badezimmer ist für unseren Kontext deshalb relevant, weil sie sich vor dem Hintergrund eines höchst einflussreichen Beziehungsnarrativs von Mensch und Haustier entfaltet, das im ausgehenden 19. Jahrhundert mit nicht zuletzt literarischen Mitteln etabliert wurde. Kulturgeschichtlich handelt es sich beim Haustier als Heimtier – im Unterschied zum ahnenreicheren Nutztier – um eine recht junge Institution, die sich als Teil einer modernen Geschichte der Emotionen rekonstruieren lässt. Mit dem Stichwort ‚das Tier als Obsession um 1900' wollen wir einzelne Bekundungen dessen hinterfragen, was gemeinhin als ‚Tierliebe' bezeichnet wird. Seit der Hochphase bürgerlicher Kultur im ausgehenden 19. Jahrhundert haben Haustiere ihren festen Ort im Gefühlsregime bürgerlicher Intimität und Familiarität. Es lässt sich nachzeichnen, dass der Kontakt zum Haustier sowohl für die *éducation sentimentale*, also die Pädagogik des Empfindens und Fühlens im Kreis der (humanen) Familie, als auch für die Attestierung von Gefühlen an Tiere, die damit zugleich zu ‚höheren' Wesen aufgewertet wurden, prägend war. Zur Debatte steht die psychosoziale Dimension eines Phänomens, das sich nicht nur, aber besonders an Beschreibungen jener Lebewesen verdeutlicht, die wir als Haustiere gewohnt sind zu beschreiben.

Der genealogische Zusammenhang zwischen der bürgerlichen Gefühlskultivierung über die Haustierhaltung und der in der zweiten Hälfte des 19. Jahrhunderts entstehenden Tierschutzbewegung ist mittlerweile gut erforscht.[60] Nicht aber die sich gleichzeitig eröffnen-

both cat-cat and cat-human behavioral semiotics when species meet." (Ebd., S. 22.)

59 Vgl. Derrida: *Das Tier, das ich also bin*, S. 24–25.

60 Einen facettenreichen Aufriss über die emotionale Dimension der Mensch-Tier-Beziehung – vom Aufkommen der bürgerlichen Haustierhaltung im 18. und 19. Jahrhundert über die therapeutische Verwendung von Tieren bis hin zu gegenwärtigen, hoch kontroversen Auseinandersetzungen um Zoophilie und speziesübergreifender Sexualität – bietet das von Jessica Ullrich und Friedrich Weltzien herausgegebene Themenheft „Tierliebe" der Zeitschrift *Tierstudien* (3/2013), erschienen im Neofelis Verlag. Pascal Eitler hat ein „komplexes Dispositiv" nachgewiesen, das maßgeblich zu einer Emotionalisierung des Mensch-Tier-Verhältnisses führte und damit auch zur „Geburt des Tierschutzes aus dem Geist der Tierliebe" (Pascal Eitler: Tierliebe und Menschenführung. Eine genealogische Perspektive auf das 19. und 20. Jahrhundert. In: *Tierstudien* 3 (2013): Tierliebe, S. 40–48, hier S. 43.

den *Abgründe der Tierliebe*. Dabei weiß bereits die schöne Literatur des Biedermeier und Realismus um die libidinösen Energien sowie die schuld- und schamhaften Abhängigkeitsverhältnisse zwischen Menschen und ihren Haustieren.[61] Haustiere werden nicht selten emotional besetzt, indem sie in Zeiten gefühlter sozialer Entfremdung und Isolierung als Refugium von Nähe, Freundschaft und Geselligkeit fungieren – bis hin zur Funktion des Kindererersatzes oder des Ehepartners.[62] Dabei wurden besonders literarische Hunde häufig als „Zeichen- und Kompensationsfigur bürgerlicher Spaltungserfahrungen"[63] gedeutet. Thomas Manns Erzählung *Herr und Hund* (1918), gegen Ende des Ersten Weltkriegs verfasst und als „Eine Idylle" untertitelt, lässt sich vordergründig als harmlos-sentimentale, eskapistische Tiergeschichte interpretieren, und sicherlich erscheint hier der Hund als der bessere Mensch in einer skeptisch auf Distanz gehaltenen Außenwelt. Die neuere Forschung hat indessen auf den Subtext dieser durchweg erotisierten Mann-Hund-Symbiose verwiesen, die – ganz deutlich die Dialektik von Herr und Knecht aufgreifend – das patriarchale Drama um Männlichkeit, Zeugung, Autorschaft, Zucht, häuslicher Territorialität und Identität des Schriftsteller-Bürgers in ein Narrativ übersetzt, das mit sadomasochistischen Szenarien über Gehorchen, Strafen, Leiden, liebender Abhängigkeit und stark körperlicher Affektion operiert.[64] Hier führen die evolutionshistorisch inspirierten Fluchtlinien des Mensch-Tier-Verhältnisses direkt in die Abgründe sexueller Machtkonstellationen hinein. Ein Jahr später entwirft Franz Kafka in seinem berühmten *Brief an den Vater* (1919) eine ganze Psychopathologie der Demütigung über das Motiv hündischer Verhaltensweisen: Mit der Befehlsgewalt aufseiten des Vaters korrespondiert das Hund-Werden aufseiten des Sohnes.[65]

61 Vgl. dazu Daniela Strigl: Von Krambambuli bis Bambi. Tiere als literarische Protagonisten. In: Konrad Paul Liessmann (Hrsg.): *Tiere. Der Mensch und seine Natur.* Wien: Zsolnay 2013, S. 97–126.

62 Vgl. Helmut Brackert / Cora van Kleffens: *Von Hunden und Menschen. Geschichte einer Lebensgemeinschaft.* München: Beck 1989.

63 Dorothee Römhild: *„Belly'schen ist Trumpf". Poetische und andere Hunde im 19. Jahrhundert.* Bielefeld: Aisthesis 2005, S. 11.

64 Vgl. dazu u. a. Elizabeth Boa: Walking the Dog: Paths and Thickets in Thomas Mann's *Herr und Hund.* In: *Publications of the English Goethe Society* 80,2–3 (2011), S. 166–179.

65 Viele Tiergeschichten Kafkas verhandeln in der Intimbeziehung von Vater und

Die interdisziplinären Tierstudien der Gegenwart pflegen einen mitunter sehr expliziten Umgang mit der erotischen Komponente der Beziehung von Mensch und Nicht-Mensch. Besonders heftig wird gegenwärtig die Zoophilie diskutiert, also die affektiven, partnerschaftlichen und sexuellen Kontakte zwischen Menschen und Tieren.[66] Während ihre Gegner die Tierliebe in die Nähe der Päderastie und Pornographie[67] rücken und – analog zum Missbrauch von Kindern – auf den Opferstatus von Tieren verweisen, haben Kulturhistoriker die sexuellen Praktiken und Fantasien aufgezeigt, die Menschen, vor allem in agrarisch geprägten Gesellschaften, seit Urzeiten und überall auf der Welt unterhielten.[68] Es kann hier nicht der Ort sein, um diese auch in den populären Medien ausgetragene Debatte umfassend wiederzugeben.[69] Für den vorliegenden Kontext ist allerdings von Interesse, wie der Liebesbegriff zum Vehikel einer posthumanen Sichtweise wird: Das Wort ‚Liebe' bezeichne kein Phänomen, das sich „beschreiben lässt, indem man nur auf zwischenmenschliche Beziehungen blickt", sondern werde vielmehr auf eine divergente Bandbreite von Phänomenen bezogen, die „alle lebendigen Wesen miteinander teilen und uns alle miteinander verbinden."[70]

Das Interesse an einer solchen speziesübergreifenden (Liebes-)Verbindung steht in einem komplexen Verhältnis zu den Beschwörungen des erotischen Monismus um 1900, allen voran bei Wilhelm Bölsche: „[M]it all diesen Wesen, die du waren und doch nicht du vor Äonen der Zeit, hängst du zusammen durch die ungeheure Weltenkraft der

Hund/Sohn-Obsessionen der Abwendung von Schmutz, gepaart mit exzessivem Reinlichkeitsverhalten sowie drastischer, abjektaler Körperlichkeit. Vgl. dazu Cornelia Ortlieb: Kafkas Tiere. In: *Zeitschrift für deutsche Philologie* 126 (2007): Texte, Tiere, Spuren, S. 339–365, bes. S. 343–346.

66 Vgl. Andrea Beetz / Anthony L. Podberscek (Hrsg.): *Bestiality and Zoophilia. Sexual Relations with Animals*. West Lafayette: Purdue University Press 2005.

67 Vgl. die kritische Diskussion dazu bei Massimo Perinelli: Die Lust auf das Tier. Zoophilie, Film und der normative Reflex. In: *Tierstudien* 3 (2013): Tierliebe, S. 62–74, hier S. 72.

68 Vgl. dazu Gieri Bolliger / Antoine F. Goetschel: Sexualität mit Tieren (Zoophilie). Ein unerkanntes Tierschutzproblem. Stellungnahme für die Stiftung für das Tier im Recht, Bern / Zürich. http://www.tierimrecht.org/de/PDF_Files_gesammelt/Zoophilie-Studie1042005neue_fussnote.pdf (Zugriff am 01.03.2015).

69 Einen Überblick über die Bandbreite der Diskussion verschafft die Sammlung von Artikeln in der *taz*: http://www.taz.de/!t3219/ (Zugriff am 01.03.2015).

70 Jessica Ullrich / Friedrich Weltzien: Editorial. In: *Tierstudien* 3 (2013): Tierliebe, S. 7–9, hier S. 9.

Liebe, der Zeugung, des ewigen Gebärens und Werdens."[71] Nun liegt es auf der Hand, dass Bölsches zutiefst essentialistische Vorstellung einer monistischen All-Einheit der Natur im Zeichen einer Liebe als „Weltenkraft" wenig gemein hat mit dem aktuellen Nachdenken über nicht-normative Sexualitätsformen, wie sie in einer Traditionslinie mit Gender- und Queer Studies jüngst auch die interspezielle Liebe tangiert.[72] Genau diese Strömung der *Human-Animal-Studies* führt dennoch, auf verschlungenem Wege, zurück in die von uns gewählte Epoche: In den Debatten über interspezielle Sexualität wird die seit dem frühen 20. Jahrhundert bestehende disziplinäre Überschneidung zwischen Evolutionstheorie und Psychoanalyse wieder aufgegriffen. Schon Martin Heidegger hat diesen Zusammenhang deutlich gesehen und darauf aufmerksam gemacht, dass der „Biologismus" des 19. Jahrhunderts und die „Psychoanalyse" „eine ungeheuerliche Vermenschung ‚der Kreatur' und d. h. des Tieres, und eine entsprechende Vertierung des Menschen" zur Folge gehabt habe.[73]

In der Tat entwickelte Sigmund Freud seine Theorie der kindlichen Sexualität in expliziter Auseinandersetzung mit der Evolutionstheorie, insbesondere in Form ihrer Rezeption durch Haeckel und Bölsche, die das sogenannte biogenetische Grundgesetz propagierten.[74] Das „polymorph pervers[e]"[75] Kind, so Freud, wiederhole vormenschliche

71 Wilhelm Bölsche: *Das Liebesleben in der Natur. Eine Entwicklungsgeschichte der Liebe*, 3 Bde. Leipzig: Diederichs 1898–1903, hier Bd. 1, S. 6.

72 Es ist durchaus plausibel, eine Analogie zwischen den Animal Studies und den Gender Studies auszumachen, da beide primär als scheinbar natürlich angesehene Grenzziehungen hinterfragen und die epistemologische Kluft zwischen ‚Natur' und ‚Kultur' grundlegend aufkündigen. Vgl. dazu Hilal Sezgin: Animal Studies. Sollen die Geisteswissenschaften das Verhältnis zwischen Mensch und Tier erforschen? In: *Süddeutsche Zeitung*, 06.07.2011; Sabine Hastedt: Die Wirkungsmacht konstruierter Andersartigkeit – Strukturelle Analogien zwischen Mensch-Tier-Dualismus und Geschlechterbinarität. In: Chimaira (Hrsg.): *Human-Animal Studies*, S. 191–214.

73 Martin Heidegger: *Parmenides. Gesamtausgabe*, Bd. 54, hrsg. v. Manfred S. Frings. Frankfurt am Main: Klostermann 1992, zit. n. Martin G. Weiß: Mensch und Tier. Zur anthropologischen Differenz bei Martin Heidegger und Giorgio Agamben. In: Peter Dabrock / Ruth Denkhaus / Stephan Schaede (Hrsg.): *Gattung Mensch. Interdisziplinäre Perspektiven*. Tübingen: Mohr 2010, S. 83–100.

74 Zu Freuds Rezeption von Haeckel und Bölsche siehe Frank J. Sulloway: *Freud, Biologist of the Mind. Beyond the Psychoanalytical Legend*. New York: Basic Books 1979, S. 199, 258–264.

75 Sigmund Freud: 13. Vorlesung. Archaische Züge und Infantilismus des Traums. In: Ders.: *Studienausgabe*. hrsg. v. Alexander Mitscherlich / Angela Richards / James Strachey. Bd. 1: *Vorlesungen zur Einführung in die Psychoanalyse. Und neue Folge*. Frankfurt am Main: Fischer 1982, S. 204–216, hier S. 212.

evolutionshistorische Entwicklungsstadien: „Der Libidoentwicklung, möchte ich meinen, sieht man diese phylogenetische Herkunft [des Menschen] ohne weiteres an. [...] Man sieht bei den Tieren sozusagen alle Arten von Perversion zur Sexualorganisation erstarrt."[76] In der diskursiven Gemengelage von Psychoanalyse und Evolutionstheorie werden um 1900 wie in der Gegenwart innerfamiliäre und interspeziale Angelegenheiten vor allem anhand der Figur des Haustiers miteinander in Beziehung gesetzt. Aktuelle Ansätze heben unter Verweis auf Freuds *Totem und Tabu* hervor, dass Zoophobie, also die Angst vor Tieren, sich kulturell als Barriere gegenüber dem Inzest begreifen lässt. Dagegen wendet Marc Shell[77] in einem viel rezipierten Aufsatz über die wirkmächtige Institution des *pethood* ein, dass gerade der Zoophilie, insbesondere in ihrer Form der Haustierliebe, die Funktion einer Sublimierung von Inzest zukomme. Auf dem Terrain der Sexualität wird somit die Frage nach dem Familientier zu einer eminent politischen Frage nach generischen, d.h. sowohl biologisch als auch kulturell codierten Verwandtschaftsverhältnissen und Begehrensstrukturen: „In pethood only family pets are familial kin; only they are human kind"[78]. Im Familientier, das zugleich Tier/Kreatur und Familienmitglied ist und damit permanent die Demarkationslinie von Mensch und Tier überschreitet, werden, so Shell, die Grenzen von Zugehörigkeit und Nicht-Zugehörigkeit, von Noch-Menschlichem, Schon-Menschlichem und Nicht-mehr-Menschlichem verhandelt.[79]

Gerade die textuellen Wallungen von tierbezogenem Gefühl und Begehren lassen sich nicht zuletzt mit dem von John Berger konstatierten Effekt des Verschwindens ‚des Tieres' in der industriellen

76 Sigmund Freud: 22. Vorlesung. Gesichtspunkte der Entwicklung und der Regression. Ätiologie. In: Ebd., S. 333–349, hier S. 347.

77 Marc Shell: The Family Pet. In: *Representations* 15 (Sommer 1986), S. 121–153. – Zur Affektgeschichte des Haustiers vgl. auch Yi-Fu Tuan: *Dominance & Affection. The Making of Pets*. New Haven et al.: Yale University Press 1984.

78 Ebd., S. 126, vgl. auch ebd., S. 137: „Pets stand at the intersection of kin and kind" (im Sinne von Sippe, Verwandtschaft und Art, Gattung).

79 Spannend im Verhältnis hierzu ist das gegenläufige Bild vom Kind als durchlässige Stelle zwischen Mensch und Tier, wie diese Gedankenfigur jüngst am autobiographischen Schreiben bei James Joyce, Walter Benjamin und Vladimir Nabokov herausgearbeitet wurde, siehe Juliane Prade: *Sprachoffenheit. Mensch, Tier, Kind in der Autobiographie*. Würzburg: Königshausen & Neumann 2013.

Moderne in Verbindung bringen:[80] Sobald Menschen beginnen, Tiere im Intimbereich des Hauses zu halten, sie zu erziehen, artifiziell zu ernähren, zu pflegen und ihre Fortpflanzung zu kontrollieren,[81] liegt der Verdacht einer De-Animalisierung nahe, bei der die Haustiere vor allem Mimikry am Lebensstil ihrer Halter betreiben und insofern ‚als Tiere' verschwinden. Die Vorstellung einer solchen Degradierung durch Domestizierung operiert allerdings mit einer durchaus problematischen Leitdifferenz: zahm vs. wild. Statt dem Wunsch nach dem authentischen, wilden Tier nachzugehen, wie es einige Positionen in den *Animal Studies* nahelegen, wollen wir dafür plädieren, die Sorge um den Verbleib des wahrhaft Tierischen als diskursives Phänomen selbst zu historisieren.

Gilles Deleuze und Felix Guattari haben in einer Schlüsselstelle ihrer *Milles Plateaus* auf die ödipale Funktion von Haustieren verwiesen, nicht ohne einen Seitenhieb auf die klassische Psychoanalyse, die hinter jedem Heimtier ein „Bild von Papa, Mama oder einem kleinen Bruder"[82] entdecken wolle: „*alle, die Katzen oder Hunde lieben, sind Dummköpfe.*"[83] Haustiere laden in diesem polemisch gemeinten Sinne zu Regression und narzisstischer Selbstbespiegelung ein, sie zwingen uns, so Deleuze und Guattari, die gleichen Rollen und Identitäten auf wie die Erziehungsinstitute Schule, Familie und Staat. Ob ein häusliches Kleintier tatsächlich die Unterwerfung seines menschlichen Halters unter die ideologischen Staatsapparate derart determiniert, sei dahingestellt. Wir gehen jedoch sehr wohl davon aus, dass gerade der Diskurs der Tierliebe weniger einen lebensweltlichen Anlass für Tierstudien im engeren Sinne bietet als vielmehr für eine Auseinandersetzung mit pädagogischen Paradigmen sowie mit der Geschichte zwischenmenschlicher und politischer Institutionen und Machtkonstellationen.[84] Die Rolle, die Tiere in den modernen Aufschreibesyste-

80 Vgl. John Berger: Why look at Animals? In: Ders.: *About Looking.* New York: Pantheon 1980, S. 1–26, hier S. 19.

81 Vgl. dazu die zentrale Studie von Kathleen Kete: *The Beast in the Boudoir. Petkeeping in Nineteenth Century Paris.* Berkley / Los Angeles / London: University of California Press 1994.

82 Gilles Deleuze / Félix Guattari: *Kapitalismus und Schizophrenie 1. Tausend Plateaus.* Berlin: Merve 1992, S. 238.

83 Ebd.

84 Eine Lesart, die das Motiv des Kreatürlichen in der literarischen Moderne gerade nicht auf Tiere, sondern auf soziale und symbolische Ordnungen bezieht, entwickelt Eric Santner unter Rückgriff auf Walter Benjamin, Michel Foucault, Jacques

men und gouvernementalen Dispositiven spielen, ist in diesem Sinne noch kaum erforscht. Ein erster Zugang dazu wäre just in der Analyse jener Narrative auszuprobieren, in denen das Tier als Obsession des Menschen figuriert, denn eben dort entfalten sich kleine humanimalische Psychodramen: Hier werden Spannungs- und Machtverhältnisse ausagiert, die weit über das familiäre Szenario der Mensch-Haustier-Beziehung hinausgehen.

II. Human-Animal-Studies. Versuch einer Orientierung

Während wir uns bei der Arbeit am vorliegenden Band mit der Epoche um 1900 befassten, drängte sich immer wieder die Frage auf, ob nicht auch der gegenwärtige „animal turn"[85] im Bann einer postdarwinistischen Obsession steht, die sich im Zweifelsfall fortsetzt, indem wir sie zu analysieren trachten. Wenn das ‚Tier als Medium' einer Logik der Eskalation folgt, dann sind auch wir geformt und mitgerissen worden. Es gilt deshalb, in einem letzen Bogen dieser Einleitung, die Forschungslage sowie die methodischen Ansätze der literarischen Tierstudien zu streifen, nicht zuletzt um unser eigenes Bemühen um analytische Distanz inmitten eines diskursiven Wirbels als Teil ebendieses Geschehens charakterisieren zu können.

Während das Interesse am Tier sich in der deutschsprachigen Literaturwissenschaft lange Zeit in motivgeschichtlichen oder gattungstheoretischen Studien artikulierte, hat sich in den letzten Jahren ein sozial- und kulturwissenschaftliches Feld etabliert, das unter dem Begriff der *Human-Animal-Studies* sehr heterogene Forschungsansätze versammelt.[86] Im Zentrum dieser Auseinandersetzungen steht die

Lacan und Giorgio Agamben: „[H]uman beings are not just creatures among other creatures but are in some sense *more creaturely* than other creatures by virtue of an excess that is produced in the space of the political and that, paradoxically, accounts for their humanity." (Eric Santner: *On Creaturely Life. Rilke, Benjamin, Sebald.* Chicago / London: University of Chicago Press 2006, S. 26.)

85 Vgl. Kari Weil: A Report on the Animal Turn. In: *differences. A Journal of Feminist Cultural Studies* 21,2 (2010), S. 1–23. Weil stellt den sog. *animal turn* als Infragestellung gängiger linguistischer, epistemologischer und ethischer Matrizen dar.

86 Das Forschungsfeld ist im deutschsprachigen Raum gerade dabei, sich zu sortieren. Referenzdarstellungen liegen noch kaum vor. Vgl. aber Chimaira (Hrsg.): *Human-Animal Studies*; ders.: (Hrsg.): *Tiere, Bilder, Ökonomien. Aktuelle Forschungsfragen der Human-Animal Studies.* Bielefeld: Transcript 2013. Reingard Spannring et al. (Hrsg.): *Disziplinierte Tiere. Perspektiven der Human-Animal-Studies für die wissenschaftlichen Disziplinen.* Bielefeld: Transcript 2015, s. dort auch die Hinweise zur Institutionalisierung der

Infragestellung der epistemologischen Differenz zwischen Mensch und Tier sowie die dadurch ausgelösten theoriepolitischen Implikationen für die einzelnen geistes- und kulturwissenschaftlichen Disziplinen. Die Gegenüberstellung von Mensch und Tier – das hat die Kulturgeschichte[87] gezeigt – ist ein historisch relativ junges Phänomen und nicht zuletzt ein Produkt der modernen Aufklärung: Noch in der Renaissance wurden immer wieder Symmetrien zwischen Menschen und Tieren kulturell geltend gemacht, von der Funktion der Tiere als Menschenbegleiter in der Antike bis zu den zahlreichen Mischwesen in Sagen und Populärkultur des Mittelalters. Dagegen impliziert die Aufklärungsteleologie, dass Menschen verbesserte, von allen animalischen Defekten gereinigte Tiere sind, während ihre (romantischen) Gegendiskurse die binäre Aufteilung aufrecht halten, indem sie in der tierischen Natur die vorzivilisatorischen und damit reineren und besseren Ursprünge des Menschseins vermuten. Erst das Aufkommen des Maschinenzeitalters hat die Nutztiere weitestgehend aus dem menschlichen Alltag verdrängt.[88] Im Einklang mit dieser materiellen Umwälzung im Verhältnis von Mensch und Tier arbeitet die Philosophie der Neuzeit an einem Subjektbegriff, der sich gerade über die theoretische Separation von Mensch und Tier

Human-Animal Studies in Deutschland. – Aus der Perspektive der Geschichtswissenschaften vgl. den Überblick bei Mieke Roscher: Human-Animal Studies: In: *Docupedia-Zeitgeschichte. Begriffen, Methoden und Debatten der zeithistorischen Forschung.* http://docupedia.de/docupedia/images/2/2b/Human-Animal_Studies.pdf (Zugriff am 20.8.2014); André Krebber / Mieke Roscher: Editorial. In: *Werkstatt Geschichte* 56 (2011): Tiere; Krüger / Steinbrecher / Wischermann (Hrsg.): *Tiere und Geschichte* – Für die deutschsprachige Literaturwissenschaft sind die Forschungen von Roland Borgards einschlägig sowie das von seinem Würzburger Lehrstuhl aus initiierte Nachwuchsforschernetzwerk CLAS (*Cultural and Literary Animal Studies*). Vgl. grundlegend Roland Borgards: Tiere in der Literatur. Eine methodische Standortbestimmung. In: Herwig Grimm / Carola Otterstedt (Hrsg.): *Das Tier an sich? Disziplinenübegreifende Perspektiven für neue Wege im wissenschaftsbasierten Tierschutz.* Göttingen: Vandenhoeck & Ruprecht 2012, S. 87–118. Die erste Bestandsaufnahme einer literarischen Tierforschung jenseits der Motivforschung liefert auch der von Norbert Otto Eke / Eva Geulen herausgegebene Sonderband der *Zeitschrift für deutsche Philologie* 126 (2007): Texte, Tiere, Spuren.

87 Vgl. etwa Christian Kassung / Jasmin Mersmann / Olaf B. Rader (Hrsg.): *Zoologicon. Ein kulturhistorisches Wörterbuch der Tiere.* München: Fink 2012.

88 So lautet das Argument bei John Berger, das natürlich in dieser Pauschalität zu Revisionen provoziert hat, vgl. Berger: Why Look at Animals, S. 19. Vgl. auch Thomas Macho: Tiere, Menschen, Maschinen. Für einen inklusiven Humanismus. In: Konrad Liessmann (Hrsg.): *Tiere*, S. 153–171, hier S. 170.

konstituiert – darauf haben zahlreiche Beiträge in den letzten Jahren hingewiesen.[89] Erst vor dem Hintergrund der im ersten Teil dieser Einleitung skizzierten Durchsetzung evolutionsbiologischer Annahmen im ausgehenden 19. Jahrhundert und dann – in einem zweiten Schub – durch die Genforschung, Verhaltensbiologie und neuronalen Kognitionswissenschaften des ausgehenden 20. Jahrhunderts befinden sich die Grenzziehungen zwischen Mensch und Tier – zumindest in den Naturwissenschaften – in rasanter Auflösung.[90]

In den Geisteswissenschaften wurde die interdisziplinäre Auseinandersetzung mit ‚dem Tier' besonders durch die angloamerikanischen Debatten um Tierrechte angeregt, die von Anfang an eng mit der politischen Arbeit von Tierschutzaktivisten verwoben war. Während diese Debatte zunächst moralphilosophisch geführt wurde, traten jüngst verstärkt auch epistemologische und umweltwissenschaftliche, bzw. ökologische und biogenetische Perspektiven dazu.[91] Es besteht inzwischen ein breiter kulturwissenschaftlicher Konsens darüber, dass Tiere nicht nur ikonologisch und semiotisch als Zeichen im ‚Text der Kultur' zu lesen sind, sondern dass ganz basal von einer gemeinsamen Geschichte (einer *shared history*) von Mensch und Tier

89 Am prominentesten ist die Theoriefigur der „anthropologischen Maschine" des italienischen Philosophen Giorgio Agamben, die das anthropologische Differenzschema an politische Mechanismen der Produktion des Mensch-Seins rückbindet. Denn die Besonderheiten des Menschlichen wurden seit der Antike nicht nur systematisch über die Abgrenzung vom Tier definiert und, je nach Lage, mal als defizitär (Mensch als instinktberaubtes Mängelwesen) und mal als superioristisch (Mensch als Tier + x) betrachtet, sondern das Ausgeschlossene sucht das Menschliche gleichsam immer wieder heim. Denn die Austreibung des Tierischen aus dem Menschlichen, so die These Agambens, komme niemals ohne ein gegenläufiges Programm aus: die Animalisierung des Menschen. In einer „Zone der Unbestimmtheit" trete das Tierische mithin wieder auf den Plan und werde, als ginge ein Riss durch das menschliche Wesen selbst, zum Gegenstand des biopolitischen Ausschlusses. Vgl. Giorgio Agamben: *Das Offene. Der Mensch und das Tier.* Frankfurt am Main: Suhrkamp 2002, S. 48.

90 Nicht ohne Konsequenzen für die Geisteswissenschaften. Vgl. etwa Roland Borgards / Maximilian Bergengruen / Johannes Lehmann (Hrsg.): *Die biologische Vorgeschichte des Menschen. Zu einem Schnittpunkt von Erzählordnung und Wissensordnung.* Freiburg: Rombach 2012.

91 Wichtige Positionen versammeln die Bände von Friederike Schmitz (Hrsg.): *Tierethik. Grundlagentexte.* Berlin: Suhrkamp 2014; Cora Diamond / Christoph Ammann (Hrsg.): *Menschen, Tiere und Begriffe. Aufsätze zur Moralphilosophie.* Berlin: Suhrkamp 2012; Ursula Wolf (Hrsg.): *Texte zur Tierethik.* Stuttgart: Reclam 2008. Vgl. auch Sue Donaldson / Will Kymlicka: *Zoopolis. Eine politische Theorie der Tierrechte.* Berlin: Suhrkamp 2013. Vgl. auch H. Peter Steeves (Hrsg.): *Animal Others. On Ethics, Ontology, and Animal Life.* Albany: State University of New York Press 1999.

gesprochen werden muss, in dessen Rahmen auch Tiere als Akteure zu verstehen sind und insofern Handlungsmacht (*agency*) besitzen. In der historisch arbeitenden Kulturwissenschaft geht es unter anderem darum, wie menschliche Tätigkeiten – Städtebau, Landwirtschaft oder Kriegsführung beispielsweise – sich stets auch reaktiv in Verhältnis zu spezifischen Tieren verhalten. So entfaltet sich ein Begriff von Handlungsmacht jenseits menschlicher Handlungssouveränität in einer dynamischen Wechselbeziehung aus menschlichen und nichtmenschlichen Akteuren im Sinne der Akteur-Netzwerk-Theorie von Bruno Latour oder den Soziologien der Assoziationen, wie sie von Michel Serres bis Manuel DeLanda vertreten werden. Die Präsenz des Tieres in den Kulturwissenschaften offenbart somit deutliche Parallelen zur jüngsten Wiederentdeckung der Dinge und Materialitäten, deren *agency* die Rede von der ‚Kultur als Text' in Frage stellen.[92] Gerade für die Literaturwissenschaften stellt diese praxeologische Prämisse eine nicht geringe Herausforderung dar, auf die weiter unten zurückzukommen ist.

Die *Human-Animal-Studies*, wie sie sich in den USA mittlerweile als festes Forschungsparadigma institutionalisiert haben, bewegen sich bewusst an der Grenze zwischen Natur und Kultur und richten ihre Aufmerksamkeit auf nichtmenschliche Tiere mit der kritischen Intention, kultur- und sozialwissenschaftlich aufzuzeigen, wie Tiere missverstanden, marginalisiert und ausgebeutet werden.[93] Dabei greifen sie vor allem auf Ansätze der feministischen Wissenschaftskritik sowie der Gender- und Queer-Studies zurück. Bewegten sich diese ethisch und politisch gefärbten Forschungen der 1990er Jahre meist noch in einem humanistisch-liberalen Rahmen,[94] zielen die jüngsten Impulse der *Animal Studies* indessen auf eine posthumane Ausweitung des Forschungsfeldes hin.

92 Vgl. zum praxeologischen Ansatz grundlegend Krüger / Steinbrecher/ Wischermann (Hrsg.): *Tiere und Geschichte*, S. 13, 31.

93 Einen guten Überblick über den Forschungsstand bietet Margo DeMello: *Animals and Society: An Introduction to Human-Animal-Studies*. New York: Columbia University Press 2012.

94 Darauf verweist Cary Wolfe: ‚Animal Studies', Disziplinarität und die (Post-) Humanities. In: *Zeitschrift für Medien- und Kulturforschung* 1 (2013), S. 149–169. – An der Schwelle zwischen ethischen und literarisch-ästhetischen Zugriffen auf die Mensch-Tier-Frage bewegt sich das ebenso einflussreiche wie anregende Buch von J. M. Coetzee: *The Lives of Animals*. Princeton / New Jersey: Princeton University Press 1999.

Dem programmatischen Eifer und der politischen Verve, mit der nicht wenige Positionen im angloamerikanischen Raum vorgetragen werden – von radikaler Tierbefreiung, Veganismus, antikapitalistischer Kritik an der Nahrungsindustrie, Intersektionalität, über Formen der speziesübergreifenden Sexualität –[95] steht eine gewisse methodische Nüchternheit in den jüngsten deutschsprachigen Versuchen gegenüber, die *Animal Studies* durch konsequente Historisierung akademisch fruchtbar zu machen.[96] Roland Borgards, der maßgeblich dieses Forschungsfeld für die deutsche Literatur- und Kulturwissenschaft bearbeitet und bereitet hat, weist auf zwei methodische Positionen hin, die gegenwärtig für die literaturwissenschaftliche Tier-Forschung relevant sind: Zum einen eine wissensgeschichtliche Perspektive,[97] die literarische und im engeren Sinne (natur-)wissenschaftliche Diskursformen in einem gemeinsamen Analysefeld betrachtet und daran interessiert ist, wie sich das Wissen um das Tier in jeweils unterschiedlichen Diskursen, aber auch in kulturhistorisch relevanten Dispositiven historisch spezifisch entfaltet hat – von der Menagerie über das Tierexperiment bis zum modernen Zoo. Diese an der Formierung von kulturellem Wissen interessierte Fragerichtung legt den Schwerpunkt auf die Anteile des spezifisch Literarischen am Wissen über das Tier und plädiert dafür, die Geschichte der neuzeitlichen Zoologie als die „Geschichte einer Reihe von vergeblichen Reinigungsversuchen“[98] zu lesen. Denn die modernen Neukonzeptionen der Zoologie – von Georges-Louis Leclerc de Buffon bis Charles Darwin – erweisen sich gerade dort, wo sie den

95 Vgl. Etwa Nik Taylor / Richard Twine (Hrsg.): *The Rise of Critical Animal Studies: From the Margins to the Centre.* Abingdon / New York: Routledge 2014; Anthony Nocella (Hrsg.): *Defining Critical Animal Studies. An Intersectional Social Justice Approach for Liberation.* New York et al: Lang 2014; Dawne McCance: *Critical Animal Studies. An Introduction.* New York: State University of New York Press 2013.

96 Sie können an ähnlich profilierte Studien anschließen, die die Frage nach der textuellen und bildlichen Repräsentation von Tieren durch die Rekonstruktion ihrer kulturellen Bedingungen angehen und zum Beispiel nach den kulturellen Raumordnungen oder Institutionen fragen, in denen sich das Wissen über das Tier jeweils konstituiert und sedimentiert. Wichtig für diese Forschungsrichtung ist Nigel Rothfels (Hrsg.): *Representing Animals.* Bloomington / Indianapolois: Indiana University Press 2002.

97 Vgl. dazu den Überblicksartikel von Roland Borgards: Zoologie. In: Ders. et al. (Hrsg.): *Literatur und Wissen. Ein interdisziplinäres Handbuch.* Stuttgart / Weimar: Metzler 2013, S. 161–167.

98 Vgl. ebd., S. 165.

epistemischen Anspruch auf Wissenschaftlichkeit formulieren, als immer schon vom Literarischen eingeholt. Es sind insbesondere die narrativen Dimensionen von Darwins evolutionistischem ‚Plot', die ästhetischen Verfahren der evolutionsgeschichtlichen Textur, die die wissenschaftstheoretisch informierte Literatur in den letzten Jahren interessiert hat.[99]

Die zweite methodische Position betrifft die Literaturgeschichte der Tiere, die insofern neu geschrieben werden müsse, als Literatur niemals die Haltungen von Menschen zu Tieren rein abbildet, sondern sie auch aktiv mitformt und gestaltet. „In diesem Sinne gehören literarische Texte zu den biologischen Existenzbedingungen der Tiere", schreibt Roland Borgards.[100] Diese Schlussfolgerung legt sicherlich die Reichweite von schöner Literatur sehr großzügig aus. Es ist jedoch durchaus plausibel anzunehmen, dass die Kontaktzone zwischen Mensch und Tier, spätestens seit dem Beginn der Domestizierung von Nutztieren, ein eminenter Ort der Herausbildung von kulturellen Mustern war. Nicht erst die jüngste neurowissenschaftlich inspirierte Linguistik,[101] sondern bereits das für die Romantik hoch einflussreiche Sprachdenken Johann Gottfried Herders verweist auf die ahumane Emergenz von Sprache und Bewusstseinsformen in Prozessen der Interaktion zwischen Menschen, Tieren und materiellen Umwelten. Bei aller Betonung der Mensch Tier-Differenz ging Herder vom Tierlaut als Auslöser der menschlichen Sprachentwicklung aus: „Ha!

99 Gillian Beer: *Darwin's Plots. Evolutionary Narrative in Darwin, George Eliot and Nineteenth Century Fiction* [1983]. Cambridge: Cambridge University Press 2009; Virginia Richter: *Literature after Darwin. Human Beasts in Western Fiction.* Basingstoke: Palgrave Macmillan 2011.

100 Borgards: Zoologie, S. 167. – Borgards plädiert folglich für eine „historisch umfassende[] und systematisch integrative[] Geschichte des Verhältnisses von Literatur und Zoologie", denn: „Die Zoologie (in die literarische Elemente inkorporiert sind) und die Literatur (in die zoologische Elemente inkorporiert sind) bilden einen gemeinsamen Raum mit gemeinsamen Fragefeldern und gemeinsamem Formproblemen" (ebd., S. 166). Weiterhin spricht er von zwei Einsatzpunkten der Literatur auf dem Feld des Zoologischen nach 1900: Ethologie (Affenexperimente W. Köhlers auf Teneriffa 1912–1921) und Biotechnologie (Stichwort: Machbarkeit des Tieres), während vorher, im 19. Jahrhundert, vor allem die organologische Zoologie dominierte, die mit ihren neuen Darstellungsweisen das taxonomische Tierwissen der Frühen Neuzeit ablöste.

101 Dazu Cary Wolf: In the Shadow of Wittgenstein's Lion. In: Ders. (Hrsg.): *Zoontologies: The Question of the Animal.* Minneapolis: University of Minnesota Press 2003, S. 1–57.

du bist das Blökende", lautet ihm zufolge die systematisierende Reaktion des Menschen auf das sanfte, weiße, wollige und blökende Lamm. Kraft der „Besonnenheit" des Menschen ebnet der Tierlaut hier Begriff und Namen den Weg, denn ohne Tierlaute würden die „Erinnerungszeichen" im Sinne Herders gar nicht erst entstehen: Die Seele des Menschen habe bei der Wortfindung „gleichsam in ihrem Inwendigen geblökt".[102]

Herder greift hier gewissermaßen schon vorweg, was John Berger in einem mittlerweile kanonischen Aufsatz thesenhaft als die Rede vom Tier als „erste Metapher"[103] zugespitzt hat. Hier führt die oben skizzierte materialistische Theorierichtung zurück in den Bereich der Literatur und der Sprache: Wie Susan McHugh argumentiert auch Berger zunächst kulturanthropologisch, indem er nach der Rolle von Tieren bei der Herausbildung kultureller Wahrnehmungsmuster fragt. In den *Literary Animal Studies* wird mittlerweile selbstverständlich vorausgesetzt, dass der Kontakt zwischen menschlichen und nichtmenschlichen Lebewesen nicht nur die humane Sprache allgemein, sondern auch die narrativen Formen, in denen wir uns zu verständigen gelernt haben, maßgeblich beeinflusst haben. Als Indiz hierfür wird etwa die Kommunikation mittels psychologisch plausibler ‚Charaktere',[104] aber auch die elementaren Metaphern der politischen Theorie und Anthropologie angeführt:[105] Tiere werden somit als Akteure bei der kulturellen Sprachwerdung gedacht. McHugh hat in einem einflussreichen Aufsatz[106] die *literarische* Agency von Tieren hervorgehoben, die zwar mit der kulturanthropologischen Agency-These zusammenhängt, darüber hinaus aber als ein von ihr verschiedenes Phänomen verstanden werden muss. Diese Agency wird zunächst mit einer motivischen Ebene verbunden, wenn etwa anhand von Fabeltieren argumentiert

102 Johann Gottfried Herder: *Abhandlung über den Ursprung der Sprache*. Berlin: Voß 1772, S. 54–55.

103 Berger: Why Look at Animals, S. 5.

104 Bruce Boehrer: Animal Studies and the Deconstruction of Character. In: *PMLA* 124 (2009), S. 542–547.

105 Es wurde argumentiert, dass Tiere wie Wölfe, Hunde, Schafe oder Wale nicht nur Figuren in einem Repräsentationssystem des Politischen sind, sondern dass diese elementar an der Herausbildung nicht nur des modernen politischen Denkens seit Thomas Hobbes, sondern bereits der Antike beteiligt waren. Vgl. grundlegend dazu die Aufsätze in von der Heyden / Vogl: *Politische Zoologie*.

106 Susan McHugh: Literary Animal Agents. In: *PMLA* 124,2 (2009), S. 487–495.

wird, dass erst Tiere die Menschen lehren, wie man ‚menschlich' wird oder wenn auf die dekonstruktive Rolle verwiesen wird, die literarische Tiere in der modernistischen Literatur übernehmen, das für sie vorgesehene Repräsentationsschema als Differenzmarker durchbrechen und auf einen Ort jenseits der Sprache verweisen. Tiere offenbaren mithin differente narrative Operationsweisen und Autorschaften, die der humanen Intentionalität und Introspektion und somit auch der Komfortzone idealistischer Subjektivität entgegenstehen.[107]

Die theoretische Darlegung einer solchen kreativen, textuellen Agency von Tieren wurde im Verbund mit Vertretern der Wissenschaftstheorie, der Neo-Phänomenologie und des Neuen Materialismus entwickelt,[108] wobei der Zusammenhang zwischen der literarischen und der kulturanthropologischen Agency von Tieren eher suggeriert als argumentativ hergestellt wird. Wer oder was als Träger einer literarisch-poetischen Agency fungiert, lässt sich nicht dingfest machen: Ist hier von einem textimmanenten Aktionsradius animalisch-literarischer Protagonisten die Rede? Und wie verhält sich der Begriff animalischer Agency im Text etwa zu Deleuze und Guattari, die schon in den 1960er Jahren den Worten selbst rebellisch-animalische Eigenschaften zusprachen: „[D]ie Worte sind nicht ‚wie Tiere', sondern klettern selber empor, bellen oder wimmeln in ihrer Eigenschaft als Sprachhunde, Sprachinsekten oder Sprachmäusen"[109]. Als Urheber dieser Effekte nimmt der poststrukturalistische Mainstream gerade keine außersprachlichen Hunde, Insekten oder Mäuse an. Hingegen wird die Agency von Tieren in den oben skizzierten Theorieentwürfen jenseits sprachlicher Konstruktionen verortet, weshalb man diese Tendenz jüngst als „counterlinguistic turn"[110] bezeichnet hat. Womöglich wird, in uneingestandener Tradition der spiritistischen Tiergeisterseher um 1900, von einer regelrechten Heimsuchung der Schriftsprache durch jene vergessenen Geschöpfe ausgegangen,

107 Vgl. dazu Garry Marvin / Susan McHugh: In it Together. An Introduction to Human-Animal Studies. In: Dies. (Hrsg.): *Routledge Handbook of Human-Animal Studies*. London / New York: Routledge 2014, S. 1–9, hier S. 5.

108 Zu diesem Zusammenhang vgl. schon früh Steeves: *Animal Others*.

109 Gilles Deleuze / Félix Guattari: *Kafka. Für eine kleine Literatur*. Frankfurt am Main: Suhrkamp 1976, S. 32.

110 Vgl. dazu Kari Weil: *Thinking Animals. Why Animal Studies Now?* New York: Columbia University Press 2012, S. 11–16.

deren Beitrag zur menschlichen Sprachentwicklung so lange anthropozentrisch geleugnet wurde: Es zirpt, blökt und kläfft gespenstisch in ebenjener Sprache, mit der der Mensch das Tier auszuschließen wähnt. Demnach wäre die Literatur das Kommunikationsmedium für lebende wie (un-)tote Tiere schlechthin.[111]

Die diskursive Heraufbeschwörung tierischer Agency scheint insgesamt mit der Sehnsucht verbunden zu sein, die Sprache selbst zu überschreiten: Das Tier wird einerseits am Beginn unserer Repräsentationssysteme verortet[112] und an der Herausbildung kultureller Zeichenproduktion elementar beteiligt, andererseits bleibt das Tier für das literaturavantgardistische wie literaturtheoretische Begehren unentbehrlich, Fluchtlinien aus der Welt der Texte herauszubilden. Tiere sollen uns also sowohl in die Sprache hinein als auch aus dieser hinaus führen, seit den Sprachkrisen nach 1900 hat man den Tieren immer wieder die weitreichende Aufgabe zugeschrieben, den empfindlich angeschlagenen Menschen gleichsam aus dem ‚Gefängnis der Sprache' zu befreien. Genau diese Funktionszuweisung tierischer Qualitäten im Rahmen eines menschlichen Begehrens bleibt jedoch höchst anthropozentrisch.

In der gegenwärtigen Theoriebildung, so lässt sich abschließend festhalten, fehlt zwar das aufflammende Pathos eines dramatischen Einbruchs des Tierischen ins Menschliche oder einer ekstatischen Auflösung alles Humanen im Kreatürlichen. Anstelle der All-Einheit um 1900 steht in den aktuellen Texten die Vorstellung von Diversität, anstelle der vitalistischen Weltenkraft eine Vielzahl von Kräften. Natur, Materie und Kreatur werden anders kodiert und die Destabilisierung des Menschlichen durch das Nichtmenschliche wird nicht mehr auf einer großen Bühne situiert, sondern auf einer subtileren, kleinteiligeren und pragmatischeren Ebene demonstriert: Haraway begründet mit ihrer an Derridas Begriff der „heteroaffection" geschulten

111 Nicht zufällig leitet Susan McHugh ihre Reflektionen über tierische Agency mit einer Anekdote ein, in der sie als Undergraduate Student einst das Gedicht *Nutting* von W. Wordsworth als Gedankengang des Eichhörnchens über den Wandel der Jahreszeiten interpretierte und damit nur Kopfschütteln beim Professor erzeugte. Die Artikulation des Tieres im Text sucht sie seither wieder heim und fungiert als eine Art Urszene des Nachdenkens über Agency von (Text)Tieren. Vgl. McHugh: Literary Animal Agents, S. 487–488.

112 John Berger verweist auf die Tiermalereien in den steinzeitlichen Höhlen als Urszene der Funktion des Tieres als Metapher.

Position des „entanglement“ den Zusammenhang der menschlichen mit nichtmenschlichen Welt semiotisch, ästhetisch und biochemisch, wofür sie einflussreiche Begriffe wie „cohabition“ oder Neologismen wie „natureculture“ geprägt hat. Damit wird nicht zuletzt die Frage der Domestikation, wie sie von Jean-Jacques Rousseau über Nietzsche bis hin zur Ablehnung des Haustiers durch Deleuze und Guattari pejorativ gedacht wird, neu perspektiviert: Das Verhältnis von Mensch und Haustier, das als „companion animal“ und nicht mehr als „pet“ fungiert,[113] erscheint als symbiotische und dynamische Beziehung, die sich grundsätzlich menschlicher Kontrolle entzieht und gerade deshalb als emanzipatorisch zelebriert wird. Mit Haraway gelesen, sprengt dieses Verhältnis von Beginn an genau jene menschengemachten Kategorien, zu deren Sedimentierung die Haustierhaltung Deleuze und Guattari zufolge beiträgt.[114]

Im vorliegenden Band steht weniger die ontologische Frage nach dem Tier bzw. die Dekonstruktion eines entsprechenden Begriffs im Vordergrund, als vielmehr die Motivationen und Formationen des um 1900 auffällig gesteigerten menschlichen Interesses für jene Geschöpfe, die unter dem fragwürdigen Kollektivsingular ‚Tier‘ subsummiert werden. Wenn wir die nachdarwinistischen Obsessionen um 1900 als Vorgeschichte einer gegenwärtigen Konjunktur bezeichnen, wollen wir keine geradlinige, homogene Entwicklung implizieren, jedoch sehr wohl eine aktualisierende Perspektive auf die Zeit der vorletzten Jahrhundertwende einnehmen, um dazu beizutragen, eine historische Tiefendimension der aktuellen Theoriekonjunktur lesbar zu machen. Ob es sich bei den aktuellen *Human-Animals-Studies* tatsächlich um die aktuelle Variation eines frühmodernistischen Phänomens handelt, muss noch offen bleiben.

III. Zu den Beiträgen

Die Texte, die in den folgenden Beiträgen analysiert werden, weisen allesamt eine Tendenz auf, das durch biologische Genealogien begründete Verwandtschaftsverhältnis von Mensch und Tier mit

113 Vgl. Gesine Krüger / Aline Steinbrecher / Clemens Wischermann: Animate History. Zugänge und Konzeptionen einer Geschichte zwischen Menschen und Tieren. In: Dies. (Hrsg.): *Tiere und Geschichte*, S. 9–34, hier S. 23.

114 Kari Weil gelangt auf diesem Wege zu einer anregenden Neulektüre von Thomas Manns Novelle *Herr und Hund*. Vgl. Weil: *Thinking Animals*, S. 71–80.

rhetorischen Mitteln noch enger zu binden. Dies geschieht mit poetischen Verfahren, ob im Rahmen eines literarischen Narrativs, im Rahmen von Verhaltensforschung oder biologischer Ethologie. Dass es in den hier zur Debatte stehenden Austausch- und Grenzbereichen zwischen Menschlichem und Tierischem stets auch um körperliche, psychische und institutionelle Dimensionen geht, ist eine der Prämissen des vorliegenden Bandes: Im Wissen über Tiere, in der Sprache der interessierten bis leidenschaftlichen Hinwendung zu ihnen überkreuzen sich Dichtung, Naturgeschichte, wissenschaftliche Nomenklatur oder Klassifikation. Die Herangehensweise ist dezidiert literaturwissenschaftlich: Im Sinne einer „Poetologie des Wissens", der zufolge poetische Verfahren immer auch an der Genese nichtliterarischer Wissensformationen beteiligt sind, geht es darum „das Wissenssubstrat poetischer Gattungen und die poetische Durchdringung von Wissensformen aufeinander zu beziehen und beide damit im Milieu ihrer Geschichtlichkeit festzuhalten".[115]

Friedrich Hebbels Beschwörungen seiner liebevollen Trauer um ein gezähmtes Eichhörnchen, das er am Ende ausstopfen ließ, bezeichnete der Exil-Äthiopier Asfa-Wossen Asserate unlängst als beispielhaft für das sonderbare Verhältnis der Europäer zu ihren Tieren. Von dieser dezentrierenden Perspektive auf die Thematik des Bandes ausgehend, analysiert *Cornelia Ortlieb* die idealistisch-sentimentale Überformung, die deutschsprachige Schilderungen von Tierfang, Zoobetrieb und Haustierhaltung um 1900 kennzeichnet. Anhand der Erinnerungen des Tierfängers und Zoogründers Carl Hagenbeck wird gezeigt, wie sich eine unheimliche Kultur des Sensiblen im Zeitalter beginnender Massentierhaltung entwickelte. Brutalität und Sentimentalität gehen hier in einander über, entsprechend widersprüchlich sind die Funktionen, die Tieren in Texten jeweils zugeschrieben werden, wenn sie etwa betrachtet, gefangen, geküsst, geschlachtet, gegessen oder seziert werden. Vor dem Hintergrund entsprechender Diskursformationen werde Kafkas *Bericht für eine Akademie* nicht nur als Kommentar zu einer Ordnung der Lebewesen lesbar, die im Postdarwinismus fragwürdig geworden ist, die Geschichte erzähle zugleich von deutschen Träumen einer Kolonialherrschaft.

115 Joseph Vogl: Poetologie des Wissens. In: Harun Maye / Leander Scholz (Hrsg.): *Einführung in die Kulturwissenschaft*. München: Fink 2011, S. 49–71, hier S. 67.

Mit seinem Beitrag zum Tier als spiritistischem Medium analysiert *Patrick Ramponi* die okkultistische Geschichte des Haus- und Dressurtiers. Zwischen der ‚Heimlichkeit' des bürgerlichen Haustieres und der im gleichen Zeitraum florierenden Vorstellung spiritistisch begabter Tiere besteht ein Spannungsverhältnis, das die Rezeption auch des vielleicht berühmtesten Tierverhaltensexperiments jener Zeit prägt: Das von Wilhelm von Osten vorgeführte Pferd der ‚Kluge Hans' liest und rechnet vor dem Hintergrund einer um 1900 dominierenden, patriarchalen Diskursformation, der lernfähigen Tieren eine Rolle zugeschreibt, die zwischen Familienmitglied, Schüler und Objekt der Dressur changiert. Das Vorhaben, Pferde zu unterrichten, erfuhr durch Maurice Maeterlinck eine panpsychistische Interpretation, die von Ramponi als Interpretationsschlüssel zu Kafkas ‚Elberfeld'-Fragment herangezogen wird. Kafka interveniere damit in die Tierseelenfrage vor dem Hintergrund der Dressurproblematik: Das ‚Elberfeld'-Fragment hebe die nicht berechenbare Alterität hervor, die die Logik der dualen Experimentsituation ad absurdum führt. Insofern biete das spiritistische Narrativ die Möglichkeit, dem tierischen Eigensinn Raum zu gewähren.

Auch für den Beitrag von *Werner Michler* sind Narrative des Übernatürlichen zentral: Er fokussiert die Frage nach ‚weißer' Magie in Biologie und Literatur. Im Rahmen der experimentellen Biologie um 1900 seien die letzten verbindlichen Bilder einer Biologie der ‚Tiere' und nicht der DNA entstanden. Der Zauber, der Paul Kammerer und Konrad Lorenz immer wieder zugesprochen wurde, führt Michler auf deren methodische Nähe zur Literatur zurück: Die Versuche, mit Tieren zu reden, wurden als Mittel inszeniert, um mit dem – im darwinistischen Sinne – Vormenschlichen Umgang zu pflegen. Während sich somit einerseits Verwandtschaftsstiftung mit literarischen Mitteln vollzieht, fungieren andererseits die Biographeme jener Forscher-Magier, denen die Kontaktaufnahme mit den Tieren gelingt, als Gründungslegenden ganzer Disziplinen und Institutionen. Die ethische Ambivalenz, die Lorenz charakterisiert, analysiert Michler anhand des von Lorenz formulierten Wunsches, selbst ein Tier zu werden. Es handele sich dabei nicht um eine subversive Fluchtbewegung, der Wunsch sei vielmehr im Rahmen durchaus majoritärer Arrangements zu begreifen. Im destabilisierenden Motiv des tierischen Eigensinns sei dem gegenüber zugleich ein Moment erkennbar, das eine mögliche Erklärung für positive Bezugnahmen auf Lorenz durch Autoren wie Primo Levi, Jean Améry und Ingeborg Bachmann bietet.

Elisabeth Strowick nimmt die Nähe von Naturwissenschaft und Literatur zum Anlass, um für eine dezidiert literaturwissenschaftliche Herangehensweise an evolutionsbiologische Gründungstexte zu plädieren. Gegenüber dem *Literary Darwinism*, in dessen Rahmen die Literaturwissenschaft eine sekundäre Rolle im Vergleich zur Biologie einnimmt, leistet dieser Beitrag einen programmatischen Gegenentwurf: Die tragende Rolle der Darstellungsverfahren mache es notwendig, das Wechselverhältnis von Literatur und Naturwissenschaft gerade vom Literarischen her zu analysieren. Der Rekurs der Gegenwartsliteratur – mit Ian McEwan und Durs Grünbein – auf Darwins *The Expression of the Emotions in Man and Animals* lenke die Aufmerksamkeit darauf, dass die Textverfahren Darwins aufs Engste mit seiner Ausdruckstheorie verzahnt sind: Während er einerseits auf künstlerische Darstellungsverfahren und -prinzipien zurückgreift, bahnen seine Beschreibungen, allen voran die Ent-Semantisierung von Geräuschen und Ausdrucksbewegungen, den Weg zu einer Kulturwissenschaft des Details, die sich im frühen 20. Jahrhundert bei Aby Warburg und Sigmund Freud fortsetze.

Während mehrere Beiträge im vorliegenden Band den Anteil poetischer Verfahren bei naturwissenschaftlichen Tierschilderungen untersuchen, geht *Kári Driscoll* einen Schritt weiter und führt die ‚Tierkrise' um 1900 generell auf die im kulturellen Diskurs virulente ‚Sprachkrise' zurück. Mit dem Begriff einer Zoopoetik behandelt er das Wechselspiel von Tierheit und Sprache als Kennzeichen der Literatur des Fin-de-Siècle. Unter Rekurs auf Susan McHugh und John Berger analysiert er dieses Phänomen anhand von Hugo von Hofmannsthal. Im Fokus auf das Motiv von Milch- und Blutströmen erkennt Driscoll regelrechte Lakto- und Hämatopoetiken, etwa wenn von der schäumenden Milch aus dem Euter einer sanftäugigen Kuh oder vom Blut des Tieropfers im Rahmen der Geburt von Kunst geschrieben wird. Die Tiere bei Hofmannsthal verkörpern einerseits das ungezügelte Leben und den *élan vital* und sind andererseits fast immer vergiftet, krank, gefoltert oder auf sonstige Weise dem Tode nahe, wobei das Motiv sowohl ihres Sterbens als auch der mit ihnen verbundenen *jouissance* als Mittel eingesetzt werden, um die abstrakte begriffliche Sprache zu überwinden und den mystischen Einheitszustand der Immanenz zu erreichen.

Die Studien in der Mitte des Bandes rekonstruieren und analysieren die Rolle spezifischer Tierarten am Kreuzpunkt der Diskurse um 1900: *Sandra Fluhrers* Beitrag über Kafkas „Riesenmaulwurf" kreist um das zutiefst ambivalente Motiv des Maulwurfs bei Kafka vor dem Hintergrund eines Paradigmenwechsels in der zoologischen und poetischen Bezugnahme auf Maulwürfe. Zunächst tritt der Maulwurf – wie nicht wenige Tiere Kafkas – als poetologische Figur in Erscheinung. Fluhrer liest Kafkas Maulwurf vor der Folie von Freuds Überlegungen zu Paranoia, indem letztere in ein Verhältnis zum Erzählen gerückt werden: In Kafkas Maulwurfsbild manifestiert sich der eminente Zusammenhang von Wahn und Scharfsinn als Triebkraft der Schreibarbeit und in ihm – so die leitende These – spiegeln sich Subjekt und Objekt der Paranoia. Den zweiten Bezugspunkt von Kafkas Maulwurfsgeschichten verortet der Beitrag in der Wissensgeschichte der Tierkunde, die im 19. Jahrhundert zwischen Bücherwissen und empirischem Experiment aufgespannt ist. Es ist ein kleiner Kalenderbeitrag aus Johann Peter Hebels *Schatzkästlein*, der Anlass bietet, den Maulwurf als Wissenstier zu lesen, der eine ganze Epistemologie von Verborgenem und Sichtbaren, von Hellem und Dunklen inauguriert.

Mit dem Beitrag von *Hanna Engelmeier* wird die Figur des Affen auf Gustav Klimts Beethoven-Fries als wesentlicher Bestandteil einer aggressiven Geste der Adressierung interpretiert, die eine Wechselbeziehung aus biologischen, evolutionstheoretischen, ästhetischen und philosophischen Diskursen und Bildfeldern aufgreift und neu in Bewegung versetzt. ‚Klimts Gorilla' erweist sich somit einerseits als Vehikel der Diskurspolitik des Künstlers in einem abgründigen Spiel mit der Rezeption: Was im Beethovenfries die Kritiker zunächst angreift, ist ihr eigenes Zerrbild im Sinne eines Diskurses, der den Kritiker als ‚Nachäffer' mit einem evolutionsbiologisch wie mythologisch und philosophisch fundierten Bild des Affen verschmelzen lässt. Andererseits wird der Fries als Umsetzung sowohl von Friedrich Nietzsches Vorstellung des Dionysischen als auch von Wilhelm Bölsches Forderung nach einem naturwissenschaftlich wie anthropologisch begründeten Gesamtkunstwerk lesbar: Die archaische Kraft entgrenzender Triebhaftigkeit soll die Gattungsgrenzen sprengen, eine provokative Forderung, die auf der performativen Ebene durch den Enthüllungsgestus bei der Konfrontation des Menschen mit seiner animalischen Herkunft parallelisiert wird.

Die enge Verzahnung des Tiermotivs mit Originalitäts- und Plagiatsdiskursen sowie mit der Auflösung von Kategorien und Normen ist auch für den darauf folgenden Beitrag relevant: Anhand der Regine-Erzählung Gottfried Kellers zeigt *Annette Keck* wie sowohl traditionelle Geschlechterrollen als auch das Prinzip idealistisch-mimetischer Nachahmung über die Figur der Kröte destabilisiert werden, die Keck als Medium einer antiväterlichen Poetologie der Moderne begreift. Die Kröte kündige den Anbruch der künstlerischen Moderne an: Als teuflisches, schmieriges Wesen, das mit Promiskuität, männlicher Schwangerschaft und weiblicher Autorschaft sowie nicht zuletzt mit Plagiatsverdacht in Verbindung gebracht wird, steht sie sowohl für die Kontamination klarer Kategorien als auch für die Infragestellung eines emphatischen Kunstverständnisses. Bedroht werde damit nicht zuletzt das Prinzip des Namens überhaupt. Keck liest Keller unter Rekurs auf Johann Jakob Bachofens Vorstellung eines urtümlichen, aphroditisch-hetären Matriarchats, das einer regellosen Sumpfzeugung entspricht. Als zweite Stufe geht Bachofen von einem ehelichen Matriarchat aus, das dem geordneten Ackerbau zugeordnet wird und auf einer klaren Geschlechterdistinktion beruht. Mit dem Wunsch, die Sumpfkreatur Kröte loszuwerden, werde gleichsam der Wunsch zum Ausdruck gebracht, sowohl den Tod als Vorbedingung und Folge des Lebens durchzustreichen als auch die modernistische Krise durch klare Kategorien zu bannen.

Die Tendenz, eine Krise bannen zu wollen, prägt nicht zuletzt die populäre Wissenschafts- und Weltanschauungsliteratur um 1900, wie vor allem anhand der deutschsprachigen Darwin-Rezeption ersichtlich wird. Der Beitrag von *Jenny Willner* befasst sich mit der Erotisierung der Evolutionstheorie in Wilhelm Bölsches *Das Liebesleben in der Natur* und parallelisiert diese dreibändige Schilderung animalischer Paarungsakte mit den Schautafeln Haeckels. In den Fokus gelangen religiös, ideologisch und (bio-)politisch gefärbte Darstellungsverfahren, Implikationen und Konnotationen: Wenn Bölsche sich den Tieren zuwendet, geschehe es im Rahmen eines teleologisch-fortschrittsoptimistischen Narrativs sowie unter Einbindung eines auf Stärke und Überlegenheit beruhenden Menschenbilds, dessen unverhüllt eugenische Aspekte sich aus gegenwärtiger Perspektive nicht ohne das Wissen um den Nationalsozialismus zur Kenntnis nehmen lassen. Für ein Unbehagen bei der Rezeption sorge der Text nicht zuletzt weil er ein etabliertes kultur- und sozialhistorisches Sensorium verwirre: Ihrem bedrohlichen Optimismus zum Trotz wohne Bölsches Erotisierung des Evolutionsnarrativs zugleich ein subversives Potential inne, wie es durch Freud sowie im Rahmen der frühen Sexualwissenschaft rezipiert wurde.

Um 1900 erhielt das Animalische auch Einzug ins psychoanalytische Szenario intimster menschlicher Beziehungen. Im letzen Beitrag verortet *Jacques Lezra* das Tier im Zentrum von Freuds Theorie. Bei seiner Auseinandersetzung mit Freuds Lektüre von Wilhelm Jensens Erzählung *Gradiva* lenkt er zunächst die Aufmerksamkeit auf die Tiere in diesem Narrativ: Kanarienvögel, Fliegen, Eidechsen sowie das Fossil des Archaeopteryx, der sowohl zwischen den Gattungen (Vogel und Eidechse) als auch zwischen den Wissenschaften (Archäologie und Zoologie) vermittele. Während Jensen einzelne taxonomische Rätsel in seine Erzählung streut, zeichne Freud im weiteren Rahmen seiner Lektüre ein Feld auf, das sich als Beleidigung der taxonomischen Norm überhaupt erweise: Lezra hebt das Bestialische als konstitutiv für das freudianische Prinzip der Urszene hervor. Wie Freud anhand des Falls Wolfsmann erläutere, sei die Szene des elterlichen Sexualverkehrs eine Fantasie, die durch die kindliche Beobachtung koitierender Hunde angeregt worden sei. Dieses Bild sei auf die Eltern übertragen worden, wodurch die Animalität des Geschlechtsakts sich als konstitutiv für das gesamte ödipale System erweise. Wer flirte, füge sich in die Syntax und Topologie einer Urszene, die von Beginn an animalisch strukturiert war. Mit der Andeutung einer solchen Bestialität und Feralität jeglicher menschlicher Beziehungen schlage Freud dem Spezies-Narzissmus des Menschen eine tiefe Wunde, wobei Lezra diesbezüglich Fragen hervorhebt, die Freud gar nicht stellt: Was heißt es, dass unsere Taten und Entscheidungen von den Sitten und vom gebräuchlichen Ethos der Bestien geprägt sind, vom bezaubernden Zuwinken der Tiere?

Mitten ins Graue
Tierfang und Affenliebe bei Hagenbeck und Kafka

Cornelia Ortlieb

Asfa-Wossen Asserates Buch über die Eigenart der deutschen Kultur, die der Exil-Äthiopier seit Jahrzehnten aus der Halbdistanz des Vertrauten beobachtet, bietet auch einen Text über Eichhörnchen und Löwen, der mit einer ungewöhnlich klaren Distanzierung beginnt: „Eines der Dinge, die einem Afrikaner, der nach Europa blickt, wohl ewig rätselhaft bleiben werden, ist das Verhältnis der Europäer zu ihren Tieren."[1] Denn wie das Possessivpronomen anzeigt, geht es im Folgenden um die vergleichsweise neue Spezies des Haustiers, das in bürgerlichen Stadthaushalten wohl erst gegen Ende des 19. Jahrhunderts häufiger vertreten war. Als Beispiel für das Rätsel dieser neuen Variante des Mensch-Tier-Verhältnisses dienen Asserate die 1861 verfassten Aufzeichnungen Friedrich Hebbels über sein drei Jahre währendes Glück des Zusammenlebens mit einem Eichhörnchen in Wien. Das Tier habe den Tripel-Namen Herzi-Schatzi-Lampi getragen, sei morgens dem Dichter ins Bett gebracht, am Familientisch mit ausgewählten Speisen gefüttert und schließlich noch über den Tod hinaus in Ehren gehalten worden: „Hebbel ließ sich sein geliebtes Eichkätzchen dann ausstopfen und wies ihm einen Ehrenplatz in seinem Bücherregal zu, vor seiner Shakespeare-Ausgabe. Jedes Jahr

1 Asfa-Wossen Asserate: Eichhörnchen, Löwen und andere Haustiere. In: Ders.: *Draußen nur Kännchen. Meine deutschen Fundstücke.* Frankfurt am Main: Fischer 2010, S. 97–102, hier S. 97.

zu Weihnachten holte er es aus dem Regal und stellte es unter den Christbaum".[2]

Das ist eine präzise, aber sehr knappe Zusammenfassung dessen, was sich bei Hebbel im Originalton noch schillernd mehrdeutig zeigt, als einzigartige Liebesgeschichte. Hebbel schreibt:

> Daß ein Hund sein eigenes Geschlecht verleugnet und sich dem Menschen anschließt, ist man gewohnt; daß aber auch ein Eichkätzchen es tut, daß es dem Menschen seine Händchen entgegenbreitet, wenn er ins Zimmer tritt, daß es sich liebebedürftig zeigt und, wenn man es küßt, den Kuß mit seinem süßen Samtzüngelchen erwidert, das ist wunderbar![3]

Und weiter, nach dem unerwarteten Tod der Liebenden:

> Von Essen war nicht die Rede, von Schlafen in der Nacht ebensowenig, den nächsten Tag ließ ich die kleine Leiche liegen und bedeckte Mund, Brust, Hände und Füße mit unendlichen Küssen, dann trug ich sie, um wenigstens die anmutige Form zu erhalten, zum Ausstopfer, und ging auf dessen Rat mit dem herausgelösten Körper zur Untersuchung der Eingeweide zum Professor Bruckmüller im Tier-Spital.[4]

Dieser seziert das Tier, um die Ursache seines plötzlichen Todes erforschen zu können, doch die Reste des zerschnittenen Tierkörpers legt Hebbel in eine Schachtel und begräbt sie im Prater. Die minutiöse Schilderung des Rituals gipfelt in dem Ausruf: „[V]ergessen werde ich meinen Liebling nie! Veilchen werden deinem Grabe entsprießen, du allerbestes Kind, wie ich dich unzählige Male rief!"[5] In einem Eintrag fünf Tage später wird schließlich das vorläufige Ende der Geschichte erzählt:

> Erst gestern [...] habe ich die letzten Reste bestattet, und zwar im Augarten. [...] Sonnabend-Abend erhielt ich sie vom Ausstopfer [...]. An dem bezeichneten Ort stehen vier dicke Bäume, einer davon ist in zwei Stämme gespalten, hinter diesem ruht nun das kleine Köpfchen mit der Rosenzunge, die mir Hand und Gesicht tausendmal leckte, wie hinter dem hohlen Baum im Prater das liebevolle Herz, das sie in Bewegung setzte [...]; das Skelett des anmutigen Schwänzchens bewahre ich auf.[6]

2 Asserate: Eichhörnchen, Löwen und andere Haustiere, S. 97–98.

3 Friedrich Hebbel: Tagebucheintrag v. 06.11.1861. In: Ders.: *Tagebücher in drei Bänden*, Bd. 3: 1848–1863. München: dtv 1966, S. 304–306, hier S. 305.

4 Ebd., S. 306.

5 Ebd.

6 Friedrich Hebbel: Tagebucheintrag v. 11.11.1861. In: Ebd., S. 307–309, hier S. 307.

– offenbar dem Programm des vorigen Eintrags folgend, in dem Hebbel dem toten Eichhörnchen versichert: „[K]ein Atom von dir soll in den Staub getreten werden.[7]

Wie Asserate andeutet, kann man dieses Verhältnis unauflöslich rätselhaft finden, zumal in der besonderen Mischung der doch durchaus heterogenen Elemente: Das unzählige Male als „liebstes Kind“ angesprochene, aber auch „1000 Mal“ mit nicht eben väterlichen Küssen bedeckte, Händchen, Füßchen, Zünglein reckende Geschöpf kann eigentlich unmöglich das selbe sein wie das mehrfach zerschnittene und buchstäblich in Reste und Teile transformierte Schachtel-Ding. Dass der Liebende dessen Innereien mitsamt den Knochenüberbleibseln wie auch den abgetrennten Kopf gleichermaßen zur Hand nehmen kann, zeigt, dass hier offensichtlich bestimmte Trennlinien, die Menschen des 21. Jahrhunderts zwischen Innen und Außen des Tierkörpers, aber auch zwischen Tieren zum Anfassen und Tieren zum Aufschneiden ziehen, nicht bestehen, wie ja schon zuvor ein so genanntes Wildtier zum Haustier umgearbeitet wurde. Nicht nur im Großen und Allgemeinen bestätigt sich somit, was Giorgio Agamben als die „anthropologische Maschine“ bezeichnet hat:[8] das immer wieder neu Auszuhandelnde dieser Trennlinien, das aber, vielleicht – noch mehr als bei Agamben diskutiert wird – eine historische Signatur trägt und sichtbar macht. Das befremdliche Beispiel europäischer oder womöglich genuin deutscher Haustier-Kultur dokumentiert nämlich auch zwei große Tendenzen des 19. Jahrhunderts, die um die Jahrhundertwende in Hagenbecks Völkerschauen und Tierpark kulminieren werden: die Fiktion eines fremdartig-vertrauten

7 Ebd., S. 306. Haustiere nach ihrem Tod ausstopfen zu lassen und in den Innenräumen, die sie zuvor belebt haben, weiterhin aufzubewahren, ist eine heutzutage nicht ungewöhnliche Praxis, die sich hier mit der des Präparierens zu konservatorischen und wissenschaftlichen Zwecken eigentümlich verschränkt. Mit der Entscheidung für das naturgetreue Präparat, das aus dem abgezogenen Balg, seiner Füllung und einer Stützkonstruktion besteht, ist auch ein bestimmter Modus der Betrachtung verbunden: Gemeinhin wird bei dieser Methode versucht, das Tier möglichst ‚lebensecht‘ erscheinen zu lassen – anders beispielsweise als bei der bloßen Aufbewahrung des Balgs, etwa in einer Schublade mit ähnlichen Tierresten. Vgl. zu den verschiedenen Techniken und ihren Implikationen Christoph Hoffmann: Probe, Konservat, Modell – Präparat? In: Katharina Ammann / Priska Gisler (Hrsg.): *Präparat Bergsturz*, Bd. 1. Luzern / Chur: Edizioni Periferia 2012, S. 61–70.

8 Giorgio Agamben: *Das Offene. Der Mensch und das Tier*, aus d. Ital. v. Davide Giuriato. Frankfurt am Main: Suhrkamp 2003.

Zusammenseins von Mensch und Tier und zugleich die Zurichtung des Gegenübers zum Schaustück und Erkenntnisobjekt. Man mag es bei Hebbel schon geradezu allzu symbolisch finden, dass das präparierte Tier im Bücherregal die Shakespeare-Ausgabe buchstäblich verstellt.

Mich interessiert im Folgenden neben der kaum verdeckten Unterströmung von Gewalt in den Übergriffen auf das Tier die idealistisch-sentimentale Überformung, die es zum neuen Subjekt der so genannten Liebesbeziehung macht, als Symptom einer post-darwinistischen Verunsicherung, und der Einsatz der Literatur, die mit einer Fülle neuer Erzählungen umkreist und bearbeitet, was eben nicht mehr eindeutig als Mensch-Tier-Verhältnis gefasst werden kann. Die manifeste Seite physischer Gewalt kippt in diesen Texten in gleichermaßen befremdliche Formen der sentimentalen Zuwendung auch und gerade dort, wo sich nun im (darwinistischen) Wissen des Zeitalters nicht diese beiden Groß-Gattungen, sondern unbestimmte Mitglieder einer neuen Familie begegnen, wie sich beispielsweise auch an den überlieferten Reaktionen der Kölner Zoobesucher ablesen lässt, die 1863 erstmals einem Orang-Utan, dem legendenumwobenen ‚Waldmenschen', begegnen konnten. Die neue Debatte um die „Emotionalisierung der Zootiere"[9] verschränkt bezeichnenderweise das neue Konzept der Tierliebe mit ethischen Erwägungen zum Strafvollzug, so schreibt der Frankfurter Zoodirektor Max Schmidt doppeldeutig: „Nur die Liebe zur Sache und eine Hingebung, welche persönliche und andere Opfer nicht scheut, macht es möglich, den Thieren alles das zu liefern, was sie von uns fordern dürfen, wenn die Gefangenschaft, welche wir ihnen zu unserer Belehrung und Erheiterung auferlegen, nicht zur sträflichen Quälerei werden soll."[10] In den Erzählungen der Tierfänger, die bis in die 1950er Jahre zur Unterstützung der Mensch- und Mannwerdung Heranwachsender kindgerecht aufbereitet und in großen Auflagen verbreitet wurden, konturiert sich beispielsweise unter verheißungsvollen Titeln wie *Wild und Wilde im Herzen Afrikas*, *Mit Blitzlicht und Büchse*, *Löwen* oder auch, sachlich präzise, *Auf Großtierfang für Hagenbeck* der neue Typus des deutschen

9 Jutta Buchner: *Kultur mit Tieren. Zur Formierung des bürgerlichen Tierverständnisses im 19. Jahrhundert*. Münster / New York / München / Berlin: Waxmann 1996, S. 158.

10 Max Schmidt: Ueber Thierhaltung [1864], hier zit. n. Buchner: *Kultur mit Tieren*, S. 159.

Kolonialhelden im Paradox des tierlieben Jägers, der einer chaotischen Natur Schutz und Frieden bringt.[11] Die Schilderungen brutaler Jagdszenen nach Art der Augenzeugenberichte von Kriegsteilnehmern bekommen hier eine sentimentale Rückseite; oft wechseln diese beiden Modi innerhalb weniger Seiten oder durchdringen einander unkommentiert, wie unbewusst.[12] Vor allem packende Schilderungen von Kampfszenen zwischen Mann und Ungetüm werden deutschen Lesern solcher Literatur geboten. Die verschiedenen Autoren weisen sich in der Regel durch das Vokabular professioneller Jäger aus, wie es beispielsweise die endlosen Erzählungen Hans Hermann Schomburgks vorführen, der als Elefantenjäger, Tierfänger, Afrikaforscher und schließlich Photograph geradezu als Prototyp einer Hagenbeck-Karriere gelten kann.[13] Ich betrachte also zunächst das, was man vereinfacht das ‚System Hagenbeck' nennen könnte, dann, an einigen

11 Hans Hermann Schomburgk: *Wild und Wilde im Herzen Afrikas. Zwölf Jahre Jagd- und Forschungsreisen.* Berlin: Fleischel 1910; Carl Georg Schillings: *Mit Blitzlicht und Büchse.* Leipzig: Voigtländer 1905; ders.: *Löwen.* Leipzig: Voigtländer 1924; Christoph Schulz: *Auf Großtierfang für Hagenbeck: Selbsterlebtes aus afrikanischer Wildnis.* Dresden: Deutsche Buchwerkstätten 1921.

12 Vgl. zu dieser Anlage der modernen Literatur die Beiträge des Bandes Sophie Wennerscheid (Hrsg.): *Sentimentalität und Grausamkeit. Ambivalente Gefühle in der skandinavischen und deutschen Literatur der Moderne.* Berlin: LIT 2011. Während dort mit Blick auf Texte von Autoren wie Knut Hamsun, Hanns Henny Jahn oder Ernst Jünger berechtigterweise von der „Selbstbezüglichkeit des Subjekts" in grausam codierten, aber emotionslos geschilderten Szenen die Rede ist und vom „Erregungspotential" solcher literarischen Darstellungen, ist den hier untersuchten populären Texten kein solches ästhetisches Kalkül abzulesen – in dem Maße, wie sie Ihresgleichen, (männliche) Kinder und Jugendliche adressieren, präsentieren sie sich vielmehr als geradezu naive, unverstellte Erzählungen, kulturhistorisch vielleicht erklärbar durch den „Kult der Gewalt" im 19. Jahrhundert, vgl. Sophie Wennerscheid: Sentimentalität und Grausamkeit. Arbeit am Affekt in der skandinavischen und deutschen Literatur der Moderne. In: Wennerscheid (Hrsg.): *Sentimentalität und Grausamkeit*, S. 8–19, hier S. 8, 12; Peter Gay: *Kult der Gewalt. Aggression im bürgerlichen Zeitalter.* München: Beck 1996.

13 Neben Christoph Schulz ist Schomburgk sicher der interessanteste Jäger und Tierfänger der Kolonialzeit; seine diversen Bücher, mit eigenen Photographien angereichert, erschienen über Jahrzehnte in großen Auflagen. Vgl. zu diesen und anderen Quellen den bibliographischen Kommentar in Nigel Rothfels: *Savages and Beasts. The Birth of the Modern Zoo.* Baltimore / London: Johns Hopkins University Press 2002, S. 251–259. Den Kolonialherr als Krieger schildert [Gustav Frenssen:] *Peter Moors Fahrt nach Südwest. Ein Feldzugbericht von Gustav Frenssen.* Berlin: Grote 1906. Das überaus erfolgreiche Buch trug entscheidend zum Ruhm des ehemaligen Geistlichen bei, der sogar für den Literaturnobelpreis vorgeschlagen wurde und ab 1933 ein dezidierter Anhänger des NS-Regimes war.

Beispielen, die Ausgestaltung des prekären Verhältnisses, in dessen leeres Zentrum etwas Amorphes und Unbestimmtes, (sozusagen) Graues, gesetzt wird, und schließlich die genuin literarische Pointe dieser Arbeiten an einem neuen Begriff dessen, was nicht mehr umstandslos Tier genannt werden kann.

I. Wilde Jäger, liebende Tiere

Ich beginne mit dem berühmtesten aller Beispiele: Franz Kafkas *Ein Bericht für eine Akademie* aus dem Jahr 1917 handelt von einem Affen, der Mensch wird – oder vielmehr: Varietékünstler – und einer wissenschaftlichen Kommission seine Geschichte erzählt.[14] Dieser so genannte „Bericht" lässt die Erinnerungen des Menschen an sein Affendasein an einem präzise benannten Ort einsetzen:

> Ich stamme von der Goldküste. Darüber, wie ich eingefangen wurde, bin ich auf fremde Berichte angewiesen. Eine Jagdexpedition der Firma Hagenbeck – mit dem Führer habe ich übrigens seither schon manche gute Flasche Rotwein geleert – lag im Ufergebüsch auf dem Anstand, als ich am Abend inmitten eines Rudels zur Tränke lief. Man schoß; ich war der einzige, der getroffen wurde; ich bekam zwei Schüsse.[15]

Und weiter, etwas später: „Nach jenen Schüssen erwache ich – und hier beginnt allmählich meine eigene Erinnerung – in einem Käfig im Zwischendeck des Hagenbeckschen Dampfers."[16]

14 Die Fülle literatur- und kulturwissenschaftlicher Untersuchungen dieses Textes auch nur zu nennen, würde den Rahmen dieses Beitrags überschreiten. Zu den neuesten gehört seine Aufbereitung als Musterbeispiel von Intertextualität für den Deutschunterricht, vgl. Monika Gross: Franz Kafka. Ein Bericht für eine Akademie. Intertextualität erfahrbar machen. In: *Praxis Deutsch* 40,240 (2013): Hund, Katze, Maus – Tiere in Texten, S. 53–60. Auf die Fülle zeitgenössischer Texte, Aufführungen und Photographien, die Kafkas Erzählung inspiriert haben können oder in Form von Anspielungen und Zitaten greifbar werden, hat Hartmut Binder bereits vor über dreißig Jahren hingewiesen, vgl. Binder: *Kafka. Der Schaffensprozeß.* Frankfurt am Main: Suhrkamp 1983, S. 271–305 (Kap. V „Rotpeters Ahnen: ‚Ein Bericht für eine Akademie'"). Unverzichtbar für den gesamten Kontext des (monströsen) Artistentums ist nach wie vor Walter Bauer-Wabnegg: Monster und Maschinen, Artisten und Technik in Franz Kafkas Werk. In: Wolf Kittler / Gerhard Neumann (Hrsg.): *Franz Kafka. Schriftverkehr.* Freiburg: Rombach 1990, S. 316–382.

15 Franz Kafka: [Ein Bericht für eine Akademie]. In: Ders.: *Gesammelte Werke in zwölf Bänden (KKA)*, Bd. 6: Beim Bau der der chinesischen Mauer und andere Schriften aus dem Nachlaß in der Fassung der Handschrift, nach der Kritischen Ausgabe, hrsg. v. Hans-Gerd Koch. Frankfurt am Main: Fischer 2002, S. 107–109.

16 Ebd., S. 108.

Der Verdacht liegt nahe, dass solche Wegnahme an der verheißungsvoll benannten Küste sich in einem rechtsfreien Raum abspielt, der sich mit Phantasmen von einem Niemandsland voller herrenloser Güter füllen ließe. Kafkas Affe erzählt in den wenigen Sätzen über die Gefangennahme zugleich die Geschichte deutscher Träume von kolonialer Herrschaft, die kaum verbrämt der Inbesitznahme vermeintlich werthaltiger Landstriche galten: Eben dort, wo der Affe Rotpeter gefangen worden sein soll, an der Goldküste, hatte sich der Bremer Kaufmann Adolf Lüderitz als erster Deutscher ein Gebiet angeeignet, das zumindest noch nicht im Besitz der konkurrierenden Engländer und Franzosen war, und damit die kurze und heute im kollektiven Gedenken wenig präsente Geschichte der deutschen Kolonialherrschaft in Afrika eröffnet. Wie Kafka als Verfasser der Erzählung *In der Strafkolonie* sicher aufmerksam verfolgt hat,[17] ist diese imperiale Vision einiger Kaufleute von Anfang an gleich mehrfach juristisch und politisch abgesichert; die Herrschaft in den weiträumigen und dünn besiedelten afrikanischen Gebieten „Deutsch-Südwestafrika“ und „Deutsch-Ostafrika“ wird als überaus aufwendiges System deutscher Verwaltung und Bürokratie unter (para)militärischem Schutz installiert.[18] Auch der Handel mit Tieren und ihren teils überaus wertvollen Teilen ist durch eine Reihe präziser legislativer und

17 Nach Kafkas Willen sollte die Erzählung zusammen mit *Das Urteil* und *Die Verwandlung* unter dem Titel „Strafen“ erscheinen, womit nicht zuletzt der juristische Kontext dieser schriftstellerischen Arbeiten markiert ist. Vgl. zum zeithistorischen Kontext den Band Franz Kafka: *In der Strafkolonie. Eine Geschichte aus dem Jahre 1914*, mit Quellen, Abbildungen, Materialien aus der Arbeiter-Unfall-Versicherungsanstalt, Chronik und Anmerkungen von Klaus Wagenbach. Berlin: Wagenbach 1982.

18 In mehreren Texten schildert einer der Protagonisten der deutsch-afrikanischen Kolonialgeschäfte, der promovierte Historiker und habilitierte Philosoph Carl Peters, wie er ab 1884 quasi im Alleingang sein Projekt einer solchen Herrschaftsbegründung initiiert und durchgeführt hat, auch gegen den Willen der Regierung. Nach der Gründung eines Vereins, der die notwendigen finanziellen Mittel für die erste Expedition beschaffen sollte, habe er „Bescheid“ bekommen, „daß auch dieser Plan niemals die Zustimmung der Regierung haben werde; sie denke gar nicht daran, einer deutschen Erwerbung im Hinterland portugiesischer Kolonien den deutschen Reichsschutz zu erteilen. […] So entschloß ich mich, zu den übrigen Risiken einer Kolonialgründung auf privatem Wege auch noch das einer nachträglichen Ablehnung durch die Kaiserliche Reichsregierung auf mich zu nehmen.“ (Claus Peters: *Wie Deutsch-Ostafrika entstand.* Leipzig: Voigtländer 1912, S. 16–17.) Mit seinem Unternehmen stellt sich Peters dabei explizit in die Tradition der britischen „adventurers“, die von der Regierung vertraglich zum Erwerb solcher „Besitzungen“ autorisiert wurden, „wo nobody's country in Frage kam“. (Ebd., S. 11.)

administrativer Vorgaben geregelt.[19] Erleichtert wird dieser dadurch, dass im deutschen bürgerlichen Recht seit 1806 das Tier ohnehin einer Sache gleichgestellt ist – bis heute ein Gemeinplatz ethischer Empörung, dazu angetan, die vorgeblich humane Philosophie der Aufklärung in ein eigentümliches Zwielicht zu rücken.[20] Spätestens das postdarwinistische Zeitalter, das Kafkas Texte kommentieren, muss an dieser juristischen Ordnung der Lebewesen und ihren philosophischen Grundlagen erhebliche Zweifel verspüren, besteht doch die Pointe von Darwins Abstammungslehre, zumal in ihrer populären und oft karikierten Version, darin, dass der Mensch als Teil des Tierreichs kein Geschöpf von eigenen Gnaden, sondern ein Nachfahre und Verwandter des ‚Affen' ist.[21]

Mit Blick auf die außerordentlich beliebten Erzählungen von afrikanischen Jagdabenteuern, die Kafkas Bericht flankieren und verstärken, wird zudem sichtbar, dass die Begegnungen von Menschen und Tieren im kolonialen Handel trotz minutiöser juristischer Regelung neue Unbestimmtheiten generieren: Auf dem Spiel steht nun nicht mehr die Zuordnung von Besitztümern, sondern der Status des Besitzguts selbst, das sich in den Erzählungen vom anthropomorphen angeeigneten Tier unter dem Einfluss der neueren ‚Rassen'-Theorien ungut mit den anderen fremdartigen Bewohnern des Landes vermischt. Umso bemerkenswerter ist es, dass diese Erzählungen

19 Vgl. beispielsweise die Ausführungen in Reichs-Kolonialamt (Hrsg.): *Jagd und Wildschutz in den deutschen Kolonien.* Jena: Fischer 1913, S. 1–65, Horst Gründer: *Geschichte der deutschen Kolonien.* Paderborn / München / Wien / Zürich: Schöningh 2004, S. 110–169, S. 205–209.

20 Vgl. zur (philosophie-)historischen Differenzierung Ursula Wolf: *Ethik der Mensch-Tier-Beziehung.* Frankfurt am Main: Klostermann 2012.

21 Kafka hat nachweislich schon als Schüler „Darwin, Haeckel, Nietzsche" gelesen, vgl. Kafka: *In der Strafkolonie*, S. 10. Haeckels Kommentar zu Darwins Lehre besteht unter anderem in der Erfindung des „sprachlosen Affenmenschen" an der Schwelle vom Tier zum Menschen, vgl. Ernst Haeckel: *Die Welträtsel. Gemeinverständliche Studien über Monistische Philosophie.* Bonn: Strauß 1899, S. 191. Zur Sprache als Differenzkriterium vgl. die wirkungsmächtige Studie Agambens und dessen Darstellung der „anthropologischen Maschine" um 1900; Agamben: *Das Offene*; vgl. beispielsweise Werner Michler: *Darwinismus und Literatur. Naturwissenschaftliche und literarische Intelligenz in Österreich 1859–1914.* Wien / Köln / Weimar: Böhlau 1999; Peter Sprengel: *Darwin in der Poesie. Spuren der Evolutionsbiologie in der deutschsprachigen Literatur des 19. und 20. Jahrhunderts.* Würzburg: Könighausen & Neumann 1998 und die Hinweise zur neuen Debatte um ‚literarischen Darwinismus' im Beitrag von Elisabeth Strowick in diesem Band.

kolonialer Inbesitznahme lebendiger Wesen eine eigene unheimliche Kultur des Sensiblen und Sentimentalen ausbilden: Der Tierfang wird in der Fülle literarischer Berichte und autobiographischer Erzählungen zur überlegenen Kulturtechnik stilisiert, weil deutsche Jäger sich programmatisch zu liebenden und hegenden Naturschützern transformieren und ihr verschwiegenes Geschäft zugleich mit Gewehr und Gefühl betreiben. Neue literarische Gattungen bilden sich bereits am Ende des 19. Jahrhunderts heraus, um die Heldentaten dieser eigentümlichen kolonialen Eroberer massentauglich aufzubereiten, die nicht unentdecktes Land erkunden, Gebiete annektieren oder andersgläubige Einwohner missionieren, sondern die Professionalisierung eines globalen Handels mit lebenden exotischen Geschöpfen betreiben, den sie paradoxerweise als humanes Projekt von Hege, Schutz und Forschung camouflieren.

Bereits die zweimalige Nennung des Namens Hagenbeck macht Kafkas phantastisch anmutende Rede des ehemaligen Affen unversehens zur historischen Erzählung:[22] Carl Hagenbeck der Jüngere, der den Tierhandel als Erbe seines Vaters übernommen und zu einem weltumspannenden Unternehmen ausgebaut hat, zudem seit den 1880er Jahren in verschiedenen Formaten fremdartige Menschen vorführen ließ, ist zugleich der Erfinder des modernen Tierparks, in dem sich wie in Kafkas sogenanntem Bericht die Sphären von Wissenschaft und Schaustellung eigentümlich vermischen. Seine Autobiographie mit dem vielsagenden Titel *Von Tieren und Menschen* von 1908 bietet die lebendigsten und witzigsten Schilderungen des außergewöhnlichen Lebens eines Tierhändlers und zugleich die Vorgabe, wie solche Abenteuererzählungen zu lesen sind. Wie er im Kapitel „Vom Einfangen wilder Tiere" ausführt, muss man sich nämlich den Helden dieser Unternehmungen zugleich als kühnen Eroberer, Expeditionsleiter, Jäger, Wissenschaftler und Erzähler vorstellen; im Erzählen reproduziert sich zugleich das ganze System quasi von selbst:

> Das Gebiet, auf welchem die Tierhandlung ihre Objekte aufsuchen muß, ist die ganze Erde. In den afrikanischen Urwald, in die Dschungel Indiens und Ceylons, in die weiten Steppen Sibiriens und der Mongolei müssen Kundschafter

22 Der Text bildet daher auch den Ausgangspunkt für eine zoohistorische Darstellung des Tierfangs, die Hagenbecks Fangtechniken ein ganzes Kapitel widmet und auch sein ‚anthropologisches' Projekt eigens in den Blick nimmt: Nigel Rothfels: *Savages and Beasts.*

> entsandt werden, ihnen folgen die Weltreisenden und Jäger mit ihrem Stabe eingeborener Hilfskräfte. [...] Bücher und Karten sind bei der Ermittlung unserer Arbeitsplätze nur in ganz beschränktem Maße zu verwenden, denn naturgemäß liegen die Fangplätze wilder Tiere weitab von allem Verkehr der kultivierten Welt. Unzivilisierte Völkerschaften, nicht weniger wild als die Tiere, die gefangen werden sollen, bilden häufig ein Hindernis. [...] Jeder Reisende, der aus fernen Ländern mit seiner Tierkarawane heimkehrt, wird zu einem lebenden Lexikon, das neue Aufschlüsse bringt. Abends beim Lampenschein, im Kreise der Freunde, die ihn hinausgesandt hatten, erzählt der heimgekehrte Weltreisende von seinen Erlebnissen und Abenteuern, von Kriegszügen und Sagen der Eingeborenen, von seltenen Tieren, die da und dort zu finden sein sollen, aber noch nicht gefunden sind, und manche kleine, zuerst unwesentlich scheinende Mitteilung gibt die Anregung zur Ausrüstung einer neuen Expedition in unerforschte Gebiete.[23]

Unübertroffen gelingt Carl Hagenbeck so der Spagat zwischen historischem Realismus und idealistischer Überhöhung: Anschaulich, humorvoll und mit zahlreichen staunenswerten Photographien geschmückt, schildert der Zoogründer den Aufstieg seiner Familie von den Schaubuden des Hamburger Doms zu einem buchstäblich weltumspannenden dynastischen Unternehmen, das zumal im Modus der anthropologisch-zoologischen Schaustellung auf der Höhe der zeitgenössischen Wissenschaften agiere.[24] Kafka, der einer der zahllosen begeisterten Leser des vielfach neu aufgelegten Erfolgsbuchs war, hat nachweislich manche Details seiner Erzählung vom menschgewordenen Affen Hagenbecks Erinnerungen entnommen.[25] Als notorischer Leser von Biographien und Selbstzeugnissen dürfte er zudem auch in diesem Text nach Anregungen für sein eigenes komplexes Autobiographie-Projekt gesucht haben,[26] und er beginnt mit den Notizen zum Bericht nur wenige Monate vor der Überarbeitung

23 [Carl Hagenbeck]: *Von Tieren und Menschen. Erlebnisse und Erfahrungen von Carl Hagenbeck*. Erw. Ausg. Berlin: Vita 1909, S. 138–139.

24 Ebd., S. 20. Eine detailreiche und mit vielen Archivmaterialien argumentierende Gesamtdarstellung des Hagenbeckschen Imperiums bietet Eric Ames: *Carl Hagenbeck's Empire of Entertainments*. Washington: University of Washington Press 2008.

25 Vgl. Binder: *Kafka*, S. 295–297; Andreas Kilcher / Detlef Kremer: Die Genealogie der Schrift. Eine transtextuelle Lektüre von Kafkas ‚Bericht für eine Akademie'. In: Claudia Liebrand / Franziska Schößler (Hrsg.): *Textverkehr. Kafka und die Tradition.* Würzburg: Königshausen & Neumann 2004, S. 45–72, hier S. 59–61.

26 Hagenbecks Buch erzählt nicht nur die Geschichte erfolgreicher Mannwerdung eines dankbaren Sohnes, sondern bietet in den Schilderungen des Lebens mit Tieren ein helles Gegenbild zu Kafkas Schilderungen seines despotischen Vaters, die mit zahlreichen Tier-Bezügen arbeitet, vgl. Cornelia Ortlieb: Kafkas Tiere. In: *Zeitschrift für Deutsche Philologie* 126 (2007): Sonderheft: Texte, Tiere, Spuren, S. 339–366.

seiner gleichermaßen zeithistorischen wie phantastischen Erzählung *In der Strafkolonie.*[27]

Das kaufmännische Kalkül, das den imperialistischen Beutezügen wie dem ganzen deutschen Kolonialhandel zugrunde liegt, ist allerdings in Hagenbecks Schilderung des Tierfangs bis zur Unkenntlichkeit verborgen, wie auch die ‚eingeborenen' Hilfskräfte und ‚unzivilisierten Völker', ‚Wilde' in der ‚Wildnis', nur als Aufgabe unter anderen aufgelistet sind. Gerade die langen und detailreichen Passagen zur technischen Bewerkstelligung von Fang und Transport machen jedoch deutlich, dass ohne das Wissen und die Fertigkeiten der einheimischen Jäger und der vielen bestenfalls schlecht bezahlten Helfer weder das Aufspüren der Tiere, noch ihr Fang oder gar die monatelangen Transporte über Land und Meer zu bewältigen gewesen wären. Namentlich der Affenfang am Wasser wird von einem Einheimischen dirigiert, Hagenbeck klassifiziert ihn als „Straußenjäger vom Stamme der halbwilden Basas" und nennt auch seinen Namen: Abdalla Okutt.[28] Dieser ist es, der, offensichtlich professionell, alle Wassertränken verstopft, so dass die Affen gezwungen sind, die einzig offene Stelle in der Nähe der Europäer aufzusuchen, er lässt eine Art runden Käfig aus Zweigen und Stricken herstellen, Köder auslegen und schließlich einen Knüppel an eine Seite dieser Falle bauen, die künstlich offen gehalten wird. Dann, so Hagenbecks Worte „kommt die Tragödie": drei durstige Männchen betreten die Falle, der verborgene Jäger lässt die Tür zufallen, und, wie Hagenbeck versichert: „Die Szene, die nun folgt, ist urkomisch, fast dramatisch und spottet jeder Schilderung", womöglich, weil sich hier Menschliches, Allzumenschliches abspielt:

> Einen Augenblick sitzen die Ueberrumpelten wie erstarrt, in ihren Augen gluht das Entsetzen, dann suchen sie auf allen Seiten nach einem Auswege und drehen sich dabei wie ebensoviele Kreisel. Die Herde draußen, nicht minder überrascht, ist im ersten Schrecken geflohen, nun kehrt sie zurück, sammelt sich in der Nähe und feuert die Gefangenen durch ohrenbetäubendes Grunzen und Schreien an, das Aeußerste zu versuchen. Die Kühnsten springen dicht an die Falle heran und führen ein erregtes Zwiegespräch mit den Gefangenen. Wahrscheinlich beraten sie sich über die Möglichkeiten der Rettung.[29]

27 Ein Notizheft vom April 1917 enthält zwei Fragmente und eine erste Fassung der gesamten Erzählung; im August 1917 schreibt Kafka verschiedene Varianten zum Schluss der Strafkolonie, vgl. Binder: *Kafka*, S. 272, Kafka: *In der Strafkolonie*, S. 58.

28 Hagenbeck: *Von Tieren und Menschen*, S. 138.

29 Ebd., S. 139.

Fasst man also das gefangene Beutetier ins Auge, so kann man offenbar gar nicht umhin, ihm eine ganze Palette von plausiblen Reaktionen, Gefühlen, Absichten und Überlegungen zu unterstellen – unversehens ist aus dem „Objekt des Tierhandels“ wie es zuvor hieß, ein empfindendes und offenbar auch denkendes und sprechendes Lebewesen geworden, das dem Erzähler erstaunlich ähnlich sieht.
Das ist nun vielleicht die Perspektive des typischen Zoobesuchers, aber gerade nicht die des Jägers.[30] Denn die Abenteurererzählungen, die Kafkas und Hagenbecks Berichte flankieren, schildern die Begegnungen in dieser fremden Welt als Kampf auf Leben und Tod zwischen Mann und Ungetüm, namentlich dort, wo der Elefant als größter und gefährlichster aller Gegner auftritt. So weist sich der bereits erwähnte Elefantenjäger und spätere Tierfänger Hans Schomburgk in der brachialen Schilderung einer Elefantenjagd als unerschrockener Professioneller aus, der seinen Gegner im Nahkampf bezwingt; in einem Buch, das allzu sprechend *Wild und Wilde in Afrika* heißt:

> Laut donnerte mein Schuß über die Steppe. Der Elefant zuckte zusammen und wurde auf den zweiten Schuß flüchtig [...]. Jetzt nahm ich das 9 Millimeter zur Hand und gab ihm auf Entfernungen von hundert bis vierhundert Metern fünfundzwanzig Schuß spitz hinten aufgesetzt, die auch nicht die geringste Wirkung hatten. Zirka fünfhundert Meter entfernt, stellte er sich wiederum ein, dieses Mal aber in hohes Schilf [...]. Auf sechzig Meter gab ich ihm hier zwei gut gesetzte Blattschüsse, die ich deutlich aufschlagen sah,[31]

doch auch diese können die widerständige Beute nicht niederstrecken,[32] so dass noch längst nicht das Ende des Kampfes erreicht ist. Schomburgks minutiöse Schilderung suggeriert nächste Nähe:

30 Über die Motive von Zoobesuchern lässt sich zumal aus der historischen Distanz schlecht spekulieren, doch der Effekt des Wiedererkennens dürfte zumindest bei der Betrachtung von Primaten stets eine gewisse Rolle spielen. Vgl. zur notwendigen Verfehlung des Blicks auf gefangene Tiere John Berger: Warum sehen wir Tiere an? In: Ders.: *Das Leben der Bilder oder die Kunst des Sehens.* Berlin: Wagenbach 1981, S. 7–26, zu Hagenbecks 1907 gegründetem Stellinger Tierpark umfassend mit vielen zeitgenössischen Materialien Eric Ames: Wilde Tiere. Carl Hagenbecks Inszenierung des Fremden. In: Alexander Honold / Klaus R Scherpe (Hrsg.): *Das Fremde. Reiseerfahrungen, Schreibformen und kulturelles Wissen.* Bern / Berlin / Bruxelles / Frankfurt am Main / New York / Oxford / Wien: Lang 1999, S. 123–148.

31 Schomburgk: *Wild und Wilde*, S. 297

32 Ebd.

> Als uns ungefähr zehn Schritte trennten, gab ich ihm einen Schuß auf den Rüsselansatz und sprang zur Seite, aber zur falschen, denn der Elefant, durch den Schuß ins Taumeln gebracht, kam ebenfalls dort hinüber, und im nächsten Augenblick fand ich mich gegen die Brust des Elefanten gedrückt, den ausgestreckten Rüssel über mir [...] . Ich warf das Gewehr hoch und gab ihm einen Schuß, der den linken Unterkiefer zerschmetterte.[33]

Diesen tollkühnen Krieger kann man durch die Angaben von Maß und Zahl der Schüsse und das beiläufig eingesetzte Fachvokabular bei ihrer Differenzierung unschwer als geschulten Jäger identifizieren. Auf zahlreichen beigefügten Photographien präsentiert sich Schomburgk zudem in typischen Jäger-Posen neben großen toten Tieren, darunter auch ein besonders bizarres, das ihn zeigt, wie er mit dem Fahrrad einen toten Koloß von Elefanten befährt.[34]

Ganz ähnlich wie Schomburgk schildert auch Wilhelm Munnecke in seiner biographischen Erzählung von den Heldentaten John Hagenbecks – einem Halbbruder des Tierparkgründers – den Elefant als gefährliches, böses Ungetüm, das mit aller Gewalt erledigt werden muss, bevor er sein zerstörerisches Werk beginnen kann: „[Er] hält den Rüssel eingerollt, den Kopf gesenkt. Ohnmächtig grimme Wut funkelt aus seinen Augen. Wild schlägt sein Puls. Die Flanken zittern. Haß und Zorn kochen in seinem laut stöhnenden Atem".[35] Als wahrer „Tyrann des Urwalds" tötet das zornige Tier so willkürlich wie brutal einen harmlosen Treiber, man findet ihn, wie der Erzähler sprachlos resümiert: „[v]om Bauch bis in die Brust aufgespießt

33 Ebd., S. 274. Freilich können auch diese Erzählungen an eine viel ältere Tradition anknüpfen: Schon um 1700 schildern europäische Jäger in ganz ähnlicher Weise, wie scheinbar unverwundbare Elefanten auch nach Hunderten von Schüssen nicht aufgaben, vgl. Willem Bosman: *A New and Accurate Description of the Coast of Guinea, Divided into the Gold, the Slave and the Ivory Coasts.* London: Knapton 1705, dazu Martin Meredith: *Der afrikanische Elefant. Eine Biografie.* München: Diederichs 2003, S. 70.

34 Ich habe mich nach langem Überlegen dafür entschieden, weder diese Bilder zu zeigen noch die Fülle der imperialistisch-rassistischen Schwarz-Weiß-Photos, die die Ununterscheidbarkeit von Wild und Wilden in der Wildnis demonstrieren, aber in einem Gestus, den ich zwangsläufig auch im Zitat reproduzieren würde – zumal dort, wo man in schlecht ausgeleuchteten Grauzonen tatsächlich Mühe hat, Jäger, Helfer und Beutetiere auseinanderzuhalten. Diese teils technisch bedingte, teils im Aufbau der Porträtierten inszenierte Unschärfe im kolonialen Kontext weisen auch andernorts publizierte Abbildungen auf, die andererseits natürlich entscheidend zur Illustration der hier skizzierten Ambivalenzen beitragen, vgl. Rothfels: *Savages and Beasts.*

35 Wilhelm Munnecke: *Hagenbecks Dschungelfahrten*, mit 22 Abbildungen auf Tafeln. Oldenburg / Hamburg: Stalling 1951, S. 13.

von dem mächtigen Stoßzahn. Das Genick gebrochen".[36] Die seit der Antike vermeintlich bekannte Grausamkeit des gefürchteten Tiers legitimiert so indirekt seine brutale Tötung, wie bereits ihre Rückseite, die vieldeutige ,Liebe' explizit dem Tier zugeschrieben worden war als eine affektive Zuwendung, auf die der Mensch mehr oder weniger notgedrungen reagieren müsse.

II. Tier-Vettern, Mütter und Liebende

Nicht zufällig handeln die Erzählungen der Tierfänger vornehmlich von Elefanten und Affen, denn abgesehen von einem ihnen geltenden kommerziellen Interesse, dass in beiden Fällen auf eine möglichst große Stückzahl ausgerichtet ist, handelt es sich hier auch um Tiere, die beim Fang aus einem starken sozialen Verbund isoliert werden müssen, was nur bei Jungtieren überhaupt Erfolg verspricht. Diese müssen freilich buchstäblich ihren Müttern von der Brust geschossen werden, wie es Munnecke schildert, wenn die Jäger im Dschungel ein amorphes Ding entdecken: „Im Gebüsch aber winselt ein grauer Klumpen. Als sie näher kommen, blicken sie in das vor Schmerzen verzerrte Gesicht einer Äffin. Zu Tode verwundet, krümmt sie sich und schaut vorwurfsvoll zu den großen Menschen auf. An ihrer Brust hängt saugend ein Junges".[37] Aus dem undefinierbaren Objekt der Entdeckung wird auch bei seiner Identifikation nicht mehr als ein grammatikalisch korrekt benanntes Neutrum, ,das Junge', doch nicht zufällig ist es wieder erst der Blick in das Gesicht des Tieres, der aus einer womöglich neutralen Beute ein weibliches Geschöpf formt, das Schmerz erträgt, unausgesprochene Vorwürfe macht und, überaus symbolträchtig, sein Kind an der Mutterbrust nährt. Nicht das Aufrechterhalten eines Jagdethos, sondern Empathie und Einfühlung verrät die Formulierung des Erzählers, John Hagenbeck habe „der Qual des Tieres durch einen Gnadenschuß ein Ende" bereiten

36 Munnecke: *Hagenbecks Dschungelfahrten*, S. 58, 54. Nigel Rothfels hat in seiner Geschichte des modernen Zoos zu Recht in der Reihe der Tierfang-Geschichten einen Dreischritt gesehen: Sie entwickeln ihre Protagonisten vom kommerziellen Jäger zum tierliebenden Fänger und schließlich zur überlebensgroßen Figur des literarischen Dschungel-Helden, der paradoxerweise mit dem Handel zugleich Schutz und Frieden in die ungeordnete, wild wuchernde Natur bringt. Vgl. Rothfels: *Savages and Beasts*.

37 Munnecke: *Hagenbecks Dschungelfahrten*, S. 32.

müssen, an die sich freilich die lapidare Bemerkung anschließt: „Das Junge nehmen sie mit."[38]
Noch unvermittelter treffen bei dem Jäger und Kunstmaler Moritz Pathé Abschuss-Routine und sentimentales Wiedererkennen zusammen: Pathé schildert zunächst, wie er im afrikanischen Urwald unversehens einer riesigen Herde von Hunderten von Affen gegenübersteht, wie dann dicht vor ihm ein „starkes Männchen" stehen bleibt, das „die Zweibeiner neugierig und aufmerksam [mustert]",[39] aber dennoch umstandslos abgeschossen wird mit dem halb zynischen Kommentar: „Schade um das tapfere Kerlchen, aber wir haben seit Tagen kein Fleisch gegessen."[40] Diese turnen in den Bäumen und einige trommeln auch auf „trockenen Ästen", was den Künstler nachdenklich werden lässt: „Und mir kommt der Gedanke, daß die primitive Trommel der Neger nur ein Schritt weiter ist in der Entwicklung vom Urmenschen zum Kulturmenschen unserer Tage."[41] Direkt auf der nächsten Seite schildert Pathé dagegen, wie die beiden Betrachter, beim neuerlichen Anblick einer Herde, nun von „zehn bis fünfzehn Schimpansen", mitten im westafrikanischen Urwald, „weltverloren auf eine Familie ihrer tierischen Vettern [starren]".[42] Und auch John Hagenbecks Begleiter Pieter wird durch ein ähnliches Affen-Erlebnis geläutert: Als er unversehens einem Orang-Utan-Weibchen gegenüber steht, das er sofort „mit einem Schuß zu Boden legte", sieht er „im langen Haar" des „toten Riesen" ein „halbkahles struppiges Junges hängen, das sich eng an die noch warme Mutter anschmiegt" – dieses „Waisenkind" nimmt er zu sich, als Pfleger und Mutter Ersatz.[43]
Der Tierfang wird hier unversehens durch humanitäres Engagement legitimiert: „Und was ihm bisher fremd gewesen war: er sorgte sich um das Wohlergehen eines Tieres. Sorgte sich wie um einen Menschen, wie für ein eigenes Kind"[44] – vielleicht nicht zufällig angesichts

38 Ebd.

39 Moritz Pathé: *Auf Tierfang in Afrika*, mit 45 Originalzeichnungen des Verfassers. Augsburg: Schneider [1951], S. 117.

40 Ebd., S. 118.

41 Ebd.

42 Ebd., S. 119.

43 Munnecke: *Hagenbecks Dschungelfahrten*, S. 92.

44 Ebd.

eines Wesens, dessen Name übersetzt ‚Waldmensch' bedeutet und das seit seiner Entdeckung die Grenzen zwischen Tier- und Menschenwelt in Frage stellt.[45] Mit eben diese Frage konfrontiert in Munneckes vorgeblich wahrheitsgetreuem Reisebericht der sogenannte „Weiße" den sogenannten „Eingeborenen": „‚Na ja, was ihr hier so Menschen nennt. Den Affen nennt ihr ja auch Mensch.' ‚Nein, Herr, nur den Utan nennen wir so, nennen wir Orang-Utan, den Menschen des Waldes – Waldmensch; nicht aber auch die anderen Affen.'"[46]
Man kann jedoch nicht nur den sogenannten Menschen oder Affen wie ein zweiter Hebbel zum Kind erklären, sondern auch der Elefant lässt sich in dieser Weise adoptieren, wie es ausgerechnet der Elefantenjäger Schomburgk schildert, der an anderen Stellen die Jagd auch im doppelten Sinn als Schlacht und, bei besonders blutigem Gemetzel, „Schlachttag" beschreibt, wobei vom Elefanten buchstäblich Fleisch und Blut verzehrt werden – letzteres freilich nur von den Einheimischen.[47] Was eben noch verspeist wurde, kann sich aber offenbar

45 Der in Bäumen lebende, nur auf Borneo und Sumatra zu findende Orang-Utan wurde der westlichen Öffentlichkeit erst im Lauf des 19. Jahrhunderts bekannt; zeitgenössische Texte verwechseln ihn trotz seiner auffälligen äußeren Merkmale notorisch mit dem seit Urzeiten eingehender beschriebenen Gorilla. Die Paarung von Affe und Mensch in der Bronze-Skulptur eines Gorillas, der eine schwarze Frau umschlingt, angefertigt von dem berühmten Tierplastiker Emmanuel Frémiet, hatte in den 1860er und 70er Jahren in Paris einen Skandalerfolg, vgl. Cornelia Ortlieb: Das Pferd des Gauklers und andere Allegorien der Prosa. In: Dies. / Jutta Müller-Tamm / (Hrsg.): *Begrenzte Natur und Unendlichkeit der Idee. Literatur und Bildende Kunst in Klassizismus und Romantik*. Freiburg: Rombach 2004, S. 319–340.

46 Munnecke: *Hagenbecks Dschungelfahrten*, S. 43.

47 „Solche Tage nehmen der afrikanischen Jagd jegliche Poesie. Man geht schon mit dem Gefühl auf die Pürsch, daß man schonungslos alles niederknallen muß was einem vor die Büchse kommt. Schlimm aber ist es, wenn man an einem solchen Schlachttag in ein Rudel weiblichen Wildes hineingerät. Gelingt es einem, männliche Stücke zu strecken, so kann man sich hierdurch noch leichter über die grausame Schlachterei hinwegsetzen." (Schomburgk: *Wild und Wilde*, S. 265); andernorts zeigt das Tier selbst seine mögliche Verwertbarkeit an, indem es als Werbeträger arbeitet: „Sollte im Kaiserhof ein Konzert gegeben werden, so wurden Jumbo Plakate umgehängt, die er durch die Stadt tragen mußte. Gab es in der Schlachterei frische Würste, so wurde diese wichtige Neuigkeit ebenfalls durch Jumbo in Daressalam bekanntgegeben" (ebd., S. 319). Diese Ambivalenz des Umgangs mit domestizierten Tieren trägt eine Meta-Studie zur Psychologie der Mensch-Tier-Beziehung bereits im Titel, vgl. Hal Herzog: *Wir streicheln und wir essen sie. Unser paradoxes Verhältnis zu Tieren*. München: Hanser 2012. Zahlreiche neuere kulturwissenschaftliche Beiträge zur Tier-Forschung befassen sich mit den Aporien des Fleisch-Verzehrs als Differenzkriterium, vgl. beispielsweise Bernhard Kathan: *Zum Fressen gern. Zwischen Haustier und Schlachtvieh*. Berlin: Kadmos 2004; die ethische Debatte um Tierfleisch als Nahrung wird

in unwiderstehlichem Liebeswerben seinem Gegenüber zuwenden, allerdings auch hier leicht inzestuös und dazu homoerotisch gefärbt, denn es ist ein männlicher kleiner Elefant, der das Herz des Fängers erobert, Klein-Jumbo, mit dem er fortan Tisch und Bett teilt, auf dessen ausdrücklichen Wunsch:

> Ich hatte mein Feldbett zu ihm in den Stall gestellt, und es versuchte fortwährend, sich zu mir aufs Bett zu legen. Nun wiegt aber ein junger Elefant, selbst in dem zarten Alter von zwei Jahren, schon soviel wie ein mittelgroßer Ochse, so daß seine Liebkosungen im wahren Sinne des Wortes erdrückend wirkten.[48]

Folgerichtig wird Schomburgk sein wahres Tier-Liebesglück mit einer weiblichen Schimpansin namens Susi finden, die er einfängt, für Hagenbeck nach Berlin transportiert, aber zuvor als Kind und auch zur Frau erzieht, so dass sie buchstäblich Tisch und Bett mit ihm teilen kann. Um die Eigenart dieser Beziehung sichtbar zu machen, muss ihre Darstellung im Originalton zitiert werden, etwa Schomburgks Nachruf auf Susi:

> Es waren deine Augen, die mich gefangen nahmen, mich sofort in ihren Bann schlugen. Diese goldbraunen Augen voll Schwermut tropischer Nächte, voll quälender Sehnsucht unerlöster Kreatur. [...] Ich kenne dein Leben, deine Geschichte. Mir hast du sie vermittelt. [...] Deine Ärmchen umklammerten meinen Hals. Aus dem Urwald sprachen Laute, nur uns vertraut, weil wir den Urwald kennen. Unvergeßlich sind mir diese Stunden, fern von den Menschen, hingegeben der Natur. [...] Du lehrtest mich, die Kunst der Natur kennen, ohne

auch mit genuin literarischen Mitteln geführt, vgl. Jonathan Safran Foer: *Tiere essen*. Frankfurt am Main: Fischer 2012; Karen Duve: *Anständig essen*. Berlin: Galiani 2010.

48 Schomburgk: *Wild und Wilde*, S. 281. In seinem zweiten Buch widmet Schomburgk ein ganzes Kapitel der Biographie des individualisierten Elefants; dort ist dieselbe Bettszene eingeleitet durch eine Traumszene, in der unversehens der schlafende Jäger zum durch Fremde(s) Gejagten wird: „Wildeste Träume quälen den Jäger. Er steht am Abhange eines Berges. Feindliche Jäger wälzen Felsblöcke hinab. Er möchte fliehen, doch fest gewachsen ist sein Fuß. Ein grauer Steinblock rollt langsam auf ihn zu. Begräbt ihn unter sich. Laut krachend birst die Erde. Schweißgebadet erwacht er, greift im Dunkel um sich. Findet sich mit der zerbrochenen Bettstelle auf der Erde. Halb auf ihm der kleine Elefant, unter dessen Last das leichte Bett zusammengebrochen. Die Liebesbezeugungen und das Anschmiegebedürfnis selbst eines kleinen Elefanten wirken wahrhaft erdrückend." (Schomburgk: *Bwakukama. Fahrten und Forschungen mit Büchse und Film im unbekannten Afrika*. Berlin: Deutsch-literarisches Institut 1922, S. 305.) Der unübersehbar rassistische Text lässt den Elefanten auch seiner Herde ein angeblich verbreitetes Märchen erzählen, demzufolge früher alle Menschen weiß gewesen, die Afrikaner aber zur Strafe für ihre Bösartigkeit schwarz gefärbt worden seien; folgerichtig „überträgt der Kleine seine ganze Liebe auf den Weißen." (Ebd., S. 303.)

> Worte zu verstehen, wie manchmal auch Menschen es können, die, in inniger Liebe vereint, wortlos sich sagen, was nie Worte auszudrücken vermögen.[49]

Eine genuin romantische Liebe zeichnet sich also ab, die im Berliner Zoo noch längst nicht endet, denn dort besucht Schomburgk die Gefährtin, um mit ihr auf der Terrasse des Zoo-Restaurants Kaffee zu trinken. Und schließlich macht sie vor ihrem zu frühen Tod noch einen besonderen Ausflug:

> Auch eine deutsche Weihnacht hat Susi erlebt. Der Tannenbaum wurde angezündet, da saß sie vor dem Baum eine Weile, ganz still [...]. Warum war sie so nachdenklich unter dem brennenden Baum. Ich wollte ihr doch eine Freude machen. Aber ich glaube, dass ein Ahnen sie packte, daß sie empfand, daß sie ihre Heimat nie wiedersehen sollte. [...] Dein kleines Herz konnte der tückischen Krankheit nicht widerstehen. So groß und stark es in Liebe, so schwach gegen eigenes Leiden.[50]

Diese Geschichte hat Schomburgk immer wieder neu geschrieben, zuletzt, indem er als Bericht für eine Kinderschar Susi selbst ihr Leben und ihre Liebe erzählen lässt – unter dem zweideutigen Titel *Geliebte Susi* als Buch erschienen, mit dem präzisierenden Untertitel: „Das Leben einer Schimpansin, von ihr selbst erzählt".[51] Im Wechsel der Erzählgattungen und Modi bleibt jedoch ein bestimmtes Element immer gleich: die Beschwörung der Liebe zwischen Mann und Schimpansin, für die dem ehemaligen Jäger nur die Sprache des Klischees zur Verfügung steht – wie vielleicht jede Tier-Liebe in künstlerischer Darstellung zu Kitsch zu werden droht.[52]

III. „Gleichsam frei". Anthropologisch-zoologische Schaustellungen bei Hagenbeck

Nicht zufällig ist Carl Hagenbeck als weltgrößter Tierhändler zugleich der Erfinder der so genannten Völkerschau oder „anthropologisch-zoologischen Ausstellung", in der Mensch und Tier buchstäblich im

49 Schomburgk: *Wild und Wilde*, S. 19–20.

50 Ebd., S. 24–25.

51 [Hans Hermann Schomburgk:] *Erzähl' uns was Schimpanse: die Lebensgeschichte einer Schimpansin, von ihr selbst erzählt.* Berlin: Wigankov 1948.

52 Kitsch ist in einer möglichst weit gefassten Definition ein Zuviel an Empfindung in einer nicht adäquaten Ausdrucksform. Unter dem Titel „Liebe, Tod und Tränen" fasst die Einführung in eine neuere Anthologie dieses Eigenart zusammen, vgl. Ute Dettmer / Thomas Küpper: Liebe, Tod und Tränen. Kitsch in Literatur und Alltagskultur. In: Dies.: (Hrsg.): *Kitsch. Texte und Theorien.* Stuttgart: Reclam 2007, S. 17–23.

selben Raum gezeigt werden. Hagenbecks bahnbrechende Idee, von der die Zoologischen Gärten bis heute profitieren, ist die künstliche Herstellung dessen, was Betrachtende dann als natürlichen Lebensraum wahrnehmen: Real existierenden Landschaften nachgebildete, dreidimensional gestaffelte komplexe Kulissenbauten sollen in den so genannten Freigehegen den Eindruck natürlicher Lebensräume vermitteln. Hagenbeck selbst schreibt über das „moderne Tierparadies", das er unter unermesslichem Aufwand erschaffen will:

> Von einem gegebenen Punkt des Gartens sollte man die Tiere aller Zonen, in großen Abstufungen, und jede Art in einer ihrer Heimat angemessenen Umgebung, gleichsam frei sich bewegen sehen. [...] Steinböcke, Gemsen und Antilopen brauchten das Leben der Gefangenschaft nicht mehr in den Niederungen zu vertrauern, sondern durften auf felsigem Grat lustig zur Höhe streben. Der König der Tiere bewegte sich frei, in stolzer Majestät in seiner weiten Grotte.[53]

Frei ist auch der Blick der Betrachtenden auf die Tiere, der von keiner Käfigstange zerschnitten wird, und es ist kein Zufall, dass hier ausgerechnet die afrikanische Tierwelt als Beispiel für eine solche harmonische Einheit von Landschaft und Lebewesen dienen muss. Vielmehr findet Hagenbeck in seinem Patentantrag für das so genannte naturwissenschaftliche Panorama eine aufschlussreiche Definition des anthropologisch-zoologischen Raums: „Das neue Panorama kennzeichnet sich im wesentlichen dadurch, daß auf einem geeigneten Terrain ein Teil einer fremden Gegend, mit den jeweilig dahin gehörigen Geschöpfen (Menschen und Tieren) bevölkert, vorgeführt wird."[54] Mensch und Tier gehören also offenbar fest in eine bestimmte Gegend, so dass man das ganze Ensemble symbolisch transportieren kann um dann diesen territorialen Besitz als fremde Welt und neues Paradies auszustellen. Beide Gruppen kommen zudem in dieser Ausstellung als Ununterscheidbares zusammen, wie auf dem Eingangsportal des Stellinger Tierparks, das der Prospekt zur Eröffnung 1907 wie selbstverständlich so beschreibt: „Links der mächtige Eisbär, rechts das majestätische Löwenpaar [...] seitwärts davon links der lebensgrosse Nubier mit Speer und Kampfschild,

53 Hagenbeck: *Von Tieren und Menschen*, S. 134, S. 135.
54 Ames: *Wilde Tiere*, S. 127.

rechts ein Indianer im Kriegsschmuck mit Tomohawk und Büchse".[55] Der Betrachter soll demnach zwei gemischte Paare sehen, friedlich vereint in kämpferischer Pose.

Ein Maler soll es gewesen sein, der Hagenbeck die Idee des belebten Panoramas eingegeben hat, und wie die Tierfänger, so überspielt auch der Zoogründer in seinen Memoiren den Akt der Inbesitznahme durch eine Reihe von Euphemismen: Die Lappländer sollten den Import einer Rentierherde „begleiten", der Agent, der diese „zusammenbrachte", „[veranlaßte] gleichzeitig eine Familie von Lappen zur Fahrt nach Hamburg".[56] Quasi selbsttätig fügt sich dann in Hagenbecks Erinnerung das neue Format der Völkerschau, deren erste schon ein sensationeller Erfolg war: In den Kulissen der nordischen Landschaft zeigten die Lappen Kulturtechniken wie das Verfertigen von Kleidungsstücken und Geräten oder auch, allzu sprechend, ihr geschicktes Einfangen der Rentiere mit Wurfschlingen. Hagenbeck selbst erklärt sich den Erfolg dieser Ausstellung damit, dass sie

> mit einer gewissen Naivität und Unverfälschtheit ins Leben getreten war und auch so vorgeführt wurde. Die Gäste aus dem hohen Norden hatten gar keinen Begriff von Schaustellungen und was damit zusammenhängt, es wurde auch absolut keine Vorstellung gegeben. Die Karawane war auf dem geräumigen Grundstück hinter unserm Hause, am neuen Pferdemarkt, untergebracht, befand sich also vollständig im freien, ohne künstliche Kulissen und Hintergründe. Es bot sich hier wirklich ein Bild, das wohl im kleinen eine getreue Kopie des Naturlebens war[57]

– eine Kopie, die Hagenbeck schon bald ihrerseits kopieren lässt, wenn im großen Eismeer-Panorama Tiere und Menschen im selben künstlichen Naturraum als Teil des Zoos gezeigt werden.

Muneckes Abenteuererzählung aus der Perspektive des Tierfängers John Hagenbeck hatte freilich eine andere Genealogie erörtert. Der zurücktretende Erzähler lässt seinen Helden über die Anfänge der Schaustellung und des Hagenbeck-Imperiums in Hamburg sinnieren:

55 Ames: *Wilde Tiere*, S. 129. Vgl. zum „Transgressionsangebot", das eine solche Inszenierung von Echtheit dem zeitgenössischen Betrachter macht, Volker Mergenthaler: *Völkerschau – Kannibalismus – Fremdenlegion. Zur Transgression (1897–1936).* Tübingen: Niemeyer 2005, S. 29–30.

56 Hagenbeck: *Von Tieren und Menschen*, S. 80.

57 Ebd., S. 81.

> Im Jahre 1887 war es, als dort auf dem Heiligengeistfelde der Zirkus Carl Hagenbeck eröffnet wurde. John kam zur Eröffnung nach dort und brachte eine Singalesentruppe aus Ceylon mit, die er als erste große Völkerschau dem staunenden Publikum in einem besonderen Zelte zeigte. Er war einer der ersten Europäer, der mit solchen Völkerschauen großen Stils öffentlich auftrat. Als Abschluß des Programms führten seine Singalesen eine Pantomime auf, die er selber verfaßt hatte. Er lächelt still vor sich hin und sieht noch heute die weit aufgerissenen Augen des Publikums beim Erscheinen der braunen Ceylonesen in ihren prächtigen Seidengewändern, die bunt in allen Farben glänzten.[58]

Doch auch der Vater habe schon 1848 den selben „Trieb" in sich gehabt, wie sonst habe er auf die Idee kommen können, mit sechs Seehunden nach Berlin zu fahren, die ihm dort, als Meerjungfrauen ausgestellt, einen „Koffer voll Silbertaler" eintrugen.[59]
Folgt demnach die Aufführung der „Singalesen" einer Choreographie mit vorgeschriebenem Drehbuch und präsentiert zirzensische Kunst, so scheint auch die Berliner Präsentation mit klassischen Schaubudentricks eben nicht dem Paradigma der Natürlichkeit und Unverfälschtheit gehorcht zu haben, das der jüngere Hagenbeck so entschieden für seine neue Konzeption der anthropologisch-zoologischen Schau reklamiert – mehr oder weniger bewusst den heiklen Punkt überspielend, dass auch der Besitz an Menschen oder zumindest ihrer Arbeitskraft und Kunstfertigkeit um 1900 längst den Gesetzen des kapitalistischen Systems gehorcht. Auch auf diesen Punkt weist Kafkas *Bericht für eine Akademie* hin, der an mehreren Stellen den menschgewordenen Affen seinen besonderen Käfig beschreiben lässt:

> Es war kein vierwandiger Gitterkäfig; vielmehr waren nur drei Wände an einer Kiste festgemacht; die Kiste bildete also die vierte Wand. Das Ganze war zu niedrig zum Aufrechtstehen und zu schmal zum Niedersitzen. Ich hockte deshalb mit eingebogenen, ewig zitternden Knieen, und zwar [...] zur Kiste gewendet, während sich mir hinten die Gitterstäbe ins Fleisch einschnitten. [...] Ich war zum erstenmal in meinem Leben ohne Ausweg; zumindest geradeaus ging es nicht; geradeaus vor mir war die Kiste, Brett fest an Brett gefügt. Zwar war zwischen den Brettern eine durchlaufende Lücke [...], aber diese Lücke reichte bei weitem nicht einmal zum Durchstecken des Schwanzes aus und war mit aller Affenkraft nicht zu verbreitern.[60]

58 Munnecke: *Hagenbecks Dschungelfahrten*, S. 78.

59 Ebd., S. 79.

60 Kafka: Bericht für eine Akademie, S. 108. Mehrfach wurde bereits auf Friedrich Nietzsches Schrift *Zur Genealogie der Moral* als Quelle für dieses Passage hingewiesen,

Das eigentümliche Gebilde, halb Käfig, halb Kiste, oder vielmehr: der Käfig, der sich mit der Kiste als vierter Wand verdoppelt und in dem der Affe verkehrt herum sitzt, stellt das eigentliche Zentrum der Erzählung dar. Offensichtlich hat die Beschreibung hier aber auch verschmolzen, was in den Berichten von Hagenbecks Fangzügen gleichfalls immer plastisch beschrieben wird: Die käfigartige Falle, in die das Tier getrieben wird, und die Transportkiste, in der es von Einheimischen getragen, mit der Eisenbahn und schließlich mit dem Schiff nach Hamburg gebracht wird, sind Werkzeuge der Kultur; Tierfang ist eine Kulturtechnik, die die gewöhnliche Jagd triumphal überbietet. Als ‚vierte Wand' bezeichnet man jedoch in Schaustellungszusammenhängen wie dem Theater und dem Variété die zum Zuschauerraum offene Seite der Bühne, die seit dem späten 18. Jahrhundert in der Regel eine so genannte Guckkasten-Bühne ist. Wenn sich Kafkas Affe mit dem Gitter im Rücken der Kiste zuwendet, so zeigt entsprechend das mehrfach wiederholte und viel gedeutete ‚kein Ausweg', dass das als Sache und Ware verpackte Tier wie die so genannten ‚Naturmenschen' der Völkerschauen vom Besitzerwechsel nichts Gutes zu erwarten hat und doch zugleich nur über diesen Ausweg der Schaustellung in eine Zwischenexistenz flüchten kann: „Affen gehören bei Hagenbeck an die Kistenwand – nun, so höre ich auf, Affe zu sein. […] Weiterkommen, weiterkommen! Nur nicht mit aufgehobenen Armen stillestehen, angedrückt an eine Kistenwand".[61] Kafkas Affe steht hier, buchstäblich und der Redensart gemäß mit dem Rücken zur Wand, doch mit erhobenen Armen an die Wand gestellt wird gemeinhin der, den wir als Menschen bezeichnen – zum Abschuss freigegeben im legalen Akt der Tötung durch Hinrichtung

wo unter anderem der Mensch als „dies an den Gitterstangen seines Käfigs sich wundstoßende Tier" bezeichnet wird, vgl. zuletzt Jochen Thermann: *Kafkas Tiere. Fährten, Bahnen und Wege der Sprache*. Bonn: Tectum 2007, S. 76. Theodom betont überdis mit Bezug auf Agamben das Element des Einfangens: Agamben zufolge sei die „anthropologisch[e] Maschine […] immer auch ein Einfangen" (ebd., S. 72). Freilich verwischen sich hier buchstäbliche und übertragene Redeweise in Zitat und zitiertem Text, denn dort heißt es unbestimmter: „Insofern in ihr die Erzeugung des Humanen mittels der Option Mensch/Tier, human/inhuman auf dem Spiel steht, funktioniert die anthropologische Maschine notwendigerweise mittels einer Ausschließung (die immer auch ein Einfangen ist) und einer Einschließung (die immer auch eine Ausschließung ist)." (Agamben: *Das Offene*, S. 46–47.)

61 Kafka: Bericht für eine Akademie, S. 109–110.

als den sich auch diese Form des Tier- und Menschenfangs entlarven lässt.

Zeitgleich mit dem kurzlebigen Imperium der so genannten Schutzgebiete in Deutsch-Ostafrika und Deutsch-Südwestafrika errichtet Carl Hagenbeck somit in Hamburg-Stellingen ein so genanntes Tierparadies, in dem wie in den Kolonien kaufmännische Interessen durch eine Art sentimentalen Idealismus überformt werden. Programmatisch sieht der Zoogründer daher in seinen Tierfängern die neue Generation von wagemutigen Forschern, die wie die Helden der Pol-Expeditionen unter Einsatz von Leib und Leben neue Gebiete erschließen und einen wichtigen Beitrag zum Fortschritt der zivilisierten Gesellschaft leisten, und er besteht darauf, mit seinen Schauen und Darbietungen einen Beitrag zur Wissenschaft vom Menschen zu leisten.[62] Wie in Kafkas Text, so eröffnet sich in Hagenbecks Imperium ein Kunstraum, in dem sich Elemente von Schaustellung und Wissenschaft überkreuzen und vielleicht letztmalig zeigt sich in den Texten der Tierfänger die Selbstgewissheit eines kolonialen Besitzwillens, der sich immer auf der Seite des Rechts weiß und die Leerstelle seiner Aneignungsstrategie mit ganzen Bündeln von Legitimationserzählungen füllt. Das Fremde als Niemandsgut, Ding und Ware wird so bezwungen, angeeignet und zugleich vernichtet; das ausgestellte Andere, ununterscheidbar Tier und Mensch, als Schauspieler seiner selbst zu einer Projektionsfläche im leeren Raum der Kulissenwelt.

IV. Schluss: Bestiarien der Liebe, obszöne Mischwesen

Man mag die Erzählungen von Jagd, Abenteuer und großer Liebe und die Inszenierung einer paradiesischen Mensch-Tier-Gemeinschaft kurios oder befremdlich finden im Sinne Asserates, und sicher widersprechen sie dem, was die kleine anthropologische Maschine der westlichen Zivilisation Tag für Tag zuverlässig leistet: dass wir wissen, ob wir unser Gegenüber betrachten, umarmen, töten, aufschneiden

62 Zu dieser Einschätzung durfte sich Hagenbeck auch durch seine ehrenvolle Aufnahme in die Berliner Gesellschaft für Anthropologie, Ethnologie und Urgeschichte und seine enge Zusammenarbeit mit Rudolf Virchov berechtigt fühlen, dem er beispielsweise seine „Eskimos“ zur Vermessung zur Verfügung stellte, vgl. Hilke Thode-Arora: *Für fünfzig Pfennig um die Welt. Die Hagenbeckschen Völkerschauen.* Frankfurt am Main / New York: Campus 1989, S. 127, S. 129.

oder essen sollen. In ihrer unheimlichen Mischung aus Brutalität, unverstelltem Rassismus und Sentimentalität konturieren sie jedoch, was sich als historisch erfolgreich herausgestellt hat: die europäische oder deutsche Grauzone der Haustierhaltung als Liebe unter Familienmitgliedern und die Zurichtung des Wilden zum Schaustück und Objekt. Es ist somit eben nicht fremd und befremdlich, was uns in diesen Texten entgegentritt, sondern die noch vergleichsweise unschuldige Formulierung dessen, was wir als unsere eigene Kultur wiedererkennen müssen. Dabei ist es Kafkas mitten im Ersten Weltkrieg verfasster Bericht, der in dieser Behaglichkeit schauriger Tierliebe nachhaltig stört, indem er zeigt, wie im Affendasein der Mensch steckt, wie beide zum selben einzigen Ausweg verurteilt sind, zum Abschuss freigegeben im legalen Akt der Tötung in Jagd, Krieg und massenhafter Vernichtung. Auch die sentimentale Überformung animalischer Liebe und die Schrecken der Tierwerdung nehmen andere Tier-Texte Kafkas im Schauraum von Wissenschaft und Kunst, den sie eröffnen, vorweg. In den Erzählungen der Tierfänger von Wildtieren als Bettgenossen ist animalische Sexualität offenbar noch gebändigt durch die Rahmung mithilfe bürgerlicher Liebesformate, die es erlauben, die neuerdings Verwandten als eigenes Kind unbestimmten Geschlechts, als zur Identifikation geeigneten kräftigen, jungen Vetter oder Sohnersatz, aber auch als Geliebte mit Attributen weiblicher Menschenschönheit zu konturieren.

Dabei folgen die Erzählungen teils jahrtausendealten Vorgaben zur Auffassung solcher Beziehungen: Seit den Berichten über die Eroberungen Alexanders des Großen sind Elefanten als Kriegswaffen bekannt und gefürchtet; durch den legendären Marsch Hannibals über die Alpen zudem als geradezu unverwundbare, durch ihre Größe und Kraft namenlosen Schrecken verbreitende Ungeheuer, deren das mächtigste Heer der zivilisierten Welt nicht Herr wird. Dieses antike Erbe grundiert noch die Schilderungen der neuen Kämpfer des späten 19. Jahrhunderts, die sich in den fremden Kolonien des afrikanischen Kontinents der selben unheilvollen Verbindung von natürlicher Überlegenheit und fremder Kultur gegenüber sehen. Vom Kampf Mann gegen (Tier-)Mann kann dabei, wie die Zitate belegten, allerdings nicht die Rede sein, denn im Rahmen der professionell betriebenen Jagd auf Tiere als Waren und Handelsobjekte steht den deutschen Jägern nicht nur das bessere Waffenarsenal zur Verfügung, sondern eben auch jene unersetzliche Gruppe von Einheimischen, die Wege weisen, Spuren sichern, Jagdtechniken erläutern, Material befördern und schließlich das Aufspüren, Erlegen und Abtransportieren der Tiere oder ihrer Teile überhaupt erst ermöglichen.[63] Ist es das Privileg auch der kolonialen Herrscher, in der Überhöhung ihrer eigenen Heldenrolle typisches ‚Jägerlatein' zu produzieren, so wird man realistischere Schilderungen doch im Bereich der meist unbeholfen skizzierten Gefühlswelt suchen müssen, die sich offenbar dort in der Tier-Begegnung eröffnet, wo im ‚Wilden' kein solches Gegenüber besteht, sei es, weil die sozialen, ideologischen und rassistischen Vorbehalte ein solches Affiziertsein vom Anderen von vornherein verhindern, sei es, weil beim Anknüpfen gefühlsmäßiger Bindungen in den durchgehend männlichen Trupps das Tabu der homoerotischen Beziehung berührt wäre.

Diese Texte weisen auf die Beunruhigung voraus, als die sich unter den gewandelten Vorzeichen des 20. und 21. Jahrhunderts das mit diesem Liebeskonzept drohende Tierwerden des Menschen darstellt, wie es beispielsweise in seiner vergleichsweise harmlosen Variante des rituellen Austauschs von Zärtlichkeiten im Blog eines pakistanischen Ethnologen der deutschen Kultur geschildert wird: „Er berichtet von Hausbesuchen, in denen Frauen sich auf den Teppich knieten, um den Hund des Gastgebers zu umarmen und ausgiebig zu massieren", bis hin zu „minutenlange[n] Balgereien".[64] Solches „Gewälze mit Hunden"[65] zeigt auch in teils quälender Echtzeit der österreichische Dokumentarfilm *Tierische Liebe* von Ulrich Seidl, gegen dessen Vorführung in einem Universitätsseminar protestiert wurde, „weil die Studierenden den Anblick von knurrenden, hechelnden und sich windenden Menschen – ohne dass es dabei um etwas Sexuelles ging – körperlich nicht ertragen konnten"[66]. Schon Kafkas

63 Andere Prototypen dieser Begegnung wären seit der Antike in der Figur des Gladiators und des Dompteurs auszumachen; unverkennbar sind hier trotz der historisch verbürgten steten Partizipation von Frauen genuin männliche Domänen angesprochen. Vgl. zur Irritation durch Frauen Stephanie Haerdle: *Amazonen der Arena. Zirkusartistinnen und Dompteusen.* Berlin: Wagenbach 2007. Eröffnet wird der Band mit einer ganzseitigen Photographie, präzise untertitelt: „Elefant und Artistin machen Kopfstand" (ebd., S. 6).

64 Max Goldt: Im Visier von Pakistan und Texas. In: Ders.: *Ein Buch namens Zimbo. Texte 2007–2008. Einer von 2006. Vier von 2009.* Berlin: Rowohlt 2009, S. 14–22, hier S. 15. Der zitierte Blog trägt den Titel „German Joys". http://andrewhammel.typepad.com (Zugriff am 05.08.2014).

65 Ebd.

66 Massimo Perinelli: Die Lust auf das Tier. Zoophilie, Film und der normative Reflex. In: *Tierstudien* 3 (2013): Tierliebe, S. 62–74, hier S. 69, Anm. 17. Perinelli

forschende Hunde halten sich eigentümliche Haustiere in Gestalt winziger „Lufthunde",[67] seine Texte verlängern die Kette der Wesen bis zu eigentümlichen Hybriden wie vermeintlich lebendig springenden Bällen und der sprechenden Zwirnspule Odradek.

Hebbels Eichhörnchen, das seinen sinnfälligen Platz als Präparat vor der Shakespeare-Ausgabe im Bücherregal erhält, verdichtet so geradezu visionär die Tendenzen des Zeitalters, in dem die naturwissenschaftliche Tierschau etablierte Formen bildungsbürgerlicher, humanistische Lesekultur verdrängen wird. Es verweist aber mit dem Zitat William Shakespeares auch indirekt auf ein Textkorpus, das wie kein anderes von der Bestialität des Menschen und von merkwürdigen nicht-menschlichen Mischwesen handelt. So bevölkern die Inselwelt des *Sturm* nicht nur zaubernde Despoten, ein Luftgeist, betrunkene Matrosen und ein ungeformtes tierartiges Geschöpf, in dem man den Prototypen des eingeborenen Wilden erkennen kann, sondern eben diese führen das grausame Spiel unendlicher Differenzierung unter kolonialen Vorzeichen geradezu mustergültig durch und vor, wenn das „Monster" Caliban sich Trinculo als dem „wundrous man" unterwirft und ihm zugleich als grabendes, langnägliges Tier unter Tieren die ersten Kulturtechniken der Menschheit anbietet, das Sammeln, Jagen und die Kunst, „die flinken Äffchen in die Falle zu locken".[68] Es ist mithin eine genuine Eigenschaft und Leistung der Literatur, die Ambivalenzen, Unbestimmtheiten und Grauzonen der Tierliebe rekonstruieren und darstellen zu können, um dem Interesse am Tier einen Raum des Dazwischens zu eröffnen, bei Kafka unnachahmlich gefasst in das Bild des Kätzchen-Lamm-Haustiers, das als ununterscheidbar eigenes und fremdes „zum Lachen reizt, wenn es mich umschnuppert, zwischen den Beinen sich durchwindet, und gar nicht von mir zu trennen ist."[69]

verweist für diese Anekdote auf eine frühere eigene Studie, vgl. Perinelli: Sexy Tiere. Visuelle Lust und tierische Liebe. In: Jutta Buchner-Fuhs / Lotte Rose (Hrsg.): *Tierische Sozialarbeit.* Wiesbaden: VS 2012, S. 231–237.

67 Franz Kafka: [Forschungen eines Hundes]. In: *KKA*, Bd. 8: Das Ehepaar und andere Schriften aus dem Nachlaß, hrsg. v. Hans-Gerd Koch. Frankfurt am Main: Fischer 2002, S. 48–93, hier S. 66.

68 „I prithee, let me bring thee where crabs grow; / And I with my long nails will dig thee pig-nuts; / Show thee a jay's nest, and instruct thee how / To snare the nimble marmoset". (William Shakespeare: *The Tempest. Der Sturm*, Englisch/Deutsch, aus d. Engl. v. Gerd Stratmann, Stuttgart: Reclam 1982, II, 2, 170, S. 81.)

69 Franz Kafka: Eine Kreuzung. In: *KKA*, Bd. 6, S. 91–92, hier S. 92.

Das Tier als spiritistisches Medium

Tierpsychologie und Okkultismus bei Franz Kafka und Maurice Maeterlinck

Patrick Ramponi

> Menschen, Tiere, Pflanzen, Steine und Gestirne, Flammen, Töne, Farben müssen hinten zusammen, wie Eine Familie oder Gesellsch(aft), wie Ein Geschlecht handeln und sprechen. (Novalis)[1]

I.

Adalbert Stifter arbeitete im Frühjahr 1845 an einer umfangreicheren Abhandlung mit dem Arbeitstitel *Zur Psychologie der Tiere.* Es sollte – laut Plan – eine Seelenkunde der animalischen Gefährten des Menschen werden, in kurzen, anekdotisch aneinandergereihten „Tiergeschichten". Aus diesem Projekt ist uns lediglich ein kurzes Fragment überliefert. Stifter schildert darin, wie er mit Tieren, „denen mich der Zufall näher bringt als andern, gern rede und auf ihre Antworten Bedacht nehme"[2]. Dabei muss er das Dilemma einräumen, dass man das „Seelenleben der Tiere" ohne anthropomorphisierende Annahmen gar nicht „namhaft" machen, wohl aber zu feinsinnigen, das menschliche Bewusstsein transzendierenden Einsichten gelangen könne.[3] Denn, so schreibt Stifter, solange wir die „Grammatiken der Tiersprache" nicht kennen, müssen wir uns auf „*Zeichen* seiner Seele"

1 Novalis: Materialien zum ‚Heinrich von Ofterdingen'. In: Ders.: *Werke*, hrsg. u. komment. v. Gerhard Schulz. München: Beck 2001, S. 289.

2 Adalbert Stifter: Zur Psychologie der Tiere. In: Ders.: *Gesammelte Werke in vierzehn Bänden*, Bd. 14, hrsg. v. Konrad Steffen. Basel / Stuttgart: Birkhäuser 1972, S. 10–15, hier S. 11.

3 Ebd., S. 11.

verlassen,[4] die in unscheinbaren Alltagssituationen ganz schlagartig und ungewollt erscheinen. Stifter erzählt dazu folgende Anekdote: Beim Umzug lässt die Familie einen Wandspiegel zwischen „Geräte[n] und andere[n] Dingen" stehen, in dem sich die ungeordneten Sachen der Wohnung spiegeln:

> Dies geschah auch mit dem Hündchen, das unter den Dingen herumging und plötzlich sein Abbild im Spiegel erblickte. Es lief näher und wollte mit seinem Doppelgänger spielen, allein, der kam nicht heraus. [...] Aber nun wurde in Muffis Angesichte die Betörtheit sichtbar, die ihn ergriff – denn er roch nichts, und nach seiner Berechnung mußte der andere notwendig riechen. [...] Plötzlich kam ihm ein Gedanke – er ließ plötzlich vom Riechen ab, lief den Spiegel entlang und hinter demselben hinein um dort zu schauen: allein, war er früher betört gewesen, so war er jetzt völlig geschlagen – eine solche Ratlosigkeit habe ich in meinem Leben noch nie in einem Angesichte gesehen [...]. Leise auftretend, Fuß für Fuß hebend, mit eingezogenem Schweife ging er dem Körbchen zu, in welchem sein Polster lag, auf dem er gewöhnlich zu ruhen pflegte, gerade wie sich Menschen von Orten fortschleichen, an denen es ihnen nicht geheuer ist, um die etwa dort befindlichen Gespenster zu betrügen. Offenbar muß ihm seine Phantasie eine unauflösliche Unheimlichkeit vorgespiegelt haben, mithin Mächte, die all seine Kräfte lähmten und vernichteten.[5]

Stifters Tiergeschichte beginnt mit dem uns ‚heimlichen' Haustier, um dann am Ende ins Unheimliche, Abgründige und Dunkle abzudriften. Der Text erzielt dabei den Effekt, dass das so behagliche Genre biedermeierlicher Tierporträts gleichsam von innen aufgesprengt wird. Die Anekdote, die Stifter erzählt, um die Kommunikationswege jenseits der menschlichen Sprachmuster anzudeuten, greift nicht zufällig auf ein materielles Dispositiv zurück, das das Verhältnis von Mensch und Tier seit Jahrhunderten symbolisiert: den Spiegel. Gerhard Neumann hat in einem kanonischen Aufsatz die komplexe Spiegelfunktion des Tiermotivs in Kunst und Literatur des ‚Abendlandes' nachgewiesen und dabei auf die „Sonderstellung" des Hundes „innerhalb der Argumentation über menschliche Selbstwahrnehmung im Spiegelbild mit Tierfiguren" hingewiesen.[6] Erscheinen Hunde philosophiegeschichtlich und ikonographisch

4 Stifter: Zur Psychologie der Tiere, S. 11, 13 (Hervorh. P. R.).

5 Ebd., S. 13–14.

6 Gerhard Neumann: Der Blick des Anderen. Zum Motiv des Hundes und des Affen in der Literatur. In: Ders.: *Kafka-Lektüren*. Berlin et al.: de Gruyter 2013, S. 287–327, hier S. 301. Der hier zitierte Aufsatz ist die aktuellste, erweiterte und aktualisierte Fassung seiner Antrittsvorlesung an der LMU München im Jahr 1987.

betrachtet als „Semiotiker menschlicher Identität"[7], als Identitätsgaranten und Medien der humanen Selbsterkenntnis, so führt Stifters Text diese stabilisierenden Spiegelwesen gleich doppelt an den Abgrund der humanimalischen Selbsterkundung. Stifter kehrt das „theoriozentrische[] Spiel- und Argumentationsmodell"[8] um: Nicht nur, dass es hier nicht mehr das Tier ist, das „aus seinem fremden, antwortenden Blick die Zeichen des menschlichen Körpers, seines Gesichts wie seiner Gestalt zu entziffern sucht", also gleichsam von der Seite der Natur die Zeichen der Kultur zu lesen versucht; nicht nur, dass es der Mensch ist, der hier zum Seelenleser des Tieres wird; darüber hinaus ist es die Erfahrung mit dem ‚Spiegelstadium', die den Hund an die Grenzen seiner Wahrnehmung führt, Riech- und Sehsinn verwirren („Betörtheit"[9]) und ihn damit aus dem Blickwechsel zwischen Mensch und Tier jäh herausreißt.

Mit seiner Frage nach der Semiotik der Tierseele macht Stifter aber mehr noch deutlich, dass die Lektüre der animalischen Psyche eines einfachen Haustiers einer Zeichendeutung obliegt, die jenseits der Grammatik operiert, mithilfe derer sich Mensch und Tier ‚sprachlich' verständigen könnten. Lange vor Jacques Derrida wird hier bereits die Unhintergehbarkeit von Sprache und den ihr eigenen Anthropomorphismen in der Verständigung zwischen Mensch und Tier postuliert. Darüber hinaus aber impliziert Stifters Fragment, dass mit und durch die Sprache hindurch ein komplexes Mitteilungsgeschehen zwischen Animalischem und Humanem stattfinden kann, das die manichäische Ordnung der Repräsentation an ihre Grenzen führt.[10] Das von Stifter inszenierte Rede- und Antwortspiel zielt auf eine Art von Seelenverbindung, die in jene Zonen führt, in denen die Differenz von Mensch und Tier zugunsten eines nicht näher benannten Territoriums aufgelöst wird.[11] Stifter lässt allenfalls semantisch

7 So Neumann im Anschluss an Manfred Schneider. Vgl. ebd., S. 302, 301, Anm. 17.

8 Ebd., S. 291. Hier auch das folgende Zitat.

9 Ähnlich spricht Heidegger von der „tierischen Benommenheit". Vgl. dazu Giorgio Agamben: *Das Offene. Der Mensch und das Tier*. Frankfurt am Main: Suhrkamp 2003, S. 67–68.

10 Vgl. dazu Jacques Derrida: *Das Tier, das ich also bin*, aus d. Franz. v. Markus Sedlaczek, hrsg. v. Peter Engelmann. Wien: Passagen 2010.

11 Derridas Wortspiel mit dem Begriff einer „*animalséance*" wäre in diese (spiritistische) Richtung weiterzudenken. Vgl. Jacques Derrdia: The Animal That Therefore I Am (More to Follow). In: *Critical Inquiry* 28,2 (2002), S. 369–418, hier S. 372.

erahnen, um welche Dimensionen es hierbei gehen könnte: Deutlich präfiguriert dieser Text die erst von Sigmund Freud systematisch formulierte Theorie des Unheimlichen. Nicht nur die Rede von den „Zeichen seiner Seele", sondern mehr noch das drastische Vokabular ‚lähmender', gar ‚vernichtender' ‚Mächte' führt den Leser unmittelbar in einen im ausgehenden 19. Jahrhundert florierenden Diskurs parapsychologischer Erscheinungen und animalisch-okkulter Medien ein, um den es im Folgenden gehen soll.

II.

Hatte sich die sog. Tierseelenkunde im 19. Jahrhundert noch weitestgehend auf anekdotenhafte Sammlungen von Tier-Charakteren[12] beschränkt, die man mittels hermeneutischer Analogiebildung in den Horizont menschlichen Verstehens einholen konnte, beginnt man im frühen 20. Jahrhundert nach den Codierungen und Signalen zu forschen, die tierisches Verhalten steuern. Die Biologen, Veterinärmediziner und frühen Psychologen (allen voran Wilhelm Wundt) hatten sich bereits gegen Ende des 19. Jahrhunderts weitestgehend darauf geeinigt, dass das psychische Vermögen der Tiere sich nur graduell von jenem der Menschen unterscheiden ließe.[13] Auch die Lernfähigkeit von Tieren hatte sich in jahrtausendalter Erfahrung mit Domestikation von Haustieren und Dressur von Nutztieren gezeigt (und bewährt). Und die Physiologie hatte mittels Tiersektionen versucht, alle Geheimnisse der Nervenbahnen von Tieren zu enthüllen. Unentschieden blieb in der nachdarwinistischen vergleichenden Psychologie vor allem die Frage nach den Hierarchien der einzelnen psychischen Vermögen: Instinkt, Reflexe, Intelligenz, Verstand, Willen, Vernunft etc.[14] Die Seele des Tieres blieb indessen weiterhin ein Rätsel, bis die alte Frage nach dem ‚Bewusstsein' hinter den kognitiven Leistungen

12 Z.B. Maximilian Perty: *Ueber das Seelenleben der Thiere. Thatsachen und Betrachtungen.* Leipzig / Heidelberg: Winter 1876.

13 Vgl. etwa Johann Paul Gleisberg: *Instinkt und freier Wille, oder, Das Seelenleben beim Thiere und dem Menschen.* Leipzig: Wiegand 1861.

14 So behauptet Wilhelm Bölsche noch 1924, dass „für die Anerkennung der Tierseele nicht das letzte philosophische Rätsel des Geistigen überhaupt" gelöst werden muss (Wilhelm Bölsche: *Tierseele und Menschenseele.* Stuttgart: Kosmos 1924, S. 9). Zum Widerstreit von Instinkt und Intelligent mitsamt der evolutionsbiologischen Implikationen vgl. ebd., S. 26–30.

von Tieren dann ab 1915/20 allmählich in den Hintergrund rücken sollte.[15] Mit der Tierseelenfrage beschäftigten sich in der Weimarer Republik nur noch Okkultisten und Parapsychologen.

Dabei lässt sich gerade um 1900 bereits eine erste Konjunktur okkultistischer Annäherungen an die Psyche von nichtmenschlichen Tieren ausmachen. Das Anliegen, über exakte naturwissenschaftliche Verfahren übernatürliche Erscheinungen erklärbar zu machen,[16] gerierte sich nicht weniger wissenschaftlich als die materialistisch-mechanistische Gegentendenz, die Parapsychologie als Erklärungsmodell konsequent ausschloss. Der Okkultismus wollte nicht weniger ernst genommen werden als die christlichen Naturwissenschaftler, die zwar den Tieren basale psychische Vermögen nicht abstreiten konnten, aber qua Schöpfungsnarrativ die göttlich geschaffene Vormachtstellung des seiner Selbst und Gottes bewussten Menschen auf der Erde nicht zuletzt in Abgrenzung zum wohlgeordnet-statischen Platz des Tieres im „Naturgetriebe" garantiert wissen wollten.[17]

Dass man Tieren außerordentliche, übersinnliche Fähigkeiten zuschrieb, war um 1900 ein kulturell und sozial weit verbreitetes Phänomen. Die sich in ihrer Formierungsphase befindliche Psychologie griff die unzähligen Fälle von animalischen Hellsehern und Erscheinungen von Tiergeistern begeistert auf, immerhin hatte sich die psychologische Forschung selbst im Umfeld der spiritistischen Bewegungen herausgebildet, wobei die Grenzen zum Parapsychologischen noch fließend waren.[18] Eines ihrer Hauptforschungsfelder waren die

15 Vgl. dazu Dietmar Schmidt: *Die Physiognomie der Tiere. Von der Poetik der Fauna zur Kenntnis des Menschen.* München: Fink 2011, S. 425. – Ein einschlägiges Lehrbuch zur analytisch-kausalen Tierpsychologie grenzt sich von der „vulgären" Tierpsychologie mit dem Vorwurf des anthropopmorphisierenden Interesse am Bewusstsein ab, nämlich Karl Lutz: *Tierpsychologie. Eine Einführung in die vergleichende Psychologie.* Leipzig / Berlin: Teubner 1923, S. 6.

16 Die Bestimmung des Okkultismus als (noch) unbekannte Naturwissenschaft entspricht der zeitgenössischen Definition des Begriffs „moderner Okkultismus".

17 Vgl. etwa F. Knickenberg: *Tier-Psychologie. Ist das Tier eine Maschine oder ein sensitives Wesen?* Graz / Leipzig: Moser 1908, S. 187.

18 Besonders für Frankreich und England ist dieser parapsychologische Schwerpunkt der frühen Psychologie gut dokumentiert, vor allem auch institutionell belegt durch die *Annales des sciences psychiques* (1891) und die Gründung der Society for Psychical Research in England (1882). In Deutschland verzögert sich diese Entwicklung und kristallisiert sich um die 1910er Jahre. Vgl. dazu Sofie Lachapelle: *Investigating the Supernatural. From Spiritism and Occultism to Psychical Research and Metaphysics in France, 1853–1931.* Baltimore: Johns Hopkins University Press 2011; John Oppenheim: *The*

diversen Manifestationen von spiritistischen Medien, die auf Séancen so unterschiedliche Phänomene hervorbrachten wie automatisches Schreiben, Geisterkommunikation und Materialisierungen aller Art. Besonders verbreitet waren Zeugnisse von Haustieren, die eine besonders tiefe, spirituelle Verbindung zu ihren Haltern unterhielten, vor allem Berichte über telepathische Kommunikation oder Visionen, die den Tod geliebter Haustiere ankündigten. Aber auch die umgekehrte Form, dass Tiere telepathischen Halluzinationen unterlagen oder das Ableben von Menschen voraussahen, war weit verbreitet, ebenso die Kunde von Tier-Materialisationen in spiritistischen Séancen.[19] Für die spiritistisch angehauchte Psychologie bestand kein Zweifel, dass Tiere eine Seele haben und um die genaue Verortung übernatürlicher Qualitäten im Unterbewusstsein von Tieren konkurrierten zahlreiche okkultistische Deutungsversuche.[20]

III.

Eine solche Konstellation hat sich in einem der einflussreichsten Tierverhaltensexperimente des frühen 20. Jahrhunderts ereignet. Damals erregten spektakuläre Fälle von sprechenden, denkenden und rechnenden Pferden sowie philosophisch gebildeten Hunden die Aufmerksamkeit der Medien.[21] Die Kunde von diesen sog. Wundertieren verbreitete sich wie ein Lauffeuer in den Unterhaltungsblättern,

Other World. Spiritualism and Psychical Research in England, 1850–1914. Cambridge: Cambridge University Press 1985; Robert Stockhammer: *Zaubertexte. Die Wiederkehr der Magie und die Literatur 1880–1945*. Berlin: Akademie 2000, S. 46–50.

19 Vgl. die Dokumentation dieser Fälle bei Ernest Bozzano: *Les manifestations métapsychiques et les animaux*. Paris: Meyer 1926; Camille Flammarion: *Rätsel des Seelenlebens*, aus d. Frz. v. Gustav Meyrink. Stuttgart: Hoffmann 1909.

20 Dagegen gibt es aber auch spiritistische Positionen, die Tieren eine Eignung als Medium fundamental absprechen, da sie qua Evolution auf einer niederen Stufe stehen und folglich zwischen ihrer fluidistischen Hülle und jenem Perisprit der Menschen keine Vereinigung möglich sei. Da Tiere keine dem Menschen qualitativ analoge Seele besäßen, seien sie folglich auch nicht in der Lage, Botschaften von höherwertigen Seelen, also Geistern, kundzutun. Vgl. dazu Allan Kardec: *Das Buch der Medien, oder Wegweiser der Medien und Aufrufer*. Leipzig: Mutze 1877, Kap. 22: „Medialität bei Tieren. Zur spiritistischen Evolutionstheorie"; vgl. auch Monika Fick: *Sinnenwelt und Weltenseele. Der psychopyhsische Monismus in der Literatur der Jahrhundertwende*. Tübingen 1992, S. 5.

21 Vgl. zusammenfassend Johannes Abresch: Art. Denkende Tiere. In: Helmut E. Lück / Rudolf Miller (Hrsg.): *Illustrierte Geschichte der Psychologie*. München: Quintessenz 1993, S. 11–14.

populären Naturkunden und Fachpublikationen des späten Kaiserreichs, und nicht selten avancierten kluge Haustiere zur Jahrmarkts- und Zirkusattraktion oder luden zum Besuch im Kuriositätenkabinett privater Bürgerappartements ein.[22] Die berühmtesten Vertreter der Spezies hochbegabter Tiere waren sicherlich die ‚Elberfelder Pferde', unter ihnen ein russischer Orlowtraber, dem zunächst der pensionierte Elementarschullehrer Wilhelm von Osten über jahrelangen Unterricht Rechenaufgaben auf dem Niveau eines vierzehnjährigen Schülers beizubringen versuchte. In einem Berliner Hinterhof konnten sich geladene Gäste davon überzeugen, dass der ‚Kluge Hans' nicht nur elementare Arithmetik mittels eines Klopfcodes seiner Hufe bewältigen konnte, sondern darüber hinaus auch Bruchrechnen, Farben erkennen und die sieben Töne einer Tonleiter unterscheiden konnte:

> Schrieb man nun auf eine Reihe von nebeneinander hängenden Tafeln Wörter und nannte eines von diesen, so ging der Hengst zu der betreffenden Tafel hin und berührte sie mit der Nase. Man ließ ihn wohl auch ein aufgeschriebenes Wort buchstabieren. Dies geschah mit Hilfe einer von Hrn. v. O. ausgearbeiteten, vor am Pferde stehenden Tabelle, in der jeder Buchstabe des Alphabets sowie eine Anzahl von Doppellauten durch ihre Stelle innerhalb einer Zahlenreihe gekennzeichnet waren. So standen z. B. in der fünften Horizontalreihe: s an 1., sch an 2., ss an 3. Stelle usw., so daß also für s erst 5, dann 1 Tritt, für sch 5 und 2, für ss 5 und 3 Tritte angegeben werden mussten. Auf die Frage: ‚Was hält die Dame in der Hand?' buchstabierte Hans ohne Zögern: 5, 2; 3, 2; 4,6; 3,7; d. h. ‚Schirm'.[23]

Der ‚Kluge Hans' war schon bald „der Held zahlreicher Couplets, und sein Name tönte selbst von der Bühne herab. Sein Konterfei

22 Allein in den Jahren 1912–1914 erschienen knapp tausend Artikel zum Thema in insgesamt 439 deutschen und ausländischen Zeitschriften. Vgl. die Angaben bei Britt von den Berg: *Die „Neue Tierpsychologie" und ihre wissenschaftlichen Vertreter (von 1900 bis 1945)*. Bristol / Berlin: Tenea 2008, S. 112. – Das Interesse an sog. Wundertieren kann auf eine lange Vorgeschichte zurückblicken: Im 18. Jahrhundert wurden vor allem die außerordentlichen Fähigkeiten von Wildtieren wie Elefanten, Affen, Tiger oder Papageien auf Jahrmärkten oder durch fahrende Magier ausgestellt. Vgl. dazu z. B. Louise E. Robbins: *Elephant Slaves and Pampered Parrots: Exotic Animals in Eighteenth-century Paris*. Baltimore: Johns Hopkins University Press 2002, S. 79; Paul Heuzé: *La plaisanterie des animaux calculateurs*. Paris: Les Editions de France 1928.

23 Oskar Pfungst: *Das Pferd des Herrn von Osten (der Kluge Hans). Ein Beitrag zur experimentellen Tier- und Menschenpsychologie*. Leipzig: Barth 1907, S. 20. – Zum Status des ‚Klugen Hans' als medialer Berühmtheit siehe auch Karen Duve / Thies Völker: *Lexikon berühmter Tiere. 1200 Tiere aus Geschichte, Film, Märchen, Literatur und Mythologie*. Frankfurt am Main: Eichborn 1997, S. 357–358.

zierte manche Ansichtskarte, und daß er schließlich als Kinderspielzeug und als Likörmarke in den Handel kam, spricht beredt genug für seine große Popularität"[24], so schreibt Oskar Pfungst 1907.[25] Pfungsts ausführliche Monographie über den ‚Klugen Hans' belegt das große Interesse der noch relativ jungen psychologischen Disziplin an von Ostens spektakulärer Tierpädagogik. Pfungst war es auch, der, als Assistent von Carl Stumpf, dem ungleich berühmteren Philosophieprofessor, Begründer der experimentellen Psychologie und Rektor der Berliner Universität, Gutachter einer wissenschaftlichen Experten-Kommission zur Überprüfung der Intelligenz dieses Pferdes wurde, für die sich mittlerweile sogar der Kaiser höchstpersönlich interessierte. Denn während von Osten davon überzeugt war, dass er durch eine ausgeklügelte Pädagogik die in seinen animalischen Zöglingen schlummernde Intelligenz hervorrufen und ausbilden könne, vermutete bereits im Juni 1903 Albert Moll, der Vorsitzende der Berliner Psychologischen Gesellschaft, der dem Unterricht beiwohnte, dass das Pferd „keine Begriffsbildung" zeige, „sondern es erhielt zweifellos Hilfen, d. h. Signale, auf die es reagierte".[26] Einige kritische Stimmen gingen sogar so weit, zu behaupten, dass von Osten über unterirdische verlegte elektrische Kabel mit dem Pferd kommunizierte, andere wiederum spekulierten, dass Suggestion, Hypnose oder mysteriöse Strahlen im Spiel seien.

Zur Überprüfung dieser ‚Zeichenthese' formierte sich eine interdisziplinäre Untersuchungskommission, die nach einem ersten, mehr oder weniger ergebnislosen Anlauf schließlich zur Überzeugung gelangte, dass alle geistigen Leistungen des Pferdes auf unwillkürlichen optischen Signalen des Fragestellers beruhten. Zwar war von Osten damit

24 Pfungst: *Das Pferd des Herrn von Osten*, S. 23.

25 Eine detailreiche Rekonstruktion des Medienhypes und der kontroversen Wissenschaftsgeschichte um den ‚Klugen Hans' bietet Heike Baranzke: Nur kluge Hänschen kommen in den Himmel. Der tierpsychologische Streit um ein rechnendes Pferd zu Beginn des 20. Jahrhunderts. In: Friedrich Niewöhner / Jean-Loup Seban (Hrsg.): *Die Seele der Tiere.* Wiesbaden: Harrassowitz 2001, S. 333–379. Vgl. auch die stark gekürzte Fassung dieses Aufsatzes: Heike Baranzke: Der Kluge Hans. Ein Pferd schreibt Wissenschaftsgeschichte. In: Jessica Ullrich / Friedrich Weltzien / Heike Fuhlbrügge (Hrsg.): *Ich, das Tier. Tiere als Persönlichkeiten in der Kulturgeschichte.* Berlin: Reimer 2008, S. 197–214.

26 Albert Moll: Mitteilungen über den ‚Klugen Hans'. In: *Zeitschrift für Pädagogische Psychologie* (1904), zit. n. Karl Krall: *Denkende Tiere. Beiträge zur Tierseelenkunde auf Grund eigener Versuche. Der Kluge Hans und meine Pferde Muhamed und Zarif.* Leipzig: Engelmann 1912, S. 278.

vom Vorwurf einer absichtlichen Manipulation entlastet, was ihn aber keineswegs zufrieden stellte, da er nach wie vor überzeugt war von der Intelligenz seines Hengstes war. Zuvor war eine heftige Kontroverse zwischen Vertretern unterschiedlicher Fachdisziplinen, etwa zwischen Zoologen, Hippologen, Haustierzüchtern und Zirkusfachleuten entbrannt. Grob skizziert, stand eine Fraktion aus führenden akademischen Physiologen und experimentellen Psychologen, die die Pferdetests verwarfen und ihre seriöse tierpsychologische Forschung diskreditiert sahen, einer Schar an Darwin-Popularisierern, Zoodirektoren, Großwildjägern und Haustierzüchtern gegenüber. Kein Geringerer als der Monist Ernst Haeckel besuchte während eines Vortrags in Berlin den ‚Klugen Hans' und zeigte sich entgegen der Annahmen der Expertenkommission weiterhin überzeugt von der „Denkfähigkeit" des Pferdes.[27]

1909 starb Wilhelm von Osten – vom Manipulationsvorwurf persönlich beleidigt – vereinsamt und verbittert in Berlin. Der Fall schien – wissenschaftlich betrachtet – erledigt.[28] Aus dem ursprünglichen Experiment an Tieren war nun ein für die Experimentalwissenschaft der Psychologie bahnbrechendes Menschenexperiment geworden: Denn die Simulation der Tierexperimente in einem eigens dafür eingerichteten Laboratorium führte dazu, dass nun diskrete Körpersignale und ihre Wirkungen an Versuchs*personen* getestet wurden, ein Experiment zweiter Ordnung gleichsam.[29] Noch heute spricht die kognitive Ethologie vom „Klugen-Hans-Effekt", wenn in experimentellen Befragungen die psychologische Erwartungshaltungen des Examinators und kaum sichtbare körperliche Signalübertragungen als Faktoren für das Gelingen eines Experiments tunlichst herausgerechnet werden müssen.[30] In der Zwischenzeit hatte der Elberfelder

27 Der ‚Kluge Hans' musste der ‚darwinistischen Fraktion' als Paradebeispiel für die „Bestätigung für die seit Darwin behauptete Gleichartigkeit der Tier- und Menschseele" erscheinen, so Carl Stumpf zit. n. Oskar Pfungst: *Das Pferd des Herrn von Osten*, S. 8.

28 Vgl. Baranzke: Nur kluge Hänschen kommen in den Himmel, S. 345.

29 Vgl. Johannes Abresch / Helmut E. Lück: Der kluge Hans, Oskar Pfungst und die Hirnrinde. In: Horst Gundlach (Hrsg.): *Arbeiten zur Psychologiegeschichte*. Göttingen et al.: Hogrefe 1994, S. 83–94, hier S. 84. – Vgl. auch Pfungst: *Das Pferd des Herrn von Osten*, S. 77.

30 Vgl. Donald R. Griffin: *Wie Tiere denken*. München: dtv 1990, S. 248; *Annals of the New York Academy of Sciences* 364 (1981): The Clever Hans Phenomenon. Communication with Horses, Whales, Apes, and People.

Juwelier und Privatier Karl Krall den ‚Klugen Hans' geerbt und überführte die Lernexperimente und damit die Beweise höherer Tierintelligenz (verstanden als „selbständiger Denktätigkeit"[31]) mit zwei weiteren Pferden, den Hengsten Mohamed und Zarif, auf eine komplexere Ebene. Als Dilettant, ganz im Sinne einer „volkstümlichen Tierpsychologie"[32], veranstaltete Krall öffentliche Vorführungen, richtete eigene Labore ein, erschwerte die Test-Bedingungen, um Suggestionsmomente weitestgehend auszuschalten, so z.B. durch den Einsatz von Scheuklappen, durch die strikte Trennung von Examinator und Test-Tier, durch Experimente mit blinden Pferden und in Nachtversuchen. Dabei kamen sogar technische Medien zum Einsatz, bspw. ein Grammophon, mit dem Krall den Pferden die Aufgabenstellung per Kopfhörer zuspielte, um ihre Reaktionen darauf durch das Schlüsselloch zu beobachten.[33] Diese Tests unter erschwerten Bedingungen sollten den definitiven Nachweis eines tierischen Ich-Bewusstseins erbringen. Die Pferde konnten nun über ein ausgeklügeltes Klopfzeichen-Alphabet komplexe mathematische Aufgaben lösen, Wurzeln ziehen, ja sogar Begriffe und abstrakte Vorstellungen wiedergeben, in verschiedenen Sprachen kommunizieren, den Wert von Münzen, Farben und Spielkarten sowie musikalische Intervalle erkennen. Sie konnten wohl auch dem Menschen verständlich machen, dass ihnen die gestellten Aufgaben nicht gefielen, was man im Gegenzuge als Anzeichen einer ausgeprägten animalischen Renitenz auslegte.

Wenn in der Debatte um die Tierseelenfrage häufig die Rede vom „Seelenrätsel"[34] der Pferde ist, dann ist damit nicht impliziert, dass über Experimente herauszufinden sei, ob Tiere eine Art von Seele haben. Mit Ausnahme einiger klerikaler Positionen war dies in der komparatistischen Psychologie um 1900 relativ unstrittig.[35] Die weltanschauliche Brisanz der mitunter heftig geführten Kontroverse lag

31 Krall: *Denkende Tiere*, S. 347.

32 Andreas Daum: *Wissenschaftspopularisierung im 19. Jahrhundert. Bürgerliche Kultur, naturwissenschaftliche Bildung und die deutsche Öffentlichkeit, 1848–1914*. München: Oldenbourg 1998, S. 435.

33 Details dazu bei Baranzke: Nur kluge Hänschen kommen in den Himmel, S. 350–351.

34 Krall: *Denkende Tiere*, S. 4.

35 Vgl. Pfungst: *Das Pferd des Herrn von Osten*, S. 16. – Grundlegend zu dieser Debatte Wilhelm Wundt: *Vorlesungen über die Menschen- und Tierseele* [1863]. Leipzig: Voss 1922.

vielmehr darin, ob und bis zu welchem Grade man – im Anschluss an die Thesen Darwins zur Abstammungslehre des Menschen – von einer Vergleichbarkeit der tierischen und menschlichen Seele sprechen könne, die sich je nach Akzentuierung in Analogien, Hierarchien der unterschiedlichen kognitiven Vermögen, Abstufungen und Übergängen begreifen ließe. Indem man die Gemeinsamkeiten und Unterschiede herausstellte, stand also letzten Endes nichts weniger als die Sonderstellung des Menschen zur Diskussion, mithin jene Faktoren, die seine „anthropologische Differenz"[36] ausmachen, darunter primär die Fähigkeit zum abstrakten Denken, zur Symbolbildung, zu reflexiven Bewusstseinsleistungen und zur logischen Begriffssprache.[37] Der wunde Punkt, auf den fast alle Interventionen in der Auseinandersetzung um den ‚Klugen Hans' hinausliefen, ist aber mehr noch die Rangordnung der Tierintelligenz in einer angenommenen evolutionären Verbundenheit zwischen den einzelnen zoologischen Gattungen, die bis zum Menschen reicht. Denn was von Osten und nach ihm noch dezidierter Karl Krall letzten Endes demonstrierten, implizierte eine Infragestellung der vor allem monistischen Stufentheorie, wie sie am prominentesten Ernst Haeckel vertrat. Krall war sich darüber im Klaren, dass, je mehr seine Pferde „gleich uns fühlen, wollen und denken"[38], seine pädagogischen Maßnahmen die „Wesensverwandtschaft"[39] von Mensch- und Tierseele zum Vorschein bringen. Letzten Endes war dies nichts weniger als ein Frontalangriff auf die „Hauptgrundzüge[] der Darwinschen Theorie"[40], die Krall durch Alfred Russel Wallaces Darwinismus-Studie von 1889 rezipiert

36 Heike Baranzke spricht in ihrem mitunter zur Polemik neigenden Aufsatz von „Bedrohungen", die vom ‚Klugen Hans' ausgingen: „die anthropologische Bedrohung der menschlichen Sonderstellung durch ein begrifflich und abstrakt denkendes Tier und die Bedrohung der metaphysischen Hintergrundparadigmen einer diese Sonderstellung des Menschen absichernden Wissenschaft durch die Alltagserfahrung im Umgang mit Haustieren […]" (Baranzke: Nur kluge Hänschen kommen in den Himmel, S. 342). – Zur „anthropologischen Differenz", also zur Formel ‚Mensch = Tier + X' vgl. aus philosophischer Perspektive Markus Wild: *Tierphilosophie zur Einführung*. Hamburg: Junius 2008, S. 25–28.

37 Vgl. dazu ebd., S. 20–25. – Zu den aktuellen Positionen in Verhaltensbiologie und Kognitionswissenschaften vgl. auch Rainhard Brandt: *Können Tiere denken? Ein Beitrag zur Tierphilosophie*. Frankfurt am Main: Suhrkamp 2009.

38 Krall: *Denkende Tiere*, S. 224.

39 Franz Freudenberg: *Denkende Tiere*. Leipzig: Mutze 1912, S. 4.

40 Krall: *Denkende Tiere*, S. 224.

hatte.[41] Dahinter steckt die alteuropäische Semantik der Perfektibilität, die ad hoc im tierischen Schüler über eine perfekte Unterrichtsmethode jene Perfektion aus der Latenz herausholt, die in der Naturgeschichte ewige Generationsabfolgen in Anspruch genommen hatte: Kralls Tierpädagogik erweist sich mithin als eine Art Evolution im Zeitraffer. Die Teleologie, die in diesem Bildungsexperiment impliziert ist, ähnelt wiederum sehr stark jener der deutschen Darwin-Interpreten, die durch die Hintertür wieder den Gedanken des Menschen als ‚Krone der Schöpfung' einführten, aus der Darwin seine Vormachtstellung in der Evolution vertrieben hatte.[42]

Durch die wissenschaftsgeschichtliche Brille der modernen Verhaltensforschung betrachtet, zeigt sich in der Fallgeschichte des ‚Klugen Hans' überdies folgende Aporie: Wilhelm von Osten wollte in seiner pedantischen Haltung eines wilhelminischen Schulmeisters den (nicht ganz uneitlen) Beweis erbringen, dass die Denkfähigkeit von (begabten) Pferden, bei adäquater pädagogischer Anweisung, das Niveau eines Elementarschülers erreichen kann,[43] hat dabei aber – entgegen seiner Absicht – die ‚Tierseele' seines Zöglings, der immer wieder störrisch und ungeduldig wurde, „in die Schranken geistlosen Dressurgehorsams verwiesen"[44] – so zumindest fassten es seine Kritiker auf. Auch wenn von Osten immer wieder den genialen Pädagogen, als der er sich inszeniert, gegen den simplen Dressurmeister aufwertet, so sind es gerade jene Momente an tierischem Eigensinn und Selbständigkeit, die von Osten und nach ihm Krall penibel aus der idealen Versuchsordnung herausrechnen. Die epistemologische Blindheit gegenüber der eigenen Experimentalordnung[45] und der

41 Auf die „Provokation dieses Ansatzes" verweist mit zahlreichen Belegen Harald Neumeyer: Der „Fall der Pferde von Elberfeld". Wilhelm von Osten, Karl Krall und Franz Kafka. In: Roland Borgards / Nicolas Pethes (Hrsg.): *Tier – Experiment – Literatur. 1880–2010.* Würzburg: Königshausen & Neumann 2013, S. 71–87, hier S. 77–79, Zitat S. 78.

42 Vgl. dazu Peter Sprengel: *Darwin in der Poesie. Spuren der Evolutionstheorie in der deutschsprachigen Literatur des 19. und 20. Jahrhunderts.* Würzburg: Königshausen & Neumann 1998, S. 21. – Zum Teleologieprinzip des populären Darwinismus siehe auch den Beitrag von Jenny Willner in diesem Band.

43 Vgl. Erich J. S. Wasmann: *Instinkt und Intelligenz im Tierreich. Ein kritischer Beitrag zur modernen Tierpsychologie.* Freiburg i. Br.: Herder 1905, S. 218. – Der berühmte Afrikareisende und Zoologe Carl Georg Schillings preist gar die „geniale[] Weise" der pädagogischen Methode von Ostens (ebd.).

44 Baranzke: Der Kluge Hans, S. 202.

45 „Das Tier im Experiment ist Natur, die passiv zu sein hat; und das Experiment

‚Künstlichkeit' ihrer hergestellten ‚Natur' führt dazu, dass gerade das Ereignis, das tiefe Einblicke in die Geheimnisse der Tierseele gewähren könnte, als Trick entlarvt und unter Manipulationsverdacht gestellt wird. Gerade dort, wo die Pferde aktiv in die Experimentalordnung eingreifen, wo sie feinsinnig menschliche Ausdruckserscheinungen registrieren und präzisere Interpretationsfähigkeiten menschlicher Mimik an den Tag legen als die Menschen selbst, gerade dort also, wo sie aus ihrer gewollten passiven Objekthaftigkeit austreten, sehen die zeitgenössischen Kritiker die Wahrheitsprozedur des Versuchs am Ende.[46]

Sogar wenn Pfungst Unrecht hatte und das Pferd Hans wirklich Arithmetik und Rechtschreibung mit eigener, selbstdenkender Lösungskompetenz betrieb, wäre damit lediglich die Bestätigung erbracht, dass tierische Intelligenz sich bestenfalls auf bescheidenem Menschenniveau fortentwickeln kann; der Pferdestall übernahm dabei – im Sinne der „Theriotopologie"[47] Roland Borgards' – die Disziplinarfunktion einer Schulanstalt: Als „lebendige, muntere, bewegliche, kluge Tiere, ihre Bewegungen anmutig und stolz"[48] hatte Alfred Brehm die Pferde in seinem *Tierleben* beschrieben; diese Leidenschaft kontrastiert aufs Reizvollste mit der zwanghaften Apparatur von Pferdestall und Laboratorium, mit dem patriarchalen Gebären des zunehmend autoritärer werdenden Pferdelehrers. „Wer in Elberfeld gewesen ist", so formulierte es 1913 der Basler Psychologieprofessor Gustav Wolff in den *Süddeutschen Monatsheften*, „und mit offenem Sinn und ohne Voreingenommenheit die Wunder geschaut hat, der

fügt derselben nichts hinzu, sondern deckt sie lediglich auf – einmal das ‚begriffliche Denken, einmal die ‚Sinnesleistungen der Pferde'." (Neumeyer: Der „Fall der Pferde von Eberfeld", S. 81.)

46 Noch Ernst Cassirer bestreitet zwar die Intelligenzleistungen von höheren Tieren, attestiert ihnen aber immerhin eine subtile Ausdruckshermeneutik, eine „äußerst feine Empfindung", „die die Tiere für gewisse unwillkürliche Ausdrucksbewegungen des Menschen besitzen" (Ernst Cassirer: *Philosophie der symbolischen Formen 3. Phänomenologie der Erkenntnis*. Darmstadt: WBG 1972, S. 89–90, Anm. 2).

47 Borgards definiert Theriotopologie als die „Wissenschaft von der sozialen, politischen, juridischen und psychologischen Lesbarkeit der Tiere und ihrer Orte im Raum der Kultur". (Roland Borgards: Wolf, Mensch, Hund. Theriotopologie in ‚Brehms Tierleben' und Storms ‚Aquis Submersus'. In: Anne von der Heiden / Joseph Vogl (Hrsg.): *Politische Zoologie*. Zürich / Berlin: Diaphanes 2007, S. 131–147, hier S. 131.)

48 Alfred E. Brehm: *Brehms Thierleben. Allgemeine Kundes des Thierreichs*, Bd. 3: Säugethiere 3. 2. umgearb. u. verm. Aufl. Leipzig / Wien: Verlag des Bibliographischen Instituts 1877, S. 3.

weiß, daß das Tier menschlich denken und menschliche Gedanken in menschlicher Sprache ausdrücken kann“. Er ergänzt diese Feststellung mit dem interessanten Zusatz: „sie reden zu uns durch das menschliche Wort, nicht das gesprochene, sondern das geschriebene“ (bzw. das mit Hufen geklopfte!).[49] Trotz dieser gleichsam sekundären Kommunikation, bzw. der eingeführten medialen Differenz durch den Einsatz der „Schrift“ ist die Differenz zwischen Mensch und Tier nur scheinbar eingeebnet: Denn alles erfährt der Pferdeanalytiker über seine Projektion menschlicher Denkeigenschaften auf das Tier (abstraktes Denken, Logik des Schlussfolgerns), nichts aber über die nichtsprachlichen Verhaltensweisen, über die dem Menschen verborgene psychische Komplexität sowie die gattungsimmanenten Kommunikationsweisen zwischen Pferden (das eigentliche ‚Geheimnis‘ tierischer Intelligenz!);[50] und schon gar nichts über eine mögliche Interspezies-Kommunikation,[51] auch wenn der Wunsch nach (teilweise übertriebener) Nähe zum tierischen Gegenüber vielfach in den Quellen aufflammt. So sehr sich von Osten und Karl Krall auch als „liebende Väter“ einer bedenklichen Form von Tierliebe[52] hingaben, das kluge Pferd blieb verhaftet in der beschämenden Schüler-Lehrer-Situation wilhelminischer Bildungsanstalten; bestenfalls war Hans, wenn Pfungst mit seiner behavioristische These doch Recht behalten sollte, klug in dem Sinne, dass er eine erstaunliche Feinfühligkeit entwickelte, minimalste Erwartungen und Zeichen seines Dompteurs zu lesen, ja sogar zu antizipieren, ohne dass sie Letzterem überhaupt bewusst gewesen wären.[53]

49 Gustav Wolff: Die denkenden Tiere von Elberfeld und Mannheim. In: *Süddeutsche Monatshefte* 11,1 (1913/14), S. 456–467, hier S. 457.

50 Wolf treibt in diesem Sinne der Gedanke um, was die Tiere denn eigentlich unter sich besprechen, wenn der Mensch ihnen den Rücken kehrt (ebd., S. 458).

51 Vgl. dazu Silke Kipper / Dietmar Todt: Verhaltensbiologie. Wissenschaft an der Schnittstelle zwischen Mensch und Tier. In: Joachim Kallinich / Gabriele Spengler (Hrsg.): *Tierische Kommunikation. Tiere lügen nicht – Tiere bekennen Farbe – Tiere hören hin.* Heidelberg: Edition Braus 2004, S. 133–142. Zu dieser Argumentation auch Baranzke: Der Kluge Hans, S. 212–214.

52 Ein französischer Rezensent bezeichnet Wilhelm von Osten nicht ohne zweideutigen Unterton als „ami des animaux“, als Tierfreund, und spricht ihm damit Wissenschaftlichkeit ab (Henri Piéron: Le problème des animaux pensants. In: *L'année psychologique* 20,1 (1913), S. 218–228, hier S. 219).

53 „Hans was ‚clever‘ in, after his own fashion, and the error had been to characterise his abilities in terms of human faculties.“ (Tom Tyler: If Horses had Hands. In.: Ders. / Manuela Rossini (Hrsg.): *Animal Encounters.* Leiden: Brill 2009, S. 13–26, hier S. 18.)

Die Methodik, den Pferden von Elberfeld die Möglichkeit zu geben, sich über „ihr eigenes Seelenleben“[54] zu äußern, „einen direkten Einblick in die tierische Seele“[55] zu bekommen, entpuppte sich folglich als ungenügend. „Unsere Frage nach der tierischen Psyche ist die Frage nach dem menschlichen Geist“[56], so fällt nicht zufällig das ernüchternde Fazit von Gustav Wolffs Artikel aus. Das Pferd fungiert nur als Stellvertreter, als gleichsam bestätigendes Medium der menschlichen Selbsterkenntnis. Die Formen animalischer Intelligenz blieben, zumindest bis zu den bahnbrechenden verhaltensbiologischen System- und Umweltlehren der 1920er Jahre, im „Paradigma der Dressur“ gefangen, „in der Ordnung des Menschen, damit auch seiner Aufschreibe- und Berichtsysteme“.[57] Die peniblen Protokolle, Rahmenbedingungen und „fast böswilligen Kontrollierungen“[58] wissenschaftlicher Kommissionen zeugen davon.

IV.

Das von der Forschung wenig beachtete[59] ‚Elberfeld‘-Fragment, das Franz Kafka vor Anfang 1915 und wohl während einer Schaffenskrise am *Prozeß*-Roman verfasste,[60] lässt sich als ebenso sperriger

54 Wolff: Die denkenden Tiere von Elberfeld und Mannheim, S. 457.

55 Ebd., S. 461.

56 Ebd., S. 464.

57 Stefan Rieger: Pferd. In: Ders. / Benjamin Bühler: *Vom Übertier. Ein Bestiarium des Wissens*. Frankfurt am Main: Suhrkamp 2006, S. 175–186, hier S. 182.

58 Maurice Maeterlinck: Die Pferde von Elberfeld. Ein Beitrag zur Tierpsychologie. In: *Die Neue Rundschau* 24,1 (1914), S. 782–820, hier S. 807.

59 Vgl. aber zum Folgenden den Beitrag von Isolde Schiffermüller: Eberfelder Protokolle. Franz Kafka und die klugen Pferde. In: Rau Calzoni / Massimo Salgaro (Hrsg.): *„Ein in der Phantasie durchgeführtes Experiment“. Literatur und Wissenschaft um Neuzehnhundert*. Göttingen: V&R unipress 2010, S. 77–90. Hinweise auf das ‚Elberfeld‘-Fragment fehlen im ansonsten für die Thematik einschlägigen Band Marc Lucht / Donna Yarri (Hrsg.): *Kafka's Creatures. Animals, Hybrids, and Other Fantastic Beings*. Lanham et al.: Lexington 2010.

60 Zur Textgestalt und -geschichte des Fragments vgl. Franz Kafka: *Schriften Tagebücher. Kritische Ausgabe*, 1. Apparatband: Nachgelassene Schriften und Fragmente, hrsg. v. Malcolm Pasley. Frankfurt am Main: Fischer 1993, S. 71–75. Der Kommentar legt eine poetologische Lesart nahe, da die Pferdemetapher häufig als Schreib- und Textmetapher eingesetzt wird (ebd., S. 74). Vgl. dazu auch Bernd Auerochs: „Elberfeld“-Fragment. In: Ders. / Manfred Engel (Hrsg.): *Kafka-Handbuch. Leben – Werk – Wirkung*. Stuttgart / Weimar: Metzler 2010, S. 269, der eine „Analogie zwischen Schreibarbeit und Pferdebeherrschung“ herstellt und das Fragment als „Allegorie des Schreibens“ deutet.

wie origineller Beitrag zur ‚Tierseelenfrage' lesen, der die Frage nach der Seele nochmals wörtlich nimmt und sie – das wird im Folgenden zu zeigen sein – in den Bereich des Spiritistisch-Okkulten wendet. Er steht damit quer zu der eben skizzierten Auseinandersetzung um das darwinistische Erbe und die anthropologische Differenz. Kafkas Text reagiert zunächst auf die epistemologische ‚Gefangenheit' der examinierten Pferde in einer „goethezeitlichen Semantik"[61] und den damit verbundenen Kulturtechniken des Unterrichts und der Dressur. Bereits in seinem ungleich berühmteren *Bericht für eine Akademie* hatte Kafka mit dem zum Menschen dressierten Affen Rotpeter die Vergeblichkeit einer Seelen-Entwicklung im evolutionsbiologischen Zeitraffer und die Unmöglichkeit der Mitteilung dieser Erfahrung im Medium der Sprache des Anderen demonstriert. Auch der kurze Text, der von Kafkas intensiver Beschäftigung mit den Diskursen und experimentellen Praktiken der Tierpsychologie zeugt, handelt davon, wie sich humanimalische Seelenkommunikation vor dem Hintergrund des Dressur-Problems entfalten kann. Kafkas Intervention in der Tierseelenfrage, so soll im Folgenden argumentiert werden, lässt zum einen die Frage nach dem Beweis der Denkfähigkeit von Haustieren hinter sich, die die Pferdeliebhaber von Osten und Krall durch Pädagogik erbringen wollten; zurück bleibt auch die Auseinandersetzung um die Deutungshoheit im Diskurs der Tierpsychologie zwischen der ‚darwinistischen' Fraktion der Seelenverwandtschaft und den Kritikern von Ostens und Kralls, die an der „unüberbrückbaren Kluft"[62] zwischen menschlicher und tierischer Verstandesleistungen festhielten. Was Kafka dagegen hervorhebt, so die hier zu entwickelnde These, ist die Hinfälligkeit der Differenz von Dressur und Unterricht, die von Ostens und Kralls ‚humanistische' Positionierung im Feld der Tierpsychologie ausmachte.

Kafkas ‚Elberfeld'-Fragment beginnt folgendermaßen:

> Ein junger ehrgeiziger Student, der sich für den Fall der Pferde von Elberfeld sehr interessiert und alles was über diesen Gegenstand im Druck erschienen war genau gelesen und überdacht hatte, entschloß sich auf eigene Faust Versuche in dieser Richtung anzustellen und die Sache von vornherein ganz anders und nach seiner Meinung unvergleichlich richtiger anzufassen als seine Vorgänger.[63]

61 Rieger: Pferd, S. 182.

62 Pfungst: *Das Pferd des Herrn von Osten*, S. 16.

63 Das ‚Elberfeld'-Fragment wird zit n. Franz Kafka: *Schriften Tagebücher. Kritische*

Zunächst einmal scheint Kafkas „Student" in der Epistemologie des Tierexperiments zu verbleiben, die seine Vorgänger etabliert haben. Sein Lektüreeifer und die Akribie, mit der er die vorherigen Forschungen überdenkt – und damit zugleich den wissensgeschichtlichen Kontext der Ereignisse um den ‚Klugen Hans' aufruft –, verweisen auf jene (selbst)reflexive Dimension, die experimentelle Wissenschaft schon qua Methodik ausweist. Doch in der Formulierung „ganz anders" lässt sich eine Fluchtlinie ausmachen, die das Experiment auf eine andere Ebene hebt, geradezu in eine andere Dimension überführt, die sich dem Leser erst später durch einen Rekurs auf einen Intertext erschließen wird, den Kafka mit den wissenschaftlichen Diskursen um den ‚Klugen Hans' kurzgeschlossen hat: Maurice Maeterlincks Niederschrift seines Besuchs in Elberfeld.

Kafkas ‚Elberfeld'-Fragment greift überdies eine Problematik auf, die auch den zeitgenössischen Kommentatoren der Ereignisse um den ‚Klugen Hans' nicht entgangen ist: Die Frage nach dem (freien) Willen der Tiere: „Die Pferde sperren sich schließlich gegen menschliche Bildung und zeigen einen ausgesprochenen Negativismus"[64], berichtet ein Zoologe über die Tierversuche. Es bleibt allerdings unklar, ob daraus nun folgt, dass die Pferde die ihnen gestellten Aufgaben nicht lösen *wollen* oder nicht *können*. Auch in Kafkas kurzem Fragment erfahren wir wenig von der ‚ganz anderen' und ganz neuen Methode, mit der Kafkas Student meint, es könne „jede Starrköpfigkeit überwunden werden" (KKAN I, S. 225), die die Pferde in die menschliche Versuchsordnung gleichsam hineintragen. Außer vielleicht, dass die „neuen Grundsätze, die er in den Unterricht der Pferde einführen wollte [...] ihn auf die Nacht" (KKAN I, S. 226–227) verwiesen und dass die bisherigen „Pferdeerzieher" (KKAN I, S. 228), die den Tieren wie Kindern das „kleine Einmaleins einbläute[n]" „so abschreckend grell" (ebd.) in ihrer – so ist zu ergänzen – schulmeisterlichen Art waren. Sämtliche vermeintliche Fortschritte in der Pferdedressur, so fährt der Erzähler fort, seien nichts weiter als „Einbildung der Erzieher" (KKAN I, S. 227) gewesen. Mit der Arbeit in der Nacht

Ausgabe, 1. Apparatband, S. 225–228, hier S. 225. Im Folgenden fortlaufend im Text ausgewiesen durch die Sigle KKAN I und Seitenzahl.

64 Zit. bei Wolff: Die denkenden Tiere von Elberfeld, S. 462. – Dass Kafka als regelmäßiger Leser der *Süddeutschen Monatshefte* diesen Artikel zur Kenntnis genommen hat, ist sehr wahrscheinlich.

entledigt sich Kafkas Text, der *in nuce* eine scharfsinnige kleine Poetologie des Tierexperiments[65] enthält, aller topologischen Voraussetzungen: sowohl des klassischen Dressur-Paradigmas als auch des seit der aufklärerischen und romantischen Physiologie etablierten Dispositivs des Tierversuchs. Der „ehrgeizige Student" sieht sich von einer „wilden Überzeugung" (KKAN I, S. 228) getrieben, diese beiden Erbschaften des positivistischen 19. Jahrhunderts 1915, an der wissensgeschichtlichen Schwelle der allmählichen Disziplingenese einer experimentellen und zunehmend ‚biologisierten' Ethologie,[66] hinter sich zu lassen.

> Auch die kürzeste Ablenkung der Aufmerksamkeit des Pferdes bedeutete seiner Meinung nach für den Unterricht einen unheilbaren Schaden, davor war er in der Nacht völlig sicher. (KKAN I, S. 227)

Dass Pferde sich besonders ablenken lassen, konnte Kafka in den zahlreichen Tierseelenkunden des 19. Jahrhunderts nachlesen. Bereits in Buffons *Histoire naturelle*, in der deutschen Übersetzung von 1847, geht die Rede von der äußerst sensiblen, fast manischen Gelehrsamkeit des Pferdes, das es allen Recht zu machen versucht und jede menschliche Regung antizipiert:

> [N]icht allein beugt es sich unter der Hand seines Führers, sondern scheint auch seine Wünsche zu befragen und, stets den Eindrücken gehorchend, die es von dort empfängt, sprengt es dahin, mäßigt es sich oder bleibt stehen; es ist ein Geschöpf, das seinem eigenen Sein entsagt, um nur nach dem Willen eines anderen zu leben, das selbst ihm zuvorzukommen weiß, das dadurch die Fertigkeit und Genauigkeit seiner Bewegungen ihm ausdrückt und ausführt, das so viel merkt, als man wünscht, und nicht mehr tut, als man will, das, ohne Rückhalt sich hingebend, nicht verweigert, nach all seinen Kräften dient, über die Maßen sich anstrengt und sogar stirbt, um besser zu gehorchen.[67]

65 Vgl. dazu neuerdings den sehr anregenden Aufsatz von Neumeyer: Der „Fall der Pferde von Elberfeld, S. 71–87.

66 Der Gestaltpsychologe Wolfgang Köhler, der bei Carl Stumpf promoviert hatte, beginnt exakt in diesem Zeitraum seine Experimente über den Werkzeuggebrauch und Problemlösungsverhalten von Menschenaffen in der von ihm zwischen 1914 und 1920 geleiteten Anthropoidenstation der Preußischen Akademie der Wissenschaften auf Teneriffa. Sein 1917 veröffentlichtes Werk über die *Intelligenzprüfungen zu Anthropoiden* (Berlin: Akademie) ist prägend für die biologische Verhaltensforschung und inspiriert noch heutige Forschungen zur Funktionsweise der Spiegelneuronen. Vgl. dazu Helmut E. Lück: Wolfgang Köhler auf Teneriffa. In: *Gestalttheory* 9 (1987), S. 170–181.

67 Im Französischen Original von 1801: „non-seulement il fléchit sous la main de celui qui le guide, mais il semble consulter ses désirs, et obéissant toujours aux

Was könnte sich ein Lehrer mithin mehr wünschen als einen solchen „außerordentlich gelehrsamen“[68] Schüler? Statt dieser schon fast hypersensiblen hermeneutischen Einfühlungsgabe will Kafkas Student die „Wildheit“ und „Reizbarkeit“ aus dem domestizierten Tier hervorlocken, das der Mensch – wie Erhard Oeser in seiner Beziehungsgeschichte von Pferd und Mensch schreibt – seit Urzeiten gewohnt ist als „seinen besten Knecht“[69] zu behandeln:

> Die Reizbarkeit, von der Mensch und Tier, wenn sie in der Nacht wachen und arbeiten, ergriffen werden, war in seinem Plan ausdrücklich verlangt. Er fürchtete nicht wie andere Sachverständige die Wildheit des Pferdes, er forderte sie vielmehr, ja er wollte sie erzeugen, zwar nicht mit der Peitsche aber durch das Reizmittel seiner unablässigen Anwesenheit und des unablässigen Unterrichts. (KKAN I, S. 227)

Zentral in dieser Passage scheint mir der Hinweis auf die Konjunktion „und“: Mensch *und* Tier unterliegen in gleichen Teilen der gemeinsamen Nachtwache und Arbeit. Wie schon in Kafkas berühmter Prosaskizze *Wunsch, Indianer zu werden* (1913), werden die Mittel der Dressur kontinuierlich abgestreift, werden jede Fixpunkte aufgegeben, bis ein von Bedeutungen gereinigter, leerer Raum übrig bleibt. Ein Raum der Zweisamkeit wird evoziert, in dem sich Student und Pferd gemeinsam, geradezu asketisch, einem Seelenexperiment hingeben, ruhelos ausharrend einem plötzlichen Aufflackern des ‚wilden Denkens‘: die „wilde[] Überzeugung“ (KKAN I, S. 228) des Studenten korrespondiert mit der „Wildheit“ (KKAN I, S. 227) des Pferdes. Folgt man Roland Borgards semiotischer Lektüre des nachdarwinistischen Tierversuchs, nach welcher der Datenstrom vom Sender (Pferd) zum Empfänger (Lehrer) verlauft, vermittelt über Medien (Hufsignale und Klopfalphabet), kodiert im Rahmen

impressions qu’il en reçoit, il se précipite, se modère ou s’arrête, et n’agit que pour y satisfaire : c’est une créature qui renonce à son être pour n’exister que par la volonté d’un autre, qui sait même la prévenir ; qui par la promptitude et la précision de ses mouvemens [sic], l’exprime et l’exécute; qui sent autant qu’on le désire, et ne rend qu’autant qu’on veut ; qui se livrant sans réserve, ne se refuse à rien, sert de toutes ses forces, s’excède et même meurt pour mieux obéir.“ (Georges-Louis Leclerc de Buffon: *Histoire naturelle*, Bd. 4: Histoire des quadrupèdes 1. Paris: Hacquart 1801, S. 7.)

68 Peter Scheitlin: *Versuch einer vollständigen Thierseelenkunde*, Bd. 2. Stuttgart / Tübingen: Cotta 1840, S. 236.

69 Erhard Oeser: *Pferd und Mensch. Die Geschichte einer Beziehung*. Darmstadt: WBG 2007, S. 11.

eines gemeinsamen „Raum[es] des Lebens" (evolutionsgeschichtliche Perspektive auf die Seele/Intelligenz), dann lässt sich folgendes konstatieren:[70] Kafkas ‚Elberfeld'-Heft inszeniert gleichsam einen medienfreien[71] Laborraum, der zu einem Ort geteilter Erfahrung transzendentaler Geistesregungen wird. Gerade die sperrige Zusammenführung von „unablässigem Unterricht" und „unablässiger Anwesenheit" generiert eine geradezu mystische „subjektlose Agentenschaft" in einem Tier-Mensch-Kollektiv, „eine Form der Teilhabe, die weder in einer kontrollierten, intendierten, reflektierten Aktivität, noch im einer stummen, bewusstlosen Passivität aufgeht".[72] Es ist eine für Kafka typische aktive Passivität, die in dieser experimentellen Nachtarbeit, fast müsste man sagen: herbeiforciert wird. Als Fluchtpunkt in Kafkas kleinem Text deutet sich mithin eine im Experiment nicht berechenbare Alterität zaghaft an, die, so soll im Folgenden gezeigt werden, nicht zufällig mit spiritistisch-okkultistischen Erfahrungen in Verbindung steht.

V.

Es ist mit hoher Wahrscheinlichkeit anzunehmen, dass Kafka den Essay über die Elberfelder Pferde zur Kenntnis genommen hat, den der belgische Symbolist, Radfahrer, Bienenimker, Boxer und Literaturnobelpreisträger Maurice Maeterlinck im Juni 1914, unmittelbar vor Kriegsbeginn, in der *Neuen Rundschau* publiziert hatte – ein Artikel, der im Übrigen auch von Autoren wie Thomas Mann und Rainer Maria Rilke begeistert rezipiert wurde.[73] Maeterlincks „Beitrag zur Tierpsychologie"[74], wie der Untertitel lautet, ist nicht nur eine

70 Roland Borgards: Das Tierexperiment in Literatur und Wissenschaft. In: Michael Gamper (Hrsg.): *Experiment und Literatur. Themen, Methoden, Theorien.* Göttingen: Wallstein 2011, S. 345–360, hier S. 352–353.

71 Daher wird auch mit keinen Wort auf die diversen Medien angespielt, die in Elberfeld zur Anwendung kamen: von der Schiefertafel über das Klopfalphabet, von den Blicksteuerungs- und Raummedien bis hin zu Grammophon und Film. Einem medienbegeisterten Autor wie Kafka sollte man diese Aussparung nicht als Zufall durchgehen lassen.

72 Borgards: Das Tierexperiment, S. 348.

73 Auf die Auseinandersetzungen um den ‚Klugen Hans' wiederum könnte Kafka bereits durch die Lektüre des *Prager Tageblatts* gestoßen sein, vor allem im August 1904. Vgl. die Dokumentation der Zeitungsartikel bei Krall: *Denkende Tiere*, S. 273–355.

74 Maurice Maeterlinck: Die Pferde von Elberfeld, S. 782–820. – Im Folgenden wird Maeterlincks Beitrag zu den Pferden von Elberfeld fortlaufend im Text zitiert unter

der originellsten und bizarrsten Einmischungen in die Debatte um den ‚Klugen Hans';[75] er enthält überdies den Interpretationsschlüssel zu fast sämtlichen in Kafkas Text aufgeführten Problemen und Paradoxien.

Da ist zunächst die erzählerische Akribie, mit der Maeterlinck die patriarchale Versuchsanordnung und den Habitus der Experimentatoren beobachtet: Von Osten wird als ein verbitterter, geradezu fanatischer „Pferdefreund" charakterisiert, dessen Peitschen-Pädagogik allmählich in „Haß gegen seinen vierbeinigen Schüler" übergeht, schließlich in sexualisierter Gewalt gegen die „Widerspenstigkeit" des Pferdes ausartet: „Sie trotzten einander wie zwei Feinde, und der Unterricht nahm mehr und mehr die Form eines tragischen, heimtückischen Kampfes an, in dem sich die Tierseele gegen die menschliche Vergewaltigung auflehnte" (FG, S. 129). Als Kontrast zu dieser perversen Form der Tierliebe wird Karl Krall erst als „junge[r] leidenschaftliche[r] Mann" (FG, S. 128) (Kafkas „ehrgeiziger Student"?), dann als der geduldige „Vater mit seinen Kindern" geschildert, der in der Vergötterung seiner Tiere sie „sozusagen vermenschlicht" (FG, S. 129). Auch die Furcht von Kafkas Studenten, dass die Aufmerksamkeit seines Pferdes buchstäblich abgelenkt werden könne, wird erst entzifferbar vor dem Hintergrund der folgenden Passage bei Maeterlinck (freilich ohne, dass man sie auf letztere zurückführen müsste), deren erotische Anspielungen typische Kafkasche Motive enthalten:

> Hans ist ausgeartet und man spricht noch ungern von ihm. Eines Tages führte ein Stallknecht, sei es aus Unvorsichtigkeit oder aus Bosheit […] eine Stute in den Hof, und der keusche Hans, der bisher ein sittenstrenges, mönchisches Dasein geführt, der sich dem Zölibat, der Wissenschaft und den Zahlen gewidmet hatte, verlor auf der Stelle den Kopf und riß sich an der Flankierwand seines Standes den Bauch auf. Man mußte ihm die Eingeweide wieder in den Leib bringen und die Wunde zunähen. (FG, S. 139)

Angabe der Sigle FG und Seitenzahl nach der Buchausgabe Maurice Maeterlinck: *Der fremde Gast.* Jena: Eugen Diederichs 1919, S. 126–243.

75 Hauptquelle für Maeterlinck ist neben dem bereits mehrfach zitierten Werk von Karl Krall der Bericht des Schweizer Psychologen Edouard Claparède, siehe ders.: Les chevaux savants d'Elberfeld. In: *Archives de psychologie* 12 (1912), S. 263–304; 13 (1913), S. 244–284. Zum regen Interesse der französischsprachigen (Para-)Psychologie an den Ereignissen in Elberfeld vgl. Sofie Lachapelle / Jenna Healey: On Hans, Zou and the Others: Wonder Animals and the Question of Animal Intelligence in Early Twenteeth-Century France. In: *Studies in History and Philosophy of Biological and Biomedical Sciences* 41,1 (2010), S. 12–20.

Auffallend ist die Kreatürlichkeit, die Maeterlincks literarischen Beschreibungen in einen Diskurs um die Tierseele und Tierintelligenz einführen. Maeterlinck schildert in der direkt darauf folgenden Passage, wie er sich selbst dem Araberhengst Muhamed annähert, ihn „tief in die Augen" schaut, „um darin einen Blitz seines Geistes zu finden" (FG, S. 139). Die Begegnung zwischen Pferd und Mensch schlägt dann aber abrupt um in eine leibliche Erfahrung:

> Das hübsche, schnittige und muskulöse Pferd ist ruhig und zutraulich wie ein Hund. Es zeigt sich äußerst liebenswürdig und freundlich und sucht mich mit Zunge und Lefzen kräftig zu lecken und zu küssen. Ich weiche seinen Liebkosungen aus, so gut ich kann, denn sie sind etwas zu heftig und zu deutlich. (FG, S. 140)

Vor allem aber sind es die panpsychistischen und okkultistischen Thesen, die Maeterlincks Interpretation der Elberfelder Ereignisse so brisant erscheinen lassen und auf den Konnex zwischen Okkultismus und den Anfängen der experimentellen Erforschung in der vergleichenden Psychologie, insbesondere der Tierpsychologie, verweisen. Maeterlinck publiziert eine erweiterte Fassung des *Rundschau*-Aufsatzes in einem Buch mit dem programmatischen Titel *L'hôte inconnu* (*Der fremde Gast*), das in den anderen Kapiteln das ganze Spektrum an okkultistischen Phänomenen abhandelt: Wahrsagerische Visionen, Spukhäuser, Psychometrie, Wünschelruten, aseptische Fluide, Tischrücken, Wunderheilungen, Verkehr mit Verstorbenen etc. (vgl. FG, S. 1–9) In der Kontroverse um den ‚Klugen Hans' hatten sich bereits früh mediale Gerüchte verbreitet, dass möglicherweise N-Strahlen des menschlichen Gehirns, magnetisch-hypnotische oder andere okkulte Formen der telepathischen Beeinflussung im Spiel sein könnten. Der Freiburger Zoologe Franz Doflein schrieb in Bezug auf die in Tierexperimenten häufig verwendeten Zahlenreihen: „Solche ähnliche Reihen kehren auch in den Alphabeten spiritistischer Medien wieder."[76] Und die dumpfen Klopfgeräusche der Pferdehufe ließen sich unschwer mit der Akustik von Klopfgeistern zusammenbringen, die seit dem berühmten Vorfall von 1848 im Fox-House im

76 Franz Doflein: Über die sogenannten „denkenden Tiere". In: *Die Naturwissenschaften* 5,10 (1917) S. 145–149, hier S. 147. Der skeptische Doflein spricht auch dezidiert vom Eindruck, „an ein psychopathisches Grenzgebiet zu rühren und es mit einer geistigen Epidemie zu tun zu haben" (ebd., S. 146).

amerikanischen Hydesville, New York[77] inflationär auch in Europa in Erscheinung traten. Außerdem, so betont Maeterlinck gleich zu Beginn seiner Ausführungen, verständigten sich die hufklopfenden Pferde mit einem Alphabet, das an jene Codierungen erinnere, die beim „Tischrücken" (FG, S. 130) in spiritistischen Séancen zum Einsatz kamen. So ganz nebenbei verweist sein Bericht auch auf die medienokkultistische Pointe, dass es in Wirklichkeit nicht die Pferde sind, die menschliche Lösungen zu menschlichen Problemstellungen liefern müssen, sondern dass umgekehrt der staunende Versuchsleiter unter dem „Diktat" des Pferdes schreibt, weil es ja sie, die Menschen, sind, die die unbekannten Botschaften seines Klopfalphabets wieder in Buchstaben transkribieren müssen (FG, S. 152). Die Referenz auf die über Trance-Medien vermittelte *écriture automatique*, deren poetologische Rätsel nicht wenige Literaten um 1900 nachhaltig faszinierten, ist bei Maeterlinck durchaus einkalkuliert.

Es ist also kein Zufall, dass dieser belgische Dramatiker und Essayist, der bereits einschlägig als Mystiker und Verfasser spekulativer, parapsychologischer Studien in Erscheinung getreten war und unter anderen von Hermann Bahr[78] frenetisch rezipiert wurde, seine Reise zu Karl Kralls sprechenden Pferden folgerichtig als „Wallfahrt" (FG, S. 134) inszeniert, als „pélérinage" an jenen Ort, wo sich die letzten Mysterien und „Wunder"[79] dem Eingeweihten offenbaren werden. Anfangs bewegt sich Maeterlinck noch ganz in der Spur jener detektivischen Nachweisverfahren, denen die merkwürdigen Gedankentransfers zwischen Krall und seinen Pferden ausgesetzt waren. Er glaubt, es mit Telepathie zu tun zu haben (FG, S. 155), also

77 Vgl. dazu Michael Hochgeschwender: Geister des Fortschritts. Der US-amerikanische Spiritismus und seine mediale Vermittlung im 19. Jahrhundert. In: Marcus Hahn / Erhard Schüttpelz (Hrsg.): *Trancemedien und Neue Medien um 1900. Ein anderer Blick auf die Moderne.* Bielefeld: Transcript 2009, S. 79–95, hier S. 84–85.

78 „Niemand ist noch so nahe gekommen, das Unsägliche, das wir täglich spüren, beinahe auszusagen. [...] Niemand hat uns noch das Geheime, das wir oft im Lallen der Kinder oder im Stöhnen von Thieren so ängstigend, so betäubend wahrnehmen [...] so innig fühlen lassen." (Hermann Bahr: Der neue Maeterlinck. In: *Die Zeit* 6,75 (1896), S. 157.)

79 Eva Johach hat den Stellenwert des Wunders in der Wissensgenese u. a. etwa des Monismus nachgezeichnet. Vgl. dies: Entzauberte Natur? Die Ökonomien des Wunder(n)s im naturwissenschaftlichen Zeitalter. In: Alexander C. T. Geppert / Till Kössler (Hrsg.): *Wunder. Poetik und Politik des Staunens im 20. Jahrhundert.* Berlin: Suhrkamp 2011, S. 179–210, hier S. 195–202.

mit intendierter Gedankenübertragung. Doch ganz bald wird dem Autor klar, dass damit lediglich die Pfungstsche Suggestions-These parapsychologisch bestätigt würde, die den Pferden jegliche Eigenleistung absprechen würde. Deshalb gelangt er zu der wundersamen Erklärung, dass gewisse Tiere über „außerordentliche mediumistische und subliminale Eigenschaften" verfügen, dazu zählen seiner Meinung nach „Katze, Hund und Pferd. Auch ließen sich zu diesen [...] abergläubischen Tieren gewisse [...] prophetische Vögel hinzunehmen, ja selbst einige Insekten, z.B. die Bienen" (FG, S. 187):

> Ich war also überzeugt, daß die Pferde genau so funktionierten, wie die schreibenden Tische, die weiter nichts tun, als mit Hilfe kleiner vereinbarter Schläge das unterbewußte Denken des einen oder anderen der Anwesenden auszudrücken. Alles in allem ist es ja weit weniger überraschend, daß ein Pferdefuß sich bewegt als ein Tischfuß, und weit natürlicher, daß die lebende Substanz eines Tieres als der träge Stoff eines toten Gegenstands dem geheimnisvollen Einfluß eines Mediums zugänglich und gehorsam ist. (FG, S. 156)

Das Bezeichnende an diesem Befund ist, dass Maeterlincks okkultistische Tiermedien-Theorie die Logik der dualen Experiment-Situation ad absurdum führt, indem das Tier als Objekt der Untersuchung dem Mensch beweisen muss, dass es eine ihm analoge rationale Intelligenz besitzt. Vor diesem Hintergrund gerät auch Kafkas Rede von der ‚Arbeit der Nacht', die asketische, gemeinsame Nachtwache von Student und Tier, in ein erstaunliches Korrespondenzverhältnis: Maeterlinck redet von der „geistigen Kraft" somnambuler Tierseelenzustände, die auch „bei den Pferden wiederkehrt und sich in dem gleichen Unbekannten abspielt, in das sich übrigens *in der gleichen Nacht* die Mysterien der Zahlen und des Unbewußten mischen" (FG, S. 195, Hervorh. P.R.). Was bei Maeterlinck bildlich gemeint ist, die Nacht als Metapher für das Unterbewusste, nimmt Kafka buchstäblich, indem er den Tierunterricht in einen nächtlichen Chronotop verlegt.

Das Mysterium kann also nicht darin bestehen, dass dressierte Pferde Elementarschularithmetik erlernen und verstehend nachvollziehen, sondern darin, dass sich im – unreflektierten, fast automatischen[80] –

80 „Sie [die Pferde] überlegen sich die Aufgabe und die vorzunehmenden Operationen nicht im mindesten. Sie finden ganz einfach mit einem Schlage die Antwort auf ein Rätsel, das zu erraten ihnen durch die Natur der Zahlen erleichtert wird, denn die Zahlen bewahren ihre Geheimnisse schlecht." (FG, S. 33.)

Umgang mit menschlichen Kulturtechniken ungewollt und gleichsam unterbewusst ein ‚Draußen' einschmuggelt, eine parapsychologische Parallelwelt angezapft wird. Die spiritistisch-okkultistische Theorie der Zeit hat letztere als ein ätherisches ‚Fluidum' imaginiert. Da ist es fast schon nebensächlich, dass die verblüffend korrekten Antworten auf schwierigste Rechenbeispiele gleichsam „mechanisch" und „reflexhaft" aus dem Off kommen: „Die Aufgabe selbst spricht, und das Pferd wiederholt lediglich das Zeichen, das es dem geheimnisvollen Leben der Zahlen oder in dem Abgrunde flüstern hört, wo die Wahrheiten herrschen" (FG, S. 203). Ein Fall von Zahlenmystik also, der kaum etwas mit dem Nachahmen menschlicher Kognitionsleistungen gemein hat, alles aber mit dem aus zahlreichen spiritistischen Sitzungen berichteten Phänomen, dass Trance-Medien sich in der Lage befinden, in fremden Sprachen fließend zu reden, deren Grammatik sie im Wachzustand gar nicht beherrschen.[81]

Die tierische Zahlenmystik lässt sich zudem als poetologische Reflexion auch auf Maeterlincks eigene Dichtung lesen. Sie führt ins Zentrum seiner ‚Symbolismus'-Konzeption, wie sich in seinen dramentheoretischen[82] und eigenen Dramentexten kristallisiert: Denn Maeterlincks ‚statischem' Theater geht es gerade darum, mit Hilfe der bedeutungsentleerenden Verwendung von Symbolen, die menschlichen Energien in eine unmittelbare Beziehung mit den kosmischen zu setzen, ja die Regionen entindividualisierten und unbewussten Weltzugangs direkt auf die Bühne zu bringen[83] – jenseits der Regionen der Rationalität also, die bei Kafkas Pferdeerzieher als derart „abschreckend grell" (KKAN I, S. 228) erscheinen.

81 An anderer Stelle protokolliert Maeterlinck seine Beobachtung der Krallschen Pferdemathematiker: „Kein Zeichen von Aufmerksamkeit oder Nachdenken; man merkt nicht einmal den Augenblick, wo das Pferd die Aufgabe erfaßt; die Antwort scheint automatisch aus einer unsichtbaren Intelligenz hervorzuspringen." (FG, S. 146.)

82 Maeterlincks literarische und kunsttheoretische Schriften sind wiederum selbst stark geprägt von einerseits der (deutschen) romantischen Naturphilosophie und andererseits vom flämischen Spiritismus Ruysbroecks und von der philosophischen Mystik Carl du Prels.

83 Vgl. dazu Paul Gorceix: Maurice Maeterlinck, vecteur du concept de ‚mystique' chez Hermann Bahr, Hugo von Hofmannsthal et Rainer Maria Rilke. In: Moritz Baßler / Hildegard Châtellier (Hrsg.): *Mystique, mysticisme et modernité en Allemagne autour de 1900.* Strasbourg: Presses Université de Strasbourg 1998, S. 223–239, hier S. 226–228.

VI.

So abstrus Maeterlincks okkultistische Spekulationen im Rückblick auch erscheinen mögen, so ernst wurden sie von den Zeitgenossen aufgenommen. Dies zeigt nicht zuletzt die genaue Lektüre seines Textes durch Autoren wie Franz Kafka oder Thomas Mann, der sich im Übrigen von seinem damaligen Münchener Nachbarn Karl Gruber, Arzt, Zoologe und begeisterter Okkultist, in Fragen der Tierseelenkunde auf zahlreichen Spaziergängen mit seinem Hund in den Isarauen beraten ließ.[84]

Es soll nun abschließend kurz umrissen werden, unter welchen kulturellen und intellektuellen Rahmenbedingungen naturmystische und parapsychologische Erklärungsansätze, wie sie Maeterlinck präsentiert, plausibel wurden. Im Fin-de-Siècle rückten Tiere in den Fokus jener parapsychologischen Unternehmungen, die an der Erweiterung des Bewusstseins und Transzendierung der menschlichen Sinneswahrnehmung in übersinnliche Regionen interessiert waren. Dabei diente die Erforschung der Tierseele nicht mehr allein der menschlichen Selbsterkundung, auch wenn dies sicherlich das Primärinteresse der akademischen vergleichenden Psychologie um 1900 war.[85] Vielmehr zielten die okkulten und spiritistischen Implikationen der Tierseelenkunde im Verbund mit darwinistisch-monistischen Annahmen auf eine gattungsübergreifende ‚dritte' Dimension, auf ein häufig als Fluidum bezeichnetes Milieu, in der „unsere biologische Geschichte und Vergangenheit weiterlebt"[86], so lautet die einschlägige Formulierung in Richard Baerwalds Buch über die Weltanschauung des Okkultismus. Dieser Bereich ist jene „Stätte", in der „umherfliegende Gedanken" noch telepathisch vermittelt werden, jenseits der Sprache als Symbolsystem. Die Parapsychologie bezeichnet diesen Bereich

84 Die Parallelen von Maeterlincks okkultistischer Seelenpsychologie des Tieres zu Thomas Manns Novelle *Herr und Hund* (1919) sind durchaus frappierend und harren noch der philologischen Erforschung.

85 Vgl. dazu Benjamin Bühler: Tier, Experiment und Philosophische Anthropologie. In: Ulrich Bröckling et al. (Hrsg.): *Disziplinen des Lebens. Zwischen Anthropologie, Literatur und Politik*. Tübingen: Narr 2004, S. 47–60.

86 Richard Baerwald: *Okkultismus und Spiritismus und ihre weltanschaulichen Folgen*. Berlin: Deutsche Buchgemeinschaft 1926, S. 233. Dort auch die folgenden Zitate. – Zum Konzept der ‚biologischen Vorgeschichte' des Menschen vgl. die wissensgeschichtlichen Beiträge in Maximilian Bergengruen / Roland Borgards / Johannes Lehmann (Hrsg.): *Die biologische Vorgeschichte des Menschen*. Freiburg: Rombach 2012.

auch als ein kollektives Unterbewusstsein. Der Mensch, so Baerwald, habe sich entwicklungsgeschichtlich vom Tier abgesondert, indem er mit seiner Rationalität eigene abgeschlossene Welten gebildet habe, die undurchlässig geworden sind für die frei flottierenden Impulse des Unbewussten.

Im September-Heft der *Süddeutschen Monatshefte* von 1928, das dem Thema „Mensch und Tier" gewidmet ist, blickt ein Artikel zurück auf fast drei Jahrzehnte Auseinandersetzung über die Natur der Tierseele. Der Autor bilanziert, „daß wir dem Wesen des Tiers […] leichter gerecht zu werden vermögen, wenn wir es neben uns und in uns, und nicht unter uns erblicken. […] Das Tier vollbringt seine Entwicklung […] als ein Sinnbild der dämonischen Wesenselemente unserer selbst."[87] Mit dem Attribut ‚dämonisch' blitzt nicht nur das semantische Assoziationsfeld ‚Okkultismus und Spiritismus' auf, das – nebenbei bemerkt – auch den Themenschwerpunkt der Oktober-Ausgabe des gleichen Jahrgangs bildet. Und die Semantik des Dämonischen im Kontext von Tiermedien unserer selbst lässt unschwer die zu Beginn dieses Aufsatzes zitierte Stifter-Anekdote assoziieren: „Offenbar muß ihm [dem Hund] seine Phantasie eine unauflösliche Unheimlichkeit vorgespiegelt haben, mithin Mächte, die all seine Kräfte lähmten und vernichteten."[88] Kein Zufall: Der mit der spiritistischen und parapsychologischen Unterhaltungskultur der Weimarer Republik vertraute zeitgenössische Leser dürfte unschwer zwischen den Registern des Okkultismus und der Tierpsychologie hin und her geschaltet haben, dabei zahlreiche Verbindungen als evident angenommen haben, die im Rückblick mitunter vertrackt und abstrus erscheinen. Denn je mehr sich die Tierpsychologie als vergleichende Verhaltensforschung (Ethologie) von der Philosophie und Naturgeschichte löste, je weiter sie sich institutionalisierte und epistemologisch auf Experimentalkultur mit quantifizierenden Messverfahren umstellte, desto weiter sind ihre spiritistischen und okkulten Anfänge in der Parapsychologie des Fin-de-Siècle an den Rand gedrängt worden.[89] Ein 2005 erschienener

87 Ebd., S. 892.

88 Stifter: Zur Psychologie der Tiere, S. 10.

89 Vgl. zur Disziplingenese der Tierpsychologie Detlef Bückmann: Die frühen Erkenntnisse der Tierpsychologie. In: Michael Kaasch / Joachim Kaasch (Hrsg.): *Disziplingenese im 20. Jahrhundert. Beiträge zur 17. Jahrestagung der DGGTB in Jena 2008.* Berlin: VWB 2010, S. 27–45.

Suhrkamp-Reader mit dem Titel *Der Geist der Tiere* diskutiert zwar das „Gedankenlesen" als heißen Kandidat für die Abgrenzung zwischen humanen und tierischen Kognitionsleistungen, kommt dabei aber erstaunlicherweise ganz ohne Verweis auf die okkultistische und parapsychologische Erbschaft in der animalischen Seelenerkundung aus.[90] Gedankenlesen, das intuitive Sich-Hineinversetzen in andere Mitgeschöpfe, implizierte zwischen 1890 und 1930 unweigerlich die semantische Nähe zu allen denkbaren Fernwirkungsphänomenen wie Telepathie, Telekinese, Teleaesthesie, Hypnose Psychometrie, Psychographie. Der zeitgenössische Ausdruck dafür lautete: „psychophysische Gleichstimmung"[91].

Interessanterweise ist diese kommunikative Seelenverschmelzung zwischen Mensch und Tier nicht jene große „Offenbarung" (FG, S. 207), die Maeterlinck bei den Elberfelder Pferden zu erfahren glaubte. Die Parapsychologie spiritistischer Hinterzimmer war ob ihrer massenhaften Verbreitung schon zu Maeterlincks Zeiten nicht mehr das Neueste gewesen und zur Zeitmode verkommen. Karl Krall gründete übrigens 1925 in München ein „Institut für Tierseelenkunde und parapsychologische Forschungen", um hier den sogenannten Tierokkultismus in Laboratorien intensiv zu studieren.[92] Es geht Maeterlinck, der intensiv durch Eduard von Hartmanns Theorie des Unbewussten und Arthur Schopenhauers Willensmetaphysik geprägt wurde, ums große Ganze, ums Einswerden mit dem Allsein der Natur. Es ist das Erstaunen darüber, dass es gerade die ältesten Gefährten des Menschen sind, die am weitesten domestizierten Nutz- und Haustiere wie Pferd und Hund, die als Medien in Kontakt mit einem „ganz anderen Weltkörper" (FG, S. 167) stehen: „dies Mysterium, das von einem Punkte herkommt, wo wir am wenigsten auf das Unbekannte gefasst waren" (FG, S. 167), das ist es, was Maeterlinck zutiefst beunruhigt. Aus diesen Zeilen spricht neben Verwunderung auch ein wenig Kränkung darüber, dass „unsere niederen Brüder" (FG, S. 168) sensorische Fähigkeiten haben, die denen des Menschen möglicherweise weit überlegen sind, dass nämlich „Pferd und Hund

90 Dominik Perler / Markus Wild: Der Geist der Tiere. Eine Einführung. In: Dies. (Hrsg.): *Der Geist der Tiere. Philosophische Texte zu einer aktuellen Diskussion.* Frankfurt am Main: Suhrkamp 2005, S. 10–74, hier S. 59–68.

91 Walter Bormann: *Die Nornen. Forschungen über Fernsehen in Raum und Zeit.* Leipzig: Altmann 1909, S. XIV.

92 Vgl. dazu von den Berg: *Die „Neue Tierpsychologie"*, S. 112–118.

vielleicht noch leichter und unmittelbarer als wir aus ihren ewigen Behältern schöpfen" (FG, S. 205).

Zwar lassen sich in der okkultistisch-spiritistischen[93] Literatur des ausgehenden 19. Jahrhunderts zahlreiche Beispiele für diese – neben den drei Kränkungen, von denen Freud gesprochen hat – vielleicht vierte Kränkung des Menschen finden. Überall stoßen wir auf die (konstruktivistische) Annahme, dass anders als human geartete Bewusstseinsformen in der Lage sind, subliminal vorhandene Ätherschwingungen wahrzunehmen, also Reize und Impulse zu empfangen, die dem menschlichen Sinnesapparat und der humanen Ratio nicht (oder noch nicht) zugänglich sind. Allerdings, wie auch Maeterlinck impliziert, sind diese mediumistischen Tiere in der evolutionären Stufenleiter des Seelenlebens entweder ganz unten angesiedelt (Insekten, Polypen, Raupen, Schwarmtiere), oder aber sie reichen über den Menschen hinaus: also Über-Tiere, engelhafte Menschen und Außerirdische. Bereits einer der Diskursgründer der Spiritismus, der schwäbische Amtsarzt und Naturforscher Justinus Kerner, hatte die Biologie amorpher, molluskischer Daseinsformen bemüht, um die mediumistischen Qualitäten niederer Organismen zu beschreiben, und mehr noch, in diesem Sinnbild ein regressives Begehren nach Auflösung in die Formlosigkeit ausdrückt, das Freud dann später das „ozeanische Gefühl"[94] nennen sollte – Kerner scheut gar nicht davor zurück, sich selbst und seine berühmte Patientin, die „Seherin von Prevorst", mehrfach als Weichtiere zu charakterisieren.[95] Und Carl du

93 Zur Kulturgeschichte des Okkultismus vgl. grundlegend Priska Pytlik: *Okkultismus und Moderne. Ein kulturhistorisches Phänomen und seine Bedeutung für die Literatur um 1900.* Paderborn et al.: Schöningh 2005; *Spiritismus und ästhetische Moderne – Berlin und München um 1900. Dokumente und Kommentare*, hrsg. v. ders. Tübingen / Basel: Francke 2006. Dort auch die Definition: „Der Versuch, die Welt des Übersinnlichen und Okkulten wissenschaftlich, das heißt auf experimentellem Wege zu erforschen […] kann als einer der Gründe dafür angesehen werden, dass man ab der Mitte des 19. Jahrhunderts von einem ‚modernen Okkultismus' wie einem ‚modernen Spiritismus' sprach." (Ebd., S. 22–23.) – Vgl. auch Natascha Adamowsky: Mr. Home schwebt raus und wieder rein. Zur Bedeutung des Mediums für (okkulte) Wissenschaften. In: Jörn Ahrens / Stephan Braese (Hrsg.): *Im Zauber der Zeichen. Beiträge zu einer Kulturgeschichte des Mediums.* Berlin: Vorwerk 8 2007, S. 103–116. Die Definitionen von Okkultismus und Parapsychologie finden sich ebd., S. 108.

94 Sigmund Freud: Das Unbehagen in der Kultur. In: Ders.: *Gesammelte Werke*, hrsg. v. Anna Freud, Bd. 14. Frankfurt am Main 1999, S. 421–506, hier S. 422.

95 Vgl. dazu Friedrich Weltzien: Mollusken-Ich. Tierwerden als Metapher und Methode. In: Ders. / Ulrich / Fuhlbrügge (Hrsg.): *Ich, das Tier*, S. 145–162, hier S. 146–147.

Prel, der *Spiritus Rector* des deutschen Okkultismus, hatte die Implikationen dieses fast zwanzig Jahre vor Darwin geschriebenen Textes auf die These hin zugeschnitten, dass „der Occultismus geradezu in der Verlängerungslinie des Darwinismus" stehe. 1893 hält du Prel fest: Der Spiritismus „ist transcendentaler Darwinismus, und der Phantasie steht somit ein weites Feld offen".[96]
Lässt sich diese regressive Tendenz eines im Sinne Carl du Prels ‚darwinistischen Okkultismus' in Maeterlincks Essay nachweisen? Auch für ihn, den Verfasser von naturmystischen Studien über das Leben der Bienen,[97] der Ameisen und Termiten, steht fest, dass „in der Welt der Insekten […] Wunderdinge geschehen" (FG, S. 166):

> Doch hier herrscht solches Schweigen und solche Dunkelheit, daß nichts zu hoffen ist. Zwischen der Insektenwelt und der unsern gibt es sozusagen keinen Vergleichspunkt, keine Möglichkeit der Mitteilung. […] Sie sind nicht, wie die anderen Tiere, unsre ‚niederen Brüder', sondern Fremdlinge, Unbekannte, die, man weiß nicht von wo, herabgefallen sind, Überlebende oder Vorläufer einer anderen Welt. (FG, S. 167–168)

Aus diesem Grund ist Maeterlinck so besessen von den Pferdeexperimenten in Elberfeld. Maeterlinck bezeichnet Pferde und Hunde als „Schicksalsgenossen" des Menschen, auch wenn „von deren Absichten wir nicht die geringste Ahnung haben" (FG, S. 168). Gerade aber in der Verwandtschaft zu diesen Tieren, in ihrem Status als *companion animals*, wie man heute sagen würde, liegt scheinbar der Schlüssel, ihre mediumistischen Qualitäten zu nutzen und daraus zu lernen. Maeterlinck beobachtet am Hund, „daß wir in gewissen Augenblicken in seinen tiefen aufmerksamen Augen einen recht merkwürdigen Schimmer sehen" (FG, S. 166).[98] Und diese Offenbarung, die der Mensch hier erfahren kann, erfolgt nur über „Geduld, Vertrauen und Respekt" (FG, S. 166). Ein gemeinsames Warten also. Vor diesem Hintergrund wird Kafkas humanimalistische Nachtmeditation des „unablässigen Unterrichts" und der „unablässigen Anwesenheit" schlagartig

96 Carl du Prel: Der Spiritismus, Leipzig [1892], zit. n. *Spiritismus und ästhetische Moderne*, S. 37.

97 Bereits 1901 erschien Maeterlincks Studie *La vie des abeilles*. Vgl. Maurice Maeterlinck: *Das Leben der Bienen*, mit einem Essay v. Gerhard Roth. Zürich: Unionsverlag 2001.

98 Der „merkwürdige[] Schimmer" steht unzweifelhaft mit Stifters Wahrnehmung der „Zeichen seiner Seele" an seinem Hund in Verbindung. (Stifter: Zur Psychologie der Tiere, S. 11.)

verständlich: „Es kommt einfach darauf an“, schreibt Maeterlinck, „etwas weniger Hochmut zu haben und sich etwas brüderlicher zu Wesen herabzuneigen, die uns viel näher verwandt sind, als wir vermeint hatten“ (FG, S. 168–169). Die Sprache, die der Mensch den Pferden mühselig beibringt, ist in diesem Sinne lediglich eine Stimulanz, eine – um mit Kafka zu reden – unablässige nächtliche Nahbeziehung, in der völlig unklar bleibt, „in welchem Zeitpunkt […] es Licht [wird] und der Schleier zerreißt“ (FG, S. 170).

Als These gefasst, ließe sich argumentieren, dass das okkult-spiritstische und parapsychologische Wissen, das Kafkas literarischer Text vor dem Hintergrund von Maeterlincks Protokoll einer Tier-Séance und mit dem dunklen Hinweis auf die ‚Arbeit der Nacht‘ aufruft, auf jene disziplinäre Grauzone verweist, in der sich spekulative Tierpsychologie und -pädagogik, die Dressurpraktiken des zoologischen *Entertainment* der Zirkusshows und Wundertiere sowie Ansätze einer neuen ‚evolutionistischen‘ Verhaltensbiologie noch überlagern. Der Weltkrieg führt dazu, dass die rege deutsch-französische Debatte um die Elberfelder Experimente abbricht und die Protagonisten der Experimente als Reit- und Zugpferde an der Front anderen Zwecken zugeführt werden. Und der Weltkrieg markiert auch das Ende der kurzen Phase, in der sich eine aufstrebende Tier*psychologie* als Disziplin zu institutionalisieren versucht, indem sie das individualisierte Haustier als Hauptobjekt ihrer Forschung sieht. Fortan sollten es die evolutionsgeschichtlich näheren Verwandten des Menschen, also die Primaten sein, die zur Erforschung arttypischen Verhaltens examiniert werden, während sich die nach physiologischen und biologischen Mustern verfahrende Ethologie allmählich von der Psychologie von Tierindividuen abwendet. Nicht mehr die tierische Imitation menschlicher Vermögen, sondern das System- und Umweltverhalten anderer Tiergattungen gerät in den Fokus der Forschung. Die unter Einsatz der neuen audiovisuellen Medien beobachteten Ameisen, Bienen und Vögel scheinen als Studienobjekte weitaus eher geeignet zu sein, nicht-menschliche Kommunikationsformen zu untersuchen.[99]

99 Vgl. zum ‚evolutionären‘ Paradigma der biologischen Verhaltensforschung die Zusammenfassung bei Baranzke: Nur kluge Hänschen kommen in den Himmel, S. 359–368.

Der alpha-numerische Code menschlicher Sprachbemühungen wird dabei weitestgehend verabschiedet.
Das Mysterium der klopfsprechenden Pferde hat indessen den Kontinent jenseits der Ordnung menschlicher Sprache längst angezeigt. Tiere, so hat Akira Mizuta Lippit in einem für das Forschungsfeld der *Human Animal Studies* zentralen Buch argumentiert,

> symbolisierten nicht nur neue Denkstrukturen, sondern auch den Prozess, der den Transport dieser Ideen leitete. Tiere, mit ihrer Fähigkeit, instinktiv, *ja fast telepathisch* zu kommunizieren, haben die Vorherrschaft der menschlichen Sprache und des humanen Bewusstseins als die am meisten fortgeschrittenen Kommunikationswege grundlegend in Frage gestellt.[100]

Tiere erhalten nach Lippits Argument gleichsam eine doppelte mediale Funktion: *Zum einen* sind sie als die ältesten Gefährten des Menschen selbst jene Akteure, die den Prozess kultureller Sprach- und Denkformen in die Wege geleitet haben, also quasi materielle Agentien bei der Herausbildung der figurativen Sprache mit ihren Symbolen und Tropen. Unterlag das Tier – so die einflussreiche These John Bergers[101] – einmal ursprünglich einer Mediation, einer allegorischen Transformation in menschliche Sprache,[102] um auf diese Weise Eingang in die Alltagspsychologie des Menschen zu finden, so kann man, inmitten der Industriemoderne und dem damit einhergehenden Verschwinden der ‚realen' Tiere aus dem Alltag,[103] einen Prozess beobachten, der dieses mediale Verschwinden des Tieres in der Sprache und Logik der Repräsentation gleichsam umkehrt: indem – und das ist das *zweite* mediale Verständnis vom Tier – das Tier selbst mit Leib und Seele, aber auch als mit einem Geist ausgestattetes Wesen zum

100 Akira Mizuta Lippit: *Electric Animal. Toward a Rhetoric of Wildlife*. Minneapolis / London: University of Minnesota Press 2000, S. 2 (Übers. u. Hervorh. P.R.). Zum Folgenden vgl. ebd., S. 8–9.

101 Vgl. Berger: Why Look at Animals?, S. 1–26. Zu Bergers Thesen vgl. ausführlich den Beitrag von Kári Driscoll in diesem Band.

102 Berger spricht in seiner kulturanthropologischen Spekulation vom Tier als „first metaphor" und meint damit jenen Prozess einer ebenso innigen und ähnlichen wie fundamental fremden Beziehung zwischen Mensch und Tier, die ursprünglich einmal durch ein gegenseitiges Blickregime des Wahrnehmens und Nicht-Verstehens, des Staunens und Stummbleibens gekennzeichnet war: „The parallelism of their similar/dissimilar lives allowed animals to provoke some of the first questions and offer answers. […] If the first metaphor was animal, it was because the essential relation between man and animal was metaphoric." (Berger: Why Look at Animals?, S. 5.)

103 Vgl. ebd., S. 19.

(spiritistischen) Medium wird. Tiere haben seit jeher eine Botenfunktion im Prozess der Kultur: „Animals first entered the imagination as messengers and promises.“[104] Und als Boten und Medien fungierten sie auch im Wissensfeld von Tierpsychologie und Okkultismus der vorletzten Jahrhundertwende.

104 Ebd., S. 2.

Zauberer

Weiße Magie in Biologie und Literatur um und nach der Jahrhundertwende (Paul Kammerer, Konrad Lorenz)

Werner Michler

Wenn sich an der Grenze von Natur und Kultur Unerwartetes begibt, sind Zeitgenossen gerne mit der Diagnose ‚Magie' zur Stelle. Das Wiener Vivarium, die Biologische Versuchsanstalt (1903–1938) im Prater, eine Institution, die mit spektakulären Tierversuchen die noch junge Disziplin der experimentellen Biologie zu befördern angetreten war, galt „unter den Biologen als Zaubererinstitut".[1] Paul Kammerer (1880–1926), ihrem umtriebigsten Kopf, wird noch von seinem Biographen Arthur Koestler bescheinigt, er sei „eine Art Zauberer im Umgang mit Eidechsen" gewesen, „er verstand es, Amphibien unter künstlich veränderten Umweltbedingungen zu züchten, wie keiner vor und nach ihm".[2] Dem nicht genug, war Kammerer, der bekannteste ‚Neo-Lamarckist' in den Jahren um den Ersten Weltkrieg, dafür berühmt, Salamandern erbliche Farbänderungen, Seescheiden verlängerte Siphone und der Geburtshelferkröte Brunftschwielen anzuzüchten, im Fall der Kröte eine land- in eine wasserlebende Spezies und, im Fall der Salamander, eine gestreifte in eine gefleckte Art zu verwandeln. – Wenig später erklärt die Tagespresse eine Villa nahe Wien zum „Altenberger Zauberschloss", weil hier der spätere Nobelpreisträger und Mitbegründer der Vergleichenden Verhaltensforschung,

1 Arthur Koestler: *Der Krötenküsser. Der Fall des Biologen Paul Kammerer*, aus d. Engl. v. Krista Schmidt. Wien / München / Zürich: Molden 1972, S. 21.

2 Ebd., S. 24.

Konrad Lorenz (1903–1989), mit Hunderten von Tieren den elterlichen Haushalt strapaziert, die Mitte haltend zwischen Arche Noah und Villa Kunterbunt: „Das Material zu den im folgenden verwerteten Beobachtungen und teils beabsichtigten, teils unbeabsichtigten Versuchen", so Lorenz in einer wichtigen Arbeit von 1935,

> lieferten mir folgende Vögel, die ich im Laufe der Jahre *freifliegend* gehalten habe. [...] 15 Seidenreiher, 32 Nachtreiher, 3 Rallenreiher, 6 Weiße und 3 Schwarze Störche, viele Stockenten, viele Hochbrutenten, viele Türkenenten in der Domestikationsform, 2 Brautenten, 2 Graugänse, 2 Mäuse- und 1 Wespenbussard, 1 Kaiseradler, 7 Kormorane, 9 Turmfalken, ungefähr 1 Dutzend Goldfasane, 1 Mantelmöwe, 2 Flußseeschwalben, 2 große Gelbhaubenkakadus, 1 Amazonenpapagei, 7 Mönchssittiche, 20 Kolkraben, 4 Nebelkrähen und 1 Rabenkrähe, 7 Elstern, weit über 100 Dohlen, 2 Eichelhäher, 2 Alpendohlen, 2 graue Kardinäle und 3 Gimpel.[3]

Die in Freiheit lebenden Tiere erscheinen auf den Lockruf des Magiers und halten untereinander Frieden, wie ein Blatt vermerkt,

> [e]in zahmes Eichhörnchen treibt knapp neben dem Futterplatz in einem Rosenstock allerhand Schabernack, Hund und Katze schauen dem Treiben überlegen-ruhig zu. Aber keines stört das andere, der ewige Krieg zwischen Katze und Vogel, Affe und Papagei ist hier begraben und vergessen [...].[4]

Als Lorenz gemeinsam mit Nikolaas Tinbergen und Karl von Frisch (der seine Karriere in der Biologischen Versuchsanstalt begonnen hatte) 1973 der Nobelpreis für Medizin „for their discoveries concerning organization and elicitation of individual and social behaviour patterns" verliehen wird, wird in der Bankettrede der Zauberring des König Salomo heranzitiert, der den König die Sprache der Tiere verstehen ließ. Die Rede zitiert dabei Lorenz, der diesen Ring in seinem populärwissenschaftlichen Bestseller *Er redete mit dem Vieh, den Vögeln und den Fischen* (1949, 2011 in 45. Auflage) bemüht hatte: „Der König

3 Konrad Lorenz: Der Kumpan in der Umwelt des Vogels. Der Artgenosse als auslösendes Moment sozialer Verhaltensweisen (1935). In: Ders.: *Über tierisches und menschliches Verhalten. Aus dem Werdegang der Verhaltenslehre. Gesammelte Abhandlungen*, Bd. 1. München: Piper 1965, S. 115–282, hier S. 128. Wird im Folgenden mit der Sigle DK abgekürzt. Den Begriff ‚Kumpan' übernimmt Lorenz von Jakob von Uexküll, der damit eine auf bestimmte ‚Themen' eingeschränkte Sozialbeziehung meint (wie in ‚Trinkkumpan').

4 Im Altenberger Zauberschloß. Besuch in der Vogelfarm des Assistenten Dr. Konrad Lorenz. Interessante Versuche. In: *Wiener Montagsblatt*, 15.08.1932, S. 8. Der Hinweis auf diesen Artikel findet sich bei Klaus Taschwer / Benedikt Föger: *Konrad Lorenz. Biographie*. Wien: Zsolnay 2003, S. 48.

Abb. 1: Konrad Lorenz in Altenberg beim Entenfüttern (um 1931).

Salomo, so steht geschrieben, redete mit dem Vieh, den Vögeln, den Fischen und dem Gewürm. Das kann ich auch", so Lorenz, es wird ermöglicht durch die weiße Magie der Verhaltensforschung: „Es ist nichts Besonderes, das ‚Vokabularium' einiger Tierarten zu verstehen. Wir können auch *zu* den Tieren sprechen, wenigstens soweit dies im Bereiche der Möglichkeiten unserer physischen Ausdrucksmittel liegt und soferne die Tiere ihrerseits bereit sind, mit uns Kontakt aufzunehmen."[5] Einige Bilder von Lorenz und seinen Tieren sind emblematisch geworden, nicht nur für die Verhaltensbiologie: Lorenz beim Schwimmen in den Donauauen, gefolgt von seinen auf ihn ‚geprägten' Gänseküken; Lorenz beim Entenfüttern (s. Abb. 1); die Dohle Tschock, das Gänsekind Martina; vielleicht die bis auf weiteres letzten verbindlichen Bilder von einer Biologie der ‚Tiere' und nicht der DNA und der sogenannten Modellorganismen, von einer Biologie, die auf Gestalt und Verhalten gesetzt hat, im Reich des Makroskopischen angesiedelt war und die die über den Darwinismus

5 Konrad Lorenz: *Er redete mit dem Vieh, den Vögeln und den Fischen.* München: dtv 2011, S. 89. Wird im Folgenden mit der Sigle ERV abgekürzt.

gestiftete Kontinuität einer wahren *chain of being* sinnlich erleben ließ.

Jener Zauber, der die Forschung in diesen Fällen umgibt, stammt auch aus ihrer Nähe zur Kunst. In Kammerer, so sein Institutsleiter Hans Przibram im Nachruf auf den Frühverstorbenen, „steckte eine Anlage zur musikalischen Betätigung und ein Großteil Künstlernatur ebenso wie die Fähigkeit zur genauesten Naturbeobachtung und insbesondere eine Liebe zu allen lebendigen Geschöpfen, die ich sonst noch an keinem anderen gesehen habe".[6] Für den Evolutionsbiologen und Haeckel-Schüler Julius Schaxel, der Kammerers sozialistische Inklinationen teilt, gehört charismatische Vermittlungskunst mit zur Forschungsleistung: „Kammerers Gabe, Erforschtes und Geschautes begeistert und begeisternd darzustellen, hat ihn, der mehr einem genialen Künstler als einem emsigen Gelehrten glich, weithin berühmt gemacht."[7] Im – letztlich gescheiterten – Verfahren der Wiener Philosophischen Fakultät, das Kammerer den Professorentitel hätte eintragen sollen, heißt es entschuldigend hinsichtlich des mitunter wenig akademischen Betragens des Kandidaten: „Die Persönlichkeit Kammerers ist nicht nach der Schablone zu beurteilen; zweifellos von genialer Eigenart, ist er in seinen Vorzügen und gewiß auch in seinen Schwächen von dem Durchschnitt wesentlich verschieden."[8] Tatsächlich bewegt sich Kammerer, der neben der Zoologie auch Komposition studiert, in der Nähe von Gustav Mahler und Alma Mahler-Werfel, Bruno Walter und Alban Berg, Grete Wiesenthal und Leo Spitzer. Auch andere Vivariumsbiologen hatten enge Familien- und gesellschaftliche Beziehungen zu Kunst und Literatur der Jahrhundertwende, viele darunter wie Kammerer mit jüdischem Familienhintergrund.[9] Freud zitiert in *Das Unheimliche* Kammerers

6 Hans Leo Przibram: Paul Kammerer als Biologe. In: *Monistische Monatshefte* 11 (1926), S. 401–405, hier S. 401.

7 Julius Schaxel: Paul Kammerer. In: *Urania* 3 (1926/27), S. 74–175, hier S. 74.

8 Hans Leo Przibram / [Berthold Hatschek]: Referat zum Vorschlag der Professur für Dr. Paul Kammerer, Universitätsarchiv Wien, 1919, zit. n. Albrecht Hirschmüller: Paul Kammerer und die Vererbung erworbener Eigenschaften. In: *Medizinhistorisches Journal* 26 (1991), S. 26–77, hier S. 34.

9 Vgl. Wolfgang L. Reiter: Zerstört und vergessen. Die Biologische Versuchsanstalt und ihre Wissenschaftler/innen. In: *Österreichische Zeitschrift für Geschichtswissenschaften* 10,4 (1999), S. 585–614; Deborah R. Coen: Living Precisely in Fin-de-Siècle Vienna. In: *Journal of the History of Biology* 39 (2006), S. 493–523.

Gesetz der Serie, ein Werk, in dem Kammerer Freuds *Studien über Hysterie* zitiert hatte; eine Arbeit zur Serialität in Natur und Gesellschaft jenseits aller wissenschaftlicher Disziplinen, die Kammerers Reputation beschädigte und es einer Phalanx reaktionärer Wiener Professoren ermöglichen sollte, jenes Verfahren um die Titularprofessur scheitern zu lassen.[10] Aus der Nähe zu den kreativen Milieus der Wiener Jahrhundertwende bezog Kammerer Optionen der Selbstmodellierung, sodass

> er sich als impulsiver, geistig angeregter und anregender Mann auch auf ganz heterogenen Gebieten betätigte. So hat er sich nicht ohne Erfolg als Komponist versucht, war vielfach an Volksbildungsbestrebungen beteiligt, trachtete die Ergebnisse wissenschaftlicher Forschungen auf das Gesellschaftsleben anzuwenden und die Erfolge der Biologie dem großen Publikum nahezubringen.[11]

Auch Lorenz setzt später stark aufs große Publikum; die populären Tierbücher der Nachkriegszeit stehen in der Tradition der Tiererzählung,[12] er selbst hat als eines seiner Schlüsselerlebnisse stets ein ‚literarisches' angeführt, das in eine kindliche Phantasie vom Tier-Werden eingebettet ist:

> When, as a scientist, one tries to get insight into the deeper roots of one's own life interest, it is quite instructive to delve into earliest childhood memories. As a very little boy, I loved owls and I was quite determined to become an owl. In this choice of profession I was swayed by the consideration that an owl was not put to bed as early as I was, but was allowed to roam freely throughout the night. I learned to swim very early and when I realized that owls could not swim, they lost my esteem. My yearning for universality drove me to want to

10 Dazu Hirschmüller: Kammerer, S. 48–51; zu Kammerers Widersachern insb. Peter Berz / Klaus Taschwer: Nachwort. In: Arthur Koestler: *Der Krötenküsser. Der Fall des Biologen Paul Kammerer*, aus d. Engl. v. Krista Schmidt. Wien: Czernin 2010, S. 291–359.

11 Przibram / [Hatschek]: Referat, S. 34.

12 Vgl. auch Konrad Lorenz: Tierbücher. In: *Umwelt* 2,2 (1949), S. 15–16. In einer Reflexion von 1949, nicht zufällig zur Zeit der Abfassung seiner narrativ bestimmten populären Bücher *Er redete mit dem Vieh, den Vögeln und den Fischen* (1949) und von *So kam der Mensch auf den Hund* (1950), erklärt Lorenz, dass „nicht nur das Kunstwerk für den Erforscher der ererbten auslösenden Mechanismen des Menschen, sondern auch umgekehrt, die Erforschung der letzteren für den Kunstphilosophen von grundsätzlichem Interesse ist", in gewisser Parallele zu Freuds Kunsttheorie. Wahre Kunst spreche aus den (evolutionären) Tiefenschichten des Menschen, während „Schund" nach dem Muster von Versuch und Irrtum bzw. nach Marktforschungsmechanismen produziert werde. (Lorenz: Literarisches Sujet und angeborener auslösender Mechanismus. In: *Wiener Literarisches Echo* 2 (1949), S. 33–37, hier S. 34.)

> *become* an animal that could fly and swim and sit on trees. A photograph of a Hawaiian goose sitting on a branch induced me to choose a Sandwich goose as my life's ideal. I was not yet quite six years old when I was hit by the impact of Selma Lagerlöf's immortal book *The Journey of Little Nils Holgerson with the Wild Geese.* Consequently I wanted to become the sort of wild goose idealized by the Swedish poet. Very slowly it dawned upon me that I could not *become* a goose, and from then on I desperately wanted at least to *have* one and when my mother obstructed this, because geese are too damaging in a garden, I settled for a duck.[13]

Es gibt eine Reihe von Motiven, die diese Tiermagier in der Topik der Künstlerlegenden im Sinn von Ernst Kris' psychoanalytischer *Legende vom Künstler* (1934) begreifen lässt: als Wunderkind, Götterliebling und als Magier, Seher, Außenseiter,[14] weit entfernt jedenfalls vom offiziellen positivistischen entsagungsvollen Forscherideal der Epoche. Die enge, wo nicht symbiotische Beziehung zu Tieren von der frühesten Kindheit an ist ein stehendes Biographem exzeptioneller Biologenviten, über Kammerer referiert das zitierte Gutachten:

> Seit seiner frühesten Jugend bekundete Paul Kammerer eine besondere Vorliebe für alle biologischen Objekte, übte sich im Sammeln und Pflegen von Tieren und Pflanzen und erwarb sich auf diese Art durch Beobachtung in freier Natur und an seinen in Gefangenschaft gehaltenen Tieren jene Vertrautheit mit den Lebewesen, welche die Grundlage für ein erfolgreiches Arbeiten auf biologischem Gebiete und namentlich in der experimentellen Biologie bildet.[15]

Dasselbe wird von Nikolaas Tinbergen berichtet,[16] von Charles Otis Whitman[17] und den meisten der gar nicht wenigen ‚Gründer'-Figuren der Verhaltensbiologie. In Lorenz' Referat wird dieses (‚ontogenetische') Biographem zur Wiederholung des (‚phylogenetischen') Ganges der modernen Wissenschaft:

> In many natural sciences, such as botany, zoology, mineralogy and others, scientific activity has begun with collecting, and I do not doubt that this collecting was, in most cases, at first motivated much more by 'fancy' for attractive objects

13 Konrad Lorenz: My Family and Other Animals. In: D.A. Dewsbury (Hrsg.): *Leaders in the Study of Animal Behavior. Autobiographical Pperspectives.* Lewisburg, PA: Bucknell University Press 1985, S. 258–287, hier S. 259.

14 Ernst Kris / Otto Kurz: *Die Legende vom Künstler. Ein geschichtlicher Versuch*, mit einem Vorwort von Ernst H. Gombrich. Frankfurt am Main: Suhrkamp 1995.

15 Przibram / [Hatschek]: Referat, zit. n. Hirschmüller: Kammerer, S. 32.

16 Richard W. Burkhardt, Jr.: *Patterns of Behavior. Konrad Lorenz, Niko Tinbergen, and the Founding of Ethology.* Chicago / London: University of Chicago Press 2005, S. 188.

17 Vgl. ebd., S. 20–21.

> than by cognitive purpose. No comparative ethologist of my acquaintance has ever denied that his scientific career began in the same manner. [Oskar] Heinroth was ten when he started collecting and keeping ducks and geese; I myself was still younger when I did the same. Whitman is said to have been addicted to pigeon keeping at about the same age. Though having done this undoubtedly is not a merit, it nevertheless was the methodologically correct thing to do, and I think I am justified in ranging the keeping of animals in captivity first among the methods peculiar to comparative ethology.[18]

Lorenz hat das ihm attestierte „extraordinary and indeed unrivaled *intuitive* knowledge of animals“ selbst gerne für sich in Anspruch genommen.[19] Die Wissenschaftsgeschichtsschreibung ist ihm auch darin gefolgt: Lorenz habe „vieles am tierischen und menschlichen Verhalten buchstäblich *intuitiv erschaut*, und er hat sich so auch, pointiert gesagt, in Tiere hineindenken können.“[20]

Die hohe kulturelle Resonanz dieser Biographeme, deren exponiertestes die Beherrschung der Tiersprache ist,[21] sollte nicht die Funktion übersehen lassen, die diese Legenden haben. Sie gehören, wie aus den Zitaten ersichtlich, zur Gründungsgeschichte (Gründungslegende) von Institutionen und Disziplinen, die mit solchen mythisch aufgeladenen Gründungsfiguren eine Plausibilität erkaufen, die wissenschaftslogisch und wissenschaftshistorisch eben nicht auf der Hand liegt. Die Versuche Kammerers und der Vivariumsbiologen gehören in den Kontext der Experimentalbiologie, in dem erst 1894 begründeten Fachjournal dieser neuen Disziplin, Wilhelm Roux' *Archiv für Entwicklungsmechanik der Organismen*, erscheinen Kammerers wichtigste fachwissenschaftliche Arbeiten.

Mythischer wie organisationslogischer Einsatz, beide auf Fachwelt und großes Publikum bezogen, beziehen ihre Plausibilität aber zunächst und vor allem aus dem Umstand, dass mit Darwin und der Evolutionstheorie seit den 1860er Jahren eine direkte Kontinuität

18 Konrad Lorenz: The Comparative Method in Studying Innate Behavior Patterns. In: *Symposia of the Society for Experimental Biology 4. Physiological Mechanisms in Animal Behaviour.* New York: Academic Press 1950, S. 221–254, hier S. 235.

19 Vgl. Burkhardt: *Patterns*, S. 147, 153–154.

20 Franz M. Wuketits: *Die Entdeckung des Verhaltens. Eine Geschichte der Verhaltensforschung.* Darmstadt: WBG 1995, S. 69.

21 Lorenz hat sich für das Motiv vom Zauberring des Salomo auf ein Erfolgsbuch der Jahrhundertwende bezogen, auf eine Episode aus Joseph Viktor Widmanns *Der Heilige und die Tiere* (1905), einen dramatisch-epischen legendenhaften Verstext über Christi Versuchung in der Wüste, vgl. ERV, S. 89.

zwischen Mensch und Tier nicht nur absehbar, sondern, jedenfalls in der sehr lauten Anhängerschaft Darwins, zur Tatsache geworden ist. Schon in Darwins *The Descent of Man, and Selection in Relation to Sex* (1871) hatten die Kontinuitäten zwischen dem Verhalten von Tieren und Menschen starke Belege für die Deszendenztheorie geliefert, seit *The Expression of the Emotions in Man and Animals* (1872) konnte das Verhalten als klassifikatorisch belastbares Indiz zur evolutionären Verortung einer Art gelten, nicht anders als anatomische Strukturen.

Tierisches Verhalten ist damit für den menschlichen Beobachter nicht mehr vielleicht aus Erfahrung und langem Umgang bekannt, doch letztlich inkommensurabel, sondern vielleicht fremd, doch letztlich bekannt und allzu bekannt. ‚Intuition' ist nun ein bloß der Intensität nach besonderes Vermögen der Tiermagier, zugleich auch ein Beleg für die Mensch-Tier-Kontinuität, kein Brückenschlag zwischen einander Fremden mehr aus dem Register des Wunderbaren. Wer Tiere beobachtet, beobachtet damit aber immer auch sich selbst; Einsicht in tierisches Verhalten ist nun immer Einsicht in historische Schichten des eigenen Bewusstseins.

Insofern sind Tiere und ihr Verhalten nicht mehr bloß moralischer Spiegel und Symbol, so wie bei Alanus ab Insulis alle Kreatur „liber et pictura", „speculum" und „fidele signaculum" des Menschen gewesen war, sondern das Eigene im Fremden. Die epochale Sentimentalisierung der Tiere und ihr Verschwinden aus dem Alltag im 19. Jahrhundert[22] koinzidiert mit einem Prozess der Verwandtschaftsstiftung, der sehr vielen Zeitgenossen einen neuen Blick nicht bloß auf den eigenen Körper, sondern auch auf das eigene Verhalten und die eigenen Strebungen ermöglichte.

Marie von Ebner-Eschenbach notiert sich im Tagebuch Zitate aus Darwins *Expression* über das Scheuen bei Pferden und Kindern und die Empfindungen bei Musik (noch im Erscheinungsjahr der Originalausgabe war J. Victor Carus' Übersetzung *Der Ausdruck der Gemüthsbewegungen bei dem Menschen und den Thieren* erschienen).

22 Dazu John Berger: Warum sehen wir Tiere an? In: Ders.: *Das Leben der Bilder oder die Kunst des Sehens*, aus d. Engl. v. Stephen Tree. Berlin: Wagenbach 1981, S. 12–35; Jutta Buchner-Fuhs: Das Tier als Freund. Überlegungen zur Gefühlsgeschichte im 19. Jahrhundert. In: Paul Münch (Hrsg.): *Tiere und Menschen. Geschichte und Aktualität eines prekären Verhältnisses*. Paderborn: Schöningh 1998, S. 275–294.

Darwins Beobachtungen werden auf die Kinder appliziert, mit denen sie Umgang hat: „Fritzels erste Schreibversuche. Darwin hätte sich gefreut üb. die Bewegungen[,] die das Kind mit den Händen machte, während ich vorschrieb."[23] In einer Art Aphorismus hält sie fest: „Der hat seinen Darwin schlecht gelesen, der nicht weis, welch ein inniger Zusammenhang zwischen dem Herzen u. dem Gehirn besteht."[24] Hugo von Hofmannsthal empfiehlt seinem Freund Leopold von Andrian die Lektüre von Darwins *Gemüthsbewegungen* (neben der *Reise mit der Beagle*) als „[b]esonders schön"[25], als Andrian sich über „unsere Stellung in der Natur, unser[en] Zusammenhang mit allen Dingen" und „vor allem die vielen Kräfte und vielen Möglichkeiten die in der Natur sind" klarwerden möchte.[26]

Sigmund Freuds evolutionistisch inspirierte Psychoanalyse macht von diesem Verweisungsverhältnis ebenso Gebrauch wie die Literatur, die ihre Figuren mit einer inneren Tiefenzeit ausstattet: „Wir sind von einem Fleisch mit allem was je war", sagt Hugo von Hofmannsthal, „mit Alexander, mit Tamerlan, mit den verschwundenen Rieseneidechsen und Riesenvögeln, mit allen Göttern und dem Wunderbaren der menschlichen Geschlechter".[27] Andererseits kann man dann tatsächlich mit einigem Recht wie Lorenz ‚mit den Tieren sprechen' und ihre ‚Vokabularien' lernen. Eine Anthropomorphisierung im eigentlichen Sinn kann es dann auch in der Rede von Tieren nicht geben, wenn

> das sogenannte Allzumenschliche fast immer das *Vor*-Menschliche ist, und daher das, was wir mit den höheren Tieren gemeinsam haben. Man mag mir glauben: Ich projiziere menschliche Eigenschaften ganz sicher nicht in das Tier. Eher tue ich das Gegenteil: Ich zeige, wieviel tierisches Erbe auch heute noch im Menschen steckt. (ERV, S. 67)

23 Marie von Ebner-Eschenbach: Tagebucheintrag v. 12.06.1882. In: Dies.: *Tagebücher III (1879–1889)*, krit. hrsg. u. komm. v. Karl Konrad Polheim / Norbert Gabriel. Tübingen: Niemeyer 1993, S. 225–226.

24 Ebner-Eschenbach: Tagebucheintrag, o. D. [1882]. In: Ebd., S. 285.

25 Hugo von Hofmannsthal an Leopold von Andrian, 20.10.1897. In: Dies.: *Briefwechsel*, hrsg. v. Walter H. Perl. Frankfurt am Main: Fischer 1968, S. 95.

26 Leopold von Andrian an Hugo von Hofmannsthal, 10.10.1897. In: Ebd., S. 92.

27 Hugo von Hofmannsthal: E vita Alexandri magni (1895). In: Ders.: *Sämtliche Werke. Kritische Ausgabe*, veranst. v. Freien Deutschen Hochstift, hrsg. v. Rudolf Hirsch et al., Bd. XVIII, Dramen 16. Fragmente aus dem Nachlaß, hrsg. v. Ellen Ritter. Frankfurt am Main: Fischer 1987, S. 12–14, hier S. 14.

Damit kollabiert allerdings auch die nötige Distanz, die das Tier braucht, um als Tropus erscheinen zu können. Die Symbolgeschichte des Tieres fällt damit tendenziell mit seiner Realgeschichte zusammen. Oder anders: Tier-als-Tier und Tier-als-Zeichen werden jederzeit die Plätze tauschen können.

I.

Diese Nachgeschichte des Darwinismus des 19. Jahrhunderts soll im Folgenden in diesem Sinn bei Kammerer und Lorenz weiter verfolgt werden, auf zwei Ebenen: auf der Ebene der Forschungslogiken; und auf der Ebene der Makronarrationen, in die sich Kammerers und Lorenz' Biologien einschreiben. Die beiden Außenseiter (oder: Avantgardisten) ihrer disziplinären Felder teilen den programmatischen Darwinismus, doch in polar entgegengesetzten Versionen. Kammerer als Lamarckist setzt auf die Vererbung erworbener Eigenschaften, steht also gegen das sich verfestigende Dogma von der Autonomie des Keimplasmas, von der Umwelt führt kein Weg in das Erbgut; Lorenz setzt auf die Selektionstheorie und fürchtet Degeneration durch Domestikation (die „Verhaustierung" von Tier und Mensch). Dass der um die Jahrhundertwende verbreitete Lamarckismus aber als legitime Option innerhalb des Darwinschen Paradigmas verschwindet, liegt nicht zuletzt an Kammerers spektakulärem Scheitern, wenn nicht in der Wissenschaft, so doch im wissenschaftlichen Feld: Anstatt nach den Wiener Querelen eine Professur in Moskau anzutreten, setzt Kammerer seinem Leben ein Ende, als sich herausstellt, dass wichtige Präparate seiner Versuchstiere (u. a. eine von ihm experimentell ‚erzeugte' Geburtshelferkröte) manipuliert worden waren.[28] Kammerer wollte sich 1908 an der Wiener Philosophischen Fakultät für ‚Zoologie mit besonderer Berücksichtigung der Ethologie' habilitieren; daraus wird – nach vielen Kommissionsquerelen – ‚experimentelle Morphologie der Tiere'. ‚Experimentelle Morphologie' ist tatsächlich kein schlechter Titel für ein Unternehmen, das an den Gestalten und am Habitus der Tiere ansetzt.

Wien – das zeigt nicht nur der spektakuläre ‚Fall Kammerer' – war eine Hochburg des (Neo-)Lamarckismus. Die Vorlesungsreihe zur

28 Zu Kammerers Biographie siehe Koestler: *Krötenküsser*; Hirschmüller: Kammerer; Berz / Taschwer: Nachwort.

„Krisis des Darwinismus" von 1902 in der Wiener philosophischen Vereinigung versammelte eine Reihe von Beiträgen – des Pädiaters Kassowitz, Freuds altem Vorgesetzten, des Wiener Botanikers Wettstein, von Ehrenfels und anderen; der Tenor war außerordentlich kritisch gegen die Selektionstheorie in der Fassung des Weismannschen Neodarwinismus; selbst der Widerredner, der Wiener Fachvertreter Hatschek reagierte moderat ‚lamarckistisch'. Hatschek war Protegé Haeckels und Mentor Kammerers, der wieder mit Haeckel in direktem Protektionsverhältnis stand (geholfen hat das bekanntlich nichts); was die Einschätzung belegt, dass die Wiener Formen des Lamarckismus keineswegs gegen ‚Darwin' gerichtet waren, die Lamarckisten sich vielmehr als die wahren und authentischen Darwinisten verstanden und Haeckel eine Schlüsselfigur für die Wiener Biologie blieb, wie allein schon die erhaltene Korrespondenz im Haeckel-Archiv Jena belegt.

Gewiss geht es im (Neo-)Lamarckismus um die Rolle der ‚Vererbung erworbener Eigenschaften', aber das Phänomen scheint besser als Syndrom mehrerer reichlich ungleichnamiger Faktoren verstehbar zu sein, mit denen sich methodische, kulturelle und ästhetische Einstellungen verbinden. Der Lamarckismus ist tendenziell makroskopisch orientiert, auf Morphologie, ‚Gestalt' eingestellt, auf Augenschein; er bewahrt den interpretatorischen Fokus des klassischen Darwinismus; die Experimentalisierung und Quantifizierung im Vivarium geht wohl auf den Versuch zurück, eine Aktualisierung des morphologisch orientierten Haeckel-Darwin-Paradigmas zu unternehmen;[29] er ist auf diskursive Anschlüsse an andere Felder aus; er ist auf übergreifende, körperdurchwaltende Zeitlichkeit und Kontinuitäten hin orientiert; er ist narrativ organisiert, auf Fülle und nicht auf Verknappung gerichtet. Zentral ist die Funktion somatisch-kultureller Gedächtnisse; Körper werden zu Semiophoren (Krzysztof Pomian), historische Ereignisse werden somatische Engramme (Stichwortgeber sind daher Ewald Hering und Richard Semon); er ist auf Handlungsoptionen aus, die sich in engen Handlungsräumen zu bewegen wissen, daher auch latent politisch; er hat deshalb ein problematisches Verhältnis zur Kontingenz, daher zur strengen Selektionstheorie, und

29 Vgl. Sander Gliboff: The Case of Paul Kammerer: Evolution and Experimentation in the Early 20th Century. In: *Journal of the History of Biology* 39 (2006), S. 525–563.

ist zugleich antideterministisch. Stattdessen hat er Sinn für Latenzen und für schwer übersetzbare Ungleichzeitigkeiten, aus denen er Freiheitsgrade, Handlungsräume und *agency* für seine Aktanten bezieht. Kammerers bevorzugte Versuchstiere, die Amphibien, sind selbst schon Grenztiere von Wasser und Land, sie vollziehen Entwicklung als Metamorphose, als Gestaltwandel, auf den der Experimentator einwirkt. Es geht um Durchlässigkeiten zwischen Genom und Phänomen, Genotyp und Phänotyp.[30]

Dieser Lamarckismus hat große Nähe zu weniger auffälligen, dennoch aber zentralen Motiven der Jahrhundertwendeliteratur. Hofmannsthal beschreibt im sog. „Ariadne-Brief" von 1912, einem wichtigen Dokument seiner Poetik, sein Werk als zwischen zwei Polen ausgespannt, zwischen der ‚Verwandlung' und der ‚Treue'; anders artikuliert, zwischen dem ‚Vergessen' und dem ‚Erinnern'; es sei dies „einer von den abgrundtiefen Widersprüchen, über denen das Dasein aufgebaut ist."[31] Man könnte ohne große Übertreibung sagen, dass Hofmannsthals Œuvre sich auf den Widersprüchen aufbaut, die der (Wiener) Neolamarckismus zu bearbeiten sich anschickt, indem er beide Elemente kohärent und im hellen Tageslicht ‚exakter' Wissenschaft von 1900 kombiniert: Metamorphose: Artwechsel, Evolution und die Bewahrungsinstanz des somatischen Gedächtnisses. Es lassen sich unter die zitierten Formulierungen die des Frühwerks der 1890er Jahre subsumieren, wo es um die Frage der Ich-Identität über den Augenblick hinaus ging, ob man ‚ein Spiel von jedem Druck der Luft' sei. Die Ichproblematik ist gewiss die Münze, in der das Problem gehandelt wird; liest man aber im zitierten Brief, dass „Verwandlung", ‚Metamorphose', „das Leben des Lebens" sei, zeigt sich ein Zug, der sich in eine poetische Evolutionslehre einfügen lässt. Mit Freud, dessen Werk er schon früh rezipiert, teilt Hofmannsthal die Gewissheiten des „biogenetischen Grundgesetzes" (Ernst Haeckel), dass das Individuum die Geschichte der Ahnenreihe zu rekapitulieren hat und dass Geschichte somatisch präsent ist; dies naheliegenderweise im

30 Peter Berz: The Eyes of the Olms. In: *History and Philosophy of the Life Sciences* 31 (2009), S. 215–238.

31 Hugo von Hofmannsthal: Ariadne (1912). Aus einem Brief an Richard Strauss. In: Ders.: *Gesammelte Werke in zehn Einzelbänden*, hrsg. v Bernd Schoeller in Beratung mit Rudolf Hirsch, Dramen V: Operndichtungen. Frankfurt am Main: Fischer 1980, S. 297–300, hier S. 297.

‚Blut' als nicht bloß metaphorischem Träger eines leiblichen Gedächtnisses.[32] Die „Väter", heißt es einmal in umgekehrter Formulierung, „entsannen sich des Enkels und durchzogen mich".[33] Überblickt man Hofmannsthals verstreute Äußerungen zum Darwinismus, so zeichnet sich eine Position ab, die den Selektionsaspekt der Theorie deutlich zurücknimmt und stattdessen solidarische Strebungen in der Tierwelt, die ‚sozialen Triebe' – darwinolamarckistisches Basiselement von Karl und Minna Kautsky und Petr Kropotkin bis zu Kammerers Denkkollektiv – sowie die monistische All-Einheit des Lebendigen fokussiert.[34] Es geht also in diesen Texten darum, sich in ein Verhältnis zum Sozialen, zur Natur und zur Geschichte zu setzen. Ästhetisch werden solche Erkenntnisse in der Struktur der Epiphanie gestaltet.[35]

In Begriffen des Milieus besteht das Problem der Texte – das exponierteste unter ihnen ist Hofmannsthals Romanprojekt *Andreas oder die Vereinigten* – darin, dass ihre Protagonisten gerade kein Milieu haben oder finden, das sie bestimmen würde; das Milieu, das sich ihnen engrammiert, muss als vergangen-präsentes ‚innen' gefunden werden, induziert durch einen äußeren Anlass. Diese ‚Innenleitung' ist aber gerade keine Subjektposition etwa im Sinn des deutschen Idealismus, sondern eine spezifische Kompromissposition zwischen einem allzu permeablen Ich und einer Umwelt, als die sich eine immer schon gewesene Erfahrung in naturgeschichtlichen Dimensionen ausdrückt. Der Lamarckismus ließe sich selbst als Inszenierung von Narration verstehen in dem Sinn, dass sich die Interpreten der Natur zu ‚Erzählern' ihrer künftigen Phylogenese aufschwingen können, nicht als „Sklaven der Vergangenheit", mit Kammerer zu sprechen, sondern

32 Vgl. Michael Worbs: *Nervenkunst. Literatur und Psychoanalyse im Wien der Jahrhundertwende*. Frankfurt am Main: Athenäum 1988, S. 307, 312, 340–341; Werner Michler: *Darwinismus und Literatur. Naturwissenschaftliche und literarische Intelligenz, 1859–1914*. Wien / Köln / Weimar: Böhlau 1999 zu Andrian, Beer-Hofmann u. a.

33 Hugo von Hofmannsthal: Ödipus und die Sphinx (1905). In: Ders.: *Gesammelte Werke*, Dramen II: 1892–1905, S. 381–485, hier S. 395.

34 Vgl. zum „Kampf ums Dasein" und ihm antithetische „geheime Gesetze, jenes große Gesetz durchkreuzend", Hugo von Hofmannsthal: Aufzeichnungen aus dem Nachlaß 1908. In: Ders.: *Gesammelte Werke*, Reden und Aufsätze III: 1925–1929; Buch der Freunde; Aufzeichnungen 1889–1929, S. 494–497, hier S. 495.

35 Dazu Michler: *Darwinismus und Literatur*.

als „Werkmeister der Zukunft“.[36] „Die Vererbungsversuche“, so Kammerer,

> erschöpfen ihre Bedeutung nicht bei der Tierart, an der sie ausgeführt werden. Vielmehr dient das Tier – genau wie in der Heilkunde – nur als „Versuchskaninchen“. In unserem Fall lehrt es, daß wir nicht vergeblich leben: *das Dasein der Person verstreicht nicht umsonst*; das Kind muss nicht immer wieder von vorne anfangen – dort, wo schon seine Eltern und Voreltern begannen. Sondern langsam, aber sicher häuft sich Errungenschaft auf Errungenschaft. Ihre organische Weiterpflanzung verbürgt den Fortschritt. Die Höherentwicklung steht oder fällt mit der Vererbung erworbener Eigenschaften.[37]

‚Magie‘ war für Hofmannsthal schon früh Selbsterklärung poetischen schöpferischen Vermögens; sie vereinigt naturwissenschaftlich-zeitgenössische Elemente mit solchen Denkmotiven der Frühen Neuzeit, vor allem des Paracelsus; an anderer Stelle spricht er von Balzac als Synthese von Novalis und Naturalismus, von Swedenborg, Goethe und Lamarck,[38] eine offensichtliche Analogiebildung zu Haeckels Formel, die Entwicklungslehre beruhe auf Goethe-Lamarck-Darwin. Die letzte Notiz zum *Andreas*-Projekt lautet: „Roman. Müsste ein Compendium sein. Philosophie der Politik – bis in ihre feinsten Verästelungen in die Biologie.“[39] Paul Kammerer – der Magier der Verwandlung, der über die Somatiken und die Keimbahnen der Salamander, Geburtshelferkröten und Olme verfügt – experimentiert vielleicht nicht so sehr auf den Mechanismus der Vererbung erworbener Eigenschaften hin, sondern auf die Plastizität des Lebendigen und die Grenzen der Arten, als *poesis*. Von der Sowjetunion aus erschien Kammerer als legitimer Nachfahre von Iwan Mitschurins Akklimatisations-Zaubergarten und als Vorläufer von Trofim Lysenkos sowjetagronomischen Wundern.

36 Paul Kammerer: *Sind wir Sklaven der Vergangenheit oder Werkmeister der Zukunft? Anpassung, Vererbung, Rassenhygiene in dualistischer und monistischer Betrachtungsweise*. Wien / Leipzig: Anzengruber-Verlag Brüder Suschitzky 1913.

37 Paul Kammerer: Vererbung erworbener Eigenschaften. Nach eigenen Untersuchungen. In: *Urania* 1 (1924/25), S. 134–138, hier S. 138.

38 Hugo von Hofmannsthal: Balzac (1908). In: Ders.: *Gesammelte Werke*, Reden und Aufsätze I: 1891–1913, S. 382–397, hier S. 395.

39 Hugo von Hofmannsthal: Andreas. In: Ders.: *Sämtliche Werke*, Bd. 30: Roman. Biographie, hrsg. v. Manfred Pape. Frankfurt am Main: Fischer 1982, S. 5–218, hier S. 218.

II.

Lorenz, knapp eine Generation jünger als Kammerer, ist stets am politisch und methodisch entgegengesetzten Pol des biologischen Feldes angesiedelt;[40] er teilt auch nicht die soziologischen, politischen, literarischen und metaphorischen Solidaritäten des Wiener Lamarckismus.[41] Lorenz' Ethologie ist dennoch (oder deshalb?) ein ambivalentes Unternehmen, in dem zwei gegenläufige Diskursformationen aufeinandertreffen. Das kann kurz an drei Dimensionen von Lorenz' Forschungen gezeigt werden: Hermeneutik vs. Technizismus; Individualisierung vs. Programmierung; Zukunftsöffnung vs. Vergangenheitsbelastung.

Lorenz' neue Wissenschaft Tierpsychologie bzw. Vergleichende Verhaltensforschung – er bezieht sich stets auf Vorläufer und Mentoren wie den Berliner Zoologen Oskar Heinroth und auf Darwin selbst, lässt aber keinen Zweifel daran, dass eine Wissenschaft vom Verhalten noch zu gründen steht, und zwar eben jetzt – beruht einerseits auf Beobachtung, Beschreibung, Vergleich, auf der Wahrnehmung von Ganzheiten,[42] also auf einem letztlich hermeneutischen Programm. Lorenz geht sogar sehr weit in der Anerkennung der Tatsache, dass Beobachtungen, die auf ‚biologischem Taktgefühl' beruhen, selbst individuell sind, was umso mehr für ihre Beschreibung gelten muss.[43] Diese methodische Vorentscheidung steht auch hinter seiner wichtigsten Untersuchungsmethode, die mit ‚teilnehmender Beobachtung'

40 Lorenz ist Schüler des Wiener Paläobiologen Othenio Abel und wird von Max Hartmann, dem Direktor des Kaiser Wilhelm-Instituts für Biologie in Berlin, gefördert, beide agieren in der Frage der Professur gegen Kammerer, vgl. Hirschmüller: Kammerer, S. 46–47.

41 Während das Vivarium bzw. die Biologische Versuchsanstalt 1938 geschlossen wird, sieht Lorenz, der als Darwinist unter dem offiziellen Klerikalismus des austrofaschistischen Regimes wenig Aussichten hat, mit dem ‚Anschluss' seine große Zeit gekommen.

42 Vgl. dazu Wuketits: *Entdeckung*, S. 57–73.

43 „Aber auch abgesehen von diesen rein sprachlichen Schwierigkeiten in der Übermittlung des Gesehenen liegt die größte Fehlerquelle bei der Verwertung fremder Beobachtungen darin, daß zwei, die auf das gleiche blicken, nicht Gleiches sehen, mit anderen Worten, daß jeder Mensch nur in seiner eigenen Umwelt lebt. Vor allem die Tatsache, daß ein Beobachter an einem bestimmten Tiere etwas *nicht* gesehen hat, berechtigt nie zu negativen Aussagen. Wenn ich nun im folgenden außer eigenen Beobachtungen nur solche von Forschern verwende, deren Standpunkt dem meinen ähnlich oder gleich ist, so geschieht dies nicht aus Engherzigkeit oder gar etwa, um Tatsachen zu verschweigen, die meinen Hypothesen widersprechen. Ich tue das nur, weil es nur in diesem Falle gelingt, zwischen den Zeilen zu lesen und eine der Selbstkritik ähnliche Kritik zu üben […]." (DK, S. 127)

(Malinowski entwickelt in der Weltkriegszeit das Konzept für die Anthropologie) nicht übel beschrieben wäre. Nur nimmt hier nicht der Beobachter am Leben seiner Objekte teil, sondern eigentlich die Objekte an dem des Beobachters: Sie beziehen Quartier in der Altenberger Villa.

Andererseits entwickelt Lorenz eine Reihe mechanischer Bilder und Erklärungsversuche für das psychische Geschehen, darunter ein psycho-hydraulisches, ‚hydro-mechanisches' Modell des Instinkts.[44] Hierzu gehören auch eine Reihe von technischen Metaphern wie die der „Leerlauf"- und der „Übersprungshandlung", wohl auch die durch Lorenz bekannt gewordene „Prägung" und der „Auslöser" (der „angeborene auslösende Mechanimus").[45] Sehr deutlich wird die technizistische Orientierung an Lorenz' robuster Behandlung der Ästhetik des Pfauenrades: Bei Darwin ist die sexuelle Zuchtwahl die Mutter der Ästhetik, Vorwelt für jenes Reich der Zwecke, die nicht auf unmittelbaren Daseinskampf zurückgeführt werden können. Bei Lorenz ist es die ‚Unwahrscheinlichkeit' des Auslösers, die für auffällige Formen verantwortlich ist.[46]

Einerseits, zweitens, geht Lorenz in der Individualisierung der Tiere sehr weit. Nicht nur in den populären Darstellungen erhalten seine Tiere Eigennamen, sodass ‚Tschock' und ‚Martina' einem sehr großen Leserpublikum als Individualitäten vertraut geworden sind. Schon in seinem zweiten wissenschaftlichen Aufsatz (*Beiträge zur Ethologie sozialer Corviden*, 1931) wird die Dohle aus seinem Erstling als jener ‚Tschock' identifiziert, sie wird auch in weiteren Beiträgen

44 Lorenz: Comparative Method, S. 255–257.

45 Es hat gegen die Sprache der (frühen) Verhaltensforschung den Einwand gegeben, sie sei unnötig verallgemeinernd und ‚generisch'. Zu diesem Problem vgl. Eileen Crist: The Ethological Constitution of Animals as Natural Objects. The Technical Writings of Konrad Lorenz and Nikolaas Tinbergen. In: *Biology and Philosophy* 13 (1998), S. 61–102.

46 „Die Ausbildung aller Auslöser schließt einen Kompromiß zwischen zwei biologischen Forderungen: möglichster Einfachheit und möglichster genereller Unwahrscheinlichkeit. Ein Ausruf, den der Fernstehende beim Anblick des Rades eines Pfaus, des Prachtkleides eines Goldfasans, der bunten Rachenzeichnung eines jungen Kernbeißers oft hören läßt, ist: ‚Wie unwahrscheinlich!' Diese naiv-erstaunte Äußerung trifft tatsächlich den Nagel auf den Kopf. Der Rachen eines Kernbeißer-Nestlings z. B. ist darum so ‚unwahrscheinlich bunt', weil er, im Verein mit der Triebhandlung des Sperrens, den Schlüssel zur arteigenen Fütter-Reaktion der Elterntiere darstellt. Die biologische Bedeutung seiner Buntheit liegt in der Verhinderung »irrtümlicher« Auslösung durch zufällig gleiche Reize anderen Ursprungs." (DK, S. 121)

so genannt.[47] Keineswegs sind aus dem wissenschaftlichen Diskurs der Ethologie Wendungen ausgeschlossen wie die von einem „mir sehr befreundeten alte[n] Kolkrabe[n], der seinen Namen sprechen kann“; dieser „pflegt diesen Ruf anzuwenden, wenn er mich zu sich rufen will“.[48]

Tatsächlich schreibt Lorenz in seinen Beobachtungen an Dohlen als Inhaber eines Privatzoos, als Liebhaber in der Sprache der naturforschenden Laien und Dilettanten, die Beobachtungen beitragen – untersucht wird „meine Dohle“[49] – und jene sprachlichen Register werden von Lorenz auch in Zukunft nicht aufgegeben werden (sie werden dann ausbalanciert, wo nicht konterkariert durch den anderen, den ‚mechanischen‘ Diskurs der Vererbung). Es wird kein Zweifel gelassen, dass der Beobachter selbst als Handlungsträger im Spiel ist und dass gerade das die Voraussetzung der nächsten Beobachtung bildet: Eine regelrechte ‚unerhörte Begebenheit‘ wird breit ausgeführt, als sich die Dohle ‚Tschock‘ auf einen Schwarm Krähen stürzt und ihren Besitzer im Getümmel zu verlieren droht; dieser stößt, „verzweifelnd nach ihr rufend, auf den Feldern herum[laufend]“, „Dohlenlockrufe“ aus, sie landet auf seiner Schulter. „So ließ sie einmal“, schreibt Lorenz unbekümmert, und: „dann ereignete sich etwas“, und: „von da an“. „Ich glaube nicht, daß ich von einem anderen Tier so viel und so Wesentliches gelernt habe wie im Sommer 1926 von Tschok [sic].“ (ERV, S. 51) Nach Katharina Heinroth verdankt die Verhaltensforschung ihre Entstehung „nicht einem Universitätsbetrieb mit vielen Schülern, sondern – in eigenartiger Parallele zu Darwins Evolutionstheorie – ganz privaten Studien [Oskar] Heinroths, die nur durch die fast übermenschliche Arbeit seiner Frau bei den Aufzuchten möglich waren, und den nebenberuflichen Forschungen von Lorenz im Park seines Vaters in Altenberg bei Wien.“[50]

47 Konrad Lorenz: Beiträge zur Ethologie sozialer Corviden. In: *Journal für Ornithologie* 79,1 (1931), S. 67–127; Bezug auf ders.: Beobachtungen an Dohlen. In: *Journal für Ornithologie* 75,4 (1927), S. 511–519; Tania Munz: “My Goose Child Martina”: The Multiple Uses of Geese in the Writings of Konrad Lorenz. In: *Historical Studies in the Natural Sciences* 41,4 (2011), 405–446.

48 Konrad Lorenz: Betrachtungen über das Erkennen der arteigenen Triebhandlungen der Vögel. In: *Journal für Ornithologie* 80,1 (1932), S. 50–98, hier S. 72.

49 Lorenz: Beobachtungen an Dohlen, S. 514; das Possessiv erscheint dreizehnmal auf neun Seiten.

50 Katharina Heinroth: Die Geschichte der Vergleichenden Verhaltensforschung. In: Heinrich Balmer (Hrsg.): *Die Psychologie des 20. Jahrhunderts*, Bd. 1: Die europäische Tradition: Tendenzen, Schulen, Entwicklungslinien. Zürich: Kindler 1976, S. 849–861, hier S. 856.

Andererseits stehen diese Individualisierungen im Dienst des Aufweises gerade nicht von ‚individuellen' Freiheitsgraden im Verhalten, sondern es werden umgekehrt Determinierungen, erbliche Programmierungen an ihnen gezeigt.
Einerseits sieht Lorenz, drittens, in der Naturgeschichte der Menschheit „schwindelnd hohe Ziele aufartender Höherentwicklung" in Sicht, andererseits überwiegt doch die Furcht vor Degeneration, wie sie das 19. Jahrhundert und die Literatur des Naturalismus geprägt hat: „[L]eider in weit greifbarerer Nähe lauern Degeneration, durch das Großstadtleben verursachter rassischer und moralischer Verfall, Geburtenrückgang, Karzinom und Weltkapitalismus und unzählige andere volksfeindliche Kräfte."[51] Primärer Unheilsbringer ist für Lorenz die Domestikation;[52] immer zieht er das Wildtier dem Haustier, das Echte dem Hybrid vor.
Diese Widersprüche oder jedenfalls gegenstrebigen Diskursfügungen lassen sich auf zwei Ambivalenzen zurückführen, einerseits methodischer, andererseits sachlicher Natur. Das Experiment hat in Lorenz' Forschungsprogramm untergeordneten Wert, weil es die Kenntnis der ‚natürlichen' Verhaltensweisen des Tieres voraussetzt, nach denen in der Ethologie aber gerade gefragt wird; dennoch, so räumt Lorenz in der *Kumpan*-Arbeit von 1935 ein, könne es gegenüber der ‚reinen Beobachtung' einen höheren Grad an Objektivität erreichen. Das systematische Problem der Beobachtung ist bei Lorenz nun nicht eine mögliche individuelle Parteilichkeit oder Befangenheit des Beobachters, sondern

51 Zit. n. Taschwer / Föger: *Lorenz*, S. 95.

52 Taschwer und Föger geben sicher die richtige Antwort auf die selbstgestellte Frage, warum sich Lorenz – im Unterschied zu ihm nahestehenden Gelehrten – im Nationalsozialismus ohne Not verhältnismäßig stark exponiert hat: weil er wohl von „seinen ideologisch verbrämten Spekulationen selbst überzeugt war: Die ‚Verhaustierung' des Menschen blieb ihm zeit seines Lebens eine fixe Idee, von der er sich bis zuletzt nicht abbringen ließ." (Taschwer / Föger: *Lorenz*, S. 92.) Zu Lorenz' Engagement und Verhalten in der NS-Zeit vgl. insb. Benedikt Föger / Klaus Taschwer: *Die andere Seite des Spiegels. Konrad Lorenz und der Nationalsozialismus*. Wien: Czernin 2001; abwägend auch Burkhardt: *Patterns*, S. 231–280. Vgl. auch die Einschätzung von Lynette A. Hart: The Ethical and Responsible Conduct of Science and the Question of Political Ideology. Konrad Lorenz in the Field of Ethology. In: Dave Aftandilian (Hrsg.): *What Are the Animals to Us? Approaches from Science, Religion, Folklore, Literature, and Art*. Knoxville: University of Tennessee Press 2007, S. 269–296.

> daß der Beobachter selbst ein Subjekt ist, das dem Objekt seiner Beobachtung zu ähnlich ist, als daß eine wirkliche Objektivität erreicht werden könnte. Der ‚objektivste' Beobachter höherer Tiere kann nicht umhin, sich immer wieder zu Analogieschlüssen zu den eigenen Seelenvorgängen hinreißen zu lassen. (DK, S. 126)

Obwohl Max Hartmann 1937 erklärt, Lorenz habe „ein Feld der induktiven Naturforschung zugänglich gemacht", das „bisher ausschließlich Tummelplatz unfruchtbarer geisteswissenschaftlicher Spekulationen war",[53] ist Ethologie vielmehr eine naturalistische Geisteswissenschaft geworden, beruhend auf einer Variante von Vicos Axiom: Was Lebewesen tun, können Lebewesen nicht anders als verstehen.

Als seine eigene bevorzugte Methode nennt Lorenz „die Zufallsbeobachtung in natürlicher Umgebung".[54] Gefangenschaft erzeugt pathologische Erscheinungen (die „‚Käfigverblödung'"[55]), so hält er „verschiedene Vogelarten in einer ihrem natürlichen Lebensraum möglichst entsprechenden Umgebung, zum großen Teile in völliger Freiheit". (DK, S. 132) Allerdings sind jedenfalls einige dieser ‚in Freiheit' gezogenen Tiere in einem merkwürdigen Zwischenreich zwar nicht ‚gefangen', aber doch in mehrfachem Sinn ‚gehalten':

> Höhere Tiere in unbeschränkter Freiheit zu halten[,] war schon aus rein methodisch-wissenschaftlichen Gründen seit jeher meine Spezialität, wie denn auch ein sehr erheblicher Teil meiner Forschungen an freilebenden, zahmen Tieren durchgeführt wurde. […] So lebten denn die Tiere in völliger Freiheit, aber unserem Hause vertraut. (ERV, S. 15–16)

Zwischen den möglichen Forschungspräferenzen und -typen von *field*[56], *armchair* und *laboratory* (wie im Fall der von Lorenz bekämpften Behavioristen) gibt es hier also eine unwahrscheinliche vierte Forschungsstrategie, das Objekt kommt aus freien Stücken an den Schreibtisch. Der Lebensraum des Forschers ist zu seinem

53 Zit. n. Wuketits: *Entdeckung*, S. 40.

54 Lorenz: Betrachtungen, S. 69.

55 Ebd., S. 84.

56 Die Präferenzen in den Forschungstechniken werden programmatisch eingesetzt. Charles Otis Whitman setzt gegen die Biologie als Laborwissenschaft, wie sie Jacques Loeb betreibt, eine „experimental natural history", in Kontinuität zu den vorparadigmatischen Methoden der Naturgeschichte. Die englischen Ethologen (Edmund Selous, Frederick B. Kirkman) setzten hingegen auf das ‚Feld'; Selous möchte ‚im Feld' Darwins Theorien beweisen. (Burkhardt: *Patterns*, S. 19, 69, 87.)

Lebensraum geworden (und nicht etwa umgekehrt, wie bei den ornithologischen Feldforschern), der Forscher zum ‚Kumpan', und – und das ist das zentrale Thema des *Kumpan*-Textes – die Tiere durch ihn ‚geprägt', er vertritt nicht bloß, sondern agiert die Elternstelle für sie, in einer Komödie, die nur von ihm aus fiktionalen Charakter hat, während er die Tiere dort abgeholt hat, wo sie in einer kurzen Zeitspanne eine Leerstelle für den Elternkumpan hatten, „als Ersatzobjekt statt der Artgenossen".[57] Die Komödien, die den Attrappenversuchen, mit denen Lorenz und Tinbergen den ‚Auslösern' auf die Spur kommen wollen (an welcher Silhouette erkennt der Beutevogel seinen Jäger, am langen Hals oder am kurzen?), sind Täuschungsmanöver der Abstraktion, Komödien der Irrungen, die auf den Erbprogrammen des Verhaltens aufruhen.[58]

Das Ererbte erscheint als jenes Programm, in das sich der ‚Präger' eingeschaltet hat; es ist vom Tierbeobachter, mit „biologischem Taktgefühl" (DK, S. 129) ausgestattet, „ohne weiteres Nachdenken ganz gefühlsmäßig"[59] zu erkennen.[60] Der „Leerlauf" (ein Begriff, der – wie „Übersprungshandlung" – auf Lorenz' Motorradleidenschaft zurückgeführt wurde,[61] jedenfalls das mechanische Moment des Triebablaufs betont) ist der Ablauf von ererbten Handlungssequenzen ohne Objekt oder mit Ersatzobjekt: „Meine jungen Turmfalken ‚schlugen' passende, vor allem weiche Gegenstände schon lange, bevor sie fliegen konnten. Besonders oft verfolgten sie den Rand eines dicken Teppiches, ganz als ob es eine diesen entlang laufende Maus wäre."[62] Das angeborene „Schema", dem die Attrappen genügen oder nicht genügen, kann viele oder „sehr wenige" „Zeichen" umfassen, „eng" oder, wie bei der Graugans, „*ungeheuer weit*" sein. (DK, S. 151)

Verhalten erscheint bei Lorenz in angeborenen Handlungssequenzen; deshalb taugt das Erbe, die ‚unveränderliche', ‚starre', „sozusagen klassische" Triebhandlung, auch als Artmerkmal. Verhalten

57 Lorenz: Betrachtungen, S. 60. – Das Motiv des ‚Zeitfensters' spielt in der Epoche eine wichtige Rolle; so beruft sich die Pädagogin Maria Montessori auf den Biologen de Vries („sensitive Perioden"), vgl. Maria Montessori: Von selbsttätiger Erziehung unserer Kinder. In: *Urania* 4,4 (1926/27), S. 97–103.

58 Vgl. das Schlusskapitel von ERV: „Lachen über Tiere".

59 Lorenz: Betrachtungen, S. 70.

60 Ebd., S. 71.

61 Taschwer / Föger: Lorenz, S. 44.

62 Lorenz: Betrachtungen, S. 88.

erfüllt einen Zweck in der Detektion der Phylogenese, ein Aspekt der Verhaltensforschung, der sie einerseits in die ‚klassischen' biologischen Disziplinen, andererseits in die evolutionistische Makrostruktur einreiht. Verhalten hat „taxonomische Bedeutung", aber nur in Gestalt der „Erbtriebe" mit ihrer „große[n] Konstanz" und ihrem „hohen erdgeschichtlichen Alte[r]".[63] Individualität ist dann eine Verfallsform, Abweichung von einem Typus, der sich in den Wildformen eines Tieres realisiert; „jede gesunde Wildhenne" entspricht bei Lorenz „vollkommen dem Ideal der Glucke". Was Gustav Heinrich Brückner[64] als Persönlichkeit des Tieres ansieht, ist in Wahrheit eine Verfallserscheinung, mutativer ‚Ausfall' von Kettengliedern einer Instinkthandlung.[65] Was der Augenschein für Lernen hält, ist „in Wirklichkeit ein innerer Reifungsvorgang auf genau festgelegter Bahn". (DK, S. 133)

Lorenz spricht von „Erbtrieb-Dressurverschränkung"[66] und „Trieb-Intellektverschränkung"[67], wobei die Triebhandlung als ein „auf vererbten Bahnen des Zentralnervensystems beruhender Handlungsablauf, der als solcher ebenso wenig veränderlich ist wie seine histologische Grundlage oder irgend ein morphologisches Merkmal",[68] gelten kann. Lernen, gefasst als „Eigendressurhandlungen der Vögel", erscheint als Einsprengsel in die Sequenzen eines ererbten Handlungsschemas; als „variable Glieder in eine Kette von Triebhandlungen eingeschaltet".[69] Diese können ausbleiben, und das „Ausfallen von Triebhandlungen"[70] ist der Grund für das Scheitern jener Instinktabläufe und Trieb-Dressurverschränkungen. Der Neuntöter (Lanius

63 Ebd., S. 92.

64 Gustav Heinrich Brückner: *Untersuchungen zur Tiersoziologie, insbesondere zur Auflösung der Familie*. Leipzig: Barth 1933.

65 Immer unter dem Verdacht der Degeneration: „Gerade bei angeborenen Auslöseschematen sind schon oft *Ausfälle von Merkmalen* als Domestikationserscheinungen bekannt geworden, die zu einer wesentlichen Erweiterung des Objektschemas führen. Nachprüfungen an Reinblütern müssen erweisen, ob bei unseren Versuchstieren etwas derartiges der Fall war." (Konrad Lorenz / Nikolaas Tinbergen: Taxis und Instinkthandlung in der Eirollbewegung der Graugans. In: *Zeitschrift für Tierpsychologie* 2,1 (1938), S. 1–29, hier S. 17.)

66 Lorenz: Betrachtungen, S. 59.

67 Ebd., S. 61.

68 Ebd., S. 66.

69 Ebd., S. 60.

70 Ebd., S. 80.

collurio), ein Vogel aus der Würgerfamilie, kennt die Handlung des Aufspießens eines Beutestückes, die „gesamte Bewegungskoordination des Aufspießens" und die „Kenntnis der Tatsache, dass das Aufspießen an einem festen Gegenstand zu erfolgen hat", doch fehlt ihm die „triebmäßige Kenntnis des *Dornes*". (DK, S. 134) Lernen ist bei Lorenz das Auffüllen von Lücken in „Triebhandlungsketten", an denen an bestimmten Stellen nicht ein Glied, sondern eine „‚Fähigkeit zum Erwerben'" eingefügt ist, eine Fakultät zum Fakultativen. Das ist nicht das Verfahren von *trial and error*, sondern ein Ertasten von Grund und Objekt der eigenen Handlung. Die „starr triebmäßigen Glieder einer Handlungskette" werden „keineswegs mit höherer Entwicklung der Lernfähigkeit und des Intellektes plastischer und durch Erfahrung besser beeinflußbar", sie fallen bloß aus und werden ersetzt durch erworbene oder verstandesmäßige Verhaltensweisen. (DK, S. 135–136) Die Parallelen von Lorenz' Erbprogramm zu Szenarien des literarischen Naturalismus liegen auf der Hand; nicht nur werden Verhaltensprogramme ausagiert, die von anderen überkommen sind, ohne Wissen des Handelnden, sie scheinen auch nur degenerieren zu können, leerlaufen, einzelne Glieder von Handlungsketten drohen auszufallen.

Doch zeigt Lorenz' Konzept von Handlung noch eine zweite Tendenz. Lorenz hat zeitlebens auf dem Qualitativen und Makroskopischen der von ihm beschriebenen Prozesse bestanden, auf einer letztlich in Goethes Morphologie und in der Gestalttheorie grundgelegten Wissenschaft vom Verhalten. Die prekäre Schnittstelle zwischen einem Text, der hermeneutisch-gestalthaft erfasst werden soll, und der Idee von einem Skript, das auf einem Code beruht, zwischen freier Handlung entlang einer Struktur und dem Ausagieren eines Programms, *con variazioni*, teilt der Lorenz von 1930 mit dem Erforscher des russischen Zaubermärchens Vladimir Propp, der aus einer *sensu* Goethe konzipierten *Morphologie des Märchens* (1928) eine (proto-)strukturale Narratologie entwickelt. Im Märchen folgen die Erzählelemente der Logik einer Tiefenstruktur, die ihre starre Abfolge regelt; eine feste Handlungsstruktur bildet das Gerüst aller Märchen des Korpus, die durch elementare Handlungselemente zusammengesetzt sind und die Folge durch den Ausfall von Elementen realisieren. Der Magier Lorenz ist dann der, der um diese Ketten der Handlung und ihre Abfolge weiß und sich, sollen die Enten, die Gänse auf ihn ‚geprägt' werden, selbst im Zeitfenster als Elterntier ausgibt. Doch steht dieser Komödie der Lorenz'schen Verhaltenswissenschaft, die wie alle Komödie aus der Erwartung der Beschränktheit der Handlungen der anderen abgeleitet ist (also aus der Unterstellung von Handlungsschemata), ein Wunsch gegenüber, der sich in Lorenz' Texten immer wieder durchsetzt, ein Wunsch nach einer Art von ‚Tier-Werden' („to want to *become* an animal that could fly and swim and sit on trees"); wenn auch nicht als Fluchtbewegung wie bei Kafkas Tieren in der Interpretation von Gilles Deleuze und Felix Guattari, als Teil einer Verhaltenslehre des Minoritären, sondern im Rahmen durchaus majoritärer Arrangements; doch als Wunsch nie ganz zu tilgen.

Es ist wohl auch dieser Widerstand der Tiere im Eigensinn ihres Verhaltens gegen Lorenz' mechanistische Erbbiologie, die – jedenfalls in einer späteren Phase – Lorenz' Wissenschaft auch für tatsächlich minoritäre Projekte öffnet, an ganz unerwarteten Stellen. So kommt Jean Améry in seinem Aufsatz über die Folter auf Lorenz zu sprechen: „Die Hilfserwartung, Hilfsgewißheit gehört ja in der Tat zu den Fundamentalerwartungen des Menschen und wohl auch des Tieres, das haben der alte Krapotkin, der von der ‚gegenseitigen Hilfe in der Natur' sprach, und der moderne Tierverhaltensforscher Lorenz recht überzeugend vorgetragen",[71] die Kammerer-Lamarck-Kropotkin-Linie aktivierend. Diese „Hilfserwartung" sei „ebenso ein psychisches Konstitutionselement wie der Kampf ums Dasein", mit dem „ersten Schlag der Polizeifaust" hingegen, „gegen den es keine Wehr geben kann und den keine helfende Hand parieren wird", „endigt ein Teil unseres Lebens und ist niemals wieder zu erwecken."[72] Primo Levi hat sich mehrfach zustimmend auf Lorenz bezogen.[73] Und Ingeborg Bachmann nennt, im selben Jahr, in dem Améry der intraspezifischen Solidarität gedenkt, Lorenz in einem Atemzug mit Leopold von Sacher-Masoch und Sigmund Freud; sie komme, heißt es in einem Vorrede-Entwurf zu der Zürcher Lesung aus den *Todesarten* (*Das Buch Franza*) von 1966, „aus einem Land, ohne mich anbiedern zu wollen mit seinen Genies, die das unbekannte Wesen, der Mensch,

71 Jean Améry: Die Tortur. In: Ders.: *Jenseits von Schuld und Sühne. Bewältigungsversuche eines Überwältigten*. München: dtv 1988, S. 37–58, hier S. 45.

72 Ebd.

73 Vgl. Andrea Rondini: Ve lo giuro. Primo Levi tra Konrad Lorenz e Marco Polo. In: *Rivista di Letteratura Italiana* 25,3 (2007), S. 131–140.

seine Abgründigkeit und Hintergründigkeit immer beschäftigt hat“[74]. In den letzten Jahren, so Bachmann, habe sie „mit dem größten Interesse die Arbeiten eines andren Gelehrten verfolgt, die von Konrad Lorenz, dem Zoologen und Verhaltensforscher.“ „Trotzdem“, fährt sie gleichwohl fort, „erklärt das nichts, denn ein Schriftsteller entdeckt a conto suo, und es ist höchstens eine zitternde Freude, Entdeckungen zu entdecken, die von fern etwas mit den eigenen zu tun haben.“[75]

74 Ingeborg Bachmann: *Das Buch Franza. Das „Todesarten“-Projekt in Einzelausgaben*, hrsg. v. Monika Albrecht / Dirk Göttsche. München, Zürich: Piper 1998, S. 155.
75 Ebd.

Ausdrucksbewegungen

Zum Verhältnis von Literatur und Naturkunde bei Durs Grünbein, Ian McEwan und Charles Darwin

Elisabeth Strowick

Bezugnahmen von Literaturwissenschaft auf Evolutionsbiologie haben im letzten Jahrzehnt eine deutliche Konjunktur erfahren: sei es in Gestalt von Literary Darwinism[1], wie er sich im anglo-amerikanischen Raum seit den 1990 Jahren herausgebildet hat, oder einer evolutionspsychologisch orientierten Literaturwissenschaft, die im deutschen akademischen Kontext unter Titeln wie *Animal Poeta. Bausteine zu einer biologischen Kultur und Literaturtheorie*,[2] *Kultur als Zwischenwelt. Eine evolutionsbiologische Perspektive*[3] oder „Evolutionary Psychology as a Heuristic in Literary Studies"[4] firmiert. Der fach- und

1 Vgl. exemplarisch die folgenden Arbeiten Denis Dutton: *The Art Instinct. Beauty, Pleasure, and Human Evolution*. New York: Bloomsbury Press 2009; Joseph Carroll: *Evolution and Literary Theory*. Columbia: University of Missouri Press 1995; ders.: *Literary Darwinism: Evolution, Human Nature, and Literature*. New York: Routledge 2004; ders.: *Reading Human Nature: Literary Darwinism in Theory and Practice*. Albany: State University of New York Press 2011; Jonathan Gottschall / David Sloan Wilson (Hrsg.): *The Literary Animal. Evolution and the Nature of Narrative*. Evanston: Northwestern University Press 2005; Brian Boyd: *On the Origin of Stories. Evolution, Cognition, and Fiction*. Cambridge: Harvard University Press 2009; Brian Boyd / Joseph Carroll / Jonathan Gottschall (Hrsg.): *Evolution, Literature, and Film. A Reader*. New York: Columbia University Press 2010.

2 Karl Eibl: *Animal Poeta. Bausteine zur biologischen Kultur- und Literaturtheorie*. Paderborn: Mentis 2004.

3 Karl Eibl: *Kultur als Zwischenwelt. Eine evolutionsbiologische Perspektive*. Frankfurt am Main: Suhrkamp 2009.

4 Katja Mellmer: Evolutionary Psychology as a Heuristic in Literary Studies. In: Nicholas Saul / Simon J. James (Hrsg.): *The Evolution of Literature. Legacies of Darwin in European Cultures*. Amsterdam / New York: Rodopi 2011, S. 299–317.

diskurspolitische Anspruch dieser Ansätze bezeugt sich in methodologischen Kontroversen,[5] der Verkündung paradigmatischer shifts[6] oder der visionären Beschwörung einer zukünftigen evolutionspsychologischen Literaturwissenschaft, die alle anderen Ansätze unter ihre Perspektive subsumiert haben wird: „The literary Darwinists" – so Joseph Carroll – „aim at fundamentally altering the paradigm within which literary study is now conducted. They want to establish a new alignment among the disciplines and ultimately to subsume all other possible approaches to literary study."[7] – Während

5 Vgl. die Kontroversen in *Style*, *Critical Inquiry* und *Journal of Literary Theory*: *Style* 42,2/3 (2008): Special Double Issue: An Evolutionary Paradigm for Literary Study (darin u. a. Joseph Carroll: An Evolutionary Paradigm for Literary Study, S. 103–135; ders.: Rejoinder to the Responses, S. 308–411); Jonathan Kramnick: Against Literary Darwinism. In: *Critical Inquiry* 37,2 (2010/11), S. 315–347; Debating Literary Darwinism, a set of responses to Jonathan Kramnick's essay by Paul Bloom, Brian Boyd, Joseph Carroll, Vanessa L. Ryan, G. Gabrielle Starr, and Blakey Vermeule, along with Kramnick's Rejoinder: Literary Studies and Science: A Reply to My Critics. In: *Critical Inquiry* 38,2 (2012); Frank Kelleter: A Tale of Two Natures. Worried Reflections on the Study of Literature and Culture in an Age of Neuroscience and Neo-Darwinism. In: *Journal of Literary Theory* 1,1 (2007), S. 151–187; Karl Eibl: On the Redskins of Scientism and the Aesthetes in the Circled Wagons. In: *Journal of Literary Theory* 1,2 (2007), S. 439–459; Frank Kelleter: The Polemic Animal (or, How I Learned to Stop Worrying and Love Partisan Politics). A Reply to Karl Eibl. In: *Journal of Literary Theory* 2,1 (2008), S. 127–154.

6 Vgl. Carroll: An Evolutionary Paradigm for Literary Study.

7 Ebd., S. 105. Die visionäre Verve tritt – mit all ihren problematischen diskursiven Versatzstücken – in einem späteren Aufsatz noch deutlicher hervor: In „Three Scenarios for Literary Darwinism" schreibt Carroll: „The Darwinian literary study that, in this scenario, will ultimately absorb and supplant every other form of literary study, will assimilate all the existing concepts in literary study – traditional concepts of style, genre, tone, point of view, and formal organization, substantive concepts of depth psychology, social conflict, gender roles, family organization, and interaction with the natural world […]. In this third scenario, the pace of production in Darwinist publication will continue or increase; the institutional resistance of the postmodern establishment will crumble from within, almost silently, softly metamorphosing into dust, like the Soviet empire, as a result of intellectual dry rot. A few hammer blows no doubt will be needed to knock down actual obstructions, like the Berlin Wall, but these blows are more symbolic than substantive. The real barriers are in the minds of men and women. As these changes occur, the Darwinists will not be elevated into comfortable hegemony, simply taking possession of the seats of power vacated by the erstwhile commissars of the postmodern politburo. They will be in something like the same position as the former states of the eastern bloc, running hard just to catch up with their more prosperous neighbors to the West, working day to day to maintain life while simultaneously rebuilding their whole institutional infrastructure." (Joseph Carroll: Three Scenarios for Literary Darwinism. In: *New Literary History* 41,1 (2010), S. 53–67, hier S. 62) Offensichtlich ist dies auch einigen von Carrolls

Literary Darwinisim im anglo-amerikanischen akademischen Kontext durchaus marginalisiert ist und – wohl nicht zuletzt aufgrund der ihm inhärenten Tendenzen zur Popularisierung – insbesondere außerhalb des akademischen Kontextes Aufmerksamkeit erfahren hat, so etwa in einem denkwürdigen Auftritt Denis Duttons in *The Colbert Report*[8] oder in der *New York Times*, zielen evolutionspsychologische Ansätze im deutschen akademischen Kontext direkt ins germanistisch-institutionelle Mark: Karl Eibls Eröffnungsvortrag auf dem Deutschen Germanistentag 2007 zum Thema „Über den Zusammenhang der tierischen Natur des Menschen mit seiner geistigen"[9] stellt diesbezüglich ein besonders repräsentatives Symptom dar.

Untereinander stark um Differenzierung in Bezug auf soziobiologische und evolutionspsychologische Ansätze[10] bemüht, weisen die verschiedenen Ansätze gleichwohl zahlreiche Gemeinsamkeiten auf: 1) Eine Feindschaft gegen Theorie, insbesondere gegen poststrukturalistische Theorie. Die Beschwörung des eigenen Ansatzes als ‚Literaturtheorie' bleibt trotz massiver Bemühungen wenig überzeugend. 2) Eine Unterwerfung von Literaturwissenschaft unter das Diktat eines naturwissenschaftlichen Wissenschaftsverständnisses.[11] 3) Die

Mitstreitern, die ihrerseits keineswegs ungeübt in diskursiven Anmaßungs- und Verwerfungsgesten sind, zu viel: „Carroll writes as the chief evangelist for a single critical faction that comes near to claiming a monopoly on intellectual seriousness, and he looks forward to a day when we will all pay homage to Darwin as an earlier generation did to Foucault." (Frederick Crew: Apriorism for Empiricists. In: *Style* 42,2/3 (2008), S. 155–160, hier S. 160); vgl. auch: Jonathan Gottschall: Toward Consilience, not Literary Darwinism. In: *Scientific Study of Literature* 3,1 (2013), S. 16–18.

8 The Colbert Report, 28.01.2009, Denis Dutton interviewed by Stephen Colbert. http://www.colbertnation.com/the-colbert-report-videos/217078/january-28-2009/denis-dutton (Zugriff am 17.04.2014). Zur nicht-akademischen Rezeption des Literary Darwinism vgl. Kramnick: Against Literary Darwinism, S. 316–317, Anm. 1.

9 Karl Eibl: Über den Zusammenhang der tierischen Natur des Menschen mit seiner geistigen. In: Thomas Anz (Hrsg.): *Natur – Kultur. Zur Anthropologie von Sprache und Literatur.* Paderborn: Mentis 2009, S. 15–30.

10 Vgl. z. B. Karl Eibl: Literaturwissenschaft. In: Philipp Sarasin / Marianne Sommer (Hrsg.): *Evolution. Ein interdisziplinäres Handbuch.* Stuttgart, Weimar: Metzler 2010, S. 257–266; ders.: The Induction Instinct. The Evolution and Poetic Application of a Cognitive Tool. In: *Studies in the Literary Imagination* 42,2 (2009), S. 43–60; Joseph Carroll: An Open Letter to Jonathan Kramnick. In: *Critical Inquiry* 38,2 (2012), S. 405–410.

11 „[T]o put our rickety discipline on the steady foundation of science" (Kramnick: Literary Studies and Science: A Reply to My Critics, S. 431); „neo-naturalists fail to recognize that Wissenschaftlichkeit in literary studies is not restricted to scientific methods". (Kelleter: A Tale of Two Natures, S. 163.)

unzureichende historische, sozio-politische und kulturelle Kontextualisierung literarischer Texte.[12] 4) Das konsequente Absehen von formalen Aspekten von Literatur zugunsten eines – wie Jonathan Kramnick schreibt – „bald recourse to theme".[13] Der selbsternannte Begründer von Literary Darwinism, Joseph Carroll, formuliert die Prinzipien seines Ansatzes wie folgt:

> To qualify as Darwinist, a reading would have to bring all its particular observations into line with basic evolutionary principles: survival, reproduction, kinship (inclusive fitness), basic social dynamics, and the reproductive cycle that vies to give shape to human life and organizes the most intimate relations of family.[14]

In ihrer unermüdlichen Erzeugung normativer Fiktionen über das, was ‚menschliche Natur' sein soll, scheinen Ansätze evolutionspsychologischer Literaturwissenschaft vergessen zu haben, dass der Gegenstand von Literaturwissenschaft Literatur ist. 5) Entgegen aller Behauptung von Interdisziplinarität, eröffnen evolutionspsychologische Ansätze von Literaturwissenschaft gerade keinen Dialog zwischen den Sciences und den Humanities, sondern richten die Analyse literarischer Texte an sozial- und naturwissenschaftlichen Wissensbeständen aus. „Literary Darwinism […]", so Jonathan Kramnick, „does not take the relation between the humanities and sciences seriously enough."[15] „The idea is not of a two-way exchange on points of shared interest. […] The kind of claim you can make about natural selection puts limits on what you can say about psychology and what you can say about psychology limits what you can do with literature."[16]

12 „[N]eo-naturalist approaches tend to misconstrue the status and function of literary works in their social and cultural worlds, by treating them essentially as natural phenomena." (Ebd.) Gottschall's Homer-Lektüre ist ein Beispiel (unter vielen) für ein solches naturalisierendes Missverständnis von Literatur: „Homer's world is inhabited by men like Achilles – men who are gentle apes and killer apes, striving to accomplish, conquer, and possess, all in unconscious obedience to life's prime directive: be fruitful and multiply." (Jonathan Gottschall: *The Rape of Troy. Evolution, Violence, and the World of Homer*. Cambridge: Cambridge University Press 2008, S. 163.)

13 Kramnick: Literary Studies and Science: A Reply to My Critics, S. 447. „Literary Darwnism has a difficult time finding a place for literary forms in the story of adaption under selection pressure." (Kramnick: Against Literary Darwinism, S. 345.)

14 Carroll: Three Scenarios for Literary Darwinism, S. 59.

15 Kramnick: Against Literary Darwinism, S. 317.

16 Kramnick: Literary Studies and Science: A Reply to My Critics, S. 434.

Zu den genannten Ansätzen steht meine folgende konstellative Lektüre von Texten Durs Grünbeins, Ian McEwans sowie von Charles Darwins *The Expression of the Emotions in Man and Animals* quer: Mittels eines literaturwissenschaftlichen Instrumentariums soll das Verhältnis von Literatur und Wissenschaft als dezidiertes Wechselverhältnis auf der Ebene von Darstellungsverfahren analysiert werden. Zum einen wird es dabei um den poetologischen Einsatz der Bezugnahmen von Gegenwartsliteratur auf ‚Naturkunde' – den Terminus entnehme ich Durs Grünbeins Rede zur Verleihung des Georg-Büchner-Preises[17] –, namentlich auf Charles Darwin gehen; zum anderen soll gezeigt werden, wie sich ausgehend hiervon eine Neuperspektivierung der Forschungen Darwins im Sinne eines epistemologischen Grenzganges von Naturwissenschaft und Literatur vornehmen lässt. ‚Ausdrucksbewegungen' fungiert in dieser Anordnung als wissenspoetologische Begrifflichkeit: Sie benennt im selben Zuge ein Wissensobjekt wie ein spezifisches, damit verbundenes dynamisiertes Darstellungsverfahren. Es mag nicht von ungefähr sein, dass Durs Grünbeins oder Ian McEwans Texte ausgerechnet auf Darwins *The Expression of the Emotions in Man and Animals* Bezug nehmen, das sich der Untersuchung von Ausdrucksbewegungen widmet. Vielmehr – so meine These – ist es gerade dieses Buch Darwins, welches das Interesse der Literatur mit ihrer genuinen Investiertheit in Fragen der Darstellung auf sich ziehen muss, lässt es sich doch als Verschaltung von Ausdrucks- und Darstellungstheorie verstehen. Dabei wird genauer zu zeigen sein, inwieweit sich diese Verschaltung gerade über den Einsatz literarischer Texte in Darwins Buch vollzieht, welche methodische Ausrichtung sie erfährt, ja, in welchem Sinne Darwins Ausdruckstheorie methodisch als Kulturwissenschaft *avant la lettre* zu bezeichnen wäre.

Ich beginne mit einer vergleichenden Lektüre von Texten Durs Grünbeins, Ossip Mandelstams und Ian McEwans, die sich in je unterschiedliche Weise auf Darwins Darstellungsverfahren beziehen. Wenn das spezifische Erkenntnisinteresse von Literatur in der Eruierung der Ausdrucksbewegung als Darstellungsproblem liegt, so ist von dorther auch die wissenspoetologische Analyse von Darwins

17 Durs Grünbein: *Den Körper zerbrechen. Rede zur Entgegennahme des Georg-Büchner-Preises 1995*. Frankfurt am Main: Suhrkamp, S. 12.

Ausdruckstheorie vorzunehmen, anders gesagt: diese wäre unter darstellungstheoretischen Aspekten neu zu perspektivieren, was ich im zweiten Teil meines Aufsatzes tun will.

I. Ausdruck/Darstellung: Darwin bei Durs Grünbein, Ossip Mandelstam, Ian McEwan

„Der Gedanke an das Auge läßt mich am ganzen Körper erschauern", mit diesen Worten Darwins setzt Grünbeins Darwin-Essay ein, zunächst in der *FAZ* vom 23. Juni 2001 unter dem Titel „Mit Darwins Augen" erschienen, wiederveröffentlicht im Arbeitstagebuch *Das erste Jahr. Berliner Aufzeichnungen.* Grünbeins Zugang zu Darwin verläuft über das Auge: Darwins „Berufungsinstanz ist das Auge".[18] „Entscheidend blieb immer der Augenschein, er hatte das letzte Wort." (EJ, S. 309) Gleichwohl ist Grünbein weit davon entfernt, das Auge auf das Organ des Gesichtsinns zu reduzieren: „Die Sehkraft ist nurmehr Nebenfunktion in einem viel feineren Spiel. [...] Mit ihm erst wird möglich, was die Philosophen seit altersher Wahrnehmung nennen, aisthesis, mit der die schönen Künste beginnen und das reflektierende Denken." (EJ, S. 306–307) Was Grünbein an Darwins Methode und mit Blick auf sein eigenes poetologisches Unterfangen, Literatur als Erkenntnisverfahren zu profilieren, hervorhebt, ist der Konnex von Beobachtung, Anschauung und bildlicher Darstellung, für den Darwins Auge einsteht. In diesem Sinne heißt es:

> [Die] Beobachtungsgabe [ist] die Voraussetzung für triftige Vergleiche. [...] Der Blick vertieft sich ins Exemplarische, aber er macht dort nur so lange halt, wie es braucht, um zum nächsten, nein, zum allerentferntesten Beispiel überzugehen. [...] Darwins Auge funktionierte in dieser Hinsicht ganz wie das Auge des Kunstkenners, der aus einer Handvoll Scherben den Stil einer Epoche deduziert, dem sich im Bruchstück das Abbild des Ganzen zeigt. (EJ, S. 311)

Während die Forschungsliteratur insbesondere den Bezug zwischen „sinnlicher Wahrnehmung, Erkenntnis und bildhafter, poetischer Sprache"[19] diskutiert, möchte ich hier einen anderen Akzent setzen.

18 Durs Grünbein: *Das erste Jahr. Berliner Aufzeichnungen.* Frankfurt am Main: Suhrkamp 2003, S. 308. Wird im Folgenden mit der Sigle EJ abgekürzt.

19 Olav Krämer: Bildliches Denken als Erkenntnismodus zwischen Poesie und Wissenschaft. Grünbein über Dante, Darwin, Hopkins und Goethe. In: Kai Bremer / Fabian Lampart / Jörg Wesche (Hrsg.): *Schreiben am Schnittpunkt. Poesie und Wissen bei Durs Grünbein.* Freiburg / Berlin: Rombach 2007, S. 241–257, hier S. 241.

Denn, auch darauf weist Grünbein hin: „Nimmt man das Auge als Teil des mimischen Apparates, so ist es, noch vor aller Gestik und Sprache, die Grundlage des Ausdrucks." (EJ, S. 307) In *The Expression of the Emotions* behandelt Darwin die Ausdrucksfunktion des Auges in vielfältiger Weise: die weit aufgerissenen Augen, die Bewegung der Augenbrauen, die Tränensekretion, das Zusammenpressen der Augenlider. Warum Grünbeins Rekurs auf die Ausdrucksfunktion des Auges? Warum die Anreicherung des Konnexes von Beobachtung, ästhetischer Erkenntnis, bildlicher Darstellung durch den Ausdruck? Hat der Grünbeinsche Text es hier auf eine Verknüpfung von literarischer Erkenntnis und Ausdruck abgesehen?
Das Arbeitstagebuch wirft die Frage nach dem Ausdruck an verschiedenen Stellen auf, von denen ich hier nur eine herausgreifen will: ein Beobachtungsszenario. Ruft man sich in Erinnerung, dass Darwin nicht müde wird, Ausdrucksverhalten an allen nur möglichen Studienobjekten zu beobachten, inklusive seiner eigenen Kinder, so wird man auch Grünbeins Eintragung vom 2. September 2000 als literarische Experimentalanordnung lesen können: Literatur wird zur Beobachtungsfunktion; die Beobachtung des Neugeborenen erfolgt mit literarischen Mitteln.

> Von Anfang war da Mimik. Fragt sich, was soll es bedeuten?
> Der wippende Weidenzweig, das Beben der Schmetterlingsflügel
> Sind wie das Säuglingslächeln, unbewußt. […]
> Was heißt denn Ausdruck? (EJ, S. 161)

Unmittelbar davor findet sich die Passage:

> So viele Fratzen, so viele Grimassen, das ganze Repertoire war bereits da. Bis auf den Ekel, den man sofort erkennen konnte, blieben die meisten von ihnen vollkommen schleierhaft. (EJ, S. 161)

Der literarische Text wirft die Frage des Ausdrucks als Frage nach Deutung/Bedeutung auf und erteilt einer Semantisierung zugleich eine entschiedene Absage: Keine Zuschreibung erfolgt, keine Arretierung oder Klassifikation von emotionalen Zuständen. Fratzen, Grimassen, Bewegungen sind Ausdruck, ohne dass sich in ihnen etwas ausdrückte. Die Frage „Was heißt Ausdruck" hinterfragt ein affektsemantisches Ausdruckskonzept. Was der Text entwickelt oder besser: was die literarische Beobachtungsituation zu Tage fördert, ist eine a-semantische Ausdruckstheorie. Ausdruck macht sich geltend in bzw. als Bewegung: „Der wippende Weidenzweig, das Beben der Schmetterlingsflügel“, dies auch auf klanglich-rhythmischer Ebene. Ausdruck wird hier zur Ausdrucksbewegung – und das qua literarischer Darstellungstechnik: der u. a. klanglichen Darstellung bewegter Details.

Die Semantik und Semiotik entzogene Konzeption von Ausdruck zeigt sich auch in dem Eintrag vom 1. Juli 2000, der das Ausdrucksverhalten der Tiere ins Spiel bringt:

> Tiere sind motorische Spezialisten. Ihre primäre Ausdrucksform ist die körperliche Regung. [...] [I]hre Expressivität spielt in einer choreographischen Dimension [...]. Dank einer Körpersprache, die ausschließlich aus Reflexen und Taxien besteht, erreicht uns ihr Dasein diesseits der Worte [...]. [Wir] erfassen [...] immer nur Richtungswechsel, überraschende Aufbrüche und Augenblicke des Innehaltens [...]. Das Tier ist der Bote aus einem zeichenlosen [...] Intermundium [...]. Ein Flügelschlag genügt. (EJ, S. 83–84)

Ausdrucksbewegungen auch hier. Auch hier wird Ausdruck zur Erkundung a-semantischer Darstellungsverfahren, oder anders: qua Darstellungsverfahren generiert Literatur eine spezifische Ausdruckstheorie: Ausdruck in seinem zeitlichen Verlauf, als Skandierung („Innehalten“, „Aufbrüche“). Das heißt nicht, dass man es hier mit einer Abstraktion vom Affekt zu tun hätte, wohl aber, dass das Verhältnis Ausdruck/Affekt nicht semantisch gefasst ist; Affektsemantik wird verabschiedet zugunsten einer Verschaltung von Affekt und Ausdruck in bewegten Details („Flügelschlag“, „Beben“, „wippend“), die gleichermaßen als Darstellungs- wie als Analyseverfahren fungieren und mit denen Erregung/Zeitlichkeit in die Darstellung/Methode selbst eingetragen wird.

Inwiefern stellt Grünbeins Inszenierung von Ausdruck eine Lektüre von Darwins *Expression of the Emotions*, das bekanntlich seinerseits weniger an einer Affektsemantik als am Ausdrucksverhalten als Indikator für evolutionäre Prozesse interessiert ist, dar? Anders gefragt: Welche Relektüre von Darwins Ausdruckstheorie ermöglicht die Bezugnahme von Gegenwartsliteratur auf Darwin? ‚Erkennt‘ – so ließe sich fragen – Literatur sich mit ihren spezifischen Darstellungs- und Beobachtungsverfahren in Darwins Ausdruckstheorie ‚wieder‘? Und vermag im selben Zuge Literatur aus der Physiologisierung – hier verstanden als De-Semantisierung/Rhythmisierung – von Ausdruck, wie sie Darwins Ausdruckstheorie betreibt, ihrerseits neue Darstellungsformen zu gewinnen? Ich werde auf diese Fragen nach dem Wechselverhältnis von Literatur und Naturwissenschaft in meinen Ausführungen zu *Darwins Expression of the Emotions* zurückkommen.

Hier zunächst zurück zu den darstellungstheoretischen Bezugnahmen von Literatur auf Darwin. Wo sich Grünbein hinsichtlich des „Training[s] der analytischen Sehkraft“[20] und der bildlichen Darstellung bei Darwin auf Ossip Mandelstam beruft[21], verkürzt er – in der Privilegierung des Auges – Mandelstams Analyse von Darwins Darstellungsverfahren in entscheidender Weise. Dieser schreibt in seinem Essay „Rund um die Naturforscher“ (1932): „Das Auge des Naturforschers ist das Instrument seines Denkens, genau wie sein Schreibstil.“[22] Nicht also nur das Auge, sondern auch der Schreibstil ist Methode, und dieser erschöpft sich keineswegs in der bildlichen Darstellung. Vielmehr sind es Aspekte der Form („Kraft und Neuheit der Form“[23]), die Mandelstam insbesondere mit Blick auf *The Origin of Species* an „Darwins literarische[m] Stil“ hervorhebt:[24]

20 Ossip Mandelstam: Rund um die Naturforscher. In: Ders.: *Gespräch über Dante, Gesammelte Essays II 1925–1935.* Frankfurt am Main: Fischer 2004, S. 93–100, hier S. 94.

21 „Ossip Mandelstam, Zeitgenosse der Quantenmechanik und Beobachter eines anderen Weltzerfalls, spricht einmal vom Training der analytischen Sehkraft, mit Bezug auf die großen Naturforscher wie Darwin. Ihr Denken, das sich nie allzu weit vom Bildhaften entfernt hat, das immerfort Stammbäume entwirft, naturwüchsige und detailreiche Ordnungen, sieht er in einer Linie mit Dante, dem Vorläufer, dem Descartes der Metapher, wie er ihn nennt.“ (Durs Grünbein: Galilei vermißt Dantes Hölle und bleibt an den Maßen hängen. In: Ders.: *Galilei vermißt Dantes Hölle und bleibt an den Maßen hängen, Aufsätze 1989–1995.* Frankfurt am Main: Suhrkamp 1996, S. 89–104, hier S. 103.)

22 Mandelstam: Rund um die Naturforscher, S. 99.

23 Ebd., S. 98.

24 Neuere Arbeiten, die die literarische oder ästhetische Qualität von Darwins Texten herausarbeiten, sind u. a. Gillian Beer: *Darwin's Plots. Evolutionary Narrative in Darwin, George Eliot, and Nineteenth-Century Fiction.* Cambridge: Cambridge University Press 2009; George Levin: *Darwin and the Novelists. Patterns of Science in Victorian Fiction.* Chicago: University of Chicago Press 1992; George Levine: *Darwin the Writer.* Oxford: Oxford University Press 2011; Winfried Menninghaus: *Das Versprechen der Schönheit.* Frankfurt am Main: Suhrkamp 2003; Barbara Larson / Sabine Flach (Hrsg.): *Darwin and Theories of Aesthetics and Cultural History.* Farnham / Surrey / Burlington: Ashgate 2013.

> [Die] „Methode der serienhaften Entfaltung der Merkmale. Ganze Bündel von Beispielen. Die Wahl heterogener Reihen.“[25] „Die Ebben und Fluten der Glaubhaftmachung, als Rhythmus der Darlegung.“[26] „Nur in diesem gemeinsamen Atmen, nur als Konstellation bekommen Darwins wissenschaftliche Beispiele ihre Bedeutung.“[27] Darwin „schaffte […] heterogene Reihen, er gruppiert das Unähnliche, Kontrastierende, Verschiedenfarbige. Hier fallen die Forderungen der Wissenschaft glücklich mit einem Grundgesetz künstlerischer Wirkung zusammen. Ich meine das Gesetz der Heterogenität, das den Künstler möglichst verschiedenartige Klänge, Begriffe unterschiedlicher Herkunft und einander fremder Bilder in eine Reihe stellen läßt.“[28] „[…] es ist die unablässige Sorge des Schriftstellers Darwin um die ergiebigste Beleuchtung eines jeden Details.“[29]

Im Folgenden wird der wissenspoetologische Fluchtpunkt von Mandelstams Analyse vollends deutlich: Mandelstam spricht von der „originelle[n] Selektion des Materials […] wahrhaftige[n] Auslese, Kreuzung und Selektion der Fakten.“[30] Darwins Textverfahren und seine Theorie der Evolution erscheinen aufs engste miteinander verzahnt. „Die Form seiner wissenschaftlichen Arbeiten“, so Mandelstam, „die Gesamtheit seiner logischen und stilistischen Verfahren entspringt einer biologischen Konzeption“.[31] Wissenspoetologisch gewendet wäre die ‚Form‘ der biologischen Konzeption nicht entsprungen; vielmehr würde letztere in Abhängigkeit von spezifischen Darstellungsverfahren überhaupt erst hervorgebracht. Evolution – und einzig in diesem Sinne kann Grünbein Mandelstam als „lyrischen Evolutionisten“[32] bezeichnen – ist keine Fortschrittsfigur, keine Teleologie, keine Baumstruktur, sondern die Bildung heterogener Reihen/Serien, Konstellationen, zufälliger Kreuzungen, die Rhythmisierung der Darstellung – eine Form, die keineswegs Natur

25 Ossip Mandelstam: Darwins literarischer Stil (Notizbuch). In: Ders.: *Gespräch über Dante*, S. 101–110, hier S. 101–111.

26 Ebd., S. 102.

27 Mandelstam: Rund um die Naturforscher, S. 98.

28 Mandelstam: Darwins literarischer Stil, S. 108.

29 Ebd., S. 109.

30 Ebd.

31 Mandelstam: Rund um die Naturforscher, S. 93.

32 „Lebt nicht der größte Teil der Poesie von unmöglichen Korrespondenzen? […] Für einen wie Mandelstam, einen lyrischen Evolutionisten, war es der Sprung rückwärts vom Propeller zum Tapirknochen, Dichtung ein zoologischer Singsang, mit dem der Mensch sich in der Kälte des Weltraums wärmte.“ (Durs Grünbein: Mein babylonisches Hirn. In: Ders.: *Galilei vermißt Dantes Hölle und bleibt an den Maßen hängen*, S. 18–33, hier S. 28.)

auf Text reduziert, sondern sich im Wechselverhältnis von Naturforschung und literarischem Stil herausbildet.[33]

Grundlegend für Darwins Darstellungsverfahren ist die Zeitlichkeit; Bewegung wird nicht nur dargestellt, sondern geht in die Darstellung selbst ein. Darwin – so Mandelstam –:

> gibt uns packende Aufnahmen eines Tiers oder Insekts […]: „Der Schnellkäfer, auf den Rücken geworfen und sich zum Sprung vorbereitend, biegt Kopf und Bruststück zurück, so daß der Brustgrat nach außen tritt und auf dem äußersten Scheidenrand ruht. Während dieser Rückwärtsbewegung biegt sich durch Muskelwirkung der Brustgrad wie eine Feder; in diesem Moment stützt sich das Tier mit dem äußersten Ende seines Kopfes und den Flügeldecken auf der Erde ab."[34]

Mandelstam weiter: „Es ist für uns schwierig, die unerhörte Frische dieser Beschreibung angemessen zu würdigen, die geradezu nach einer Filmaufnahme ruft."[35]

Die Bewegtheit/Zeitlichkeit der Darstellung, die Mandelstams Rede von der „Filmaufnahme" akzentuiert, lässt sich genauer spezifizieren. Tatsächlich thematisiert Darwin in den diese Beschreibung umgebenden Passagen des *Journal of Researches [The Voyage of the Beagle]* die Form der Darstellung und diagnostiziert, woran es früheren Beschreibungen mangelt: an Elastizität.

> I amused myself one day by observing the springing powers of this insect, which have not [Kirby's Entomology, vol. ii, 317], as it appears to me, been properly described. […] In the descriptions which I have read, sufficient stress does not appear to have been laid on the *elasticity* of the spine.[36]

33 In deutlichster Differenz also zu eingangs diskutierten evolutionspsychologischen Ansätzen von Literaturwissenschaft „träumt" Mandelstam von einer „organischen Poetik […], einer Poetik biologischen, nicht normativen Charakters, die den Kanon aufheben würde" (Ossip Mandelstam: Über die Natur des Wortes. In: Ders.: *Über den Gesprächspartner, Gesammelte Essays I 1913–1924*. Frankfurt am Main: Fischer 1994, S. 110–131, hier S. 127), konzipiert Grünbein eine „biologische Poesie" (Durs Grünbein: Drei Briefe. In: Ders.: *Galilei vermißt Dantes Hölle und bleibt an den Maßen hängen*, S. 40–54, hier S. 45).

34 Mandelstam: Rund um die Naturforscher, S. 94. „The elater, when placed on its back and preparing to spring, moved its head and thorax backwards, so that the pectoral spine was drawn out, and rested on the edge of its sheath. The same backward movement being continued, the spine, by the full action of the muscles, was bent like a spring; and the insect at this moment rested on the extremity of its head and elytra." (Charles Darwin: *Voyages of the Adventure and Beagle [Journal of Researches]*, vol. III: Journal and Remarks 1832–1836. London 1839, S. 35 [May–June 1832].)

35 Mandelstam: Rund um die Naturforscher, S. 95.

36 Darwin: *Voyages of the Adventure and Beagle*, Vol. III, S. 35. (Herv. E. S.)

Darwins Beschreibung ist nicht nur eine Beschreibung von Elastizität; Elastizität charakterisiert auch die Form der Beschreibung, was heißt, dass Bewegung/Zeitlichkeit in spezifischer Weise in das Darstellungsverfahren eingeht. Darwin beschreibt den Augenblick der Vorbereitung zum Sprung („preparing to spring"), den abgestützten, gerade noch ruhenden, einer Feder gleich gespannten Körper. Die Darstellung selbst ist in der Vorbereitung zum Sprung – ein ‚transitorischer' Augenblick im Sinne von Lessings *Laokoon*.[37] Wo Darwins detailreiches Beschreibungsverfahren bildästhetische Konzepte mit physiologischen Konzepten von Elastizität verschränkt, sieht sich Darstellung mit einer spezifischen Zeitlichkeit ausgestattet: einer Zurückhaltung der Bewegung in der Bewegung; es ist – paradox – ausgerechnet ein (elastisch gespannter) Stillstand, über den sich die Verzeitlichung der Darstellung vollzieht.

Entgegen den darstellungstheoretischen Bezugnahmen von Grünbein und Mandelstam bewegen sich Ian McEwans Äußerungen über Darwin, wie sie sich u. a. in einem Interview mit dem *Guardian* vom 1. April 2006 finden, im Fahrwasser des Literary Darwinism. Zwar charakterisiert auch Ian McEwan Darwins Schreiben als literarisches, seine Bemerkungen zu *The Expression of the Emotions*, welches er als sein Lieblingsbuch von Darwin bezeichnet, verbleiben jedoch auf inhaltlicher Ebene; insbesondere hebt er den Gedanken der Universalität von Emotionen hervor, der sich mit explizitem Darwin-Bezug auch zu Beginn von *Enduring Love* findet.[38] Die Edition der dritten Ausgabe von Darwins *The Expression of the Emotions* durch Paul

37 Vgl. Gotthold Ephraim Lessing: *Laokoon: oder über die Grenzen der Malerei und Poesie.* In: Ders.: *Werke und Briefe*, Bd. 5,2: Werke 1766–1769, Frankfurt am Main: Klassiker 1990, S. 11–206.

38 „If one ever wanted proof of Darwin's contention that the many expressions of emotion in humans are universal, genetically inscribed, then a few minutes by the arrivals gate in Heathrow's Terminal Four should suffice. I saw the same joy, the same uncontrollable smile, in the faces of a Nigerian earth mama, a thin-lipped Scottish granny and a pale, correct Japanese businessman as they wheeled their trolleys in and recognized a figure in the expectant crowd. Observing human variety can give pleasure, but so too can human sameness. I kept hearing the same sighing sound etc. etc. I experienced more than fifty theatrical happy endings, each one with the appearance of being slightly less well acted than the one before, until I began to feel emotionally exhausted and suspected that even the children were being insincere." (Ian McEwan: *Enduring Love. A Novel.* New York: Anchor Books 1997, S. 4.)

Ekman nennt McEwan „unübertroffen" („unsurpassed"[39]). Ein vergleichbarer Tenor findet sich in seinem Text „Literature, Science, and Human Nature", erschienen in der Literary Darwinism-Anthologie *The Literary Animal* (2005):[40] auch hier die Wahrnehmung von Darwins Texten als Literatur, wenngleich Darwin kaum – so McEwan – „the greatest prose writer of the nineteenth century"[41] genannt werden kann; auch hier die Rezeption von Darwins *Expression of the Emotions* im Sinne soziobiologischer und evolutionspsychologischer Ansätze. Der Literatur – „as encoding both our cultural and genetic inheritance"[42] – kommt dabei die Funktion zu, emotionsphysiologische und -psychologische Erkenntnisse, namentlich die Universalität von Emotionen, zu belegen:

> [T]he exercise of imagination [...] as expressed in literature supports Darwin's view. It would not be possible to read and enjoy literature from a time remote from our own, or from a culture that was profoundly different from our own, unless we shared some common emotional ground [...] with the writer.[43]
>
> That which binds us, our common nature, is that literature has always [...] given voice to.[44]

Eine hiervon durchaus differierende Bezugnahme auf Darwins *Expression of the Emotions* findet sich in McEwans Erzählung *Reflections of a Kept Ape* (1977),[45] in deren Titel man nicht zuletzt ein Echo auf Kafkas *Bericht für eine Akademie* vernehmen mag. Es handelt sich hierbei um die Ich-Erzählung eines jungen Affen, welcher mit der Schriftstellerin Sally Klee zusammenlebt, die ihn für die acht glücklichsten Tage seine Lebens vom Haustier zum Liebhaber befördert hatte – *kept ape*

39 „My particular favorite is *The Expression of the Emotions in Man and Animals*, in which he makes the case for emotions as human universals, shared across cultures. [...] The edition by Paul Ekman is unsurpassed." (Ian McEwan: A Parallel Tradition. In: *Guardian*, 01.04.2006.)

40 Ian McEwan: Literature, Science, and Human Nature. In: Gottschall / Wilson (Hrsg.): *The Literary Animal*, S. 5–19.

41 „Darwin, though hardly the greatest prose writer of the nineteenth century" (ebd., S. 7).

42 Ebd., S. 11.

43 Ebd.

44 Ebd., S. 19.

45 Ian McEwan: Reflections of a Kept Ape. In: Ders.: *In Between the Sheets and Other Stories*. New York: Vintage International 2003 [1978], S. 31–48. Wird im Folgenden mit der Sigle RKA abgekürzt.

spielt durchaus auf *kept woman* an – und ihn seither nahezu gänzlich ignoriert. Sally Klee, die mit ihrem ersten Roman plötzlich erfolgreich geworden war, leidet seither unter einer Schreibblockade. Jeder Tag ist erfüllt von der belastenden Stille vor der Schreibmaschine, die nur am Abend von plötzlichem, aufgeregtem Tippen unterbrochen wird. Das Warten auf den Einfall vor dem leeren Blatt Papier verbindet sich mit dem vergeblichen Warten des Affen auf Beachtung. Als der Affe während einer Abwesenheit Sally Klees deren Schublade aufbricht, um das Manuskript zu lesen, entdeckt er, dass sie lediglich ihr erstes Buch abschreibt. Auf diese Entdeckung folgt sein Rückzug und ein – ebenfalls unbeachtet bleibendes – Aufbegehren,[46] bevor er sich wieder in das Verhältnis von Ignoranz fügt.[47]

Ich will hier keine detaillierte Lektüre der Erzählung vornehmen, die sich als ein System von Beobachtung, Nicht-Beachtung und Ausdrucksgebärden zwischen verschiedenen Spezies darstellt, sondern nur einen für die Analyse des Verhältnisses von Literatur und Physiologie des Ausdrucks relevanten Aspekt hervorheben: Die Darstellung von Affekt und Ignoranz erfolgt über einen aus Stille („silence"),[48] Geräuschen („noises"), Klängen („sounds") bestehenden akustischen Raum, der sich jenseits von Worten („Without one word!" (RKA, S. 47)) situiert. Die Artikulationen des Affen sind als „evolutionary" charakterisiert: „Beyond my silly noises which were more evolutionary than personal, I said nothing" (RKA, S. 38); „an involuntarily high-pitched sound escapes my throat" (RKA, S. 35). Desweiteren finden sich „agitated squeals", „emphatic squeals"[49], „whistling"[50]. Auch Sally Klee ist weitgehend über akustische Äußerungen dargestellt:

46 „To leave, yes, regain my independence and dignity." (RKA, S. 47.)

47 „Now I am here, it seems an impossible idea she will ever turn in her chair and notice me." (RKA, S. 48.)

48 „[H]er machine is silent" (RKA, S. 32–33); „Sally Klee and I sip our coffee in pregnant ‚silence'." (Ebd., S. 34); „agony behind the silence" (ebd., S. 38); „[S]ilence, of whatever kind, makes me uncomfortable." (Ebd., 35.) „An awesome silence settles over the house." (Ebd., S. 35); „I advance noiselessly into the room." (Ebd., S. 48); „I see […] spectral figures beyond the plate glass, pointing and mouthing silently." (Ebd.)

49 „I scamper about the dining room, unable to stifle the agitated squeals which well from me in moments of panic or excitement." (RKA, S. 36), „And at night when Sally Klee shouts in her sleep, my own pathetic squeals render me dismally incapable of giving comfort." (Ebd.) „emphatic squeals" (ebd., S. 38).

50 „In order to assure Sally Klee that I am not at all piqued by or sulking at her silence I whistle ‚Lillibullero' cheerfully through my teeth." (RKA, S. 33.)

> fingers drumming on the polished surface of the dining table (RKA, S. 35)
>
> She […] leaves me to listen to her footsteps on the stairs. (Ebd.)
>
> I hear her remove the sheet of paper from her typewriter and replace it with a fresh piece. (Ebd., S. 37)
>
> She […] begins to type (ebd.)
>
> Sally Klee cries out loud […] Sally Klee shouts (ebd., S.36)
>
> When will I ever accustom myself to these terrible sounds which cause the very air to bend and warp with strain? (Ebd.)

In seinem unablässigen Registrieren von Geräuschen beweist der Affe einen Sinn für's Detail: „I am silenced by the scrape of a chair" (RKA, S. 37). „I heard Sally Klee's key scratching […] in the front door lock" (RKA, S. 46). Die akustischen Sensationen sind deutlich als Ausdrucksgebärden markiert: So ist die Rede von „strain", „agitated squeals" oder „boundless affection" (RKA, S. 41). Über die verschiedenen Geräusche – Pfeifen, Quietschen, Trommeln, Kratzen, Schaben, Knacken, Aufschreien, Brüllen, rhythmisches Tippen – entwickelt der Text eine Affektpoetik, die fernab einer Affektsemantik ist: Der akustische Ausdruck – Träger von Erregung/Affekt – zeichnet sich gerade durch seine Nicht-Bedeutung aus. In ihrem Bezug auf *evolutionary noises* ist McEwans Affektpoetik dabei zugleich als Wissenspoetik in doppelter Anlage zu verstehen: Anhand spezifischer Darstellungsverfahren – der literarischen Inszenierung nebensächlicher Geräusche – analysiert sie Ausdrucksgebärden jenseits des Wortes; im selben Zuge entwickelt sie mit Bezug auf evolutionsbiologische Konzepte von Ausdruck spezifische Formen literarischer Darstellung. Auch in dieser Hinsicht mag *Reflections of a Kept Ape* mit Kafkas *Bericht für eine Akademie* wie überhaupt mit Kafkas Tiergeschichten und deren Arbeit am literarischen Ausdruck – der Deterritorialisierung des Lautes im Piepsen, Pfeifen, Husten – korrespondieren, den Deleuze/Guattari „nicht als Ausdrucksform, sondern als ungeformte Ausdrucksmaterie"[51] charakterisieren. Sollte Darwins Ausdruckstheorie – gelesen als Darstellungstheorie – gleichzeitig Antrieb und Analysegegenstand dieser literarischen Affektpoetik sein? Womit ich zum Verhältnis von Literatur und Naturkunde in Darwins *The Expression of the Emotions in Man and Animals* komme.

51 Gilles Deleuze / Félix Guattari: *Kafka. Für eine kleine Literatur*. Frankfurt am Main: Suhrkamp 1976, S. 11.

II. „[W]hat may almost be called a true expression“: Darwin

Im Rahmen der Erläuterung der vielfachen Quellen für seine Untersuchung der Ausdrucksbewegungen in der Einleitung zu *The Expression of the Emotions in Man and Animals* kommt Darwin auch auf künstlerische Darstellungen zu sprechen. Darwin, der sich von Arbeiten der Bildenden Kunst weitreichenden Aufschluss über Ausdrucksbewegungen erhofft hatte, sieht sich genötigt, diese als Quelle auszuschließen, da sie starke Affekte aufgrund ihrer Unterworfenheit unter die klassische Schönheitsnorm nicht darzustellen vermögen. Diesbezüglich verweist Darwin explizit auf Lessings *Laokoon*: „[I]n works of art, beauty is the chief object; and strongly contracted facial muscles destroy beauty [See remarks to this effect in Lessing's ‚Laocoon', translated by W. Ross, 1836, p. 19].“[52] Gleichwohl hebt Darwin die spezifischen Fähigkeiten von Bildender Kunst und Literatur mit Blick auf Verfahren von Beobachtung („who are such close observers“ (EEMA, S. 14)) und Darstellung hervor: „The story […] is generally told with wonderful force and truth by skilfully given accessories.“ (Ebd.) Mit den *accessories* lenkt Darwin das Augenmerk explizit auf Fragen der Darstellung, wobei es spezifische, der Bildenden Kunst und Literatur attestierte Formen der Darstellung sind: Darstellungen mittels Zusatz, Beiwerk, Nebendingen, Details.[53]

Darwins Studium des Ausdrucks, das sich keineswegs auf Mimik beschränkt, ist an strukturellen Aspekten interessiert, die sich bereits in der Einleitung formuliert finden: „The study of Expression is difficult, owing to the movements being often extremely slight, and of fleeting nature.“ (EEMA, S. 12) Es ist zum einen die Zeitlichkeit der Ausdrucksbewegung – nicht die zeitliche Arretierung im Gesichtsausdruck wie sie etwa G.-B. Duchenne de Boulogne

52 Charles Darwin: *The Expression of the Emotions in Man and Animals*. New York: Appleton 1898, S. 14. Wird im Folgenden mit der Sigle EEMA abgekürzt.

53 „Painters can hardly portrait suspicion, jealousy, envy, &c., except by the aid of accessories which tell the tale; and poets use such vague and fanciful expressions as ‚green-eyed jealousy'.“ (EEMA, S. 79) Zu den *accessories* bei Darwin insbesondere mit Blick auf das Verhältnis Darwin-Warburg vgl. auch Sabine Flach: Communicating Vessels. On the Development of a Theory of Representation in Darwin and Warburg. In: Larson / Flach (Hrsg.): *Darwin and Theories of Aesthetics and Cultural History*, S. 109–124, bes. S. 120–122, welche sich ihrerseits auf eine frühere Manuskriptfassung meines Aufsatzes bezieht (ebd., S. 124, Anm. 29). Erste Überlegungen zur Bedeutung der *accessories* für Darwins Ausdrucks- resp. Darstellungstheorie sind 2007 im Rahmen des gemeinsamen Forschungsprojektes „Emotion and Motion“ am Zentrum für Literatur- und Kulturforschung, Berlin, entstanden.

oder Paul Ekman vornehmen –, die Darwin interessiert, zum anderen ihre Geringfügigkeit. Ist – so ließe sich in leichter Verschiebung der Lesart fragen – Darwin an Zeitlichkeit/Bewegung und Geringfügigkeit interessiert – und ist Ausdrucksverhalten das Feld, diesen Fragen nachzugehen? Zeitlichkeit/Bewegung und Geringfügigkeiten/Nebensächlichkeiten aber sind – das zeigen Mandelstams Darwin-Lektüre wie Darwins Äußerungen zum Darstellungsverfahren der Künste – Aspekte von Darstellung. Wenn also Darwins Text qua Zeitlichkeit/Bewegung und Geringfügigkeit/*accessories* eine Verlinkung von Ausdruck und Darstellung vornimmt, ließe sich seine Ausdruckstheorie dann zugleich als Darstellungstheorie lesen? Generiert Darwins *Expression of the Emotions* eine Darstellungstheorie – methodisch gespeist von künstlerischen Darstellungsverfahren und im Durchgang durch die Physiologie, d. h. im Wechselverhältnis von Literatur und Naturforschung?

Literatur findet verschiedentlich Eingang in *Expression of the Emotions*. Ich will hier nur eine Passage auswählen, die zeigt, in welcher Weise Darwin Physiologie und Literatur verschaltet. Darwin schreibt:

> When our minds are much affected, so are our movements of our bodies; […] here […] the undirected overflow of nerve-force […] comes into play. Norfolk, in speaking of Cardinal Wolsey, says:
>
> > "Same strange commotion
> > Is in his brain: he bites his lips and starts;
> > Stops on a sudden, looks upon the ground,
> > Then, lays his finger on his temple; straight,
> > Springs out into fast gait; then, stops again,
> > Strikes his breast hard; and anon, he casts
> > His eye against the moon: in most strange postures
> > We have seen him set himself." (Hen. VIII, act 3, sc. 2)
>
> A vulgar man often scratches his head when perplexed in mind. (EEMA, S. 32)

Shakespeares *Henry VIII* ist bruchlos zwischen physiologisches Prinzip und Kopfkratzen des gemeinen Mannes eingeschaltet – ganz im Sinne des Verfahrens der heterogenen Reihung von Beispielen, welches Mandelstam an Darwins Stil beobachtet. Doch wird an dem literarischen Text noch etwas anderes deutlich: Die Beziehung zwischen Affekt und Ausdruck ist nicht semantisch verfasst; es geht einzig um die Bewegung, den wiederholt-abrupten Wechsel zwischen Stillstand und Bewegung, der sich – als Rhythmisierung/Skandierung auch auf der Ebene der Darstellung selbst geltend macht. Sprich: über die Bewegung/Zeitlichkeit verschaltet Literatur Ausdruck und Darstellung. Der Affekt ist der Darstellung selbst eingetragen.

Darwins Nicht-Lektüre der von ihm zitierten literarischen Texte ist auffällig. Ihre Rezeption findet nicht qua Interpretation, sondern in Darwins Darstellungsverfahren selbst statt. Literatur ist Darwins Ausdruckstheorie in Form der Verschaltung von Ausdruck und Darstellung zur erregten Darstellung inhärent. Beschreibungen nach Art des Springkäfers im *Journal of Researches* finden sich auch in *Expression of the Emotions*, so etwa in der Beschreibung eines sich feindlich nähernden Hundes: „As he prepares to spring with a savage growl on his enemy, the canine teeth are uncovered, and the ears are pressed close backwards on the head." (EEMA, S. 51) Der transitorische Augenblick auch hier, die Verzeitlichung der Darstellung über die Zurückhaltung der Bewegung in der Bewegung: „as he prepares to spring". Überdies ist das Geschehen als affektives ausgewiesen, anders gesagt: in Darwins transitorischem Augenblick geht Affekt in die Darstellung selbst ein. – Auch Darwins Gebrauch des Wortes „expressive" markiert die Verschränkung von Ausdruck und Darstellung. „The ears through their movements are highly expressive in many animals." (EEMA, S. 110) „The actions of a horse when much startled are highly expressive." (EEMA, S. 129) „Expressive" aber bezeichnet nicht nur ein Ausdrucksgeschehen, sondern historisch verbürgt auch eine Qualität der Darstellung: „*expressive:* Serving to express, indicate, or represent."[54] Dabei wären es auch hier (Ausdrucks-)Bewegungen (*movements, actions*), welche expressiv sind, und in denen sich zugleich ein energetisches Moment von Darstellung artikuliert.

Die erregte Darstellung ist physiologisch konnotiert: „[N]erve-force will be generated in excess, which naturally leads to action of some kind." (EEMA, S. 51) „Force" fungiert als Schaltstelle von Physiologie und Rhetorik. Wo Darwin Ausdruck als neuroelektrische Aktivität, Kraft, d. h. energetisch fasst und damit einer Affektsemantik entzieht, kann er darstellungstechnisch an die Rhetorik anschließen, genauer: an die *enérgeia*, den „lebendigen Ausdruck"[55] – eine Form rhetorischer Evidenzbildung, des Vor-Augen-Stellens, die Aristoteles im

54 Oxford English Dictionary Online. http://www.oed.com (Zugriff am 17.04.2014).

55 Aristoteles: *Rhetorik*, aus d. Griech. mit einer Bibliographie, Erläuterungen u. einem Nachwort v. Frank G. Sieveke. München: Fink 1995, III/10/6, 1410b.

III. Buch seiner *Rhetorik* im Sinne einer dynamischen Sprachauffassung einführt. Das Vor-Augen-Führen [πρὸ ὀμμάτων ποιεῖν] ist „was Wirksamkeit [ἐνέργεια] zum Ausdruck bringt“.[56] “In-Wirksamkeit-begriffen-sein aber ist Bewegung [kínesis]“.[57] Im Schlusskapitel von Darwins *Expression of the Emotions* wird der energetisch-darstellungstheoretische Einsatz der Ausdrucksbewegungen im Sinne der evidentia explizit: „The movements of expression give vividness and energy to our [...] words.“ (EEMA, S. 365) Mit Bezug auf Darwins Darstellungsverfahren gelesen, hieße dies, dass sich Darwins Theorie des Ausdrucks in der Lebhaftigkeit und Energie/Dynamisierung von Darstellung, sprich: Evidenz, formuliert.

Wenn bis hierher gezeigt ist, dass Darwins *Expression of the Emotions* Ausdruck und Darstellung miteinander verschränkt, so wird die von Darwin entwickelte Ausdruckstheorie zugleich als Darstellungstheorie zu lesen sein. Im diskursiven Feld von Naturbeobachtung, Anthropologie, Medizin, Physiologie, Literatur, Rhetorik und Ästhetik formuliert Darwin eine Symboltheorie des Ausdrucks, die vererbte Ausdrucksgebärden und kulturelle Symbolsysteme gleichermaßen in den Blick nimmt und Ausdrucksbewegungen über das je spezifische Zusammenspiel von Materialität, Körperlichkeit und Zeichenhaftigkeit eruiert.[58] So heißt es etwa in *Expression of the Emotions*:

> A horse when eager to start on a journey makes the nearest approach which he can to the habitual movement of progression by pawing the ground. [...] [H]ere we have what may almost be called a true expression, as pawing the ground is universally recognized as a sign of eagerness. (EEMA, S. 46)

56 Ebd., III/11/1, 1411b.

57 Ebd., III/11/4, 1412a. Die vielfache Ausdeutung, die das Vor-Augen-Führen als „Evidenz und Schilderung, lebendiges Bild und anschauliche Metapher, pathetische Vergegenwärtigung und durchsichtiger Stil“ in der nachfolgenden Rhetorikgeschichte erfährt, hat Rüdiger Campe dezidiert nachgezeichnet. Vgl. Rüdiger Campe: Vor Augen Stellen. Über den Rahmen rhetorischer Bildgebung. In: Gerhard Neumann (Hrsg.): *Poststrukturalismus. Herausforderung an die Literaturwissenschaft* (DFG-Symposion 1995). Stuttgart / Weimar: Metzler 1997, S. 208–225.

58 Hier würde ich einen Einwand gegen Rüdiger Campe formulieren, welcher Darwin – in Folge von Charles Bell – der reinen Physiologisierung des Ausdrucks zuschlägt. Wie ich versucht habe zu zeigen, schafft Darwin durch die Verschaltung von Ausdruck und Darstellung und im Wechselverhältnis von Literatur und Physiologie eine Symboltheorie des Ausdrucks, d. h. Darwin trennt Ausdruck zwar von Semantik, jedoch gerade nicht von Sprache ab. Vgl. Rüdiger Campe: *Affekt und Ausdruck. Zur Umwandlung der literarischen Rede im 17. und 18. Jahrhundert.* Tübingen: Niemeyer 1990, S. 462ff.

Ist ‚Ausdruck' vor Charles Bells *Anatomy and Philosophy of Expression* (1806), welches Darwin zufolge die Wissenschaft vom Ausdruck begründet,[59] an Zeichenprozesse geknüpft („sign") und als bedeutungstragend konzipiert, so untersucht Darwin Ausdrucksbewegungen gerade nicht unter dieser semiotischen Restriktion. Im Stampfen des Tieres analysiert er „what may almost be called a true expression" (EEMA, S. 46), das Zusammenspiel von Materialität, Körperlichkeit und Zeichenhaftigkeit, über welches Ausdruck nicht länger als Bedeutungsfrage verhandelbar ist. Es ist eben dieses Zusammenspiel, an dem sich das Interesse der literarischen Affektpoetiken von Grünbein und McEwan entzündet und das sie qua ihrer Medialität analysiert. Darwins Text ist voll von Zittern, Zähneklappern, Knirschen, Erröten, Heulen, Sich-Zusammenziehen, Haaresträuben, Knurren, Schreien, Gebrüll, Tränen; akustische Ausdrucksbewegungen umfassen nicht nur stimmlich-respiratorische, sondern auch nicht-stimmliche, mechanische Laute („sounds", „noises") wie das Aufstampfen der Kaninchen auf dem Boden, das Rasseln der Stachelschweine mit den Stacheln, das Klappern der Störche mit dem Schnabel, die Hervorbringung von Lauten durch Federn bei bestimmten Vogelarten, rasselnde und klappernde Geräusche von Schlangen, das Reiben von Teilen von Insektenpanzern aufeinander.[60]

Bei aller detailreichen Ausfaltung der Ausdruckspalette betreibt Darwin keine Affektsemantik. Sinn/Bedeutung ist kein Kriterium für Ausdrucksbewegung; so spricht er im Zusammenhang mit dem unablässigen Hochziehen der Augenbrauen beim Affen von einem „sinnlosen Ausdruck"/„senseless expression".[61] Im Grenzgang u. a. zwischen Physiologie und Literatur und qua Eruierung des

59 „He may with justice be said […] to have laid the foundations of the subject as a branch of science." (EEMA, S. 2.)

60 „Rabbits stamp loudly on the ground […]. Porcupines rattle their quills and vibrate their tales […]. Many birds […] produce diversified sounds by means of specially adapted feathers. Storks, when excited, make a loud clattering noise with their beaks. Some snakes produce a grating or rattling noise. Many insects stridulate by rubbing together specially modified parts of their hard integuments." (EEMA, S. 93–94.)

61 „As we associate in the case of man the raising and lowering of the eyebrows with definite states of the mind, the almost incessant movement of the eyebrows by monkeys gives them a senseless expression. I once observed a man who had a trick of continually raising his eyebrows without any corresponding emotion, and this gave to him a foolish appearance." (EEMA, S. 138.)

Zusammenspiels von Materialität, Gebärde und Zeichen nimmt Darwins *Expression of the Emotions* eine a-semantische, zeitlich-rhythmische Verschaltung von Affekt und Ausdruck vor. Was aber heißt dies darstellungstheoretisch? An Bewegung und Geringfügigkeit interessiert, verklammert Darwin Affekt und Darstellung auf nicht-semantische Weise. Darwins *Expression of the Emotions* liefert mit anderen Worten eine Theorie der bewegt-erregten Darstellung (*enérgeia*). Die erregte Darstellung aber ist nicht allein Darstellung; sie ist – und damit komme ich zu den *accessories* zurück – zugleich Methode. Es ist das zusätzliche Detail/*accessory*, welches grundlegend für Darwins Beobachtungen und zugleich Träger erregter Darstellung ist.

Darwins Text und Methode geht unendlich detailreich zu Werke; jede kleinste Bewegung des Ausdrucks wird eruiert. So beobachtet Darwin eine ihm im Zugabteil gegenübersitzende Dame und schreibt:

> I may here mention a trifling observation [...]. An old lady with a comfortable but absorbed expression sat nearly opposite to me in a railway carriage. Whilst I was looking at her, I saw that her depressors anguli oris became very slightly, yet decidedly, contracted. (EEMA, S. 193–194)

Die Geringfügigkeit, die Darwin interessiert und der seine Methode und Darstellung antwortet, ist nicht irgendeine Geringfügigkeit, sondern die minimale Bewegung. Darstellungstheoretisch aber heißt dies, dass auch das Detail bei Darwin nur als Bewegtes – Träger von erregt-bewegter Darstellung – zu verstehen ist. Hatte Darwin in der Einleitung zu *Expression of the Emotions* die *accessories* als charakteristisches Darstellungsverfahren von bildender Kunst und Literatur charakterisiert, so läßt sich seine Untersuchung der Ausdrucksbewegung zugleich als Arbeit an einer Methode der *accessories* verstehen. Methodisch inspiriert von den Darstellungsverfahren der Künste entwickelt Darwin im Durchgang u. a. durch die Physiologie als Ent-Semantisierung der Ausdrucksbewegung neue Verfahren von erregter Darstellung sowie eine Methode des (bewegten) Details. Das Detail/*accessory* wäre damit allerdings nicht mehr nur der Literatur zuzuschlagen, es wäre kein reines Zeichen, sondern – als epistemologischer Grenzgang zwischen Literatur und Naturwissenschaften – selbst die Eruierung des Zusammenspiels von Gebärde, Materialität, Zeichen, kurz: das, „what may almost be called a true expression". Die Ausdrucksbewegung in ihrer ‚Geringfügigkeit', die Darwin zu Beginn seiner Untersuchung markiert, übersetzt sich qua erregter Darstellung in eine Methode des Details. Das bewegte Detail ist zugleich Erkenntnisverfahren und Erkenntnisgegenstand, eine wissenspoetologische Anordnung von Darstellungsverfahren, epistemischem Objekt und Methode. Damit bahnt Darwins Untersuchung der Ausdrucksbewegungen den Weg zu einer Kulturwissenschaft des Details um 1900,[62] dessen diskursiv-historischer Verlauf sich hin zu Aby Warburgs Pathosformel/„bewegtes Beiwerk"[63] oder Freuds Psychoanalyse verfolgen lässt. Im Verhältnis zwischen Literatur und Naturwissenschaft, wie es Darwins *Expression of the Emotions* in Bewegung versetzt, bildet sich eine Kulturwissenschaft *avant la lettre* heraus.

62 Vgl. Sigrid Weigel: *Literatur als Voraussetzung der Kulturgeschichte. Schauplätze von Shakespeare bis Benjamin*. München: Fink 2004, bes. S. 15–61 (Kap. „Kulturwissenschaft als Detailkunde").

63 Warburgs ‚Pathosformel' ist ein methodisches Instrumentarium, an dem sich die erkenntnistheoretische Relevanz des Details für die ‚Kulturwissenschaften' um 1900 zeigt. Es ist ein ‚bewegtes' Detail, welches Warburg mit der Pathosformel/dem „bewegten Beiwerk" zum erkenntnistheoretischen Instrumentarium macht, sprich: womit der Konnex von Bewegung und Affektdarstellung seinen Einsatz auf dezidiert methodischer Ebene findet. „Warburg saw Darwin's book on *The Expression of Emotion in Animals and Men* in the National Library in Florence and noted in his diary: ‚At last a book which helps me'." (Ernst H. Gombrich: *Aby Warburg. An Intellectual Biography*. Oxford: Phaidon 1986, S. 72) Der Eintrag in Warburgs Taschenkalender vom 26. November 1888 lautet: „Auf der Bibl. Ch. Darwin, Ueber den Ausdruck/ der Gemütsbewegungen gelesen./ endlich ein Buch das mir hilft!" (Warburg Archive, London). Zum Verhältnis Darwin–Warburg vgl. auch George Didi-Huberman: *Das Nachleben der Bilder*. Berlin: Suhrkamp 2010, bes. S. 248–274; Sigrid Weigel: Ausdrucksbewegungen als Kunstschlüssel. Warburg als Leser Darwins. Über einen Mythos der Forschung. In: *Frankfurter Allgemeine Zeitung*, 11.04.2012, S. N3; Flach: Communicating Vessels, S. 109–124.

Die Wurzel aller Poesie

Hofmannsthals Zoopoetik, das Tieropfer und die Sprachkrise

Kári Driscoll

> Die Sprache hat die Menschheit aus dem Paradies vertrieben. Hätte die Menschheit aber die Sprache lieber den Affen oder den Läusen geschenkt, so hätten die Affen oder die Läuse daran zu tragen, und wir wären nicht allein krank, vergiftet, entwurzelt in der ungeheuren sprachlosen Natur.
>
> (Fritz Mauthner, *Beiträge zu einer Kritik der Sprache*)

„Die Gewalt der Worte"

„Des Dichters eigentliches Gebiet ist das Verhältniss von Geist zu Körper, Idee zum Ausdruck, Mensch zum Thier."[1] Diese Aussage aus dem Jahr 1900 stammt aus Hofmannsthals Skizzen für ein lyrisches Drama über die Geschichte von Jupiter und Semele. Im klassischen Mythos wird Semele, die Mutter Dionysos', von der eifersüchtigen Hera dazu verlockt, ihren Liebhaber Jupiter zu bitten, sich ihr in seiner vollen göttlichen Pracht zu zeigen. Als er das widerwillig tut, muss sie sterben. Die Fassung Hofmannsthals spielt in Italien am Ende des sechzehnten Jahrhunderts. Die beiden Hauptpersonen sind ein junger Dichter, der aber eigentlich „Grammatiker und Lexicograph in päpstlichen Diensten" ist und seine Geliebte, die er, durch den „unendlichen Inhalt" der Worte ‚Ich' und ‚Du' in den

1 Hugo von Hofmannsthal: Jupiter und Semele. In: Ders.: *Sämtliche Werke. Kritische Ausgabe*, Bd. XVIII: Dramen 16: Fragmente aus dem Nachlaß, hrsg. v. Ellen Ritter. Frankfurt am Main: Fischer 1987, S. 155–157, hier S. 155.

Wahnsinn getrieben, eines Abends erwürgt, nachdem sie ihn gebeten hat, sie in das eigentliche Wesen seines dichterischen Schaffens einzuweihen.

So zumindest hat Hofmannsthal die Handlung zwei Jahre später in einem Brief an Fritz Mauthner erklärt. Der Böhmische Schriftsteller, Feuilletonist und Sprachkritiker hatte Hofmannsthal Ende Oktober 1902 geschrieben, um ihm seine Begeisterung über den ein paar Wochen zuvor erschienenen „Brief des Lord Chandos“ mitzuteilen. „Ich habe ihn so gelesen“, schrieb Mauthner, „als wäre er das erste dichterische Echo nach meiner ‚Kritik der Sprache‘. [...] Ich glaubte das Beste zu erleben, was ich geträumt hatte: Wirkung auf die Besten.“[2] In seiner Antwort ist Hofmannsthal sehr darauf bedacht, Mauthner keine zu große Rolle als Inspirationsquelle für den „Chandos-Brief“ zuzugestehen. Vieles spricht dafür, dass er in seiner Antwort nicht ganz aufrichtig war. Seine Auseinandersetzung mit Mauthners Sprachkritik war weitaus intensiver, als er es ihm gegenüber zugestehen wollte, allerdings hatten die Probleme der Sprache und des Metaphorischen Hofmannsthal schon seit längerem beschäftigt, etwa in frühen Aufsätzen wie „Philosophie des Metaphorischen“ (1894) und „Eine Monographie“ (1895).[3]

Aber was eigentlich sind nun die Parallelen zwischen dem „Semele“-Fragment und dem „Chandos-Brief“? In beiden Texten spielt die Sprache eine zentrale Rolle und die jeweiligen Protagonisten erleiden beide in gewissem Sinne eine ‚Sprachkrise‘, aber ansonsten scheint die Verbindung eher weit hergeholt. Beide Texte spielen um 1600, was Hofmannsthal in seinem Resümee nicht erwähnt, ebenso wenig wie eine andere auffallende und beunruhigende Parallele: nämlich die zentrale Rolle von Tieren, insbesondere vom Tode eines vergifteten Tieres und dessen stummem Blick angesichts des Todes. Hofmannsthals Entwurf besteht aus fünf Prosafragmenten. Das erste trägt den Titel „Die Gewalt der Worte“ und ist in der ersten Person geschrieben:

2 Martin Stern: Briefwechsel Hofmannsthal–Mauthner. In: *Hofmannsthalblätter* 19–20 (1978), S. 21–38, hier S. 33.

3 Siehe Hugo von Hofmannsthal: Philosophie des Metaphorischen. In: Ders.: *Gesammelte Werke*, Bd. VII: Reden und Aufsätze I, 1891–1913, hrsg. v. Bernd Scholler in Beratung mit Rudolf Hirsch. Frankfurt am Main: Fischer 1986, S. 190–193; ders.: Eine Monographie. In: Ebd., S. 479–483.

> Ich bin Jupiter. Sie war Semele. Eines Abends kam ich nachhaus und da ereignete sich der Tod des Hundes. Sie erzählte mir alles, ich schaffte den Hund weg: da reizte sie mich durch die Frage nach dem Grund, dass Gott den Hund stumm sein lasse.
> Die Worte bei denen die Katastrophe erfolgt, sind Ich und Du.[4]

Im zweiten Fragment erfahren wir, dass es Semeles Bruder, ein Offizier, war, der den Hund vergiftet hatte, wobei der Grund unklar bleibt. Der Hund „richtet sich Nachts mit brechendem Blick vor dem Bett der Liebenden auf".[5] Und im letzten Fragment: „bevor der Hund mit brechenden Augen ans Bett gekommen ist, hat sie gebeten: er möge sich ihr *ganz* hingeben, so wie sie sich ihm giebt."[6] Als sich Hofmannsthals Ideen zum lyrischen Drama weiter entwickeln, ändern sich auch die Handlungselemente sowie ihre Reihenfolge, aber zwei Kernmotive bleiben konstant: einerseits die junge Frau, die ihren Geliebten bittet, sich ihr restlos hinzugeben, auch wenn das für sie den Tod bedeutet; andererseits der sterbende Hund mit dem ‚brechenden Blick'. In seinem Brief an Mauthner erwähnt Hofmannsthal nur die Geschichte mit den beiden Liebenden, der Tod des Hundes indessen scheint gleich wichtig oder sogar wichtiger zu sein: Es ist das erste Ereignis, das der Erzähler im ersten Fragment erwähnt und kehrt in allen fünf Fragmenten wieder. Im zweiten Fragment heißt es: „es müssen Thiere vorkommen, zu denen er ein sehr starkes Verhältniss hat."[7]

Wie verhält sich dieses „Verhältniss" zu den drei oben erwähnten fundamentalen „Verhältnissen", die im selben Fragment als „[d]es Dichters eigentliches Gebiet" bezeichnet werden? Und was haben diese „Verhältnisse" mit dem „grenzenlosen Zauber" der Worte „Ich" und „Du" zu tun – also mit der abgründigen und irreduziblen Differenz zwischen dem Selbst und dem Anderen? Einen Ansatz zur Erörterung dieser Fragen bieten die wiederholten Hinweise auf die Stummheit des Hundes im Angesicht des Todes. Im ersten Fragment will Semele wissen, warum „Gott den Hund stumm sein lasse."[8] „Der

4 Hofmannsthal: Jupiter und Semele, S. 155.
5 Ebd.
6 Ebd., S. 157.
7 Ebd., S. 155.
8 Ebd.

Hund, der stumm verendet, ist die stumme Creatur“[9], heißt es im letzten. Im dritten Fragment liest man:

> [S]ein Gedankengang: sie sagte: ich bin für Dich nicht mehr als ein stummes Thier, und möchte zu Dir reden können. er: reden ist nicht für die lebendigen; im Wort ist immer die Sache und der Traum von der Sache zusammen
> diese Thierheit diese Stummheit Unlöslichkeit ist das Leben, das Reden ist die Verflüchtigung, Vergeistigung, Vernichtung.[10]

Der Begriff des ‚Lebens' bildet bekanntlich den absoluten Fixpunkt, um den die Werke des jungen Hofmannsthal kreisen. Dieses Leben steht für Ganzheit, Fülle, Unmittelbarkeit, Harmonie und Fluss. Hier wird es außerdem der Animalität, der Stummheit und der „Unlöslichkeit“ gleichgesetzt. Das Tier ist stumm, weil es im Leben restlos aufgeht und nicht durch die Wirkung der Sprache davon getrennt ist. Das Wort ist immer gespalten in die Sache selbst und den „Traum von der Sache“: es bildet also nie ein Ganzes und ist folglich außerstande, die Ganzheit des Lebens zu umfassen. Seine Funktion ist es, zu unterscheiden, auszudifferenzieren, die Welt in diskontinuierliche Gegenstände aufzuteilen.[11] Aber das Leben lässt sich nicht teilen, es ist unlöslich und folglich stumm.[12] „Die Worte bei denen die Katastrophe erfolgt, sind Ich und Du“ – der Dichter wird wahnsinnig

9 Hofmannsthal: Jupiter und Semele, S. 157.

10 Ebd., S. 156.

11 In einem frühen Tagebucheintrag (1891) hat der damals siebzehnjährige Hofmannsthal sowohl das Prinzip der Unterscheidung und Absonderung, das jeder Begriffssprache unterliegt, als auch die ‚Arbitrarität des Zeichens' benannt: „Die Sprache (sowohl die gesprochene als die gedachte, denn wir denken heute schon fast mehr in Worten und algebraischen Formeln als in Bildern und Empfindungen) lehrt uns, aus der Alleinheit der Erscheinungen einzelnes herauszuheben, zu sondern; durch diese willkürlichen Trennungen entsteht in uns der Begriff wirklicher Verschiedenheit und es kostet uns Mühe, zur Verwischung dieser Klassifikationen zurückzufinden und uns zu erinnern, daß gut und böse, Licht und Dunkel, Tier und Pflanze nichts von der Natur Gegebenes, sondern etwas willkürlich Herausgeschiedenes sind.“ (Hugo von Hofmannsthal: *Gesammelte Werke*, Bd. X: Reden und Aufsätze III, 1925–1929, Buch der Freunde, Aufzeichnungen 1889–1929, hrsg. v. Bernd Schoeller / Ingeborg Beyer-Ahlert in Beratung mit Rudolf Hirsch. Frankfurt: Fischer 1986, S. 324.)

12 „Das ‚Leben' als das ἕν χαὶ πᾶν [*die Natur als Ganzes*] […] lässt sich nicht zerstückeln. In ihm ist die Sprache überflüssig und unmöglich. […] Stummheit gründet zutiefst im Wesen des ‚Lebens'.“ (Karl Pestalozzi: *Sprachskepsis und Sprachmagie im Werk des jungen Hofmannsthal*. Zürich: Atlantis 1958, S. 31.) Vgl. Mauthners Beteuerung: „die Natur ist vollends sprachlos. Sprachlos würde auch, wer sie verstünde.“ (Fritz Mauthner: *Beiträge zu einer Kritik der Sprache*, Bd. I. Stuttgart: Cotta 1901, S. 47.)

indem er über die Konsequenzen dieser beiden Worte nachdenkt, aber die „Katastrophe“ ist nicht (oder nicht nur) der darauf folgende Mord seiner Geliebten, sondern die ursprüngliche Katastrophe der Signifikation, der Trennung der Welt in das Eine und das Andere, die den Menschen aus seinem paradiesischen ‚ozeanischen‘ Zustand – aus dem ‚Leben‘ also – herausreißt und in die tote, vergeistigte, menschliche Welt der Sprache hineinwirft.

Die Erkenntnis, dass die Sprache keineswegs ein gottgegebenes Mittel zur Erfassung der Wahrheit ist, sondern vielmehr eine Barriere vor der Wirklichkeit errichtet, die uns den Zugang zur Welt ‚an sich‘ verwehrt – das ist die Grunderkenntnis der Sprachkrise. „Die Sprache hat die Menschheit aus dem Paradies vertrieben“[13], schrieb Fritz Mauthner. Einerseits ist also die Kritik der Sprache „alles zermalmende Skepsis“, andererseits aber auch „eine Sehnsucht nach Einheit“[14] – ein quasi-mystischer Versuch, den verlorenen Zusammenhang mit dem Kosmos wieder herzustellen. Auch für Hofmannsthal ist solche ‚Einheit‘ für den Künstler „die höchste Idee und auch die einzige Wirklichkeit“.[15] Während die Alltagssprache – zumal die abstrakte, begriffliche Sprache – auf binären Oppositionen beruht und eine dualistische Vorstellung der Welt untermauert, besitzt die poetische Sprache eine magische Kraft, die den Dualismus zu überwinden und die ‚immanente Immensität‘ des ‚Lebens‘ in seiner unlöslichen Einheit zu erblicken vermag. Wenn Hofmannsthal des Dichters „eigentliches Gebiet“ an der Grenze zwischen Geist und Körper, Idee und Ausdruck, Mensch und Tier verortet, dann weil dieser mittels seiner ‚Wortgewalt‘ und ‚Sprachmagie‘ die Differenz zwischen ihnen außer Kraft setzen kann. Das ist die Macht, die Semele in ihrem Liebhaber spürt, und die sie ihn inständig bittet, ihr zu offenbaren. „Du strömst in ein anderes Medium, als ich bin, Zeugungskraft aus“, sagt sie. „Immer dich ganz zu besitzen, wäre zu viel: aber einmal gieb dich mir ganz.“[16] Sie merkt, dass er nicht ganz da ist, selbst wenn sie zusammen im Bett sind: „Anderswo thust Du etwas das noch

13 Mauthner: *Beiträge*, Bd. I, S. 82.

14 Fritz Mauthner: *Der Atheismus und seine Geschichte im Abendlande*, Bd. IV. Stuttgart: DVA 1923, hier S. 447.

15 Monika Fick: *Sinnenwelt und Weltseele. Der psychophysische Monismus in der Literatur der Jahrhundertwende*. Tübingen: Niemeyer 1993, S. 347.

16 Hofmannsthal: Jupiter und Semele, S. 156.

wirklicher ist […]. Etwas was Verschmelzung bedeutet, während Du an mir bloss hinstreichelst.“[17] Die Schlüsselwörter sind hier *strömen*, *verschmelzen*, *fließen*, *auflösen* – Figuren des Aufgehens und des Selbstverlusts. Dieses Fließen und Hinüberfließen ist eine Art Sterben, in dem sämtliche Dualitäten und somit die symbolische Gewalt des ‚Ich‘ aufgehoben werden.[18] Um diesen mystischen Einheitszustand der todesähnlichen Immanenz zu erreichen, scheint jedoch ein wirklicher Tod nötig zu sein. Da wir unseren Tod selbst nicht erleben können – er stellt die äußere Grenze der Erfahrung, der Sprache und des Bewusstseins dar – muss derjenige, der diese radikale Immanenz und Auflösung erleben will, einen Weg finden, am Tod eines Anderen irgendwie teilzunehmen. Die Grenze zwischen dem Selbst und dem Anderen – ‚Ich‘ und ‚Du‘ – muss aufgehoben werden. Dies geschieht, so die im Folgenden zu entwickelnde These, nur auf Kosten des Anderen, mittels eines poetischen Opferaktes, der bei Hofmannsthal primär ein Akt des Tieropfers ist.

Die Tiere, die in Hofmannsthals Werken vorkommen, zumal um 1900, auf dem Höhepunkt der Sprachkrise, sind fast immer vergiftet, krank oder auf sonstige Weise dem Tode nahe – obwohl sie gleichzeitig das ungezügelte Leben und den *élan vital* verkörpern. Seine frühen Werke zeigen eine regelrechte Faszination am Töten und besonders an der Folter von Tieren auf.[19] Am engsten verbindet sich diese Motivik mit Fragen der Sprache und des dichterischen Ausdrucks im „Chandos-Brief“ und im „Gespräch über Gedichte“, in dem das Opfer eines Widders als das erste Symbol und somit „die Wurzel aller Poesie“ dargestellt wird.[20]

17 Hofmannsthal: Jupiter und Semele, S. 156.

18 In seinen Selbstinterpretationen, die zwischen 1916 und 1929 entstanden und unter dem Titel *Ad me ipsum* veröffentlicht wurden, nennt Hofmannsthal diesen Zustand die „Praeexistenz“: ein „Glorreicher, aber gefährlicher Zustand“, der durch „frühe Weisheit“, „Auserlesenheit“ und „[g]eistige Souveränität“ gekennzeichnet wird und sich mit der Formel „Das Ich als Universum“ zusammenfassen lässt. Derjenige, der in dieser Präexistenz haust, ist „Angehöriger einer höchsten Welt“ und versucht typischerweise, „diesen erhöhten Zustand zu wahren durch Supposition des quasi-Gestorbenseins.“ (Hofmannsthal: *Reden und Aufsätze III*, S. 599.)

19 Vgl. Ritchie Robertson: The Theme of Sacrifice in Hofmannsthal’s *Das Gespräch über Gedichte* and *Andreas*. In: *Modern Austrian Literature* 23,1 (1990), S. 18–33.

20 Hugo von Hofmannsthal: Ein Brief. In: Ders.: *Sämtliche Werke. Kritische Ausgabe*, Bd. XXXI: Erfundene Gespräche und Briefe, hrsg. v. Ellen Ritter, Frankfurt am Main: Fischer 1991, S. 45–55; ders.: Das Gespräch über Gedichte. In: Ebd., S. 74–86.

Nun tendiert die neuere Hofmannsthal-Forschung dazu, die Bedeutung der Sprachkrise für den „Chandos-Brief" sowie die des Tieropfers für das „Gespräch über Gedichte" zu relativieren, sie allenfalls als Randphänomene eines Diskurses um Ich-Dissoziation zu betrachten. So spielt David Wellbery zufolge „die sogenannte ‚Sprachkrise' […] eine relativ nebensächliche Rolle im Chandos-Brief", eine Diagnose, der Hans-Jürgen Schings ebenfalls zustimmt.[21] Schings geht es aber vor allem darum, das weit verbreitete Missverständnis zu widerlegen, das „Gespräch" inszeniere das Tieropfer als *Wurzel* des poetischen Symbols. Die Opferszene diene vielmehr lediglich dazu, die Auflösung des Selbst zu *veranschaulichen*, welche den Kern von Hofmannsthals Symbollehre bildet, und sollte also nicht als Ätiologie des Symbols und der Poesie überhaupt gesehen werden. Schings' Argument beruht auf der durchaus plausiblen Beobachtung, dass das, was Hofmannsthal hier eigentlich beschreiben will, der ekstatische Selbstverlust ist, den der Dichter für die Dauer eines einzigen Atemzugs erfährt: diese „Lyrik des Hauchs", so Schings, sei der eigentliche Kern und das Wesen von Hofmannsthals Poetik, *nicht* der Akt oder der Augenblick des Opfers selbst. Diese Geringschätzung des Tieropfers für Hofmannsthals Poetik scheint mir indessen zu voreilig: Es ist wohl kein Zufall, dass Hofmannsthal ausgerechnet das Beispiel des Tieropfers wählt, um das Phänomen des Selbstverlusts zu beschreiben, und eben nicht von irgendeinem anderen ‚ozeanischen' Moment die Rede ist; oder dass Lord Chandos gerade den qualvollen Gifttod der Ratten im Milchkeller evoziert, um die unbeschreibliche ‚leere Fülle' seines nach-kritischen Zustands zu veranschaulichen. Sicherlich ließe sich mit Recht bemerken, dass diese Beispiele im „Brief" sowie im „Gespräch" nur stellvertretend für eine größere, tiefere Wahrheit stehen, die der jeweilige Erzähler sonst außerstande ist, in Worte zu fassen. Aber das heißt noch lange nicht, dass sie völlig willkürlich oder irrelevant sind. Der Opfertod des Widders und das Schicksal der Ratten im Milchkeller sind beides sorgfältig ausgesuchte Beispiele für eine besondere Art mystisch-ekstatisches Erlebnis. Oder,

21 David E. Wellbery: Die Opfer-Vorstellung als Quelle der Faszination. Anmerkungen zum Chandos-Brief und zur frühen Poetik Hofmannsthals. In: *Hofmannsthal. Jahrbuch zur europäischen Moderne* 11 (2003), S. 281–310, hier S. 282; Hans-Jürgen Schings: Lyrik des Hauchs. Zu Hofmannsthals „Gespräch über Gedichte". In: Ebd., S. 311–340, hier S. 335.

mit Walter Benjamin gesprochen: „[Die Tiere] sind wohl nicht das Ziel; aber ohne sie geht es nicht.“[22]

Die Tatsache, dass Hofmannsthal das Wesen des Symbols und die „Wurzel aller Poesie“ mittels des Tieropfers versinnbildlicht, verweist, so meine These, auf eine wesenhafte Verbindung zwischen der Frage nach der Sprache und der Poesie einerseits und der Frage nach dem Tier andererseits. Seit jeher gilt die Sprache als die *differentia specifica*, die den Menschen vom Tier abhebt. Dieser Tradition zufolge ist der Mensch das einzige Tier, das sprechen kann: die Sprache ist die Instanz, wodurch die Welt in Subjekt und Objekt, ‚Ich‘ und ‚Du‘, aufgeteilt wurde. Im literaturästhetischen Diskurs um 1900 wurde bekanntlich von allen Seiten die transzendentale Einheit des ‚Ich‘ angegriffen – „Je est un autre“,[23] „Das Ich ist unrettbar“,[24] „das Ich [ist] nicht Herr […] in seinem eigenen Haus“,[25] usw. – und mit ihr die Ordnung der Dinge, wie sie die Institution des metaphysischen Anthropozentrismus immer gewährleistet hatte. „Wenn ein Thier ich sagen könnte“, schrieb Immanuel Kant mehr als ein Jahrhundert zuvor, „so wäre es mein Camerad. Das Ich giebt einem jeden den Vorzug, sich zum Mittelpunckt der Welt zu machen.“[26] Der Mensch ist das einzige Tier, das ‚Ich‘ sagen kann; was aber, wenn ‚Ich‘ auf einmal ein Anderer ist? Die Sprachkrise ist mithin eine Krise des Anthropozentrismus, was auch impliziert, dass sie eine Krise einer bestimmten Vorstellung von der Tierheit ist. Ich würde die These wagen, dass die Sprachkrise mit einer ‚Tierkrise‘ einhergeht, die einerseits als das Ergebnis der tiefgreifenden gesellschaftlichen Umwälzungen in der Mensch-Tier-Beziehung, die sich im Laufe des neunzehnten Jahrhunderts ereignet

22 Walter Benjamin: Franz Kafka. Zur zehnten Wiederkehr seines Todestages. In: Ders.: *Gesammelte Schriften*, Bd. II,2, hrsg. v. Rolf Tiedemann / Hermann Schweppenhäuser. Frankfurt am Main: Suhrkamp 1991, S. 409–438, hier S. 430.

23 Arthur Rimbaud: Brief vom 13. Mai 1871 an Georges Izambard. In: Ders.: *Poésies, Une saison en enfer, Illuminations*, hrsg. v. Louis Forestier. 2. verb. Aufl. Paris: Gallimard 1984, S. 200. Vgl. Brief an Paul Demeny vom 15. Mai In: Ebd., S. 202.

24 Ernst Mach: *Die Analyse der Empfindungen und das Verhältniss des Physischen zum Psychischen.* 2. verm. Aufl. Jena: Fischer 1900, S. 17.

25 Sigmund Freud: Eine Schwierigkeit der Psychoanalyse. In: Ders.: *Gesammelte Werke. Chronologisch Geordnet*, Bd. 12, hrsg. v. Anna Freud/ E. Bibring / W. Hoffer / E. Kris / O. Isakower. Frankfurt am Main: Fischer 1966, S. 1–12, hier S. 11.

26 Immanuel Kant: *Menschenkunde, oder: philosophische Anthropologie*, hrsg. v. Friedrich Christian Starke. Leipzig: Die Expedition des europäischen Aufsehers 1831, S. 207.

hatten, betrachtet werden kann, die aber auch mit der grundsätzlichen und immer wieder evozierten Verbindung zwischen dem Tier und dem Ursprung der Sprache, der Poesie und der Kunst überhaupt zusammenhängt. Kurzum: Eine Neubewertung der Sprache und des menschlichen Darstellungsvermögens hat gezwungenermaßen auch eine Umwertung der Figur des Tieres mit sich geführt.

In seinem Brief erinnert sich Chandos, wie er, in der Zeit vor der Krise, die „schäumende laue Milch" aus dem Euter „einer schönen, sanftäugigen Kuh"[27] zu trinken pflegte. Wellbery spricht demenentsprechend von einer „Laktopoetik" in der ersten Hälfte des „Chandos-Briefes", von „eine[r] Poetik des Milchstroms"[28], die zu Ende geht, als Chandos den Tod der Ratten im Milchkeller miterlebt. Dieser „Laktopoetik" könnte man eine „Hämatopoetik" – eine Poetik des Blutes – gegenüber stellen, die im warmen Blut zum Ausdruck kommt, das aus der Kehle des geopferten Widders im „Gespräch über Gedichte" quillt. Was diese beiden Poetiken vereint, sind erstens deren unverkennbare Erotik und *jouissance* und zweitens der gemeinsame Bezug auf die Figur des Fließens, des Über- und Hinüberfließens von Flüssigkeiten, die beide lebensspendend und lebenserhaltend sind. Beide sind außerdem eng mit dem Leben (und Tod) eines Tieres und dem Verhältnis des Dichters dazu verbunden. Man könnte also sagen, dass sowohl die Laktopoetik als auch die Hämatopoetik eigentlich spezifische Formen einer übergeordneten Poetik Hofmannsthals sind, die ich seine *Zoopoetik* nennen würde.[29]

27 Hofmannsthal: Ein Brief, S. 47.

28 Wellbery: Die Opfer-Vorstellung, S. 291.

29 Dasselbe gilt für Schings' „Lyrik des Hauchs", deren Unzulänglichkeit überdeutlich wird, wenn die ‚Pneumopoetik' im *Gespräch* mit der ‚Rhöopoetik' im „Chandos-Brief" gleichgesetzt wird: „Das Widerspiel von Hinüber- und Herüberfließen des ‚Fluidums' entspricht dem Ein- und Ausatmen des Hauchs. […] Denn der ‚Hauch' ist nicht nur wie die ‚Flut' und das ‚Fluidum' die Metapher des Einheitsgefühls mit der Welt, er ist zugleich, und darin liegt seine besondere Gunst, die geborene und erprobte Metapher der Poesie" (Schings: Lyrik des Hauchs, S. 338). Es besteht zweifelsohne eine enge Affinität zwischen diesen beiden Metaphern, aber weder „Hauch" noch „Flut" als Hauptmetaphern vermögen den besonderen Stellenwert zu erklären, den Tiere und das Tieropfer in Hofmannsthals Poetik einnehmen. In diesem Zusammenhang wäre der Hauch ja außerdem nichts weniger als der animierende Ur-Hauch des Lebens – die *anima* also, die dem Wort *animal* zugrunde liegt.

Was ist Zoopoetik?

Paul Valéry hat die Poetik als „Name für alles, was mit der Schaffung oder der Komposition von Werken zu tun hat, deren Substanz und Mittel die Sprache ist“[30] definiert. Daran anknüpfend könnte man sagen, dass die Zoopoetik sich vor allem mit dem Wechselspiel zwischen Tierheit und Sprache beschäftigt. Mit anderen Worten, während sich die Poetik in erster Linie mit Gegenständen befasst, deren „Substanz“ sowie deren „Mittel“ die Sprache selbst ist, so bezieht sich die Zoopoetik nicht nur auf die Gestaltung der Figur des Tieres innerhalb und mittels der Sprache, sondern auch auf die dialektische Bestimmung der Sprache als Gegensatz zum Tierischen. Folglich bezieht die Zoopoetik auch immer die Zoopoiesis mit ein, also die Schöpfung *des Tieres* in der Sprache sowie die Schöpfung in der Sprache *mittels* des Tieres. Die Zoopoetik darf gewissermaßen als eine der Urformen der Poetik betrachtet werden, weil sie die grundlegende Absonderung des Menschen vom Tier aufgrund der Sprache in sich trägt. Indem die Zoopoetik das Verhältnis der Sprache zum Tier in Frage stellt, agiert sie gerade an jener Grenze zwischen Mensch und Tier, die Jacques Derrida als „rupture abyssale“[31] bezeichnet, und zeigt auf, wie die Ränder dieses Abgrunds weder ewig noch einheitlich sind, sondern gebrochen, heterogen und geschichtlich bestimmt.

Man sollte allerdings zwischen zwei verschiedenen, wenngleich verwandten Formen der Zoopoetik unterscheiden: Einerseits stellt sie selbst den Forschungsgegenstand dar, indem sie ein Merkmal literarischer oder theoretischer Werke ist, die sich auf unterschiedliche Weise zentral mit der Figur des Tieres und ihrer Beziehung zur Sprache, zum Schreiben und zum Denken befassen, wie bereits am Beispiel von Hofmannsthals frühen Schriften gezeigt wurde. Das „Gespräch über Gedichte“ könnte man sogar als zoopoetisches Manifest begreifen, aufgrund seiner radikalen Einschätzung der Funktion und Bedeutung der Tiere in der Literaturgeschichte und für die Dichtung überhaupt. Solche zoopoetischen Manifeste sind vor

30 Zit. n. Tzvetan Todorov: Poetik. In: François Wahl (Hrsg.): *Einführung in den Strukturalismus*. Frankfurt am Main: Suhrkamp 1973, S. 105–180, hier S. 109.

31 Jacques Derrida: L'animal que donc je suis (à suivre). In: Marie-Louise Mallet (Hrsg.): *L'animal autobiographique: autour de Jacques Derrida*. Paris: Gallimard 1999, S. 251–301, hier S. 281. Dt.: [„abgründige[r] Bruch[]“] (Jacques Derrida: *Das Tier, das ich also bin*, aus d. Franz. v. Markus Sedlaczek, hrsg. v. Peter Engelmann. Wien: Passagen 2010, S. 56.)

allem dadurch gekennzeichnet, dass sie sich intensiv mit der Möglichkeit oder Unmöglichkeit auseinandersetzen, die Grenze zwischen Mensch und Tier in oder mittels der Sprache zu überschreiten oder gar aufzuheben. Andererseits ist die Zoopoetik aber auch eine Frage der Methodologie: Was bedeutet es für die Literaturwissenschaft, das Tier in den Mittelpunkt zu stellen? Es steht außer Frage, dass in den letzten Jahren viel Aufschlussreiches über den Status der Tiere in der menschlichen Kulturgeschichte gesagt worden ist; ein Blick auf die Tiere in der Literatur dürfte uns aber auch etwas über die Literatur selbst verraten, und zwar etwas, auf das man durch herkömmlichere literaturwissenschaftliche Herangehensweisen vielleicht gar nicht aufmerksam geworden wäre. In erster Linie sollte eine zoopoetische Lektüre der Frage nachgehen, inwiefern Tiere in literarischen Texten als „Funktionen ihrer Literarizität“[32] operieren. Diese Texttiere sind demnach mehr als bloß ein bildliches Mittel aus dem poetischen Arsenal des Dichters, das ohne weiteres zu ersetzen wäre: vielmehr stellen sie ein spezifisches Problem *für* die Sprache und die Literatur dar. Warum dienen Tiere seit jeher als exemplarische Metaphern und Symbole? Wie kommt es, dass Tiere im Zentrum von auffallend vielen mythischen oder prähistorischen Ursprungsgeschichten – der Malerei, der Musik, der Poesie, der Sprache, letztendlich auch des Menschen – stehen, und zwar im Mittelpunkt dessen, wovon sie dann grundsätzlich ausgeschlossen werden? Hängt es nicht damit zusammen, dass, wie John Berger in seinem längst klassisch gewordenen Aufsatz „Why Look at Animals?“[33] vorgeschlagen hat, die erste Metapher das Tier war? Und ist das nicht schon an sich ein grundsätzlich *zoopoetischer* Gedanke? Was meint Berger aber damit? Was würde das bedeuten, wenn das Tier ‚die erste Metapher‘ wäre? Es besteht, wie sich zeigen wird, eine enge Affinität zwischen Bergers Aufsatz und dem „Gespräch über Gedichte“ sowie Hofmannsthals Zoopoetik im Allgemeinen, die sich vor allem in der Vorstellung vom

32 Susan McHugh: Literary Animal Agents. In: *PMLA* 124,2 (2009), S. 487–495, hier S. 490 (Übers. d. Verf.).

33 Im Folgenden zitiert nach der deutschen Übersetzung: John Berger: Warum sehen wir Tiere an? In: Michael Krüger (Hrsg.): *Akzente. Ein Reader aus fünfzig Jahren*, aus d. Engl. v. Lida von Mengden. München: Hanser 2003 [1977], S. 301–318. Der deutsche Titel erscheint mir jedoch insofern unglücklich, als er den latenten Imperativ unterbindet. In der Titelfrage geht es ja auch darum, warum wir Menschen uns die Tiere genauer ansehen sollten bzw. müssten, und nicht nur warum wir das bereits tun.

Symbolcharakter des Tieropfers äußert: Bei Berger gilt das Tier als „erste Metapher“, bei Hofmannsthal als „Wurzel aller Poesie“.

Berger beginnt seinen Aufsatz mit der historischen Feststellung, dass sich seit Anfang des 19. Jahrhunderts eine tiefgehende Veränderung des Mensch-Tier-Verhältnisses in der westlichen Gesellschaft vollzogen habe, „durch [die] alle Traditionen, die bisher zwischen dem Menschen und der Natur vermittelt hatten, zerbrachen“.[34] Vor dem Aufstieg des Kapitalismus, der Industrialisierung und des Bürgertums habe das Tier noch gemeinsam mit dem Menschen im Mittelpunkt des Sozialwesens gestanden, bevor es vollkommen und unwiderruflich marginalisiert wurde. Die natürliche, alltägliche Beziehung zwischen Mensch und Tier sei verschwunden; eine Begegnung mit einem Tier nur noch im Zoo möglich, der in Wirklichkeit aber nichts anderes ist als ein Monument der *Unmöglichkeit* solcher Begegnungen. Bergers Text ist unverkennbar von einer idealisierenden Nostalgie für eine ‚authentischere‘ Mensch-Tier-Beziehung im vorindustriellen Zeitalter geprägt, aber es ist dennoch kein paradiesischer Zustand von Harmonie und gegenseitigem Verständnis, der hier beschrieben wird: Es habe schon immer einen „schmalen Abgrund des Nicht-Verstehens“[35] zwischen Mensch und Tier gegeben. Aufgrund dieses sich gegenseitig nicht verstehenden Blickes, vor allem aber des Erlebnisses, von einem Tier wahrgenommen zu werden, also so gesehen zu werden, wie er selbst seine Umgebung sieht, schreibt der Mensch dem Tier eine gewisse Macht zu. Der Blick eines Tieres ist „vertraut“ (*familiar*), d.h. der Mensch erkennt den Blick als seinem eigenen ähnlich – aber nie mit ihm identisch. „Das Tier“, beteuert Berger, „hat etwas Geheimnisvolles, das, anders als die Geheimnisse der Höhlen, Berge und Meere, sich in besonderer Weise an den Menschen wendet“.[36] Aus dieser Aussage geht überdeutlich hervor, dass es hier in erster Linie um eine subjektive, anthropozentrische Perspektive handelt. Die Titelfrage, „Why Look at Animals?“ ist ebenfalls spezifisch an den Menschen gerichtet: Warum sollten wir, als Menschen, Tiere ansehen? Die Frage drängt sich auf, weil Berger spürt, dass es aufgrund des rasanten Verschwindens der Tiere aus

34 Berger: Warum sehen wir Tiere an?, S. 301.

35 Ebd., S. 302.

36 Ebd.

dem Alltag der meisten Menschen bald vollkommen unmöglich sein wird, ein Tier wirklich anzusehen, in dem Sinne, dass das Tier den Blick erwidern kann. Laut Berger gibt es im Zoo keinen Ort, an dem der Besucher dem Blick eines Tieres begegnen könnte. Was jedoch suchen wir eigentlich im Tierblick? Warum sehen die Tiere „ruhig durch uns durch" und hinaus in das „Offene", wie es in Rilkes achter Duineser Elegie heißt?[37] Der Tierblick „bestätigt"[38] den Menschen nicht, schreibt Berger, d.h. das Tier nimmt ihn nicht *als Menschen* wahr, so wie ein anderer Mensch es tut. Diese fehlende Anerkennung ist äußerst beunruhigend, weil der Mensch sich selbst dauernd in den anderen Tieren wiedererkennt (was schon den Keim des Anthropomorphismus in sich trägt), aber die Tatsache, dass die Tiere das Wiedererkennen nicht erwidern, macht die Begegnung asymmetrisch und fast unheimlich. „Falls die erste Metapher ein Tier war, so deshalb, weil die grundlegende Beziehung zwischen Mensch und Tier eine metaphorische war", schreibt Berger: „In dieser Beziehung enthüllte das, was den beiden Begriffen – Mensch und Tier – gemeinsam war, auch das, was sie unterschied."[39] Das ist der „schmale Abgrund des Nicht-Verstehens", der den Menschen vom Tier trennt.

Im Prinzip ist dieser Abgrund identisch mit jenem, der das ‚Ich' von jedem ‚Anderen' trennt, aber, so argumentiert Berger, der Abgrund zwischen zwei Menschen sei zumindest potenziell durch die Sprache überbrückbar – selbst wenn die Begegnung ohne Worte verläuft, oder wenn die beiden Menschen keine gemeinsame Sprache sprechen, so ermögliche die *bloße Existenz* von Sprache es ihnen, sich gegenseitig zu bestätigen: „Die Sprache erlaubt es, dem Menschen, auf den anderen zu rechnen wie auf sich selbst."[40] Die Sprache verbindet also die Menschen untereinander, indem sie sie als Menschen konstituiert, trennt sie aber dadurch von den anderen Tieren ab. Berger beschreibt den Menschen mithin als eine einsame Spezies, weil er für immer aus der Tierwelt ausgeschlossen ist, obwohl er sich mit den Tieren verwandt fühlt. Das Tier ist dem Menschen sowohl ähnlich

37 Rainer Maria Rilke: Duineser Elegien. In: Ders.: *Sämtliche Werke in zwölf Bänden*, hrsg. vom Rilke-Archiv in Verbindung mit Ruth Sieber-Rilke, besorgt durch Ernst Zinn, Bd. 2. Frankfurt am Main: Insel 1975, S. 683–726, hier S. 714.

38 Berger: Warum sehen wir Tiere an?, S. 303.

39 Ebd., S. 304.

40 Ebd., S. 302–303.

wie unähnlich, und das macht für Berger das grundsätzlich Metaphorische an diesem Verhältnis aus. Dieser Parallelismus, schreibt er, „hatte zur Folge, daß Tiere einige der ersten Fragen herausforderten und zugleich die Antworten darauf anboten".[41] Daraufhin erörtert Berger die Bedeutung der Tiere für die Entstehung von Sprache und künstlerischer Darstellung in einer dreiteiligen These:

> Der erste thematische Vorwurf für die Malerei war das Tier. Wahrscheinlich war die erste Farbe Tierblut. Und es ist nicht unsinnig anzunehmen, daß die erste Metapher das Tier war.[42]

Zwar lässt sich dieses historische Szenario durchaus anzweifeln, immerhin bestehen die ältesten Höhlenmalereien in Lascaux aus pflanzlichem Farbstoff. Andererseits lässt sich natürlich darüber spekulieren, dass Urmenschen das Blut eines geschlachteten Tieres für protokünstlerische Zwecke verwendet haben könnten. Bergers Aussage gewährt also kaum Einsicht in prähistorische Haltungen zu Tieren und deren Rolle in der Entwicklung der menschlichen Kultur, vielmehr verrät sie etwas über *moderne* Gedanken über Tiere und deren Platz in der Gesellschaft und folglich über das Verhältnis des Menschen zum Tier in der Moderne. Es geht ihm also weniger um natürliche oder empirische Tatsachen, sondern um konstruierte Begriffe und Gegenbegriffe, die heuristisch eingesetzt werden, um einen gewissen Sachverhalt zu erklären:

> Alle Theorien über den wahren Ursprung dienen nur dazu, das, was folgt besser zu definieren. [...] Weil die Erfahrung nahezu verloren gegangen ist, suchen wir zu definieren, warum Tier-Zeichen überall verwendet wurden, um die Erfahrung der Welt darzustellen.[43]

Wenn es „nicht unsinnig" ist, anzunehmen, dass die erste Metapher das Tier war, dann eben weil Tiere in jedem Zeitalter und auf allen Ebenen der menschlichen Kultur mit einer Häufigkeit vorkommen, die an sich erklärungsbedürftig ist.

Die drei Thesen sind in umgekehrter chronologischer Reihenfolge aufgeführt: Das erste Motiv in der Malerei war das Tier, aber zuerst musste ein Tier geopfert werden, damit sein Blut als Farbe benutzt werden konnte. Zoopoetisch wird diese Aussage dadurch, dass das Tier sowohl das Sujet als auch das *Medium* dieser ersten Kunst ist,

41 Berger: Warum sehen wir Tiere an?, S. 304.

42 Ebd.

43 Ebd., S. 305.

oder, mit Valéry gesprochen: die „Substanz" und das „Mittel". Das Tieropfer ist außerdem auch die Bedingung der Möglichkeit für das Zustandekommen der Kunst überhaupt. Verallgemeinernd könnte man also sagen, dass die menschliche Kultur erst dann entsteht, wenn das Tier nicht nur geopfert wird, sondern auch *dargestellt*, also in eine Figur seiner selbst verwandelt wird: als erste Metapher.

Die Vorstellung, dass die erste Metapher das Tier war, hat zwei Bedeutungen: einerseits ist das Mensch-Tier-Verhältnis das ‚ursprüngliche' Subjekt-Objekt-Verhältnis. Die Begegnung des ‚ersten Menschen' mit dem Tier, das er als ihm ähnlich und vertraut wahrnahm, hat ihn wiederum auf den ‚schmalen Abgrund' aufmerksam gemacht, der zwischen ihnen war, was die metaphorische Wechselwirkung von Ähnlichkeit und Unähnlichkeit, ‚Ich' und ‚Du', durch die das menschliche Subjekt sich gestaltet, in Gang setzt. Anders formuliert: Das primäre Ergebnis dieser Begegnung war der Mensch. Andererseits ist auch das Tier durch diese Begegnung entstanden. Bergers Satz könnte man also auch so deuten, dass die erste Metapher wortwörtlich ‚das Tier' war – also das bloße Wort, das fortan sehr wenig mit wirklichen Tieren zu tun hat und stattdessen zur Chiffre wird, zu einer negativen Definitionsgrundlage für den Menschen.

Wie das Wasser im Wasser

Herkömmlicherweise werden den Tieren nicht nur die Sprache, sondern auch die Vernunft, das Selbstbewusstsein und sämtliche anderen spezifisch menschlichen Eigenschaften abgesprochen. Früher wurde das als Zeugnis der menschlichen Souveränität gesehen, aber infolge der Krise des metaphysischen Anthropozentrismus, die um 1900 ihren Höhepunkt erreichte, galt es zunehmend als Quelle menschlicher Unzulänglichkeit. Die Welt der Tiere wurde in eine heile Welt ohne Differenz umgewertet. Dieses Verständnis von der Tierheit als einem Zustand der radikalen Immanenz und Undifferenziertheit hat Georges Bataille auf den Punkt gebracht mit seiner scheinbar tautologischen Formel: „l'animal est dans le monde comme l'eau dans l'eau".[44] Ein solcher Zustand der Immanenz ist dem Menschen völlig unerreichbar, denn ihn zu erreichen würde bedeuten, den Abgrund

44 Georges Bataille: Théorie de la religion. In: Ders.: *Œuvres complètes*, Bd. 7. Paris: Gallimard 1976, S. 283–361, hier S. 295. Dt.: „Das Tier ist in der Welt wie das Wasser im Wasser." (Georges Bataille: *Theorie der Religion*, aus d. Franz. v. Andreas Knop. München: Matthes & Seitz 1997, S. 24.)

zwischen dem „Ich" und dem „Du" aufzuheben, den Abgrund, der nur mittels der Sprache zu überbrücken ist, der aber wiederum gerade aufgrund der Sprache erhalten bleibt. Jenseits des Abgrunds, außerhalb der Sprache, liegt das, was Bataille die „immensité immanente"[45] nennt – das unentdeckte Land der Unmittelbarkeit, Ganzheit und Kontinuität. Der Wunsch, die andere Seite zu erreichen, ist laut Bataille die Urquelle der Religion, insbesondere des Opfer-Rituals, sowie der Poesie; beide sind für ihn Formen der „Erotik" (*érotisme*):

> La poésie mène au même point que chaque forme de l'érotisme, à l'indistinction, à la confusion des objets distincts. Elle nous mène à l'éternité, elle nous mène à la mort, et par la mort, à la continuité: la poésie est *l'éternité*.[46]

Die Idee der Kontinuität bei Bataille hat ungefähr den gleichen Stellenwert wie die Semantik von ‚Einheit' oder ‚Zusammenhang' bei Hofmannsthal.[47] Individuen – „Ich" und „Du" – sind diskontinuierliche Wesen (*êtres discontinus*), und diese Diskontinuität macht sich vor allem in der Tatsache bemerkbar, dass „Si vous mourez, ce n'est pas moi qui meurs".[48] Gerade weil wir diskontinuierliche Wesen sind, sehnen wir uns aber nach jener verlorenen Kontinuität, die den Tod auszeichnet.[49] Die Tiere haben dank ihrer radikalen Immanenz an dieser Kontinuität des Seins Teil – auch hier stehen sie „aufseiten des Todes"[50].

45 Bataille: Théorie de la religion, S. 306. Dt.: „immanente[] Unermesslichkeit" (Bataille: *Theorie der Religion*, S. 38.)

46 Georges Bataille: L'Érotisme. In: Ders.: *Œuvres complètes*, Bd. 10. Paris: Gallimard 1987 S. 7–270, hier S. 30 (Hervorh. im Orig.). Dt: „Die Poesie führt zu demselben Punkt, zu dem jede Form der Erotik führt – zur Ununterscheidbarkeit, zur Verschmelzung der unterschiedlichen Gegenstände. Sie führt uns zur Ewigkeit, sie führt uns zum Tod und durch den Tod zur Kontinuität: die Poesie ist Ewigkeit." (Georges Bataille: *Die Erotik*, aus d. Franz. v. Gerd Bergfleht. München: Matthes & Seitz 1994, S. 27.)

47 Auf den Einklang der Gedanken Hofmannsthals und Batailles, was die „Verbindung von Tod, Liebe und der Auflösung des Individuums in die Welt" angeht, wurde bereits verwiesen bei Lorna Martens: Kunst und Gewalt. Bemerkungen zu Hofmannsthals Ästhetik. In: *Austriaca* 37 (1993), S. 155–165.

48 Bataille: L'Érotisme, S. 19. Dt.: „Wenn Sie sterben, dann bin nicht ich es, der stirbt." (Bataille: *Die Erotik*, S. 15.)

49 „[L]a mort a le sens de la continuité de l'être" (Ebd.). „[D]er Tod [hat] den Sinn der Kontinuität des Seins". (Bataille: *Die Erotik*, S. 15.)

50 Vgl. Jacques Derrida: *De la grammatologie*. Paris: Editions Minuit 1967, S. 280: „L'animal, qui, nous l'avons vu, n'a pas rapport à la mort, est du côté de la mort". Dt.: „Das Tier, das, wie wir sahen, kein Verhältnis zum Tode hat, steht auf seiten des Todes." (Jacques Derrida *Grammatologie*, aus d. Franz. v. Hans-Jörg Rheinberger / Hanns Zischler. Frankfurt am Main: Suhrkamp 1975, S. 337.)

Die Animalität ist also im Grunde genommen ein anderes Wort für Kontinuität, und sich nach Kontinuität zu sehnen heißt folglich sich nach dem Zustand der Tierheit zu sehnen.[51] Dieser Begriff der Tierheit hat auch hier recht wenig mit wirklichen Tieren zu tun, er entspricht jedoch ziemlich genau Hofmannsthals Begriff des ‚Lebens', dessen paradigmatische Verkörperung, wie anfangs gezeigt, das Tier ist. Die Wiedererlangung des verlorenen Zustandes der Animalität bildet laut Bataille die primäre Antriebskraft für die Entwicklung der Religion und besonders des Tieropfers. Das Opfer erfüllt also die gleiche Funktion wie die Sprachkritik bei Mauthner und die Poesie bei Hofmannsthal: die Suche nach Einheit und Zusammenhang. „Rien", schreibt Bataille, „ne nous est plus fermé que cette vie animale dont nous sommes issus"[52], und der Versuch, die Welt durch die Augen eines nicht-menschlichen Bewusstseins zu sehen bedeutet, sich der „mensonge poétique de l'animalité"[53] hinzugeben. Während für Berger der schmale Abgrund zwischen zwei Menschen sprachlich überbrückbar ist, verlangt für Bataille der Abgrund zwischen Mensch und Tier einen poetischen Sprung („un saut poétique"[54]):

> L'animal ouvre devant moi une profondeur qui m'attire et qui m'est familière. Cette profondeur, en un sens, je la connais : c'est la mienne. Elle est aussi ce qui m'est le plus lointainement dérobé, ce qui mérite ce nom de profondeur qui veut dire avec précision *ce qui m'échappe*. Mais c'est aussi la poésie…[55]

Bataille impliziert, dass diese vertraute und dennoch abgründige Tiefe zwischen Mensch und Tier im Grunde genommen nichts anderes als der Raum der Poesie ist, mithin auch der Raum der Zoopoetik. Diese Poesie führt jedoch zum Opfer hin. Laut Bataille ist die Poesie sogar

51 In seiner *Theorie der Religion* räumt Bataille ein, dass er, indem er die Animalität als gleichbedeutend mit Unmittelbarkeit oder Immanenz bestimmt, sie „unter einem engen Blickwinkel" (Bataille: *Theorie der Religion*, S. 19) betrachtet, der ihm fraglich erscheine, aber als Heuristik ergiebig für die breitere Analyse sei.

52 Ebd., S. 293. Dt.: „Nichts, um die Wahrheit zu sagen, ist uns verschlossener als das animalische Leben, aus dem wir hervorgegangen sind" (Bataille: *Theorie der Religion*, S. 21).

53 Ebd. Dt.: „poetische Lüge der Animalität" (Bataille: *Theorie der Religion*, S. 21).

54 Ebd., S. 294. Dt.: „Wendung ins Poetische" (Bataille: *Theorie der Religion*, S. 22).

55 Ebd. (Hervorh. im Orig.). Dt.: „Durch das Tier öffnet sich vor mir eine Tiefe, die mich anzieht und die mir vertraut ist. In gewissem Sinne ist diese Tiefe mir bekannt: es ist die meine. Auch ist sie das, was sich mir in immer weitere Fernen entzieht, also das, was jenen Namen von Tiefe verdient, der präzise besagen will: das, was mir entflieht. Doch das ist auch die Poesie…" (Bataille: *Theorie der Religion*, S. 23).

„le sacrifice où les mots sont victimes“[56] denn sobald ein Wort dichterisch verwendet wird, verliert es den Nutzwert als bloßes Kommunikationsmittel und gewährt dadurch auch eine gewisse Freiheit von der instrumentellen Vernunft. Wir ‚opfern' die Worte auf dem ‚Altar der Poesie', damit auch wir einen Ausweg aus dieser selbstgeschaffenen Welt der Wirtschaft, Nutzbarkeit und Arbeit finden können. Ein solches Opfer indes ist an sich bereits eine Transaktion, die auf gewissen Regeln basiert – nur deswegen ist es eben ein Ritual und keine schlichte Anarchie. Dasselbe gilt natürlich für das Tieropfer:

> Quand l'animal offert entre dans le cercle où le prêtre l'immolera, il passe du monde des choses – fermées à l'homme et qui ne lui sont *rien*, qu'il connaît du dehors – au monde qui lui est immanent, *intime*, connu comme l'est la femme dans la consumation charnelle. Cela suppose qu'il a cessé d'être de son côté séparé de sa propre intimité, comme il l'est dans la subordination du travail. La séparation préalable du sacrificateur et du monde des choses est nécessaire au retour de l'intimité, de l'immanence entre l'homme et le monde, entre le sujet et l'objet. Le sacrificateur a besoin du sacrifice pour se séparer du monde des choses et la victime ne pourrait en être séparée à son tour si le sacrificateur ne l'était déjà lui-même à l'avance.[57]

Der Zweck dieses Opferaktes ist es also, den Opfernden wieder mit der „immensité immanente“ der göttlichen (d.h. nicht-objektiven) Welt in Verbindung zu bringen. Um das vollbringen zu können, muss das zu opfernde Tier aus der Sphäre der Nutzbarkeit („monde de l'utilité“) gelöst, von seinem ‚Ding-Charakter' befreit werden, und

56 Georges Bataille: L'Expérience intérieure. In: Ders.: *Œuvres complètes*, Bd. V. Paris: Gallimard 1973, S. 7–181, hier S. 156. Dt.: „Opferung, der die Wörter zum Opfer fallen“ (Georges Bataille: *Die innere Erfahrung*. München: Matthes & Seitz 1999, S. 189). Den Satz könnte man eventuell zoopoetologisch so umschreiben: „la poésie, c'est le sacrifice où les *animots* sont victimes“. Dt.: „Die Poesie ist die Opferung, der die ‚animots' [Wortspiel mit dem französischen Wort für ‚Tiere' (animaux) und dem Wort für ‚Wörter' (mots), zum Opfer fallen.“ (Übers. d. Verf.)

57 Bataille: Théorie de la religion, S. 307–308 (Hervorh. im Orig.). Dt.: „Wenn das dargebrachte Tier den Kreis betritt, in dem der Priester es opfern wird, geht es von der Welt der Dinge – die dem Menschen verschlossen sind und ihm nichts bedeuten, die er bloß von außen erkennt – über in die Welt, die ihm immanent ist, intim, erkannt wie die Frau im Sichverzehren des Fleisches. Dies setzt voraus, daß er seinerseits nicht mehr getrennt von der eigenen Intimität ist, wie es im Unterordnungsverhältnis der Arbeit der Fall ist. Die Trennung des Opferers von der Welt der Dinge ist notwendigerweise Voraussetzung für die Wiederkehr der Intimität, der Immanenz von Mensch und Welt, von Subjekt und Objekt. Der Opferpriester muß opfern, um sich von der Welt der Dinge loszulösen, und das Opfertier wiederum könnte von ihr nicht losgelöst werden, wenn der Opferer selbst es nicht schon im vorhinein wäre.“ (Bataille: *Theorie der Religion*, S. 38–40.)

man muss ihm als ebenbürtiges Subjekt begegnen. Nur so kann die Verfremdung des Menschen von der immanenten Welt momentan aufgehoben werden. Andererseits sind jedoch der Objekt-Charakter der Welt und die Verfremdung des Menschen von der Natur ein Resultat von dessen ursprünglicher Aufopferung seiner eigenen Tierheit zugunsten des Menschwerdens. Das Ritual des Tieropfers verbindet den Menschen vorübergehend mit dem Tier, bestätigt letztendlich aber die Trennung, die durch dieses Ur-Opfer zustande kam. Wie wir gleich sehen werden, gilt dies auch für Hofmannsthals Zoopoetik. Ob eine Zoopoetik möglich ist, die nicht im Tieropfer gründet, muss sich erst noch zeigen.

Metapher und Anthropozentrismus

Die Idee, dass die erste Metapher das Tier war, lässt sich nur im Rahmen einer modernen Vorstellung des Metaphorischen nachvollziehen.[58] Die Annahme einer grundlegenden Metaphorizität der Sprache, wie sie auch der „Chandos-Brief" verhandelt, geht bekanntlich maßgeblich auf Friedrich Nietzsches Abhandlung „Ueber Wahrheit und Lüge im aussermoralischen Sinne" zurück. Sprache erscheint Nietzsche als nichts anderes als ein unzuverlässiges Sammelsurium arbiträrer Zeichen, die keine wesenhafte Verbindung zur ‚Wirklichkeit' oder ‚Wahrheit' haben, alle Worte, insbesondere abstrakte Begriffe, sind demnach

> Illusionen, von denen man vergessen hat, dass sie welche sind, Metaphern, die abgenutzt und sinnlich kraftlos geworden sind. [...] Wir glauben etwas von den Dingen selbst zu wissen, wenn wir von Bäumen, Farben, Schnee und Blumen reden und besitzen doch nichts als Metaphern der Dinge, die den ursprünglichen Wesenheiten ganz und gar nicht entsprechen.[59]

58 Die klassisch-aristotelische Definition der Metapher als die Übertragung eines Wortes auf eine ihm uneigentliche Bedeutung ist in diesem Zusammenhang wenig hilfreich. Stattdessen muss man eine nach-Kantische Vorstellung vom Metaphorischen als eine der ‚poetischen' (bedeutungsschaffenden) Funktion der Sprache gleichzusetzende *primäre* Ausdrucksform heranziehen. Somit wäre die Sprache an sich durchaus metaphorisch. Vgl. Paul Ricœur: *Die lebendige Metapher*, aus d. Franz. v. Rainer Rochlitz. München: Fink 1986. Siehe außerdem Gottfried Willems: Die Metapher, „Kern und Wesen aller Poesie" oder „Schminke und Parfüm"? Zur Problematisierung der bildlichen Rede in der modernen Literatur. In: *DVjs* 62,3 (1988), S. 549–569.

59 Friedrich Nietzsche: Ueber Wahrheit und Lüge im aussermoralischen Sinne. In: Ders.: *Sämtliche Werke. Kritische Studienausgabe*, Bd. 1: Die Geburt der Tragödie. Unzeitgemäße Betrachtungen I–IV, hrsg. v. Giorgio Colli / Mazzino Montinari. München / Berlin / New York: dtv / de Gruyter 1999, S. 873–890, hier S. 880.

Wenn man von der ‚Wahrheit' spricht, mobilisiert man in Wirklichkeit „[e]in bewegliches Heer von Metaphern, Metonymien, Anthropomorphismen"[60] – mit anderen Worten eine Reihe von Konstrukten, die sich der Mensch geschaffen hat, um die Welt seinem Gesichtspunkt zu unterwerfen. Wenn die Sprachkrise auch eine Anthropozentrismuskrise ist, dann ist sie eine Krise der Gewissheit, dass die Perspektive des Menschen die einzig richtige und erstrebenswerte ist. Wenn wir jetzt wieder einen Blick auf Batailles *Theorie der Religion* werfen, können wir sehen, dass die Unergründlichkeit des Tieres im Rahmen einer Diskussion der vergeblichen Bemühungen des Menschen besprochen wird, dem Gitter des eigenen Bewusstseins zu entkommen und die Welt so wahrzunehmen, wie sie ‚eigentlich' ist:

> Il n'y a qu'une différence entre l'absurdité des choses envisagées sans le regard de l'homme et celle des choses entre lesquelles l'animal est présent, c'est que la première nous propose d'abord l'apparente réduction des sciences exactes, tandis que la seconde nous abandonne a la tentation gluante de la poésie.[61]

Eine der Hauptkonsequenzen der um sich greifenden Anthropozentrismuskrise war die verzweifelte Suche nach einem Ausweg aus dem ‚Gefängnis der Sprache', was bedeutete, dass immer mehr Dichter und Künstler um 1900 dieser ‚klebrigen Verlockung' nachgaben. Wenn die originäre Metaphorizität der Sprache mit der primären Animalität der Metapher in Verbindung gebracht wird, bedeutet das, dass jeder Versuch, die Grenzen sprachlichen Bewusstseins zu überschreiten, zwangsläufig mittels des Tieres verlaufen muss, welches sich immer unmittelbar jenseits der Grenze von Sprache und Sinn befindet. Wenn die Zoopoetik ein Merkmal der Literatur um die Jahrhundertwende wird, z. B. bei Rilke, Kafka und Hofmannsthal, dann eben weil diese Autoren auf jeweils unterschiedliche Weise bemüht sind, die Grenzen der Darstellung und der Sprache zu erproben.
Nietzsches Sprachkritik ist wie die Mauthners grundsätzlich pessimistisch, indem sie die Sprache und alles menschliche Wissen als

60 Nietzsche: Ueber Wahrheit und Lüge im aussermoralischen Sinne, S. 880.

61 Bataille: Théorie de la religion, S. 294. Dt.: „Zwischen der Absurdität der Dinge, die ohne den Blick des menschen betrachtet werden, und der Dinge, unter denen das Tier zugegen ist, gibt es nur einen Unterschied, und zwar legt uns erstere vor allem die klaren Reduktionen der exakten Wissenschaften nahe, während letztere uns der überaus zähen [eigentl.: klebrigen, Anm. K. D.] Versuchungen der Poesie aussetzt." (Bataille: *Theorie der Religion*, S. 23.)

unheilbar anthropozentrisch betrachtet, sich gleichzeitig aber auch jeglicher metaphysischen Vorstellung von Wahrheit und Transzendenz gegenüber ablehnend verhält, was wiederum bedeutet, dass es aus diesem endemischen Anthropozentrismus prinzipiell kein Entrinnen gibt. Im Gegensatz dazu hat der Philologe Alfred Biese, über dessen *Philosophie des Metaphorischen* Hugo von Hofmannsthal 1894 eine Rezension veröffentlichte, den Anthropozentrismus als den Schlüssel bezeichnet, mit dem man die Mysterien des Universums erschließen könne, vor allem mittels der Metapher, die ihm als die Essenz des anthropologischen Prinzips erscheint: der Mensch ist außerstande, die noumenale Welt wahrzunehmen, also muss er versuchen, die Welt als Analogie seiner selbst zu begreifen. Das bedeute, dass Symbole und Metaphern eine „primäre Anschauungsform",[62] die Bausteine allen Wissens sind. Das Prinzip der Analogie, die den Menschen überall sich selbst wiedererkennen lässt, sei wiederum der ‚Beweis' dafür, dass die Welt nach demselben Prinzip geordnet ist. Wie Nietzsche und Mauthner – sowie Hofmannsthal – betrachtet Biese Symbole und Metaphern als primäre Anschauungs- und Darstellungsformen („Die Sprache ist durch und durch symbolisch"; „Die Sprache ist durch und durch metaphorisch")[63] und es sei „grundverkehrt, der eigentlichen Bedeutung die uneigentliche als bildliche gegenüberzustellen".[64] Im Gegenteil: das Metaphorische *ist* das anthropologische Prinzip an sich. „Das Metaphorische ist die Ursprache, die Urpoesie"[65] – und deswegen ist auch die Poetik, und umso mehr die Zoopoetik, auf die Konstitution des Menschen ausgerichtet, besonders im Gegensatz zum Tier.

Hofmannsthals Zoopoetik

In seiner Rezension von Bieses *Philosophie des Metaphorischen* zeigt sich Hofmannsthal dem Buch weitgehend positiv gegenüber. Diejenigen, die dazu neigen, „in der Idee das Kunstwerk" und „in der Metapher das lyrische Gedicht vorweg zu genießen werden unglaublich

62 Alfred Biese: *Die Philosophie des Metaphorischen. In Grundlinien dargestellt.* Hamburg / Leipzig: Voss 1893, S. 15.

63 Ebd., S. 22.

64 Ebd., S. 23.

65 Ebd., S. 86.

viel darin finden"[66] – diejenigen also, die schon von Bieses Prämisse überzeugt sind, dass die Metapher keineswegs eine bloße sprachliche Zierde, sondern vielmehr „eine primäre Anschauung" und „die wahre Wurzel alles Denkens und Redens"[67] ist. Mit anderen Worten, Biese rennt offene Türen ein, und Hofmannsthal muss zugeben, dass er etwas anderes erwartet hatte:

> Ich erwartete eine Philosophie der subjektiven Metaphorik; eine Betrachtung des metaphernbildenden Triebes in uns und der unheimlichen Herrschaft, die die von uns erzeugten Metaphern rückwirkend auf unser Denken ausüben, – andererseits der unsäglichen Lust, die wir durch metaphorische Beseelung aus toten Dingen saugen. Eine hellsichtige Darstellung des seltsam vibrierenden Zustandes, in welchem die Metapher zu uns kommt, über uns kommt in Schauer, Blitz und Sturm: dieser plötzlichen blitzartigen Erleuchtung, in der wir einen Augenblick lang den großen Weltzusammenhang ahnen, schauernd die Gegenwart der Idee spüren, dieses ganzen mystischen Vorganges, der uns die Metapher leuchtend und real hinterläßt, wie Götter in den Häusern der Sterblichen funkelnde Geschenke als Pfänder ihrer Gegenwart hinterlassen.[68]

Hofmannsthal unterstützt also nicht nur Biese in seinem Anthropozentrismus – dieser ist ihm offensichtlich nicht subjektiv und anthropozentrisch genug! In diesem Zitat treten viele Grundelemente von Hofmannsthals Metaphorologie auf: erstens der ambivalente Status der Metapher, die einerseits ein künstliches Konstrukt ist, das unsere Gedanken und Handlungen tyrannisch lenkt, andererseits aber auch die Kraft hat, uns blitzartig aus unserem schmalen, menschlichen, sprachbedingten Bewusstsein hinaus und in ein mystisches Erlebnis der Einheit und Kontinuität hinein zu versetzen. Für Hofmannsthal ist die Sprache der Metapher die Sprache des ‚Lebens'. Die Welt spricht uns in Metaphern und Symbolen an, und nur Metaphern und Symbole vermögen ihr eigentliches Wesen zu offenbaren.[69] Hofmannsthal spricht von einem „metaphernbildenden Trieb" im Menschen, was an Nietzsches Abhandlung „Ueber Wahrheit und Lüge" erinnert (die Hofmannsthal zu dem Zeitpunkt jedoch nicht hätte kennen können), in der dieser einen „Trieb zur Metapherbildung" erwähnt, den er als den „Fundamentaltrieb des Menschen" bezeichnet, „den man keinen

66 Hofmannsthal: Philosophie des Metaphorischen, S. 191.

67 Ebd., S. 190.

68 Ebd., S. 192.

69 Vgl. Wolfgang Riedel: *Homo Natura. Literarische Anthropologie um 1900. Studienausgabe*. Würzburg: Königshausen & Neumann 2011, S. 27–28.

Augenblick wegrechnen kann, weil man damit den Menschen selbst wegrechnen würde".[70] Für Nietzsche sind die Begriffe, aus denen der Mensch sich „eine reguläre und starre neue Welt als eine Zwingburg" gebaut hat, auch ein Erzeugnis dieses Triebes, der eben deswegen „in Wahrheit nicht bezwungen und kaum gebändigt"[71] ist. Der Weg aus diesem Gefängnis führt durch die Kunst und die Poesie, oder anders gesagt: durch die uneingeschränkte Äußerung dieses Fundamentaltriebes, die Erfahrungen in neue Metaphern umzuwandeln. Dies entspricht auch Hofmannsthals zweideutiger, ‚pharmakologischer' Vorstellung von Sprache als Gift und Gegengift zugleich.

Am Ende seiner Rezension verkündet Hofmannsthal die Absicht, ein kurzes, lebhaftes, „ganz unwissenschaftliches" Buch zu schreiben, „eher ein Gedicht", in Form eines Dialogs zwischen „zwei oder drei recht moderne[n] junge[n] Menschen", für die die Worte „lebendige Wesen" sind, und die „vor Begriffen fliehen [...], wie vor großen schwarzen Hunden".[72] Das „Gespräch über Gedichte", das zehn Jahre später in der *Neuen Rundschau* erschien, mag als die Verwirklichung dieses Vorhabens gesehen werden und kommt dem am nächsten, was man bei Hofmannsthal eine durchgeführte Metaphern-Theorie nennen könnte. Gleichzeitig ist das „Gespräch" auch eindeutig das wichtigste Zeugnis seiner Zoopoetik – ja, wie schon gesagt, geradezu ein zoopoetisches Manifest. Das Gespräch findet zwischen zwei recht modernen jungen Menschen, Clemens und Gabriel, statt. Zunächst lesen diese beiden sich abwechselnd Gedichte aus dem *Jahr der Seele*, Stefan Georges Gedichtzyklus, vor, um dann deren dichterische und metaphorische Meriten zu diskutieren. Später liest Gabriel ein Gedicht von Christian Friedrich Hebbel vor („Sie sehn sich nicht wieder"), in dem es um zwei Schwäne geht, die auf „dunkelnden Wogen" schwimmen. Im Anschluss daran fragt Clemens:

> CLEMENS: Und diese Schwäne? Sie sind ein Symbol? Sie bedeuten –
> GABRIEL: Laß mich dich unterbrechen. Ja, sie bedeuten, aber sprich es nicht aus, was sie bedeuten: was immer du sagen wolltest, es wäre unrichtig. Sie bedeuten hier nichts als sich selber: Schwäne. Schwäne, aber freilich gesehen mit den Augen der Poesie, die jedes Ding jedesmal zum erstenmal sieht, die jedes Ding mit allen Wundern seines Daseins umgibt: [...] Gesehen mit diesen Augen

70 Nietzsche: Ueber Wahrheit und Lüge, S. 887.

71 Ebd.

72 Hofmannsthal: Philosophie des Metaphorischen, S. 193.

> sind die Tiere die eigentlichen Hieroglyphen, sind sie lebendige geheimnisvolle Chiffern, mit denen Gott unaussprechliche Dinge in die Welt geschrieben hat. Glücklich der Dichter, daß auch er diese göttlichen Chiffern in seine Schrift verweben darf –[73]

Das Vorrecht des Dichters ist es, diese Symbole oder Hieroglyphen in seinen Gedichten verwenden zu dürfen, *so wie* Gott unaussprechliche Dinge in die Welt schrieb: die Schwäne im Gedicht bedeuten nichts, was sich in Worte fassen, also in „eine Summe von menschlichen Relationen“[74] mit einbeziehen ließe. Sie tragen den Schlüssel zum „Weltgeheimnis“.[75] Das ist die erste Komponente von Hofmannsthals Zoopoetik. Gabriel ist entrüstet, als Clemens behauptet, das Wesen der Poesie sei in der Art zu suchen, auf die sie „eine Sache für die andere“ setzte. „Niemals tut sie das“, beteuert Gabriel, im Gegenteil: „[E]s ist gerade die Poesie, welche fieberhaft bestrebt ist, die Sache selbst zu setzen“.[76] Mit anderen Worten sind die Schwäne gar keine Metaphern oder Symbole im herkömmlichen Sinne, weil sie eben nicht *für* etwas anderes stehen. Ihre Bedeutung lässt sich weder reduzieren noch in etwas anderes übersetzen. Sie sind, wie Gabriel es formuliert, „Chiffern, welche aufzulösen die Sprache ohnmächtig ist“.[77] Die Schwäne bedeuten „nichts als sich selber“ und können folglich nicht von der menschlichen Sprache in einen abstrakten Begriff ‚aufgelöst‘ werden.

„Alles, was den Menschen gegen das Thier abhebt, hängt“ so Nietzsche, „von [der] Fähigkeit ab, die anschaulichen Metaphern zu einem Schema zu verflüchtigen, also *ein Bild in einen Begriff aufzulösen*“.[78] Es sei diese Fähigkeit, die „eine neue Welt von Gesetzen, Privilegien, Unterordnungen, Gränzbestimmungen“ entstehen lasse, „die nun

73 Hofmannsthal: Das Gespräch über Gedichte, S. 78–79.

74 Nietzsche: Ueber Wahrheit und Lüge, S. 880.

75 Vgl. Hugo von Hofmannsthal: Weltgeheimnis. In: Ders.: *Sämtliche Werke. Kritische Ausgabe*, Bd. I: Gedichte 1, hrsg. v. Eugene Weber, Frankfurt am Main: Fischer 1984, S. 42.

76 Hofmannsthal: Das Gespräch über Gedichte, S. 77.

77 Ebd., S. 80.

78 Nietzsche: Ueber Wahrheit und Lüge, S. 881 (Hervorh. d. Verf.). Es sei darauf hingewiesen, dass die ‚Verflüchtigung‘ ebenfalls eine der drei Kardinalsünden der Sprache ist, die der Dichter im „Semele“-Fragment erwähnt (die anderen sind ‚Vergeistigung‘ und ‚Vernichtung‘), und der „Thierheit“, „Stummheit“ und „Unlöslichkeit“ des Lebens gegenüberstellt.

der anderen anschaulichen Welt der ersten Eindrücke gegenübertritt, als das Festere, Allgemeinere, Bekanntere, Menschlichere und daher als das Regulirende und Imperativische".[79] Und es ist eben auch diese Fähigkeit, die im „Chandos-Brief" den Krisenpunkt erreicht hat. Der Briefeschreiber Chandos beschreibt, wie er plötzlich anfing, „ein unerklärliches Unbehagen" zu empfinden, „die Worte ‚Geist', ‚Seele' oder ‚Körper' nur auszusprechen" – solche abstrakten Worte „zerfielen [ihm] im Munde wie modrige Pilze".[80] Ihn überwältigt eine verzweifelte Angst, als er seiner vierjährigen Tochter erklären will, warum es wichtig sei, immer die Wahrheit zu erzählen: „die mir im Munde zuströmenden Begriffe [nahmen] plötzlich eine solche schillernde Färbung [an] und [flossen] so ineinander [über]", dass er nach draußen eilen musste, und „mich erst zu Pferde, auf der einsamen Hutweide einen guten Galopp nehmend, wieder einigermaßen herstellte".[81] Es ist bemerkenswert, dass Chandos die Herrschaft über seine Fähigkeiten erst wiedergewinnt, nachdem er seine Herrschaft über die Natur bewiesen hat, indem er sein Pferd energisch über die ‚einsame' Hutweide reitet – eine Hypallage, die auch von einem wiederhergestellten Anthropozentrismus zeugt. Gleichzeitig wirkt sich dieser enge Kontakt mit dem Tier auch auf die Sprache aus, was sich ab diesem Punkt in einem leicht geänderten Rhythmus des Textes bemerkbar macht.

Allmählich seien diese Angstanfälle auch stärker und schwieriger zu vermeiden geworden, bis er schließlich nicht einmal am belanglosen Geplauder teilnehmen konnte, in dem regelmäßig die moralischen und wirtschaftlichen Schicksale der lokalen Bevölkerung beurteilt werden. Alles schien ihm „so unbeweisbar, so lügenhaft, so löcherig wie nur möglich", bis ihm zuletzt alles „in Teile [zerfiel], diese Teile wieder in Teile, und nichts mehr ließ sich mit einem Begriff umspannen".[82] Vor seiner Krise habe ihm hingegen „das ganze Dasein als eine große Einheit" erschienen:

> [G]eistige und körperliche Welt schien mir keinen Gegensatz zu bilden, ebensowenig höfisches und tierisches Wesen, Kunst und Unkunst, Einsamkeit und Gesellschaft; in allem fühlte ich Natur, [...] *und in aller Natur fühlte ich mich selber*;

79 Ebd., S. 881–882.

80 Hofmannsthal: Ein Brief, S. 48–49.

81 Ebd., S. 49.

82 Ebd.

> wenn ich auf meiner Jagdhütte die schäumende laue Milch in mich hineintrank, die ein struppiges Mensch einer schönen, sanftäugigen Kuh aus dem strotzenden Euter in einen Holzeimer niedermolk, so war mir das nichts anderes, als wenn ich, in der dem Fenster eingebauten Bank meines studio sitzend, aus einem Folianten süße und schäumende Nahrung des Geistes in mich sog. Das eine war wie das andere; keines gab dem andern weder an traumhafter überirdischer Natur, noch an leiblicher Gewalt nach, und so ging's fort durch die ganze Breite des Lebens, rechter und linker Hand; *überall war ich mitten drinnen*, wurde nie ein Scheinhaftes gewahr: Oder es ahnte mir, *alles wäre Gleichnis und jede Kreatur ein Schlüssel der anderen*, und ich fühlte mich wohl den, der im Stande wäre, eine nach der andern bei der Krone zu packen und mit ihr so viele der andern aufzusperren, als sie aufsperren könnte. Soweit erklärt sich der Titel, den ich jenem enzyklopädischen Buch zu geben gedachte.[83]

Dieses Gefühl der harmonischen Einheit mit dem Universum mag auf den ersten Blick von einer gewissen Mystik zeugen, es ist jedoch der Inbegriff der rational-anthropozentrischen Weltanschauung, der zufolge der Mensch das Zentrum des Kosmos ist und, wohin er auch schaut, immer nur sich selbst sieht.[84] Dies geht Hand in Hand mit der allegorischen Deutung der Welt, die alles als eine Chiffre für eine tiefere, eigentlichere Bedeutung versteht, und eine noumenale Wirklichkeit voraussetzt, die sich hinter den Phänomenen befindet und die zu enthüllen überdies ausschließlich der Mensch imstande ist.[85]

83 Hofmannsthal: Ein Brief, S. 47–48 (Hervorh. d. Verf.).

84 Das erwähnte Buch ist eine ambitionierte Sammlung Apophthegmata, das er zu schreiben gedachte, und das den vielsagenden Titel „Nosce te ipsum" (*Erkenne dich selbst*) hätte tragen sollen.

85 Diese Weltanschauung scheint außerdem eine durch und durch europäische zu sein. Im Sommer 1902, unmittelbar bevor der „Chandos-Brief" zustande kam, hat Hofmannsthal eine Reihe von Skizzen für einen Dialog zwischen einem jungen Europäer und einem japanischen Edelmann entworfen. (Hugo von Hofmannsthal: Gespräch zwischen einem jungen Europäer und einem japanischen Edelmann. In: Ders.: *Sämtliche Werke. Kritische Ausgabe*, Bd. XXXI: Erfundene Gespräche und Briefe, hrsg. v. Ellen Ritter, Frankfurt am Main: Fischer 1991, S. 40–44). In einem der Fragmente bemerkt der Europäer, dass „etwas hinter allem [ist]. ich möchte es mit Namen nennen können" (ebd., S. 43). Der Japaner beschreibt die europäische Kultur als furchtbar hinfällig, dekadent, fragmentiert und die Europäer als Sklaven ihrer eigenen Kultur, ihre vampirischen Wörter und Begriffe anbetend: „Diese Götter sind Begriffe: sie saugen Euch das Blut aus" (ebd., S. 42); „Ihr seid das Spiegelbild das einer ansieht, während ein Räuber ihn würgt. Die Worte in denen ihr Euch formuliert, haben die größte Gewalt über Euch." Im Gegensatz dazu wird die japanische Kultur durch Harmonie, Authentizität und Gegenwart charakterisiert. Die Japaner seien „in sich gegenwärtig", und mithin „den Blumen und Thieren verwandt" (ebd.). „Jeder Mensch muss seine wirkliche Welt finden" sagt der Japaner: „Ein Weg, sie zu finden, ist wenn man schon einmal gestorben ist" (ebd.). Diese Erfahrung des

Genau diese Weltanschauung ist es, die Hofmannsthal in einem kurzen Essay mit dem Titel „Bildlicher Ausdruck" verwirft, der im Jahr 1897 in den von Stefan George gegründeten *Blättern für die Kunst* erschien. Hofmannsthal nimmt die Gewohnheit ins Visier, von einem „Dichtwerk" zu sagen, es sei „mit bildlichem Ausdruck geziert, reich an Bildern […], als seien die Bilder – Metaphern – etwas allenfalls Entbehrliches, dem eigentlichen Stoff […] äußerlich Aufgeheftetes". Vielmehr sei jedoch der „uneigentliche, bildliche Ausdruck Kern und Wesen aller Poesie". Das, was der Dichter durch Metaphern und Analogien zum Ausdruck bringt, kann nicht auf andere Weise artikuliert werden. „Die Leute suchen gern hinter einem Gedicht, was sie den ‚eigentlichen Sinn' nennen", fügt Hofmannsthal vernichtend hinzu, und setzt solche Leute den „Affen" gleich, „die auch immer mit den Händen hinter einen Spiegel fahren, als müsse *dort* ein Körper zu fassen sein".[86] Die Stellungnahme zur Irreduzibilität des Sinnes einer Dichtung zeugt von Hofmannsthals allmählicher Abkehr vom Symbolismus zugunsten eines modernistischeren Verständnisses vom poetischen Bilde – und außerdem einer zoopoetischeren Konzeption vom poetischen Tier. Für Hofmannsthal gilt nunmehr gleichsam die Formel: Ein Schwan ist ein Schwan ist ein Schwan.

Die Worte ‚Metapher', ‚Chiffre', ‚Bild', ‚Symbol' und ‚Hieroglyphe' sind bei Hofmannsthal so gut wie bedeutungsgleich, und zwar weisen sie immer auf das Vermögen der poetischen Sprache hin, dem Individuum Einblick in „den großen Weltzusammenhang"[87] zu gewähren. Wenn Gabriel also darauf beharrt, Hebbels Schwäne seien keine Metaphern oder Symbole, sondern vielmehr Chiffren oder

„quasi-Gestorbenseins" ist außerdem ein Hauptmerkmal dessen, was Hofmannsthal die „Präexistenz" nennt (s. o.), für die auch das Tieropfer von zentraler Bedeutung ist. Die zeitliche Nähe dieser Skizzen zum „Chandos-Brief" ist auch deswegen bemerkenswert, weil in ihnen an einer Stelle explizit auf Fritz Mauthner hingewiesen wird: Der Japaner zählt auf, was er alles am europäischen Leben „[f]urchtbar" findet, darunter „Eure Häuser, Gräber der Lebenden", „Eure Überlastung mit Vergangenheit ohne Liebe dafür", und „Eure Wissenschaften (– Wirbelpunkt Mauthner)" (ebd., S. 40–41), wo offenbar dessen Kritik der Sprache gemeint ist, was wiederum Hofmannsthals Behauptung, er habe sich mit Mauthners Theorie kaum auseinandergesetzt, eher in Frage stellt.

86 Hugo von Hofmannsthal: Bildlicher Ausdruck. In: Ders.: *Gesammelte Werke*, Bd. VII: Reden und Aufsätze I 1891–1913, hrsg. v. Bernd Schoeller in Beratung mit Rudolf Hirsch, Frankfurt am Main: Fischer 1986, S. 234 (Hervorh. im Orig.).

87 Hofmannsthal: Philosophie des Metaphorischen, S. 192.

Hieroglyphen, dann eben nicht weil diese Begriffe klar zu unterscheiden seien, sondern weil er die Unbegrifflichkeit dieser Texttiere betonen will. „Wie gern wollte ich dir das Wort ‚Symbol' zugestehen", sagt Gabriel, „wäre es nicht schal geworden, daß mich's ekelt".[88] Überhaupt ekelt die alltägliche Sprache Hofmannsthal an, weil sie die ursprüngliche poetische Herrlichkeit der Sprache abgenutzt und verbilligt hat. Ein berühmter Satz aus dem Jahr 1895 drückt das überdeutlich aus: die Leute seien „müde, reden zu hören. Sie haben einen tiefen Ekel vor den Worten: Denn die Worte haben sich vor die Dinge gestellt".[89] Die Sprache, ob „familiäre[s]", „hausgebackene[s]" Geschwätz oder gelehrter Diskurs, bildet eine Barriere zu den Dingen ‚an sich' und zum ‚Leben' überhaupt. Auch die Metaphern und Symbole sind der Korruption der alltäglichen Rede anheim gefallen, die jetzt, mit Nietzsche gesprochen, „abgenutzt und sinnlich kraftlos geworden sind, Münzen, die ihr Bild verloren haben und nun als Metall, nicht mehr als Münzen in Betracht kommen".[90]

Der Ekel ist eine Begleiterscheinung der Erkenntnis, dass man von der Kontinuität des ‚Lebens' abgetrennt ist. So stößt zum Beispiel eine Figur im Schauspiel *Der Abenteurer und die Sängerin* (1898) folgendes aus: „O laßt die Worte weg, sie sind Harpyen, / die Ekel auf des Lebens Blüten streun!"[91] Und im ersten Akt des dramatischen Fragments *Das Leben ein Traum* betrachtet der gefangene Prinz Sigismund eine tote Ratte in einer Falle, welche die anderen Ratten halb angefressen haben. „Ich habe immer Mühe mich abzugrenzen", sagt er, „um mich nicht zu verlieren. Von solchen Thieren aber fühle ich mich verschieden, durch Ekel".[92] Und was ist Ekel? „Ein Wirbel in

88 Hofmannsthal: Das Gespräch über Gedichte, S. 80.

89 Hofmannsthal: Eine Monographie, S. 479.

90 Nietzsche: Ueber Wahrheit und Lüge, S. 881.

91 Hugo von Hofmannsthal: Der Abenteurer und die Sängerin, oder: Die Geschenke des Lebens. Ein Gedicht in zwei Aufzügen. In: Ders.: *Sämtliche Werke. Kritische Ausgabe*, Bd. V: Dramen 3: Die Hochzeit der Sobeide, Der Abenteurer und die Sängerin, hrsg. v. Manfred Hoppe. Frankfurt am Main: Fischer 1992, S. 95–177, hier S. 169.

92 Hugo von Hofmannsthal: Das Leben ein Traum. Fragmente einer freien Bearbeitung. In: Ders.: *Sämtliche Werke. Kritische Ausgabe*, Bd. XV: Dramen 13: Das Leben ein Traum, Dame Kobold, hrsg. v. Christoph Michel / Michael Müller. Frankfurt am Main: Fischer 1989, S. 7–33 (Text), 157–296 (Apparat), hier S. 233. Vgl. Walter Benjamins Prosastück „Handschuhe" aus der *Einbahnstraße*, in dem der Ekel, den der Mensch angesichts des Tieres spürt, auf die Urangst zurückgeführt wird, „in der Berührung von ihnen erkannt zu werden. Was sich tief im Menschen entsetzt, ist

mir." Alle Worte seien solche Wirbel, „die in mir rotierend mich ins Grundlose hinabschauen lassen".[93] Sigismunds Gleichsetzung des Ekels mit den Worten hebt deren Funktion als Trennungs- und Individuationskraft hervor und bringt diese Problematik zudem nachdrücklich in Verbindung mit dem Mensch-Tier-Verhältnis. Sigismund fällt es schwer, eine klare Grenze zwischen sich selbst und seiner Umwelt aufrechtzuerhalten und er ist in ständiger Gefahr, sich selbst zu verlieren. Der Turm, in dem er gefangen gehalten wird, und die Ketten, mit denen er gebunden ist, verwandeln sich in Bilder der Fesseln der Sprache und der Signifikation, die ihm die Freiheit versagen, wie sie selbst die niedrigsten Tiere erfahren dürfen: „Vögel sind, Iltisse, Ottern, / Mäuse, Würmer, Spinnen, Schlangen, / Alle frei! Ich an der Kette".[94] Warum, fragt er seinen Wächter Clotald, habe dieser ihm die „giftige Gabe", die „Qual der Rede"[95] beigebracht? „Daß ich eingekerkert hier / Muß verschmachten nach den Dingen, / Sicher, nie sie zu erreichen." Er sehnt sich danach, ein Tier zu sein, „stumm, / Unter unbenannten Dingen",[96] ist aber dazu verflucht, die Namen dieser Dinge zu kennen, welche ihm für immer unerreichbar sein müssen.

das dunkle Bewußtsein, in ihm sei etwas am Leben, was dem ekelerregenden Tiere so wenig fremd sei, daß es von ihm erkannt werden könne." Die menschliche Erziehung ziele nicht darauf, diesen Ekel zu verdrängen, sondern zu bewältigen: „Verleugnen darf er die bestialische Verwandtschaft mit der Kreatur nicht, auf deren Anruf sein Ekel erwidert: er muß sich zu ihrem Herrn machen". Dabei muss nicht nur das Tier in der Welt gebändigt werden, sondern auch das Tierische *im* Menschen. Siehe Walter Benjamin: Einbahnstraße. In: Ders.: *Gesammelte Schriften*, Bd. 4: Kleine Prosa. Baudelaire-Übertragungen, hrsg. v. Rolf Tiedemann / Hermann Schweppenhäuser. Frankfurt am Main: Suhrkamp 1991, S. 83–148, hier S. 90–91.

93 Hofmannsthal: Das Leben ein Traum, S. 233. Diese Formulierung erinnert stark an Chandos' nach-kritische Wahrnehmung der Worte: „Die einzelnen Worte schwammen um mich; sie gerannen zu Augen die mich anstarrten und in die ich wieder hineinstarren muß: Wirbel sind sie, in die hinabzusehen mich schwindelt, die sich unaufhaltsam drehen und durch die hindurch man ins Leere kommt" (Hofmannsthal: Ein Brief, S. 49). Am Ende des Briefes beschreibt Chandos jedoch eine andere Art „Wirbel", die durch sein neues „fieberisches Denken" entstehen, das „unmittelbarer, flüssiger, glühender" ist als Worte: „Es sind gleichfalls Wirbel, aber solche, die nicht wie die Wirbel der Sprache ins bodenlose zu führen scheinen, sondern irgendwie in mich selber und in den tiefsten Schoß des Friedens" (ebd., S. 54). Diese Wirbel sind mit anderen Worten nicht von Distanz-erzeugendem Ekel geprägt.

94 Hofmannsthal: Das Leben ein Traum, S. 13.

95 Ebd., S. 21.

96 Ebd., S. 20.

Gabriels Beteuerung, dass Hebbels Schwäne nichts als sich selber bedeuten, stellt eine bewusste Widerlegung der Trennung des Signifikanten vom Signifikat dar, die die Schwäne aus dem Bereich der Sprache überhaupt entrückt. Somit verschafft Gabriel der Dichtung einen Weg, über die Grenzen der Sprache hinaus zu kommen, mit dem Tier als Medium. Deshalb ist es umso wichtiger, dass die Sprache außerstande ist, diese Schwäne in einen abstrakten Begriff aufzulösen. Das Tier gleitet immer in Richtung des Unerkennbaren und Unaussprechlichen. Die Poesie, so Gabriel, „sieht jedes Ding jedesmal zum erstenmal" – folglich ist also jede Metapher auch immer die erste Metapher, und die erste Metapher, für Hofmannsthal sowie für Berger, war das Tier. Jedes Gedicht, jede dichterische Äußerung wiederholt die ‚Urszene' der Dichtung. Und was ist diese Urszene? Gabriel fragt Clemens, ob er weiß, was ein Symbol ist, beschreibt jedoch daraufhin scheinbar unmotiviert den Ursprung des Tieropfers:[97]

> Weißt du was ein Symbol ist? …. Willst du versuchen dir vorzustellen, wie das Opfer entstanden ist? Mir ist, als hätten wir früher einmal drüber gesprochen. Ich meine das Schlachtopfer, das hingeopferte Blut und Leben eines Rindes, eines Widders, einer Taube. Wie konnte man denken, dadurch die erzürnten Götter zu begütigen? Es bedarf einer wunderbaren Sinnlichkeit um dies zu denken, einer bewölkten lebenstrunkenen orphischen Sinnlichkeit. Mich dünkt, ich sehe den ersten, der opferte. Er fühlte, daß die Götter ihn haßten: […] Da griff er, im doppelten Dunkel seiner niedern Hütte und seiner Herzensangst, nach dem scharfen krummen Messer und war bereit, das Blut aus seiner Kehle rinnen zu lassen, dem furchtbaren Unsichtbaren zur Lust. Und da, trunken vor Angst und Wildheit und Nähe des Todes, wühlte seine Hand, halb unbewußt,

97 Clemens ist nicht der einzige, den diese rhetorische Finte befremdet hat. In der Forschung ist Gabriels Erläuterung des Symbolbegriffs üblicherweise als wenig aufschlussreich oder gar irreführend betrachtet worden. So schreibt z. B. Ritchie Robertson, dass „der Dialog verwirrend [wird] […] als Gabriel das poetische Symbol vom Tieropfer ableitet" (Robertson: The Theme of Sacrifice, S. 20, Übers. d. Verf.). In ihrer Studie zur Tiersymbolik bei Hofmannsthal ist Helen Frink der Meinung, dass der Versuch, das Symbol durch das Tieropfer zu erklären, „die Sache bloß verkompliziert, denn anstatt das Wesen oder die Funktion des Symbolismus zu erklären, erklärt er dessen Ursprung. Außerdem betrachtet er den Symbolismus nicht aus der vergleichsweise einfachen Perspektive eines symbolischen Gegenstandes, sondern als symbolischen Akt, nämlich den des Tieropfers". Dieses Urteil führt sie zur verhängnisvollen Entscheidung, Hofmannsthals eigene Tieropfer-Theorie zugunsten einer ‚vergleichsweise einfacheren' Definition zu verwerfen, die sie Alfred North Whitehead entnimmt. Folglich schließt sie von vornherein eine Auseinandersetzung mit der Frage des Tieropfers aus, welches doch für Hofmannsthals Zoopoetik so zentral ist. Siehe Helen Frink: *Animal Symbolism in Hofmannsthal's Works*. New York: Lang 1987, S. 8 (Übers. d. Verf.).

> noch einmal im wolligen warmen Vließ des Widders. – Und dieses Tier, dieses Leben, dieses im Dunkel atmende, blutwarme, ihm so nah, so vertraut – auf einmal zuckte dem Tier das Messer in die Kehle, und das warme Blut rieselte zugleich an dem Vließ des Tieres und an der Brust, an den Armen des Menschen hinab: und einen Augenblick lang muß er geglaubt haben, es sei sein eigenes Blut; einen Augenblick lang, während ein Laut des wollüstigen Triumphes aus seiner Kehle sich mit dem ersterbenden Stöhnen des Tieres mischte, muß er die Wollust gesteigerten Daseins für die erste Zuckung des Todes genommen haben: er muß, einen Augenblick lang in dem Tier gestorben sein, nur so konnte das Tier für ihn sterben. Daß das Tier für ihn sterben konnte, wurde ein großes Mysterium, eine große geheimnisvolle Wahrheit. Das Tier starb hinfort den symbolischen Opfertod. Aber alles ruhte darauf, daß auch er in dem Tier gestorben war, einen Augenblick lang. Daß sich sein Dasein, für die Dauer eines Atemzugs, in dem fremden Dasein aufgelöst hatte. – Das ist die Wurzel aller Poesie.[98]

Die Sprache ist „ohnmächtig“, das Tier-Symbol aufzulösen; dieses aber vermag *uns* aufzulösen. Das ist für Hofmannsthal das große Geheimnis der Poesie. Und auch hier ist es das Blut eines Tieres, das die Geburt der Poesie ermöglicht. Es ist ein ekstatischer Moment, der hier beschrieben wird, ein „ungeheures Anteilnehmen“, ein „Hinüberfließen“ in ein fremdes Dasein. Dieses Sich-Auflösen, das dem „ozeanischen Gefühl“ nahe kommt, wird durch ein Spiel der Metapher und der Mimesis erzeugt: Das Tier stirbt für den Menschen – es *steht* hier *für* ihn, indem der Tod des Menschen gleichsam auf das Tier übertragen wird. Der Opfertod des Tieres ersetzt also metaphorisch den ausbleibenden Tod des Menschen. Aber dieser metaphorische Ersatz kann nur stattfinden, weil es eine mimetische Teilnahme (eine Methexis) gibt. Das Tier stirbt *für* den Menschen, er muss jedoch auch *in dem Tier* sterben, indem sich sein Dasein mit dem des Tieres vermischt, genauso wie die Stimme des Menschen und die Stimme des Widders sich in der Ekstase des symbolisch-wirklichen Todes mischen.

Die „orphische Sinnlichkeit“, die laut Gabriel erforderlich ist, um die Geburt der Poesie hervorzurufen, lässt diese Szene als direkten Gegensatz zu dem erscheinen, was ohne Zweifel die paradigmatische Mensch-Schaf-Begegnung der deutschsprachigen Literatur ist, nämlich die Begegnung zwischen dem ‚ersten‘ Menschen und dem „blökenden“ Schaf in Johann Gottfried Herders *Abhandlung über den*

98 Hofmannsthal: Das Gespräch über Gedichte, S. 80–81.

Ursprung der Sprache. Für Herder ist der Ursprung der Sprache allein auf die von Passion und Instinkt ungetrübte „Besonnenheit" des Menschen zurückzuführen. Während das Schaf „dem hungrigen witternden Wolfe" oder „dem blutleckenden Löwen" ausschließlich als Nahrung vorkommt – „die Sinnlichkeit hat sie überwältigt!" – geschweige denn dem „brünstigen Schaafmanne, der es nur als Gegenstand seines Genusses fühlt, den also wieder die Sinnlichkeit überwältigt",[99] so ist der Mensch in der Lage, das Schaf besonnen und unvoreingenommen wahrzunehmen, seine besonderen Merkmale zu isolieren, und es schließlich in sein taxonomisches System einzuordnen. Bei der Geburt der Poesie nach Hofmannsthal hingegen ist es entscheidend, dass man sich unbedingt von der Sinnlichkeit überwältigen lässt, damit die besonderen Merkmale, die die Welt in diskontinuierliche Elemente aufteilen, verschwimmen und aufgehoben werden. Die Stimme des Widders vermischt sich mit der Stimme des Menschen und einen Augenblick lang kann man sie nicht unterscheiden.

Eines der eindringlichsten Bilder im „Chandos-Brief" ist sicherlich die Szene mit den Ratten, in der es auch um die ekstatisch-methektische Teilnahme am Tode eines Tieres geht. Chandos beschreibt wie er den Auftrag gegeben hatte, „den Ratten in den Milchkellern eines meiner Meierhöfe ausgiebig Gift zu streuen".[100] Er sei dann eines Abends nach der Krise über die Felder geritten, als sich ihm „im Innern" plötzlich dieser Keller eröffnete, und er den „Todeskampf dieses Volks von Ratten" miterlebte. „Alles war in mir", schreibt er: „die mit dem süßlich scharfen Geruch des Giftes angefüllte kühldumpfe Kellerluft und das Gellen der Todeschreie, die sich an den modrigen Mauern brachen."[101] Er versucht, eine Analogie aus der klassischen Literatur für dieses Erlebnis zu finden und weist auf die Zerstörung von Alba Longa und von Karthago hin, aber das trifft es nicht genau, denn „es war mehr, es war göttlicher, tierischer; und es war Gegenwart, die vollste erhabenste Gegenwart."[102] Er sieht „eine Mutter, die ihre sterbenden Jungen um sich zucken hatte und nicht

99 Johann Gottfried Herder: *Abhandlung über den Ursprung der Sprache*, Berlin: Voss 1772, S. 54.

100 Hofmannsthal: Ein Brief, S. 50.

101 Ebd., S. 51.

102 Ebd.

auf die Verendenden, nicht auf die unerbittlichen steinernen Mauern, sondern in die leere Luft, oder durch die Luft ins Unendliche hin Blicke schickte."[103] Ihm fehlen die Worte, um zu beschreiben, „was ich durchmachte, als in mir die Seele dieses Tieres gegen das ungeheure Verhängnis die Zähne bleckte".[104] Es sei weder Mitleid noch Sympathie gewesen, beteuert Chandos, was er diesen sterbenden Ratten gegenüber fühlte, sondern „ein ungeheures Anteilnehmen, ein Hinüberfließen in jene Geschöpfe".[105] Das Mitleid bezeichnet zwar eine gewisse Einfühlung in das Leben eines Anderen, setzt aber einen Gegensatz zwischen Subjekt und Objekt voraus, und gerade dieser Gegensatz ist es, der durch dieses ozeanische Hinüberfließen aufgehoben wird.

Dieses scheinbar bedrückende Erlebnis zählt jedoch zu den ‚guten Augenblicken', die Chandos versucht, Lord Bacon zu schildern, um ihm einen Eindruck davon zu vermitteln, wie sich sein Leben nach der Krise verändert hat. Dieses ‚ungeheure Anteilnehmen' kommt also dem Gefühl ordentlich-harmonischer Einheit am nächsten, die sein vorkritisches Leben geprägt hat. Diese ‚guten Augenblicke' unterbrechen zeitweise sein neues Dasein, das „so geistlos, ja gedankenlos [dahin]fließt",[106] dass sich das Lord Bacon kaum vorstellen können werde. Die wenigen erfreulichen und reizenden Momente, die er noch erleben darf – die ‚guten Augenblicke' wie die Szene mit den Ratten – lassen sich nicht in Worte fassen. „Denn es ist ja etwas völlig Unbenanntes und auch wohl kaum Benennbares, das, in solchen Augenblicken, irgendeine Erscheinung meiner alltäglichen Umgebung mit einer überschwellenden Flut höheren Lebens wie ein Gefäß erfüllend, mir sich ankündet".[107] Wovon man nicht sprechen kann, darüber muss man schweigen: indem er von dieser Flut höheren Lebens überschwemmt wird, kommt Chandos dem Zustand der Tierheit nahe, in dem auch er „stumm, unter unbenannten Dingen" ist. Sein Erlebnis beschreibt er außerdem als „göttlicher" und zugleich „tierischer" als irgendein bloß menschliches Erlebnis. Es ist, wie er sagt, „die vollste erhabenste Gegenwart", nicht nur räumlich

103 Ebd.
104 Ebd.
105 Ebd.
106 Ebd., S. 50.
107 Ebd.

sondern auch zeitlich. Die Tierheit (sowie die Göttlichkeit) entfaltet sich im ewigen Präsens. Als er das Schicksal dieser Ratten, für deren Tod er selbst verantwortlich ist, miterlebt – oder vielmehr stellvertretend daran teilnimmt – kann er, einen Augenblick lang, die Welt der diskontinuierlichen Gegenstände transzendieren, den schmalen Abgrund zwischen ihm und der „immensité immanente" überqueren, und erfahren wie es ist, ‚wie das Wasser im Wasser' zu sein. Und das ist die Wurzel aller Poesie.

Coda: Zum Opfern geeignet?

Das Opferritual, so René Girard, setzt eine gewisse Verkennung („méconnaissance") voraus. Wie die Metapher ist auch der Opferakt eine Figur des Ersetzens, wobei die Opfer „doivent ressembler à ceux qu'elles remplacent."[108] Aber, beteuert Girard,

> cette ressemblance ne doit pas aller jusqu'à l'assimilation pure et simple, elle ne doit pas déboucher sur une confusion catastrophique. Dans le cas des victimes animales, la différence est toujours bien visible et aucune confusion n'est possible. Bien qu'ils fassent tout pour que leur bétail leur ressemble et pour ressembler à leur bétail, les Nuer ne prennent jamais vraiment un homme pour une vache. La preuve c'est qu'ils sacrifient toujours la seconde et jamais le premier.[109]

Im „Gespräch über Gedichte" vertritt Gabriel die Meinung, dass das, was den Worten und Symbolen die Kraft verleiht, uns aufzulösen und zu bezaubern, die Tatsache ist, dass „wir und die Welt nichts Verschiedenes sind".[110] Der Monismus, der dieser Vorstellung zugrunde liegt, fällt jedoch in eine Form des anthropozentrischen Dualismus zurück, sobald der ‚erste Mensch' in seiner niederen Hütte nicht sich selbst opfert, um die erzürnten Götter zu begütigen, sondern den Widder. Er ist derjenige, der die Ekstase erhöhten Daseins kosten

108 René Girard: *La Violence et le sacré*. Paris: Grasset 1972, S. 21. Dt.: „denjenigen gleichen müssen, an deren Stelle sie treten" (René Girard: *Das Heilige und die Gewalt*, aus d. Franz. v. Elisabeth Mainberger-Ruh. Frankfurt am Main: Fischer 1992, S. 19).

109 Ebd., 26–27. Dt.: „Aber diese Ähnlichkeit darf nicht schlicht und einfach bis zur Verschmelzung gehen, sie darf nicht auf eine katastrophale Verwechslung hinauslaufen. Im Falle der Tieropfer ist der Unterschied immer gut sichtbar, und jegliche Verwechslung ist ausgeschlossen. Obwohl die Nuer alles daransetzen, daß ihr Vieh ihnen gleicht und sie ihrem Vieh gleichen, betrachten sie einen Menschen nie wirklich als eine Kuh. Beweis dafür ist, daß sie immer letztere und nie ersteren opfern." (Girard: *Das Heilige und die Gewalt*, S. 23–24.)

110 Hofmannsthal: Das Gespräch über Gedichte, S. 82.

darf, während das Tier dasjenige ist, das sterben muss. Das große Geheimnis des Opfers, die rätselhafte Wahrheit, die es offenbart, ist die Fähigkeit des Tieres, *für* den Menschen zu sterben. Sein Tod ist symbolisch gerade weil er *für* den Tod des Menschen steht. Und doch unterscheidet sich die Poesie, so Gabriel, von der alltäglichen Sprache gerade dadurch, dass sie *niemals* „eine Sache für eine andere", sondern nur die Sache selbst setzt: „sie spricht Worte aus, um der Worte willen, das ist ihre Zauberei".[111] Die Parallelen zu Batailles Theorie des Poesie-Opfers liegen auf der Hand: von der Last der Bedeutung befreit, und von ihrem Nutzwert als Kommunikationsmittel, stehen die Worte im Gedicht um ihrer selbst willen. Aber um wessen willen wird ein Tieropfer vollbracht? Sicherlich nicht um den des Tieres.

Ein Kernaspekt der „Verkennung", die Girard zufolge dem Opferritual zugrunde liegt, ist der Imperativ, dass „[l]es fidèles ne savent pas et ne doivent pas savoir le rôle joué par la violence".[112] Das Opfertier dient als Surrogat für etwas, das „unopferbar" ist, aber die Identität des ‚eigentlichen' Opfers muss unausgesprochen bleiben. Damit ein Wesen ‚zum Opfern geeignet' ist, muss es dem, was es ersetzt, ähnlich genug sein, um mit ihm substituierbar zu sein, nicht so ähnlich jedoch, dass es nicht mehr möglich wäre, zwischen ihnen zu unterscheiden. Was das Tier angeht, so ist es nur dann zum Opfern geeignet, wenn es zuerst aus der undifferenzierten, kontinuierlichen Welt heraus und in die diskontinuierliche Welt der Sprache und Individuation hinein versetzt wird. Es muss mit anderen Worten bis an den Rand des Sprechens geführt werden, unmittelbar bevor es „ich" sagen und somit sein eigenes Dasein verkünden könnte. Aber wie schon bei der Opferung Isaaks in Morija, ist es immer der Mensch, der sagt: „Hier bin ich" (Gen. 22:11), während der Widder „die Creatur" bleibt, die „stumm verendet".[113]

Sowohl Mauthner wie auch Hofmannsthal scheinen die Sprache als ein Gift zu betrachten. Mauthner bedauert, dass allein der Mensch „krank, vergiftet, entwurzelt in der ungeheuren sprachlosen Natur"[114]

111 Ebd., S. 81.

112 Girard: *La Violence et le sacré*, S. 21. Dt.: „Die Gläubigen kennen die von der Gewalt gespielte Rolle nicht und dürfen sie auch nicht kennen." (Girard: *Das Heilige und die Gewalt*, S. 17.)

113 Hofmannsthal: Jupiter und Semele, S. 157.

114 Mauthner: *Beiträge*, Bd. I, S. 82.

ist. Der einzige Weg, die unerträgliche Einsamkeit des Menschen zu lindern, wäre den Tieren das Gift der Sprache zu geben, damit sie ‚sprechen' könnten und der Mensch von der Verantwortung losgesprochen wäre, es selber zu tun. Indem sich Chandos' innerer Milchkeller mit dem „süßlich scharfen Geruch des Giftes" und den „Gellen der Todesschreie, die sich an modrigen Mauern brachen" füllt, darf er in Schweigen verfallen. Während die anderen aufschreien und sich verzweifelt hin- und herwerfen, kann er „die stumme Creatur" werden. Er hat den Ekel überwunden, der Sigismunds Trennung von der Welt markierte: Dies wird auch durch die bloße Tatsache betont, dass diese Ratten, die ja „das prototypische Ekel-Objekt"[115] sind, als das „Gefäß [s]einer Offenbarung",[116] als das Mittel zu einem neuen „ahnungsvolle[n] Verhältnis zum ganzen Dasein"[117] dienen können.

Seinerseits ist Sigismund außerordentlich frustriert, weil er „vollgestopft" ist „mit den eingeklemmten Reizen des Lebens!"[118] Aber die Worte und Zeichen, die er gelernt hat, sind außerstande, dieses Innere Gefühl auszudrücken. Er würde gerne „die Wände [s]eines Gefängnisses mit der Schilderung [s]eines Daseins bedecken", habe aber nie die „Hieroglyphen" finden können, „um den ungeheuren Rang [s]einer Leiden auszudrücken".[119] Um sich zu „entladen", braucht er stattdessen „eine ungeheuere und symbolische Wollust: den Mord".[120] Im Innenhof seines Gefängnisturmes wohnt eine Horde von Kröten: die Ansicht dieser Geschöpfe, voller „Saft und Leben",[121] ist Sigismund unerträglich, und als er eines Nachts zwei Kröten beim kopulieren beobachtet, tötet er sie rücksichtslos mit einem Stein. „Wären sie nicht blöd und stumm, / Fragten etwa sie warum? / Ihr seid lauter Sigismunde, / Ihr elenden, blinden Kröten, / Ich bin Sigismunds Geschick, / Mich gelüstet's euch zu töten".[122] Bevor er die Kröten totschlägt, damit ihr Tod einen *Sinn* hat, der ihn „entladen"

115 Vgl. Winfried Menninghaus: *Ekel. Theorie und Geschichte einer starken Empfindung.* Frankfurt am Main: Suhrkamp 1999, S. 478.

116 Hofmannsthal: Ein Brief, S. 50.

117 Ebd., S. 52.

118 Hofmannsthal: Das Leben ein Traum, S. 234.

119 Ebd.

120 Ebd.

121 Ebd., S. 14.

122 Ebd.

kann, überträgt er zuerst seine Identität symbolisch auf die Tiere, was ihm wiederum gestattet, die eigene Subjektivität abzulegen und sich momentan zum Herrn ‚seines' Schicksals zu erheben: „ich muss eine Handlung begehen – nur eine solche entladet mich – bei der ich mich völlig hingeben kann; bei der der arme Sigismund weg und die Welt auch weg ist, und nur der der thut ist da, der ist da und tödtet, tödtet, tödtet! Ekstase!"[123] Symbolische Handlungen ermöglichen es Sigismund, in der Welt völlig „aufzugehen", ohne dass er „das quälende ‚Wozu'" berücksichtigen muss. Trotzdem spürt er den Drang zu erklären: „nicht auf das Tödten der Kröten komme es an (daran dürfe er gar nicht denken: er verscharre auch seine Opfer) sondern auf die Ekstase des Tödtens".[124] Diese Präzisierung fasst übrigens auch Schings' Argument über die Opferszene im „Gespräch" in aller Kürze zusammen: auf das Opfer komme es ja gar nicht an, sondern nur auf die mystische Union mit dem Universum; es gehe nur um „die ‚Ekstase', die völlige Hingabe, das Aufgehen, die Wollust, die Entladung", das Hinüberfließen.[125] Theodor W. Adorno hat seinerzeit gegen diese „blutrünstige Theorie des Symbols" Einwand erhoben, wegen der „finsteren politischen Möglichkeiten", die sie konnotiert.[126] In seinem Aufsatz rügt Schings Adorno wegen seines „Denkfehler[s]",[127] das Tieropfer dem *Ursprung* des Symbols gleichzusetzen, wobei es offensichtlich nur als ein *Beispiel* für die besondere Art Selbst-Auflösung benutzt werde, die den wahren Kern des Symbols ausmacht. In seinem Eifer, das Tieropfer vom Ursprung der Poesie abzusondern, fragt sich Schings überhaupt nie, warum es sich eigentlich von selbst verstehen sollte, dass gerade das Tieropfer als herausragendes Beispiel für dieses Hinüberfließen und Selbst-Auflösen benutzt wird, das die ‚eigentliche' Wurzel aller Poesie ist. Es ist bestenfalls irreführend, die zentrale Bedeutung des Opfers und der Tiere für Hofmannsthals Poetik zu verleugnen, selbst wenn – *erst recht* wenn – es Hofmannsthal selbst ist, der sie verleugnen oder

123 Ebd., S. 234.

124 Ebd.

125 Schings: Lyrik des Hauchs, S. 316.

126 Theodor W. Adorno: George und Hofmannsthal. Zum Briefwechsel: 1891–1906. In: Ders.: *Gesammelte Schriften*, Bd. 10,1: Prismen. Ohne Leitbild, hrsg. v. Rolf Tiedemann. Frankfurt: Suhrkamp 1977, S. 195–237, hier S. 234.

127 Schings: Lyrik des Hauchs, S. 315.

verschweigen will, wie etwa im *Leben als Traum* oder im Brief an Mauthner, in dem der vergiftete Hund gar nicht vorkommt. Adorno hat vollkommen recht mit seiner Beobachtung, dass, wenn Hofmannsthals „Primitive[r] […] nicht wirklich gestorben [ist], sondern […] das Tier geschlachtet [hat], so ist dafür das unverbindliche Opfer des Modernen um so drastischer zu nehmen".[128] Unverbindlich ist das Opfer weil letzten Endes nichts auf dem Spiel steht: Statt den Dualismus zu überwinden, den es zu untergraben vorgibt, untermauert es ihn vielmehr.

Die Faszination am Opfer rührt daher, dass es uns eine Aufhebung unserer Endlichkeit in Aussicht stellt. Dies ist umso deutlicher im Falle des Tieropfers, denn die Tiere werden, indem ihnen Sprache und Selbstbewusstsein abgesprochen werden, ebenfalls aus dem Kreis der Endlichkeit verbannt. Der verdrehten Logik des Logozentrismus zufolge, kann das Tier nicht wirklich sterben, weil es „den Tod als Tod" nicht „vermag", wie es Martin Heidegger kryptisch formuliert.[129] Dabei ist der Tod jedoch das einzige, das wir mit Sicherheit nie erleben werden. Das Opfer scheint uns die Möglichkeit darzubieten, den Tod zu erleben, ohne den eigenen Tod wirklich riskieren zu müssen. Der Antrieb zum Opferdenken, so Jean-Luc Nancy,

> ist immer mit der Faszination einer Ekstase verbunden, die einem verabsolutierten Anderen oder einem verabsolutierten Jenseits [Dehors] zugewendet ist, in das das Subjekt entleert wird, um es besser wiederherzustellen. So wird dem Subjekt durch irgendeine *Mimesis* oder irgendeine ‚Aufhebung' von *Mimesis* die *Methexis* mit dem Jenseits oder mit dem Anderen versprochen… Das abendländische Opfer entspricht einer Angst vor dem ‚Jenseits' der Endlichkeit, wie obskur und grundlos dieses ‚Jenseits' auch sein mag.[130]

Chandos' „ungeheures Anteilnehmen" ist genau eine solche Methexis. Aber – das betont Nancy mit besonderem Nachdruck – es gibt gar

128 Adorno: George und Hofmannsthal, S. 234.

129 „Die Sterblichen sind die Menschen. Sie heißen die Sterblichen, weil sie sterben können. Sterben heißt: den Tod als Tod vermögen. Nur der Mensch stirbt. Das Tier verendet. Es hat den Tod als Tod weder vor sich noch hinter sich." (Martin Heidegger: Das Ding In: Ders.: *Gesamtausgabe*, Bd. 79: Bremer und Freiburger Vorträge, hrsg. v. Petra Jaeger. Frankfurt am Main: Klostermann 1994, S. 17–18.) Eine Übersicht über die westliche Tradition, die dem Tier das Bewusstsein und das Vermögen des Todes abgesprochen hat, findet sich bei Akira Mizuta Lippit: *Electric Animal. Toward a Rhetoric of Wildlife*. Minneapolis: University of Minnesota Press 2000.

130 Jean-Luc Nancy: L'Insacrifiable. In: Ders.: *Une Pensée finie*. Paris: Galilée 1991, S. 65–106, hier S. 102–103 (Übers. d. Verf.).

kein ‚Jenseits', dem das Subjekt sich methektisch opfern könnte. Dem könnte man hinzufügen, dass das endgültige Scheitern von Hofmannsthals Traum von der Überwindung des Dualismus schon der Struktur des Opfers eingeschrieben ist, in dem er gründet.

Die Frage bleibt also offen: ist eine Zoopoetik möglich, die nicht im Tieropfer gründet? Sie ausführlich zu beantworten, würde den Rahmen dieses Aufsatzes sprengen. Ein mögliches Beispiel wäre die Figur Gregor Samsas aus Kafkas *Verwandlung*, der im berühmten ersten Satz als „ein ungeheures Ungeziefer" beschrieben wird. Wie Stanley Corngold nachgewiesen hat, deutet das Wort „ungeheuer" auf eine Kreatur, die keinen Platz in der Familie hat, die nicht zum Haushalt gehörig und folglich weder ‚vertraut' noch ‚angenehm' ist (insofern entspricht es dem lateinischen *infamiliaris*); während „Ungeziefer" etymologisch ein unreines, „nicht zum Opfer geeignetes Tier" bezeichnet, also eine Kreatur, die keinen Platz in Gottes Ordnung hat.[131] Als Figur widersteht Gregor Samsa also der Opferökonomie, in die sowohl Hofmannsthals als auch Batailles Zoopoetiken das Tier hineinprojizieren wollen. Nicht alleine ist er als Ungeziefer nicht zum Opfer geeignet, er ist auch ungeheuer und unvertraut (*infamiliaris*): in seinem Blick wird sich der Mensch nicht wiedererkennen; der Raum, den er vor uns eröffnet, ist uns nicht vertraut; wir kennen diese Tiefe nicht. Im Gegensatz zu den vierbeinigen, warmblütigen Tieren, die Hofmannsthal erdichtet, um sie dann zum Zwecke des Hinüberfließens in die immanente Immensität zu opfern, so ist Kafkas vielbeiniges, kaltblütiges Ungeziefer *gänzlich fremd*, und sein Tod kann nicht als Gefäß einer Offenbarung oder als Mittel zur tieferen Einsicht und mystischen Einheit mit dem Kosmos dienen. Sein Tod kann nichts bedeuten.

131 Stanley Corngold: Vorwort. In: Franz Kafka: *The Metamorphosis.* New York: Bantam Books 2004, S. xi–xxi, hier S. xix.

Vom Lesen und Schreiben, wo andere aufhören

Kafkas Riesenmaulwurf zwischen Paranoia und Erzählung

Sandra Fluhrer

Unter den zahlreichen Tieren, die Kafkas Texte bevölkern, nimmt der Maulwurf eine besondere Stellung ein, hält er doch häufig für die für Kafka so wichtigen Überlegungen zur Konstellation von Einsamkeit, Schreibarbeit und Gemeinschaft her. Schon 1903 schreibt Kafka an seinen Freund Oskar Pollak: „man ehre den Maulwurf und seine Art, aber man mache ihn nicht zu seinem Heiligen."[1] Gegen Ende seiner Schreib- und Lebenszeit ist dieses Vorhaben wider die radikale Einsamkeit einer Resignation vor der eigenen Tendenz in die Tiefe gewichen: „Am Ende macht man schon wieder neue Gänge, man, alter Maulwurf,"[2] heißt es 1920 in einem Brief an Milena Jesenská.

Vielleicht lässt sich in den Zwischenraum dieser Maulwurfsbilder, nicht nur zeitlich, sondern auch strukturell, das nachgelassene Fragment über den Riesenmaulwurf platzieren, an dem Kafka im Winter 1914/15 schrieb und das er im Tagebuch „Der Dorfschullehrer" nannte.[3] Der Maulwurf, der in der Erzählung nie zu Tage tritt,

1 Franz Kafka: Brief an Oskar Pollak vom 06.09.1903. In: Ders.: *Kritische Ausgabe der Werke von Franz Kafka*, hrsg. v. Jürgen Born / Gerhard Neumann / Malcolm Pasley / Jost Schillemeit (*KKA*), Briefe 1900–1912, hrsg. v. Gerhard Koch. Frankfurt am Main: Fischer 1999, S. 24–26, hier S. 25.

2 Franz Kafka: Brief an Milena Jesenská vom 04./05.08.1920. In: *KKA*, Briefe 1918–1920, hrsg. v. Hans-Gerd Koch. Frankfurt am Main: Fischer 2013, S. 282–284, hier S. 283.

3 Franz Kafka: <Dorfschullehrer>-Konvolut. In: *KKA*, Nachgelassene Schriften und Fragmente I, hrsg. v. Malcolm Pasley. Frankfurt am Main: Fischer 1993, S. 194–216. Aus dem <*Dorfschullehrer*> zitiere ich im Folgenden in Klammern direkt

besetzt den schwer auszulotenden Ort einer ambivalenten Figur für das Denken und Schreiben aus der Einsamkeit heraus. Das Maulwurfsbild pendelt zwischen dem Versuch, dieses Denken und Schreiben auszutarieren, den Maulwurf zu ehren also, aber nicht aufs äußerste – und einem Wunsch, gar einem Zwang, weiterzudenken, weiterzuschreiben, weiterzulesen, „[a]m Ende […] schon wieder neue Gänge" zu graben.

Der in der Kafka-Forschung etwas vernachlässigte Text wird häufig im Zusammenhang mit Kafkas spätem <*Bau*>-Fragment[4] gelesen, das buchstäblich wie metaphorisch vom Nachgehen, Nachbohren und Verrennen eines Wühltieres handelt und dem <*Dorfschullehrer*> darin ähnelt. Die Anklänge an die Grabenkämpfe des Ersten Weltkriegs, die in der Forschung für den <*Bau*> stark gemacht wurden,[5] deuten sich womöglich auch an einer Stelle am Anfang des <*Dorfschullehrers*> an. Dort wird eine Verbindung zwischen dem Anblick eines Maulwurfs und dem Sterben gezogen; ohne Kenntnis der berühmten Tagebuchstelle, in der Kafka von der ominösen Maulwurfbegegnung seines Schwagers Josef Pollak im Schützengraben schreibt,[6] lässt sich der Kriegsbezug aber kaum ausmachen. Gleichwohl lässt

im Haupttext. Publiziert wurde das zehnseitige Konvolut zuerst 1931 von Max Brod unter dem Titel „Der Riesenmaulwurf", in Franz Kafka: *Beim Bau der Chinesischen Mauer. Ungedruckte Erzählungen und Prosa aus dem Nachlaß*, hrsg. v. Max Brod und Hans Joachim Schoeps. Berlin: Kiepenheuer 1913, S. 131–153.

4 Franz Kafka: <Bau>-Konvolut. In: *KKA*, Nachgelassene Schriften und Fragmente II, hrsg. v. Jost Schillemeit. Frankfurt am Main: Fischer 1992, S. 575–632.

5 Vgl. Wolf Kittler: Grabenkrieg – Nervenkrieg – Medienkrieg. Franz Kafka und der 1. Weltkrieg. In: Jochen Hörisch / Michael Wetzel (Hrsg.): *Armaturen der Sinne. Literarische und technische Medien 1870 bis 1920*. München: Fink 1990, S. 289–309; ders.: *Die Geburt des Partisanen aus dem Geist der Poesie. Heinrich von Kleist und die Strategie der Befreiungskriege*. Heilbronn: Kleist-Archiv Sembder 2011 [1987], S. 376–397; Julia Encke: *Augenblicke der Gefahr. Der Krieg und die Sinne*. München: Fink 2006, S. 128–151.

6 Im Tagebucheintrag vom 04.11.1914, etwa vier Wochen bevor Kafka die Arbeit am <*Dorfschullehrer*> beginnt, heißt es über die Kriegsheimkehr von ‚Pepa', den Ehemann Valli Kafkas: „Pepa zurück. Schreiend, aufgeregt, außer Rand und Band. Geschichte vom Maulwurf, der im Schützengraben unter ihm bohrte und den er für ein göttliches Zeichen ansah, von dort wegzurücken. Kaum war er fort, traf ein Schuß einen Soldaten, der ihm nachgekrochen war und sich jetzt über dem Maulwurf befand. – Sein Hauptmann. Man sah deutlich, wie er gefangen genommen wurde. Am nächsten Tag fand man ihn aber nackt von Bajonetten durchbohrt im Wald." Franz Kafka: Tagebucheintrag v. 04.11.1914. In: *KKA*, Tagebücher, hrsg. v. Hans-Gerd Koch / Michael Müller / Malcolm Pasley. Frankfurt am Main: Fischer 1990, S. 697–698, hier S. 697.

sich für einen damit zusammenhängenden Aspekt eine Parallele zwischen dem <*Dorfschullehrer*> und dem <*Bau*> herausarbeiten: für die Paranoia.
Diese wird im Folgenden als Struktur gefasst, anhand derer sich die eingangs skizzierte Spannung in Kafkas Maulwurfsbild illustrieren lässt. Der Ausgangspunkt dafür ist Freuds Darstellung des Paranoikers in *Zur Psychopathologie des Alltagslebens*:

> Alles, was [der Paranoiker] an den anderen bemerkt, ist bedeutungsvoll, alles ist deutbar. Wie kommt er nur dazu? Er projiziert wahrscheinlich in das Seelenleben der anderen, was im eigenen unbewußt vorhanden ist [...]. In der Paranoia drängt sich ebenso vielerlei zum Bewußtsein durch, was wir bei Normalen und Neurotikern erst durch die Psychoanalyse als im Unbewußten vorhanden nachweisen. Der Paranoiker hat also hierin in gewissem Sinne recht, er erkennt etwas, was dem Normalen entgeht, er sieht schärfer als das normale Denkvermögen, aber die Verschiebung des so erkannten Sachverhalts auf andere macht seine Erkenntnis wertlos.[7]

Mein Augenmerk liegt dabei besonders auf der ambivalenten Struktur der Paranoia, auf der Spannung zwischen Scharfsinn und Wahn, in der sich die Paranoia bewegt.[8] Wie sich das grabende Tier im <*Bau*> durch die Deutung unbestimmter Geräusche als Gefahr zu immer komplizierter werdenden Baumaßnahmen gedrängt fühlt,[9] versucht der Erzähler im <*Dorfschullehrer*> auf der Basis eines Gerüchts über die „Erscheinung" (S. 194) eines außergewöhnlich großen Maulwurfs ein hieb- und stichfestes Narrativ zu konstruieren; auch er wird zum Grabenden und Bauenden. Der Paranoiker, so lässt sich mit Freud sagen, ist Baumeister. Die ihm eingestürzte Welt baut er „durch die

7 Sigmund Freud: *Zur Psychopathologie des Alltagslebens [1901]. Gesammelte Werke*, Bd. IV, hrsg. v. Anna Freud. London: Imago 1941, S. 284.

8 „Die Paranoia", schreibt Manfred Schneider, „gewinnt ihre Gewissheit aus hochartifiziellen Deutungen, in denen Erregung, Angst, Verzweiflung, Hass mit Scharfsinn zusammenspielen." Paranoia sei demnach weniger „Krankheit, [...] Wahn oder Verrücktheit", sondern in einem „Kontinuitätsmodell" zu denken, das sich durch „Fatumsgewissheit" und „artifizielle Deutung" auszeichnet. (Manfred Schneider: *Das Attentat. Kritik der paranoischen Vernunft*. Berlin: Matthes & Seitz 2010, S. 23.) In Anlehnung an Schneiders Konzept des Paranoischen verwende ich den Begriff im Folgenden in einem Sinne, der die Ambivalenzen der Paranoia zwischen Scharfsinn und Wahn, Krankheit und Gesundheit möglichst offen lässt. Mit ‚paranoid' dagegen ist eine medizinische Diagnose gemeint.

9 Vgl. zum Paranoischen im <*Bau*> Kittler: *Die Geburt des Partisanen*, S. 387, 395; Thomas Gann: *Angst*. Hamburg: Textem 2011, S. 28–41.

Arbeit seines Wahnes“[10] wieder auf: „Was wir für die Krankheitsproduktion halten, die Wahnbildung ist in Wirklichkeit der Heilungsversuch, die Rekonstruktion.“[11] Im Bild des Maulwurfs, so möchte ich am <*Dorfschullehrer*> zeigen, spiegeln sich Subjekt und Objekt der Paranoia.

Subjekt der Paranoia ist zunächst einmal die Erzählerfigur, ein städtischer Kaufmann. Der Maulwurf selbst taucht im Text nur als besprochene „Erscheinung“ auf; wer das Tier je wirklich „in der Nähe eines Dorfes“ (S. 194) zu Gesicht bekommen hat, bleibt unklar, gleichwohl hat ein Dorfschullehrer eine Schrift zum Thema verfasst und sie einige Jahre später durch einen Nachtrag ergänzt. Der Bericht des Kaufmanns setzt nun wiederum einige Jahre nach Erscheinen des Nachtrags ein und protokolliert den Gang des „Gerücht[s] von der Erscheinung“ (S. 195) aus seiner Perspektive. Der Kaufmann berichtet, wie er durch die Lektüre des Nachtrags auf den Dorfschullehrer und sein Anliegen aufmerksam wurde und sich sofort entschloss, „alles was ich über den Fall in Erfahrung bringen konnte, selbst zu sammeln und zusammenzustellen“ (S. 197). Die Nachforschungen veranlassen den Kaufmann, selbst eine Art Nachtrag zu den Schriften des Lehrers zu verfassen, um diesen bei seiner „Lebensaufgabe“ (S. 195) zu unterstützen: „dem Nachweis der Erscheinung des großen Maulwurfs“ (S. 198). Die Reaktion des Lehrers auf die unerbetene Hilfe ist indes ambivalent und die erhoffte öffentliche Resonanz bleibt dann ohnehin aus; der Kaufmann zieht seine Publikation wieder zurück und – dieser Status Quo steht am Anfang der Erzählung – Dorf wie Maulwurf geraten in Vergessenheit.

Die Erzählung, die zu den komischsten Texten Kafkas gehört, lässt sich, das zeigt bereits die kurze Handlungsskizze, als Wissenschaftssatire lesen. Die zweifelhafte Erscheinung des Riesenmaulwurfs wird nie empirisch zu bestätigen versucht, gleichwohl aber auf dem Feld der papiernen Wissenschaften exzessiv beackert.[12] Hinzu kommt eine

10 Sigmund Freud: Psychoanalytische Bemerkungen über einen autobiographisch beschriebenen Fall von Paranoia (Dementia paranoides). In: Ders.: *Gesammelte Werke*, Bd. VIII: Werke aus den Jahren 1909–1913, hrsg. v. Anna Freud. London: Imago 1943, S. 239–320, hier S. 308.

11 Ebd. Im Original gesperrt.

12 Vgl. Bernard Dieterle: Kleine nachgelassene Schriften und Fragmente 2. In: Manfred Engel / Bernd Auerochs (Hrsg.): *Kafka Handbuch. Leben – Werk – Wirkung*. Stuttgart: Metzler 2010, S. 260–280. Auch Catherine Grimm liest den <*Dorfschullehrer*>

komische Engführung von Forscher und Forschungsgegenstand: Der Kaufmann selbst wird zum Riesenmaulwurf. Laienwissenschaftlich wird gegraben und gebohrt; Schriften werden „aufgehäuft“ (S. 211); an einer Stelle spricht der Kaufmann davon, sich „tief in diesen Dorfschullehrer eingebohrt [zu] haben“ (S. 208). Um Wissenschaft im strengen Sinne geht es dabei nicht. Der einzige „Gelehrte“ (S. 196), der im Text erwähnt wird, bleibt schemenhaft; eine wissenschaftliche Ausbildung haben weder der Lehrer noch der Kaufmann. Gleichwohl steht im Zentrum der Erzählung der wissenschaftliche Gestus des Nachgehens. Im Zeichen der Wissenschaftsparodie bleibt aber der Fall, das Vorgängige, bloße „Erscheinung“ (S. 194); die Forschungslücke bleibt auch nach der Bearbeitung Lücke. Anstelle der Empirie, der Beobachtung und Beschreibung, stehen paranoische Auslegungs- und Erklärungsversuche.

In *Träume eines Geistersehers* wirft Kant den Metaphysikern vor, um eines bestimmten Erkenntniszieles willen von der „geraden Linie der Schlußfolge“[13] abzuweichen und „mit einem unmerklichen Clinamen [d. h. einer kleinen Abweichung, S. F.] der Beweisgründe“ die Vernunft auf das zu lenken, „wovon man schon vorher wußte, daß es sollte bewiesen werden“,[14] das Vorgehen also gewissermaßen zum Nachgehen zu machen.[15] Kafkas Text zielt natürlich weder auf eine aufklärerische Metaphysikkritik, noch darauf, den Wissenschaftsbetrieb zu desavouieren. Vielmehr geht es um Prozesse des Lesens, um Missverstehen und Fehldeutung, um Paranoia und Erklärungszwang – und, damit zusammenhängend, um die Möglichkeit des

als Wissenschaftssatire und sieht darin einen Grund für die verhältnismäßig geringe Aufmerksamkeit, die dem Text von der Forschung bislang geschenkt wurde. Catherine Grimm: Getting Nowhere: Images of Self and The Act of Writing in Kafka's "Der Dorfschullehrer". In: *New German Review: A Journal for Germanic Studies* 10 (1994), S. 119–132. Cornelia Ortlieb spricht sich dagegen dafür aus, Kafkas Tiere, und darunter auch den Riesenmaulwurf, nicht nur im Zeichen von „Gelehrtentum, Wissenschaft und Philosophie“ zu lesen, sondern beispielsweise auch als „Bewohner der Welt des Jahrmarkts und der Schaubude“. (Cornelia Ortlieb: Kafkas Tiere. In: *Zeitschrift für deutsche Philologie* 126 (2007): Sonderheft: Tiere, Texte, Spuren, S. 339–366, hier S. 341.)

13 Immanuel Kant: Träume eines Geistersehers, erläutert durch Träume der Metaphysik [1766]. In: Ders.: *Werke in zehn Bänden*, Bd. 2: Vorkritische Schriften bis 1768, hrsg. v. Wilhelm Weischedel. Darmstadt: WBG 1975, S. 919–989, hier S. 971.

14 Ebd., S. 972.

15 „Diesen Weg nannten sie alsdenn noch den Weg a priori, ob er wohl unvermerkt durch ausgesteckte Stäbe nach dem Punkte a posteriori gezogen war“. (Ebd.)

Erzählens und die Möglichkeit von Gemeinschaft. Denn das von Kant zurückgewiesene Denken in der Schräge ist eines, das geeignet ist, Erzählung und Erfahrung zu verschränken.[16] Die Frage nach dem angemessenen Neigungsgrad, der weder durch „Hypervernunft“[17] das Erzählen unterdrückt, noch sich auf einen wahnhaften Irrweg begibt, stellt Kafkas Text.[18]

I.

Ihren Ausgangspunkt nimmt mein Versuch, diese Frage nachzuzeichnen, bei einem Experten nicht nur für die Neigungsgrade des Erzählens, sondern auch für den Maulwurf, nicht zuletzt, bei einem Lehrer: bei Johann Peter Hebel.[19] In dessen *Schatzkästlein des rheinischen Hausfreunds*, das in Kafka einen glücklichen Leser gefunden hat, steckt ein kleiner Kalendertext von 1807 mit dem Titel „Der Maulwurf“[20], eine Art Streitschrift, die sich der Frage widmet, ob es sich bei eponymem Tier nun um einen Schädling handelt oder vielmehr um einen kleinen Helden des Gartens. Um das herauszufinden, so der Verfasser, „wollen wir denn Gericht halten über den Missethäter“[21]. Nicht

16 Vgl. Byung Chul Han: *Todesarten. Philosophische Untersuchungen zum Tod.* München: Fink 1998, S. 124.

17 So Schneiders Beschreibung der Paranoia im Gegensatz zur „Unvernunft“. (Schneider: *Das Attentat*, S. 24.)

18 Er bewegt sich damit in einem Rahmen, wie ihn Walter Benjamin in seinem Erzähler-Aufsatz absteckt: zwischen erzählter Erfahrung, die Benjamin am Beispiel Hebels und Lesskows herausarbeitet, und berichteter Information, die er in der eigenen Gegenwart vorherrschen sieht. Vgl. Walter Benjamin: Der Erzähler. Betrachtungen zum Werk Nikolai Lesskows. In: Ders.: *Gesammelte Schriften*, Bd. II,2, hrsg. v. Rolf Tiedemann / Hermann Schweppenhäuser. Frankfurt am Main: Suhrkamp 1977, S. 438–465, hier v. a. S. 444–445.

19 Ich danke Lars Bullmann für seine freundliche Ermunterung, die Kafka-Lektüre mit einer Hebels zu kreuzen, aus der die Idee für diesen Text entstanden ist, sowie für wichtige Hinweise zu Hebel.

20 Johann Peter Hebel: Der Maulwurf. In: Ders.: *Sämtliche Schriften*, Bd. II: Erzählungen und Aufsätze – Erster Teil, kritisch hrsg. v. Adrian Braunbehrens / Gustav Adolf Benrath / Peter Pfaff. Karlsruhe: Müller 1990, S. 53–55. Es ist sehr wahrscheinlich, dass Kafka die Geschichte kannte. Kafkas Hebel-Begeisterung ist durch Briefe und Zeitzeugenberichte belegt; ein Hebel-Lesebuch, das Kafka im Gymnasium benutzte, enthält auch den *Maulwurf*. Vgl. Wilhelm Kühlmann: Regionale Weltliteratur – Hebel-Spuren bei Elias Canetti, Franz Kafka und Klaus Nonnenmann. In: Achim Aurnhammer / Hanna Klessinger (Hrsg.): *Johann Peter Hebel und die Moderne.* Freiburg: Rombach 2011, S. 31–41, hier S. 37.

21 Hebel: Der Maulwurf, S. 53.

nur dieser Satz, der Kafka als Gerichts- und Maulwurfsforscher wie gerufen hatte erscheinen müssen, auch die folgenden Ausführungen in Hebels Maulwurf-Schrift lassen sich als Bezugspunkte zu Kafkas <*Dorfschullehrer*> denken. Es geht nämlich bei Hebel vor allem um die Frage der Zeugenschaft für die Taten des Maulwurfs, also um eben die Empirie, die den Forschungen zum Riesenmaulwurf fehlt:

> Wahr ist es, und nicht zu läugnen, daß er durch seine unterirdischen Gänge hin und wieder den Boden durchwühlt, und ihm etwas von seiner Festigkeit raubt.
> [...]
> Aber wer hats gesehen, frage ich, daß der Maulwurf die Wurzeln abfrißt? wer kanns behaupten?
> Nun, man sagt so: Wo die Wurzeln abgenagt sind und die Pflanzen sterben, wird man auch Maulwürfe finden; und wo keine Maulwürfe sind, geschieht das auch nicht. Folglich thuts der Maulwurf.[22]

Wie im <*Dorfschullehrer*> geht es hier um die Frage, was gesagt werden kann über ein Tier, das noch gar nicht in Erscheinung getreten ist, sondern dem lediglich auf der löchrigen Basis einer ungesicherten Spurenlage der Prozess gemacht wird. Dass scheinbare Kausalitäten sich als Trugschlüsse entpuppen können, also, „wie man sich irren kann“[23], zeigt in Hebels Text ein „Advokat des Maulwurfs [...], ein erfahrner Landwirth und Natur-Beobachter“[24]: Nicht der Maulwurf ist der Übeltäter, so der Fachmann, sondern vielmehr Würmer und Larven, die der Maulwurf frisst und damit das Schlüpfen von Schädlingen sogar verhindert. Zum Beweis, dass es sich hierbei nicht um bloßes Bücherwissen handelt, stehen zwei Proben zur Verfügung, denen es um Sichtbarmachung geht: Zum einen sollen die Zähne des Maulwurfs begutachtet werden, die zeigen, dass der Maulwurf ein Raubtier und kein Pflanzenfresser ist. Bei der zweiten Probe handelt es sich um eine Sektion; „einem getödteten Maulwurf“[25] soll der Bauch aufgeschnitten und in den Magen geschaut werden:

> Denn was er frißt, muß er im Magen haben; und was er im Magen hat, muß er gefressen haben. Nun werdet ihr, wenn ihr die Probe machen wollt, nie Wurzelfasern oder so etwas in dem Magen des Maulwurfs finden, aber immer die

22 Ebd., S. 53–54.
23 Ebd., S. 54.
24 Ebd.
25 Ebd., S. 55.

> Häute von Engerlingen, Regenwürmern und anderm Ungeziefer, das unter der Erde lebt.
> Wie sieht's j e z t aus?
> Wenn ihr also den Maulwurf recht fleißig verfolgt, und mit Stumpf und Stiel vertilgen wollt, so thut ihr euch selbst den größten Schaden, und den Engerlingen den größten Gefallen. Da können sie alsdann ohne Gefahr eure Wiesen und Felder verwüsten, wachsen und gedeihen, und im Frühjahr kommt alsdann der Maykäfer, frißt euch die Bäume kahl wie Besenreis, und bringt euch zur Vergeltung auch des Teufels Dank und Lohn.
> So siehts aus![26]

„So siehts aus!" Vorsicht vor voreiligen Schlüssen lautet das ‚Merke' des Textes; erst genau beobachten, dann schlussfolgern – und das heißt auch: Wissenschaft betreiben.

Hebels Ehrenrettung des Maulwurfs geht dann auch auf eine echte empirische Studie zurück, wie sich an Briefstellen Hebels nachweisen lässt.[27] Und dennoch beabsichtigt Hebel mit dem Kalenderbeitrag womöglich mehr, als diese gartenwirtschaftlichen Forschungsergebnisse „als Volksaufklärer"[28] zugänglich zu machen. Vielmehr scheint es darüber hinaus, am Beispiel des blinden Wühltieres, um Fragen der Sichtbarkeit und Verlässlichkeit von Wissen sowie der Autorität von wissenschaftlichen Beweisverfahren zu gehen – Fragen, die auch in Kafkas <*Dorfschullehrer*> aufgeworfen werden. Da der Hebelsche Hausfreund, wie übrigens auch Kafkas Lehrer, den Namen des Maulwurffachmanns unterschlägt,[29] ist die Nachprüfbarkeit der Forschungsergebnisse nicht gewährleistet; der Leser selbst muss „die Probe machen". Die Testverfahren allerdings, die ein mühsames und wohl auch gewalttätiges Verfolgen des scheuen Tiers vorsehen, sind wenig alltagstauglich: Es ist fraglich, ob es dem gemeinen Gartenfreund gelingt, einen Maulwurf ordnungsgemäß zu sezieren, um in dessen Magen winzige Häute zu entdecken – von einer Zahnuntersuchung am lebenden Tier ganz zu schweigen. Und hat der Kalenderleser nicht gleich eine ganze Horde Maulwürfe im Garten, ist die Probe am getöteten Maulwurf auch erst einmal kontraproduktiv: Der

26 Hebel: Der Maulwurf, S. 55.

27 Johann Anselm Steiger hat dies vorgenommen in ders.: *Bibel-Sprache, Welt und Jüngster Tag bei Johann Peter Hebel: Erziehung zum Glauben zwischen Überlieferung und Aufklärung*. Göttingen: Vandenhoeck & Ruprecht 1994, S. 171–173.

28 Ebd., S. 173.

29 Es handelt sich um den Garteninspektor Friedrich Schweickert, vgl. ebd., S. 172 und siehe unten.

Gartenbesitzer weiß dann zwar um die Nützlichkeit des Maulwurfs, sie nutzt ihm aber nichts mehr. Letztlich wird in Hebels Text ein Narrativ über den Maulwurf durch ein neues abgelöst, dem der Kalenderleser dann wohl einfach Glauben schenken muss.[30]

Für Kafkas <*Dorfschullehrer*> ist nun weiter interessant, dass die Maulwurf-Verteidigung zur Zeit Hebels mit einigem Nachdruck – im doppelten Wortsinn – betrieben werden musste, um den gewünschten Effekt: die Anerkennung des Maulwurfs als Schädlingsbekämpfer, zu erzielen. Dreimal, jeweils im Abstand von fünf Jahren, wird die „Schrift über den [M]aulwurf“ (S. 205) verbreitet, um ihren Leserkreis zu erweitern. Eine Quelle für Hebels eigenen Maulwurf-Text von 1807 sind wohl Friedrich Schweickerts „Bemerkungen über die Ursache des in den Jahren 1794 und 1795 entstandenen beträchtlichen Mißwachses an vielen Bäumen und Pflanzen“ in Beckers *Taschenbuch für Garten-Freunde* von 1797.[31] Schweickerts Maulwurf-Apologie wird dann 1802 nochmals in der ersten Ausgabe des *Magazins von und für Baden* nachgedruckt – unter einem Titel, der den des Lehrers bei Kafka an ‚Umständlichkeit‘[32] noch um ein Vielfaches übersteigt: „Bemerkungen über die Ursache des seit einigen Jahren sich zeigenden beträchtlichen Mißwachses an vielen Bäumen und Pflanzen, mit Vorschlägen, wie für die Zukunft der Hauptursache zu begegnen seyn möchte“[33]. Hebel war Gutachter für das neue Magazin und hat den Gang der Schweickertschen Schrift verfolgt, wie aus einem Brief hervorgeht.[34] Auch nach dem Abdruck in Hebels Kalender

30 Der aktuelle zoologische Forschungsstand spricht übrigens eher wieder gegen den Maulwurf: Nicht nur frisst dieser in kleinen Mengen auch Wurzeln, seine Gänge bahnen auch Mäusen und Ratten den Weg zum Wurzelwerk, das diesen wiederum als Nahrung dient.

31 Friedrich Schweickert: Bemerkungen über die Ursache des in den Jahren 1794 und 1795 entstandenen beträchtlichen Mißwachses an vielen Bäumen und Pflanzen. In: W. G. Becker: *Taschenbuch für Garten-Freunde*. Leipzig: Voss 1797, S. 384–402.

32 Im <*Dorfschullehrer*> heißt es an einer Stelle: „Als ich später die Schrift des Lehrers las – sie hatte einen sehr umständlichen Titel: Ein Maulwurf, so groß, wie ihn noch niemand gesehen hat, –“ (S. 199).

33 [Friedrich] Schweykert: Bemerkungen über die Ursache des seit einigen Jahren sich zeigenden beträchtlichen Mißwachses an vielen Bäumen und Pflanzen, mit Vorschlägen, wie für die Zukunft der Hauptursache zu begegnen seyn möchte. In: *Magazin von und für Baden* 1 (1802), S. 43–59.

34 Johann Peter Hebel: Brief an Friedrich Wilhelm Hitzig v. März 1802. In: Ders.: *Briefe Gesamtausgabe*, Bd. 1: 1784–1809, hrsg. u. eingel. v. Wilhelm Zentner. Karlsruhe: Müller 1939, S. 117–119, hier S. 118.

zieht der Maulwurfstext seine Kreise. Hebels Bearbeitung wird noch Jahre später nachgedruckt – und zwar nicht selten in landwirtschaftlichen Publikationen. Die Gattungsgrenzen zwischen Unterhaltungs- und Gebrauchstext sind hier offenbar fließend. Ob Kafka, der sich sowohl für Garten- und Landwirtschaft als auch für die Zeitschriftenkultur des 19. Jahrhunderts interessierte, das alles wusste, ist freilich fraglich. Hebels Briefe kannte er mit Sicherheit; ob er schon zur Entstehungszeit des <*Dorfschullehrers*> darin gelesen hatte, lässt sich mit der aktuellen Quellenlage nicht nachweisen.[35] Als Antwort auf die Frage nach einem Zusammenhang der beiden Maulwurfstexte bleibt wohl nur ein Hebelsches „So siehts aus!"

Kein Zufall ist es wohl indes, dass gerade für ein Umlenken der Wahrnehmung des Maulwurfs so hartnäckig plädiert werden muss. Folgt man den Annahmen Karlheinz Stierles, wendet sich das Bild vom Maulwurf im Übergang vom 18. ins 19. Jahrhundert. Bis ins 18. Jahrhundert, so zeigt Stierle in seinem Aufsatz „Der Maulwurf im Bildfeld" unter anderem an Dantes *Divina Commedia*, Ariosts *Orlando furioso* und auch bei Kant, bewegt sich die Maulwurfsmetaphorik mit wenigen Ausnahmen vor allem auf der „Achse sehend-blind"[36]. Die nach Schweickert und Hebel irrige Annahme, der Maulwurf fresse Wurzeln ab, macht Stierle bereits in der Antike aus,[37] die Widerlegung schließlich auch bei Hebel,[38] zu eben der Zeit, für die Stierle eine Wende in der Maulwurfsmetaphorik konstatiert. Scheint es sich bei den von Hebel aufgegriffenen Befunden tatsächlich um einen regelrechten Paradigmenwechsel in der Maulwurfsforschung zu handeln, sollte sich, wer hier einen Zusammenhang zur veränderten Maulwurfsmetaphorik vermutet, Stierle zufolge allerdings vor voreiligen Schlüssen vorsehen: Die Hebelsche „Aufklärung", schreibt Stierle, „war freilich wohl kaum von unmittelbarer Wirkung für jene Positivierung des Maulwurfbildes, die im 19. Jahrhundert einsetzt und die mit einer plötzlich anwachsenden Dynamik in der Ausschöpfung des Maulwurfbildes einhergeht."[39] In der neuen Metaphorik schlügen

35 Kafka erwähnt Hebels Briefe in einem Tagebucheintrag. Franz Kafka: Tagebucheintrag v. 15.10.1921. In: *KKA*, Tagebücher, S. 863.

36 Karlheinz Stierle: Der Maulwurf im Bildfeld. Versuch zu einer Metapherngeschichte. In: *Archiv für Begriffsgeschichte* 26 (1982), S. 101–143, hier S. 104.

37 Ebd.

38 Ebd., S. 113.

39 Ebd.

sich „Grunderfahrungen des 19. Jahrhunderts“[40] nieder: Erkenntnis, die sich weniger im Hellen, als vielmehr im Trüben ansiedelt, in der „Dunkelheit der sich verbergenden Strukturen der Natur, der geschichtlichen Triebkräfte des Staats und der Gesellschaft, der sich verbergenden Natur des erkennenden Subjekts selbst“[41]. Das Gefühl einer enormen Zunahme von Wissen gehe mit dem Gedanken der „Arbeit“ am und im Wissen einher, einem „Durchdringen eines massiven Mediums des Sedimentierten“.[42]

Auch wenn sich keine direkte Linie zwischen Hebels Blick auf den Maulwurf als Schädlingsbekämpfer und der Differenzierung der Maulwurfsmetaphorik ziehen lässt, so liefert Hebels „Maulwurf“ neben dem gartenwirtschaftlichen Informationsgehalt eben doch auch einen Eindruck der von Stierle beschriebenen Veränderungen des Maulwurfsbilds.[43] Hebel ruft nicht nur seine Kalenderleser dazu auf, zu Bouvards und Pécuchets *avant la lettre* zu werden, zu Laienforschern, die um der Wahrheit willen auch vor einem beherzten Schnitt am Maulwurfsbauch nicht zurückschrecken sollen, er denkt gewissermaßen auch Flauberts Ironie bereits voraus. Wie Flaubert Bouvard und Pécuchet letztlich immer wieder an der Widersprüchlichkeit und der Durchführbarkeit wissenschaftspraktischer Hinweise scheitern lässt,[44] so steckt im Hebelschen Gestus des ‚Ihr braucht nur selbst die Augen aufzumachen‘ eine gehörige Portion List. Auch Hebel spielt am Fall des Maulwurfs Dualitäten durch: Sichtbarkeit/Unsichtbarkeit, oben/unten, Klarheit/Dunkelheit, Wissen/Glauben, Professionalität/Dilettantismus – und landet bei Ambivalenzen. Hebels Dialektik ist eine mit unaufgelösten Resten.[45]

40 Ebd.

41 Ebd., S. 113–114.

42 Ebd., S. 114.

43 „Im Bild des Maulwurfs vereinigt sich eine Vielfalt von elementaren Gegensatzerfahrungen zu einer prägnanten Konfiguration: Oberfläche-Tiefe, Licht-Dunkel, Sehen-Blindheit, Erkennen als Arbeit – Erkennen als Intuition.“ (Ebd., S. 104.)

44 Der Ruf des Maulwurfs bleibt auch bei Flaubert ambivalent. Auf die Dienste eines Maulwurffängers hat Bouvard – trotz Problemen mit Engerlingen – verzichtet „und in einem Kreis von Zuhörern sogar gefordert, daß die Regierung sein Gewerbe verbieten solle, weil es schädlich sei.“ (Gustave Flaubert: *Bouvard und Pécuchet*, aus d. Frz. v. Caroline Vollmann. Frankfurt am Main: Fischer 2009 [Paris 1881], S. 46.)

45 Vgl. Alexander Honold: *Der Leser Walter Benjamin. Bruchstücke einer deutschen Literaturgeschichte.* Berlin: Vorwerk 8 2000, S. 195.

II.

Kafka nun setzt an einer Stelle an, an der die Hebelschen Unsicherheiten pathologisch geworden sind. Wie bei Hebel zeigt sich in Kafkas <*Dorfschullehrer*> die Konstellation einer mindestens ambivalenten Forschungslage. Auch in der Schrift des Lehrers über den Riesenmaulwurf wird der „Name des Gelehrten", offenbar eine Autorität in Maulwurfsfragen, „nicht genannt" (S. 196). Die beiden Schriften, die schließlich über den Riesenmaulwurf kursieren, die des Lehrers und die des Kaufmanns, entbehren in Bezug auf den Maulwurf jeder empirischen Grundlage. Am Maulwurf werden auch bei Kafka Fragen der Zuverlässigkeit und der Nachprüfbarkeit von Wissen verhandelt. Verwoben sind diese Fragen mit der Motivik des Schreibens, Erzählens und Lesens – und damit letztlich auch mit Kafkas eigener Schreibpraxis.[46] Dass Kafka diese Verflechtung gerade im Bild des bei den Wurzeln lebenden Wühltieres zum Ausdruck bringt, trägt zur Komik seiner Maulwurfsfiguren bei. Komisch ist nicht nur der sich verrennende Kaufmann, sondern auch der Nachtschreiber Kafka, der sich über seine Forscherfiguren stets ein wenig den Spiegel vorhält. Heiter ist diese Komik indes nicht. Kafka verdichtet im Maulwurfsbild Wechselbewegungen zwischen Graben und *gráphein* – Schreiben, Ritzen, Kerben. Nicht zuletzt mit Blick auf den <*Bau*>, auf Josef Pollaks Kriegsbericht und auf Hebels „getödteten Maulwurf", geht es aber auch um eine Verflechtung von Grab, Graben und *gráphein*.[47] Die Bedeutungsdichte des Maulwurfsbilds entsteht im <*Dorfschullehrer*> durch eine Verkettung und Vernetzung von Maulwurfserscheinung und Lektüre, von Lektüre, Paranoia und Schreibarbeit, von Paranoia und Tod. Hinter diesem Flechtwerk verbergen sich die Schatten einer vergangenen Form des Erzählens. So erzählt Kafkas <*Dorfschullehrer*>, wenn man so will, auch davon, wie aus den „Denkwürdigkeiten aus dem Morgenlande", so der Titel des Eröffnungstexts von Hebels *Schatzkästlein*, die „Denkwürdigkeiten eines Nervenkranken"[48] werden konnten.

46 „Kafkas Maulwurf-Metaphern stehen im Zeichen einer radikalen Subjektivität und eines radikalen Anspruchs an die Arbeit des Schriftstellers. Sie nehmen die Bedeutungsdimensionen auf, die der Metapher im Laufe des 19. Jahrhunderts zugewachsen sind und führen sie zu einer bisher noch unerreichten Bedeutungsdichte zusammen." (Stierle: Der Maulwurf im Bildfeld, S. 137.)

47 Vgl. Gann: *Angst*, S. 38–39.

48 So der Titel der Selbstaufzeichnungen des berühmten Paranoikers Daniel Paul

Um diese Kennlinien offenzulegen, muss im Folgenden gegraben, seziert und ein wenig Gericht gehalten werden – und zwar zuerst über Kafkas Ich-Erzähler, den Kaufmann, eine zweifelnde und zweifelhafte Erzählinstanz, die einer seltsamen Erscheinung auf die Spur zu kommen versucht. Die Herangehensweise rekurriert dabei auf den Erzähler selbst; seine Beobachtungen, seine Beschreibungen – das ist die Kafkasche Ironie des Erzählens – beschreiben letztlich vor allem ihn selbst. Sein Vorgehen, das stets verschränkt ist mit dem Gestus des Nachgehens, ist ein paranoisches, das unter dem Mantel der Wissenschaftlichkeit daherkommt. Zwar gibt der Kaufmann vor, die „Untersuchungen" (S. 198) des Lehrers zum Riesenmaulwurf wiederholen zu wollen – also gewissermaßen die Hebelsche ‚Probe' zu machen –, bei genauem Hinsehen zeigt sich jedoch, dass die Forschungsarbeit des Kaufmanns in keinerlei nachweisbarer Verbindung zu der des Dorfschullehrers steht. Der Kaufmann verzichtet für seine Forschungen auf die Lektüre der einzigen nennenswerten Quelle zum Maulwurfsfall, die Schrift des Lehrers, und kontaktiert diesen auch nicht: „Die Kenntnis seiner Schrift hätte mich nur beirrt, und ich vermied es daher sie vor Beendigung meiner Arbeit zu lesen. Ja ich trat nicht einmal mit dem Lehrer in Verbindung." (S. 198) Den Gelehrten, der eine Schlüsselrolle in der Maulwurfssache spielt, bekommt der Kaufmann nicht zu Gesicht; die Autorität anderer befragter Zeugen geht gegen null, da vollkommen unklar bleibt, was sie zu bezeugen haben und wie der Kaufmann überhaupt zu diesen Zeugen kommt: „[E]s war durchaus so, als hätte bisher niemand den Fall untersucht, als wäre ich der erste der die Augen- und Ohrenzeugen verhörte, der erste, der die Angaben aneinanderreihte, der erste, der Schlüsse zog." (S. 199).[49] Die Ergebnisse der Untersuchungen des Kaufmanns stimmen dann auch „in wesentlichen Punkten nicht" (S. 199) mit denen des Lehrers überein; die einzige Gemeinsamkeit, die der Kaufmann anführen kann, ist, dass sie „beide die Hauptsache, nämlich die

Schreber: *Denkwürdigkeiten eines Nervenkranken – nebst Nachträgen und einem Anhang über die Frage: „Unter welchen Voraussetzungen darf eine für geisteskrank erachtete Person gegen ihren erklärten Willen in einer Heilanstalt festgehalten werden?"*. Berlin: Kadmos 2003 [1903].

49 In einer gestrichenen Passage des Textes geht es gar um „meine Methode, zu meinen Darstellung[en] lediglich Angaben möglichst unbeteiligter Augen- und Ohrenzeugen […] heranzuziehn". (Franz Kafka: *KKA*, Nachgelassene Schriften und Fragmente I – Apparatband, hrsg. v. Malcolm Pasley, S. 183.) Also solche Zeugen, die nach Möglichkeit überhaupt nichts gesehen und gehört haben?

Existenz des Maulwurfs bewiesen zu haben *glaubten*" (S. 199, meine Herv.). Kurz: Der Kaufmann hat überhaupt nichts herausgefunden und hebt auch dieses Nichts noch auf: „durch die Vorsicht, ja Selbstverleugnung meiner Schlußfolgerungen" – wissenschaftlicher Suizid. Allein „allzu große Peinlichkeit" (S. 199) bei seinen Forschungen ist dem Kaufmann schließlich zu beweisen – im doppelten Wortsinn: Penibilität und Blamage.

Der einzige Schluss, der sich aus den Untersuchungen des Kaufmanns ziehen lässt, ist der, dass sich tatsächlich bisher niemand diesem „Falle" (S. 195) wissenschaftlich angenommen hat – auch nicht der Lehrer. Denn, so die hier vertretene These, wenn es sich bei der Maulwurfssache überhaupt um einen Fall handelt, dann um einen, der im Zwischenraum steht zwischen populär-wissenschaftlichem Exempel und literarischer Fallgeschichte. „Als ich später die Schrift des Lehrers las – sie hatte einen sehr umständlichen Titel: Ein Maulwurf, so groß, wie ihn noch niemand gesehen hat, –" (S. 199), heißt es im <*Dorfschullehrer*>. Doch der dem Kaufmann so umständlich erscheinende Titel ist nicht zwangsläufig der einer populärwissenschaftlichen Schrift, sondern womöglich die listige Imitation eines solchen – eine Technik, die sich bei Hebel erlernen lässt: Wie ein Hebel-Titel wie „Eine seltsame jedoch wahrhafte Geschichte" zwei Lektüren erlaubt, eine als *wahrhafte*, also wahrheitsgemäße Geschichte und eine als wahrhafte *Geschichte*, also als ordentliche Fiktion, so deutet sich im Titel der Dorfschullehrerschrift nicht nur ein vorher nicht dagewesenes Ereignis an, sondern auch ein überhaupt nicht ‚wirklich' dagewesenes: niemand hat den Maulwurf gesehen.

Die im Titel der Lehrerschrift aufgerufene Namenlosigkeit steht der wissenschaftlichen Fallgeschichte dabei entgegen, der es nicht nur auf das *Wie?* und *Was?* des Falls, sondern ganz entschieden auch auf das *Wer?* ankommt.[50] Überhaupt zeichnet sich Kafkas ganze Erzählung durch eine Anonymität aus, die sie im Fall des erzählenden Kaufmanns „namens so und so" (S. 209) und des Gelehrten, dessen Name vom Lehrer „nicht genannt" (S. 196) wird, explizit ausstellt. Gleichwohl wird im <*Dorfschullehrer*> nicht nur über die Bezeichnung der Maulwurfssache als „Fall"[51], sondern auch über die

50 Für Hinweise zur literarischen Fallgeschichte danke ich Andrea Erwig.

51 Das Wort ‚Fall' im Sinne des Gegenstands einer Untersuchung taucht in der Erzählung sieben Mal auf.

beschriebene Konstellation der Topos der Fallgeschichte aufgerufen: Die Konstruktion des Falls spielt sich ab in einem Zwischenraum von Dilettantismus und Wissenschaft, von Gelehrten und Laien; es geht um eine Neuheit, ein bisher nicht dagewesenes Phänomen, das über die Grenzen einer etablierten Fachdisziplin hinausgeht und vielfach noch auf Spekulation angewiesen ist.[52] Da im Fall des Riesenmaulwurfs aber bereits die Beobachtung des Einzelfalls angezweifelt wird, ist der Möglichkeit wissenschaftlicher Innovation auf Basis der Fallgeschichte sofort wieder der Boden entzogen. Zudem führt die ständige Verschiebung der Aufmerksamkeit des Kaufmanns vom Maulwurf auf den Lehrer dazu, dass fraglich wird, um welchen Fall es überhaupt geht: den des Maulwurfs, den des Lehrers oder gar den des Kaufmanns selbst, der sich mit so viel Eifer, aber ohne rechte Begründung in eine ihm sogar abstoßend erscheinende Sache stürzt? Die Anonymisierung und die konstante Verlagerung der Aufmerksamkeit spielen mit dem Genre der Fallgeschichte und exponieren deren prekäre Struktur.[53]

Hebels Hausfreund, so heißt es in vielen Kalenderbeiträgen und auch in Hebels Vorrede zum *Schatzkästlein*, wendet sich an den ‚geneigten Leser'. Auch hierin steckt eine Ambivalenz: Nicht nur wohlwollend soll der Leser den Kalendertexten gegenüberstehen, sondern auch krumm; der geneigte Leser ist einer mit schiefem Blick.[54] Dabei scheint es Hebel besonders darauf anzukommen, die Neigungen der Kalenderleser an sämtlichen Richtungen zu erproben, zwischen Maulwurfsgang und Milchstraße. Der Kalendermacher ist immer auch Himmelsbetrachter und interessiert sich nicht nur für die Felder und Wiesen vor der eigenen Haustür, sondern zugleich

52 Ich orientiere mich hier an Nicolas Pethes' Ausführungen zur Fallgeschichte in der Wissenschaft, siehe Nicolas Pethes: Vom Einzelfall zur Menschheit. Die Fallgeschichte als Medium der Wissenspopularisierung in Recht, Medizin und Literatur. In: Gereon Blaseio / Hedwig Pompe / Jens Ruchatz (Hrsg.): *Popularisierung und Popularität.* Köln: DuMont 2005, S. 63–92.

53 Vgl. zum Namen und der Frage der Zurechnung im Fall sowie mit den damit zusammenhängenden Ambivalenzen Rüdiger Campe: Johann Franz Woyzeck. Der Fall im Drama. In: Michael Niehaus / Hans-Walter Schmidt-Hannisa (Hrsg.): *Unzurechnungsfähigkeiten. Diskursivierungen unfreier Bewußtseinszustände seit dem 18. Jahrhundert.* Frankfurt am Main: Lang 1998, S. 209–236.

54 Vgl. zu dieser Lesart Thomas Schestag: Parababel (Johann Peter Hebel). In: Ders.: *para – Titus Lucretius Carus, Johann Peter Hebel, Francis Ponge – zur literarischen Hermeneutik.* München: Boer 1991, S. 96–258, hier S. 97–98.

für den Kosmos. „[W]ir Sternseher und Calendermacher wissens besser“[55] schreibt der Hausfreund in seiner „Allgemeinen Betrachtung über das Weltgebäude“ und klärt die Leser über das Verhältnis von Erde und Sonne auf. Der Kalenderleser kann den eigenen Blick, vom Hausfreund angeleitet, austarieren. Thomas Schestag hat die räumlichen Dimensionen der Hebelschen Hermeneutik anhand der „Allgemeinen Betrachtung über das Weltgebäude“ virtuos aufgefächert. Der Versuch, die Form des Weltgebäudes, auf dem man steht und haust, im Wissen darum zu begreifen, dass sie ganz anders ist, als die lebensweltliche Erfahrung vermittelt – nicht flach, ohne Horizont, mit unbestimmbarem Oben und Unten – hat Auswirkungen auf das eigene Stehen und Verstehen: „Ein Weltgebäude, dessen Boden als Kugel soll vorgestellt werden, unterbricht die Auslegung der Welt zum Haus. Es krümmt den Verstand.“[56] Diese Verstandeskrümmung verdanken wir nicht zuletzt der Sprache: Die „Schwierigkeit der Bestimmung von Oben und Unten“, schreibt Schestag, gründet „in der *Sprachlichkeit* der Bestimmung, im ungewissen Status der *Rede* über Oben und Unten, der Rede über die Erde“.[57] Ein produktives Gespür für diese Unbestimmtheiten erhofft sich der Hausfreund von den Lesern seines *Schatzkästleins*, dessen Vorrede, scheinbar beiläufig und nachgeschoben, eine explizite Leseanweisung enthält:

> Übrigens, sagt die Verlagshandlung, findet sich das Beste nicht sogleich am Anfang, sondern in der Mitte, und wie an einem Ballen Tuch am Ende des Büchleins, von welchem auch das letzte Muster im Morgenblatt abgeschnitten ist. Sie rechnete auf viele Leser, die, wie die Bekenner des mosaischen Gesetzes, dort zu lesen anfangen, wo andere aufhören.[58]

Hebels Leser sind aufgerufen, sich an einer ‚jüdischen‘ Lektürehaltung gegenüber der heiligen Schrift zu orientieren, die keinen Anfang und kein Ende kennt: „dort zu lesen anfangen, wo andere aufhören“ – Lektüre für den/das „*Anfangenden*“[59], wie es bei Schestag heißt, eine immer wieder neu ansetzende, aufs Kleinste gerichtete Lektüre.

55 Johann Peter Hebel: Allgemeine Betrachtung über das Weltgebäude. In: Ders.: *Sämtliche Schriften*, Bd. III: Erzählungen und Aufsätze – Zweiter Teil, S. 294–299.

56 Schestag: Parababel, S. 100.

57 Ebd., S. 101. Herv. im Original.

58 Johann Peter Hebel: Schatzkästlein des rheinischen Hausfreundes – Vorrede. In: Ders.: *Sämtliche Schriften*, Bd. III, S. 599.

59 Schestag: Parababel, S. 97. Herv. im Original.

Blickt man nach der Aufforderung, dort zu lesen anzufangen, wo andere aufhören, zurück zu Hebels „Maulwurf", wird deutlich, dass auch dieser Text im Kleinen diesen Lektürehinweis performativ präsentiert. Nur scheinbar wird das Bücherwissen durch das praktische Experiment eingetauscht. Denn auch letzteres endet in einer Art Lese- und Deutungsvorgang, einer zoologischen Komparatistik, in der Graben und *gráphein* zusammenfallen. Aus Zahl und Form der Zähne lässt sich lesen, dass der Maulwurf ein Raubtier ist und kein Pflanzenfresser; die durch die Sektion ans Tageslicht gebrachten Insektenhäute mag als solche wohl erst eine mikroskopische Analyse der Faserstruktur identifizieren. Nicht zuletzt sind Haut und spitzer Zahn selbst Schreibmaterialien. Von Kafkas Analogien zwischen Maulwurfs- und Schreibarbeit ausgehend,[60] lässt sich Hebels Maulwurf als einer lesen, der Texte verschlingt und verdaut und selbst stets gleich ein ganzes Arsenal an Schreibgeräten mitführt: „Wenn ihr nun das Gebiß eines Maulwurfs betrachtet, so werdet ihr finden: Er hat in der obern Kinnlade sechs und in der untern acht spitzige Vorderzähne, und hinter denselben Eckzähne auf allen vier Seiten"[61]. Ferner scheint der Hausfreund neben grabenden auch schreibende Maulwurfsverfolger unter seinen Lesern zu vermuten und damit die Analogie von Graben und Schreiben auf die Kalenderleser zu übertragen. Denn die Warnung davor, den Maulwurf „mit Stumpf und Stiel vertilgen" zu wollen, lässt sich bei geneigtem Blick nicht nur als Hinweis lesen, dem Maulwurf nicht mit schwerem Gartengerät zu Leibe zu rücken, sondern ihm auch mit stumpfem Schreibgerät fernzubleiben.[62] In der Ambivalenz von ‚vertilgen' als ‚Ungeziefer vernichten' und als ‚aufessen' schließlich gerät der Gartenfreund selbst in die Nähe des Maulwurfs: Ist er Schädlingsvernichter oder fleischfressendes Raubtier? Im Ausstellen ihrer Übersichtlichkeit stiften

60 Vgl. zum Maulwurf als „Schreibtier", an dem Kafka Verschränkungen zwischen „Schaubude und Wissenschaft, Grabekralle und Schreibhand" sowie den Prozess des Schreibens als „gleichermaßen vergeblichen wie endlosen Vorgang" durchspielt, Ortlieb: Kafkas Tiere, S. 362.

61 Hebel: Der Maulwurf, S. 54–55.

62 Laut Adelung meint ‚vertilgen' auch ‚eine Schrift zerreißen'. (Johann Christoph Adelung: *Grammatisch-kritisches Wörterbuch der Hochdeutschen Mundart mit beständiger Vergleichung der übrigen Mundarten, besonders aber der oberdeutschen. Zweyte, vermehrte und verbesserte Ausgabe*, Bd. IV. Leipzig: Breitkopf 1801, S. 1160.)

Hebels Texte zur endlosen Lektüre an, zur kreisenden Suche nach der Pointe.

Während bei Hebel Ambivalenzen listig gefeiert werden, steht dem in Kafkas <*Dorfschullehrer*> ein Aufklärungsgestus von Wissenschaft als Paranoia entgegen. „[D]ort zu lesen anfangen, wo andere aufhören", das zeigt sich bei Kafka, ist nicht nur die Beschreibung einer flexiblen Hermeneutik, sondern womöglich auch die einer pathologischen Lektüre. „Ich gestehe ich bereute später diesen Entschluß", sagt der Kaufmann über seinen Einsatz in der die Maulwurfssache, „denn ich fühlte bald, daß seine Ausführung mich in eine *sonderbare Lage* bringen mußte." (S. 197, meine Herv.) – in Richtung der Maulwürfe nämlich: die Neigung des Kaufmanns tendiert ins Unterirdische. Seine Schieflage lässt ihn lesen, wo ‚nichts' ist und diese paranoischen Deutungen tragen entscheidend zur Komik des <*Dorfschullehrers*> bei. ‚Neben dem Verstand' (so die Übersetzung von *paránoia*) befindet sich schließlich auch das Komische und die Ausdrucksform der Paranoia: Erklärungszwang, Beziehungswahn[63], „Kausalitätssucht"[64] ist dem komischen Missverständnis und dem unangemessenen Schlussfolgern strukturähnlich.[65]

Jacques Lacan verweist im Zusammenhang mit seinen Überlegungen zur Paranoia auf einen berühmten jüdischen Witz, den Freud in *Der Witz und seine Beziehung zum Unbewussten* zitiert:

> Zwei Juden treffen sich im Eisenbahnwagen einer galizischen Station. ‚Wohin fahrst du?' fragt der eine. ‚Nach Krakau', ist die Antwort. ‚Sieh' her, was du für Lügner bist', braust der andere auf. ‚Wenn du sagst, du fahrst nach Krakau, willst du doch, daß ich glauben soll, du fahrst nach Lemberg. Nun weiß ich aber, daß du wirklich fahrst nach Krakau. Also warum lügst du?'[66]

Technisch sieht Freud in dem Witz „Widersinn" verbunden mit der „Darstellung durch das Gegenteil" am Werk; interessanter ist aber,

63 So der von Wernicke eingeführte Ausdruck für die Paranoia, den auch Freud aufgreift, siehe Freud: *Zur Psychopathologie des Alltagslebens*, S. 284, Anm. 1.

64 Elias Canetti verwendet diese Formulierung in seinen Überlegungen zum Fall Daniel Paul Schreber: Elias Canetti: *Masse und Macht*. München: Hanser 1960, S. 537.

65 Vgl. zur Komik unangemessenen Schlussfolgerns Uwe Wirth: *Diskursive Dummheit. Abduktion und Komik als Grenzphänomene des Verstehens*. Heidelberg: Winter 1999.

66 Sigmund Freud: *Der Witz und seine Beziehung zum Unbewussten [1905]. Gesammelte Werke*, Bd. VI, hrsg. v. Anna Freud. London: Imago 1940, S. 127. Dazu Jacques Lacan: *Das Seminar 3. Die Psychosen (1955–1956)*, hrsg. v. Norbert Haas, aus d. Frz. v. Hans-Dieter Gondek. Weinheim: Quadriga 1997 [Paris 1981], S. 47.

was Freud als den „erstere[n] Gehalt dieses Witzes" herausstellt: „die Frage nach den Bedingungen der Wahrheit".[67] „Ist es Wahrheit," fragt Freud, „wenn man die Dinge so beschreibt, wie sie sind, und sich nicht darum kümmert, wie der Hörer das Gesagte auffassen wird? Oder ist dies nur jesuitische Wahrheit, und besteht die echte Wahrhaftigkeit nicht viel mehr darin, auf den Zuhörer Rücksicht zu nehmen, und ihm ein getreues Abbild seines eigenen Wissens zu vermitteln?"[68] Erkenntniskritik steht für Freud im Zentrum solcher Witze, die er als „‚skeptische'" bezeichnet, da sie „die Sicherheit unserer Erkenntnis selbst [angreifen]"[69] und die Erkenntnis als ‚spekulatives Gut'[70] enthüllen. Trotz ihrer Prägnanz lässt Freuds Deutung etwas unter den Tisch fallen, das für die Komik des Witzes wie für die epistemologischen Aushandlungsprozesse mitverantwortlich ist: die Möglichkeit der Unerhörtheit der Unterstellung der Lüge. Denn ob hier durchschaut oder projiziert wird, bleibt offen und muss offen bleiben, damit der Witz sein erkenntniskritisches Potential entfalten kann. Was der Witz in dieser Offenheit dann auch verrät, ist, wie bis zur Ununterscheidbarkeit nah Erkenntniskritik und Paranoia beieinanderliegen.

In diesem Sinne macht auch Kafkas komplexe Inszenierung der unterirdischen Lektüren des Kaufmanns deutlich, dass es um mehr geht als um die Entlarvung einer komischen Figur, nämlich um Klarheit und Dunkelheit der Rede, um Erklären und Erzählen und nicht zuletzt um die Frage nach Gemeinschaft. Kafkas Einsatzpunkt lässt sich wieder an Hebel abarbeiten: Die Motivik des Missverstehens und der fehlgehenden Auslegung rückt den <*Dorfschullehrer*> in die Nähe von „Kannitverstan"[71], eine der berühmtesten Hebel-Geschichten, in der ein „deutscher Handwerksbursche in Amsterdam"[72] die holländische Bekundung des Nichtverstehens als Namen eines

67 Freud: *Der Witz und seine Beziehung zum Unbewussten*, S. 127.

68 Ebd. Das Jüdische und Jesuitische sind auch Koordinaten in einer Geschichte der Paranoia, wie Manfred Schneider darlegt, der Freud als ‚Talmudisten' ausweist; siehe Schneider: *Das Attentat*, S. 228–229.

69 Freud: *Der Witz und seine Beziehung zum Unbewussten*, S. 127–128.

70 Ebd., S. 128. Damit ist auch suggeriert, warum Kafkas Erzähler ein Kaufmann sein muss. In einer früheren Fassung war die Figur noch „Beamter". (Kafka: *KKA*, Nachgelassene Schriften und Fragmente I – Apparatband, S. 185.)

71 Johann Peter Hebel: Kannitverstan. In: Ders.: *Sämtliche Schriften*, Bd. II, S. 132–135.

72 Ebd., S. 132.

Stadtbewohners auslegt und diesem eine traurige Biographie konstruiert. Auf seine Fragen nach dem Besitzer eines schönen Hauses, eines großen Handelsschiffes und schließlich nach der Identität eines zu Grabe Getragenen, erhält der Handwerksbursche stets nur die Antwort „Kannitverstan!“[73] Den Leichenzug „des vermeynten Herrn Kannitverstan“[74] begleitend, sinniert der Handwerker über den eigenen Stand in der Welt:

> Armer Kannitverstan, rief er aus, was hast du nun von allem deinem Reichthum? Was ich einst von meiner Armuth auch bekomme: ein Todtenkleid und ein Leintuch […]. Mit diesen Gedanken begleitete er die Leiche *als wenn er dazu gehörte*, bis ans Grab […]. [U]nd wenn es ihm wieder einmal schwer fallen wollte, daß so viele Leute in der Welt so reich seyen, und er so arm, so dachte er nur an den Herrn Kannitverstan in Amsterdam, an sein großes Haus, an sein reiches Schiff, und an sein enges Grab.[75]

Missverstehen erzeugt hier Gemeinschaft und das Gefühl, am richtigen Ort des Weltgebäudes zu sein. Der geneigte Kalenderleser kann über das Missverständnis lachen, vielleicht auch Gesellschaftskritik üben; der Handwerksbursche fühlt sich aufgehoben bis in den Tod.

Bei Kafka wird dieses Aufgehobensein zur Aufhebung. Zwei Zugehörigkeiten konstruiert sich der Kaufmann: Zu denen, die Maulwürfe „widerlich finden“, will er gehören und zu den „Leute[n]“ (S. 194), die sich der Riesenmaulwurfsache annehmen. Während bei Hebels Handwerker das Sprachdefizit das Zugehörigkeitsgefühl schafft – ein vorausgegangenes Missverständnis lässt ihn in den Zug der Leute nachrücken – wird die Zugehörigkeit bei Kafkas Kaufmann vorausgesetzt, um durch sprachliches Nachsetzen aufgehoben zu werden. „Diejenigen, ich gehöre zu ihnen“ (S. 194) – so lauten die ersten Worte des <*Dorfschullehrers*>, die syntaktisches und gesellschaftliches Nachstellen zusammenfallen lassen. Voreilig wird die Zugehörigkeit zu einer Gruppe eingeschoben, die noch gar nicht definiert ist: „Diejenigen, ich gehöre zu ihnen, die schon einen kleinen gewöhnlichen Maulwurf widerlich finden, wären wahrscheinlich vom Widerwillen getötet worden, wenn sie den Riesenmaulwurf gesehen hätten“ (S. 194). Eine prekäre Gemeinschaft wird hier gegründet, eine die in der Gründung

73 Hebel: Kannitverstan, S. 133–134. Herv. im Original.

74 Ebd., S. 134.

75 Ebd., S. 134–135. Meine Herv.

die Aufhebung enthält: Wer zu ihr gehört und den Riesenmaulwurf sieht, stirbt. Nicht um Aufgehobensein in der Gemeinschaft bis in den Tod geht es, sondern um Aufhebung im Zusammenfall von Gemeinschaft und Tod. Da der Kaufmann es sich zur Aufgabe gemacht hat, „die Existenz des Maulwurfes" (S. 199) nachzuweisen, arbeitet er genau auf diese Aufhebung hin. Die trostlose Komik der Stelle wird noch deutlicher, wenn man die Engführung von schreibendem Kaufmann und Riesenmaulwurf ernst nimmt und bemerkt, wie sich schon die Syntax des Kaufmanns, nebenbei eifrig alliterative Hügel werfend, auf den Tod hinbewegt: „gewöhnlichen Maulwurf widerlich finden, wären wahrscheinlich vom Widerwillen getötet worden" (S. 194).

Lobt der Kaufmann zu Anfang der Erzählung noch unbestimmt „einzelne ganz einfache Leute" (S. 194), die sich der Maulwurfssache angenommen haben, wird einige Seiten später deutlich, dass lediglich der Lehrer und er selbst zu diesen Leuten gehören. Dass dabei wirklich von Leuten gesprochen werden kann, zu denen der Kaufmann gehört, wird nicht nur fraglich, weil das Verhältnis zum Lehrer gespalten ist, sondern im Rückblick schon in der Formulierung von den „einzelne[n] ganz einfache[n] Leute[n]", mit ihren „vereinzelten von niemand unterstützten Bemühungen" (S. 195). Nimmt man das beim Wort, geht es gar nicht um *Leute*; sondern vielmehr um einen Einzelnen, Einfachen, einen ‚Leut', um einen, der eben gerade keiner Gruppe zugehört, einen, den es nicht nur grammatisch gar nicht recht zu geben scheint. *Niemand* unterstützt die Bemühungen des Lehrers und dieser Niemand ist der Kaufmann.[76] Vielleicht ist er noch nicht „vom Kontinent des Menschen […] weit entfernt"[77], wie Walter Benjamin über Kafkas Tiergeschichten schreibt, aber wohl doch von dem der Leute.

Die schräge Perspektive des Kaufmanns verstellt ihm den Blick für die Zwischentöne der Sprache. Auf kognitiver Ebene figuriert die Perspektive im paranoischen Klärungs- und Erklärungszwang des Kaufmanns; durch das Spiel mit der Maulwurfsmetaphorik wird die geistige Schieflage auch ins Körperliche gewendet: der Kaufmann

76 Dass ‚niemand' hier als Name gelesen werden kann, wird durch das Fehlen der Dativendung suggeriert – was in den meisten Kafka-Ausgaben ‚verbessert' wurde.

77 Walter Benjamin: Franz Kafka: Beim Bau der Chinesischen Mauer. In Ders.: *Gesammelte Schriften*, Bd. II.2, S. 676–683, hier S. 680–681.

geht unter die Maulwürfe. Die ‚radikale Subjektivität'[78] des Kaufmanns als Maulwurfsforscher lässt sich dreifach deuten: als eindimensionaler Blick, der andere Perspektiven ausblendet, als einsamer Gang unter die Erde, zu den Wurzeln, und als soziale Einsamkeit – anstelle von Beziehung steht Beziehungswahn. Die Stränge bündeln sich im Bild des Maulwurfs und speziell in der Rede vom Riesenmaulwurf, einem Monstrum in Vokabular wie Erscheinungswelt, zwischen zoologischer Nomenklatur und Schimpfwort.

III.

Evident wird der Erklärungszwang des Kaufmanns vor allem in seiner Auseinandersetzung mit dem Lehrer. Alles, was wir in der Erzählung über den Dorfschullehrer erfahren, wird vermittelt durch den Kaufmann, dessen Schieflage beim Lesen und Deuten auch hier einberechnet werden muss. Wenn uns im Text die Meinungen und Absichten des Lehrers vermittelt werden, liegt keine interne Fokalisierung vor, sondern lediglich eine Deutung des Kaufmanns. Der Dorfschullehrer, behauptet der Kaufmann,

> blieb zwar immer bescheiden und demütig mir gegenüber aber desto deutlicher konnte man seine wirkliche Stimmung merken. Er war nämlich der Meinung, daß ich ihm und der Sache durchaus geschadet habe und daß mein Glaube, ich hätte ihm genützt oder nützen können, im besten Fall Einfältigkeit, wahrscheinlich aber Anmaßung oder Hinterlist sei. (S. 199)

Der Kaufmann führt diesen scheinbaren Stimmungsreport des Lehrers noch ein ganzes Stück weiter; die Tragkraft dieser „Meinung" wird schließlich aber vollständig aufgehoben: Bei allem, was zunächst als „wirkliche Stimmung" verkauft wurde, handelt es sich um Deutungen „verhüllt vorgebrachte[r] Vorwürfe" (S. 200). Was der Kaufmann als vom Lehrer geglaubt suggeriert, ist bloße Interpretation und zwar offensichtlich größtenteils Interpretation eines bestimmten Habitus, einer bestimmten Gestik des Lehrers – mit Freud typisches Kennzeichen eines Paranoikers. In *Zur Psychopathologie des Alltagslebens* schreibt Freud:

> Es ist ein auffälliger und allgemein bemerkter Zug im Verhalten der Paranoiker, daß sie den kleinen, sonst von uns vernachlässigten Details im Benehmen der

78 So Stierles Ausdruck für Kafkas Maulwurfsmetaphorik, Stierle: Der Maulwurf im Bildfeld, S. 137.

> anderen die größte Bedeutung beilegen, dieselben auszudeuten und zur Grundlage weitgehender Schlüsse machen. Der letzte Paranoiker z. B., den ich gesehen habe, schloß auf ein allgemeines Einverständnis in seiner Umgebung, weil die Leute bei seiner Abreise auf dem Bahnhof eine gewisse Bewegung mit der einen Hand gemacht hatten.[79]

Nach und nach wird bei der Lektüre des <*Dorfschullehrers*> deutlich, dass der Lehrer beinahe überhaupt nicht spricht. „Er glaubte nämlich *im Geheimen*, daß ich ihn um den Ruhm hatte bringen wollen" (S. 200, meine Herv.), behauptet der Kaufmann. Gesagt hat der Lehrer dies nicht; der Kaufmann hat schlicht gedeutet – wie auch an dieser Stelle: „ich leugne nicht, daß eine scheinbare Spur von Berechtigung in dem was er sagte, oder vielmehr andeutete, enthalten war" (S. 201). Die Zuverlässigkeit eines weiteren langen Katalogs scheinbar vom Lehrer gegen den Kaufmann vorgebrachter Vorwürfe wird mit einem Satz ins Wanken gebracht: „Er saß vor mir und sah mich mit seinem alten faltigen Gesicht ruhig an, und doch war nur dieses seine Meinung." (S. 202) Ist die ‚Ruhe' des Lehrers hier noch ambivalent, wird an anderen Stellen explizit auf seine Verschwiegenheit verwiesen: „sich stumm mir gegenüber setzte" (S. 206), „Ich war es schon von früheren Besprechungen her gewöhnt, daß der Dorfschullehrer mir gegenüber sehr schweigsam war" (S. 215), „sein schweigsames Dasitzen" (S. 216), „seine stumme Gegenwart" (S. 216). Offenbar beruht alles, was uns als Gedankenwiedergabe des Lehrers verkauft wird, mit Freud gesprochen, auf paranoiden Projektionen[80] des Kaufmanns. Auch etymologisch handelt es sich dabei um Maulwurfsarbeit: ‚hinauswerfen', ‚hinwerfen' bedeutet das lateinische *proicere*. Der Kaufmann ist einer, der dort zu lesen anfängt, wo andere aufhören: beim Schweigen, bei der Gestik, bei der hoffnungslos ambivalenten Sprache des Körpers. „Der Verzückte und der Ertrinkende – beide heben die Arme"[81], schreibt Kafka in einem Aphorismus, der im Kleinsten die ganze Geschichte der Tragik und der Komik der Gebärde erzählt.

79 Freud: *Zur Psychopathologie des Alltagslebens*, S. 284.

80 Vgl. ebd.

81 Franz Kafka: Oktavheft G. In: *KKA*, Nachgelassene Schriften und Fragmente II, S. 29–78, hier S. 53.

IV.

Der Unterschied zwischen einem Hebelschen und einem Kafkaschen Erzähler liegt im Neigungsgrad. Bei Hebel erzählt der „wohlgeneigt[e] Hausfreund“[82], der offenbar noch ein kleinwenig genauer austariert ist, als der bloß ‚geneigte‘ Leser; es erzählt einer, an dem man die eigene Neigung ausrichten kann. Die Tarierung ist bei Hebels aufs Wort kalkulierten Texten haarscharf. Zwar erscheinen die Kalendergeschichten am Ende ausgewogen, im „Wäge“[83], wie Ernst Bloch allemannisch schreibt, doch handelt es sich mit Blick auf das Spiel mit Ambivalenzen um eine Waage, deren Schalen an feinsten Fäden hängen.[84] Aber sie hängen noch: Hebel gehört, wenn wir Walter Benjamin glauben, zu einer Zeit des Erzählens, in der noch „gewebt und gesponnen“[85] wurde, in der eine „Gemeinschaft der Lauschenden“[86] existierte, die, begleitet vom Rhythmus des Spinnrads, gerade den Grad an Selbstvergessenheit erreichen, der den beim Spinnen erzählten Geschichten gemäß ist.[87]

Bei Kafka sind die Fäden gerissen. Gesponnen wird höchstens noch im pathologischen Sinne. Nicht mit geneigten Auslegungen oder kritischen Auseinandersetzungen schaltet sich der Kaufmann in den Diskurs um den Riesenmaulwurf ein, sondern mit „Aussetzungen“ (S. 200). Er zerstückelt den Rhythmus des Erzählens. Nur noch als abgerissener Fadenrest blitzt das Erzählen zwischenzeitlich durch. Hier lässt sich natürlich an Kafkas Abgerissensten denken, an Odradek aus der kleinen Erzählung *Die Sorge des Hausvaters*[88]. Rückgebunden werden kann die winzige Spule nicht mehr: Die Fäden an Odradeks holzartigem Leib sind „nur abgerissene, alte, aneinander

82 Johann Peter Hebel: Der rheinische Hausfreund an einen unsichtbaren Correspondenten. In: Ders.: *Sämtliche Schriften*, Bd. III, S. 467.

83 Ernst Bloch: Hebel, Gotthelf und bäurisches Tao [1926]. In: Ders.: *Gesamtausgabe*, Bd. 9: Literarische Aufsätze. Frankfurt am Main: Suhrkamp 1965, S. 365–384, hier S. 367; und vgl. ders.: Nachwort zu Hebels Schatzkästlein. In: Ebd., S. 172–183, hier S. 182.

84 Vgl. Honold: *Der Leser Walter Benjamin*, S. 174.

85 Benjamin: Der Erzähler, S. 447.

86 Ebd., S. 446.

87 Vgl. ebd., S. 446–447.

88 Franz Kafka: Die Sorge des Hausvaters. In: *KKA*, Drucke zu Lebzeiten, hrsg. v. Wolf Kittler / Hans-Gerd Koch / Gerhard Neumann. Frankfurt am Main: Fischer 1996, S. 282–284.

geknotete, aber auch ineinander verfitzte Zwirnstücke von verschiedenster Art und Farbe“[89] – zu verworren, um noch Anknüpfungspunkte zu finden. Und doch ist Odradek die Figur, die bei Kafka die Reste des Erzählens mitschleift und damit Lektüren der Ambivalenz statt solche der Information auslöst. Beratung gibt es keine von Odradek,[90] aber wie Hebels Hausfreund und Kafkas Lehrer kommt auch er immer wieder einmal vorbei, für eine kleine „Unterhaltung“[91]. Er ist der abgerissene Rest einer Tradition des ‚literarischen Einübens von Geselligkeit‘.[92]

Lässt sich aus dieser Kreuzung der *Sorge des Hausvaters* und des *<Dorfschullehrers>* eine Ethik des Lesens ziehen, zielte sie vielleicht darauf (in kleiner Abwandlung einer Formulierung Jacques Derridas) zu lernen, mit den Abgerissenen zu leben,[93] mit Odradek, mit dem Riesenmaulwurf. Dafür freilich muss man sie sehen wollen, sich nicht „vom Widerwillen [töten]“ (S. 194) lassen, sondern sie hausväterlich, hausfreundlich aufnehmen – geneigt sein. Kafkas Hausvater hat die dafür nötige Haltung, sonst würde er den winzigen Odradek gar nicht am Geländer lehnen sehen. Es ist die gleiche Haltung, die der Dorfschullehrer einnimmt, wenn er etwas erzählt: „Er rückte vom Tische ab, breitete die Arme aus und blickte zu Boden, als stehe dort unten winzig seine Frau und er spreche mit ihr.“ (S. 208–209) Vielleicht ist

89 Ebd., S. 282–283.

90 Für Benjamin ist der Erzähler vom Stile Hebels „ein Mann, der dem Hörer Rat weiß.“ (Benjamin: Der Erzähler, S. 442.) Wilhelm Emrich zufolge heißt das tschechische Wort ‚odraditi‘ so viel wie „jemandem etwas abraten“. (Wilhelm Emrich: *Franz Kafka.* Bonn: Athenäum-Verlag 1958, S. 92–93.)

91 Kafka: Die Sorge des Hausvaters, S. 284. Wie der Dorfschullehrer ist allerdings auch Odradek die meiste Zeit „stumm“ (ebd.).

92 Vgl. zu diesem Gestus bei Hebel Carl Pietzckers Aufsatz zur Inszenierung der Hausfreund-Figur, dem ich die Formulierung von der ‚literarischen Einübung von Geselligkeit‘ entlehnt habe. (Carl Pietzcker: „Der Rheinländische Hausfreund spricht mit seinen Landsleuten und Lesern.“ Gesellige Vernunft – eine literarische Inszenierung. In: Ders. / Günter Schnitzler (Hrsg.): *Johann Peter Hebel. Unvergängliches aus dem Wiesental.* Freiburg: Rombach 1996, S. 103–141, hier S. 139.)

93 Im Rahmen seiner Überlegungen zur Gerechtigkeit zwischen Vergangenheit und Zukunft ruft Derrida in *Marx' Gespenster* dazu auf, zu „[l]ernen, mit den Gespenstern zu leben, in der Unterhaltung, der Begleitung oder der gemeinsamen Wanderschaft, im umgangslosen Umgang mit den Gespenstern“. (Jacques Derrida: *Marx' Gespenster. Der Staat der Schuld, die Trauerarbeit und die neue Internationale*, aus d. Frz. v. Susanne Lüdemann. Frankfurt am Main: Fischer 1995 [Paris 1993], S. 10.)

„dort unten", bei Odradek, bei den Maulwürfen der Ort der ‚kleinen Literatur', die Kafka im Tagebuch skizziert hat:

> Was innerhalb großer Litteraturen unten sich abspielt und einen nicht unentbehrlichen Keller des Gebäudes bildet, geschieht hier [innerhalb kleiner Literaturen, S. F.] im vollen Licht, was dort einen augenblicksweisen Zusammenlauf entstehen läßt, führt hier nichts weniger als die Entscheidung über Leben und Tod aller herbei.[94]

Auch bei Deleuze und Guattari, die versucht haben, Kafkas Ansätze zu einer Theorie kleiner Literaturen auszubuchstabieren, findet die kleine Literatur in unmittelbarer Nachbarschaft zu den Maulwürfen statt: „[W]er das Unglück hat, in einem Land mit großer Literatur geboren worden zu sein, muß in seiner Sprache schreiben wie ein tschechischer Jude im Deutschen oder ein Usbeke im Russischen: schreiben wie ein Hund sein Loch buddelt, wie eine Maus ihren Bau gräbt."[95] Ohnehin sind Maulwurf wie Odradek als Nomaden Deterritorialisierer *par excellence.* Beide stehen bei Kafka für sprachliche und diskursive Verschiebungen – der Maulwurf verschiebt gar den Boden selbst –, genauso wie für Verhandlungen um die Frage nach Gemeinschaft.

„Der Erzähler ist die Gestalt, in welcher der Gerechte sich selbst begegnet"[96], schreibt Benjamin am Ende des Erzähler-Aufsatzes und meint damit, im Sinne der jüdischen Tradition, wohl eine Figur weniger der Tugendhaftigkeit, als vielmehr des minimalen Zurechtrückens der Dinge mit den Mitteln des Humors.[97] Der Gerechte ist dabei nicht nur der Zurechtrückende, sondern auch der Aufrechte,

94 Kafka: Tagebucheintrag v. 26.12.1911. In: *KKA*, Tagebücher, S. 319–324, hier S. 322. In Benjamins Überlegungen zu Hebel ist der ‚gute' Ort ebenfalls unten: „Ist oben Mord und Totschlag, Stehlen und Fluchen, so liegen Geduld, Klugheit und Menschlichkeit unten. […] Unten geschieht, wenn man will, das Hausbackene, Regelrechte, das Klare und Richtige." (Walter Benjamin: Johann Peter Hebel 3. In: Ders.: *Gesammelte Schriften*, Bd. II,2, S. 635–640, hier S. 640.)

95 Gilles Deleuze / Félix Guattari: *Kafka. Für eine kleine Literatur*, aus d. Franz v. Burkhart Kroeber. Frankfurt am Main: Suhrkamp 1976 [Paris 1975], S. 27.

96 Benjamin: Der Erzähler, S. 465.

97 Vgl. Benjamin: J. P. Hebels Schatzkästlein des rheinischen Hausfreundes. In: Ders.: *Gesammelte Schriften*, Bd. II,2, S. 628. Vgl. auch Günter Oesterle: Der Gerechte als Hausfreund. Differenzen zwischen Walter Benjamins und Ernst Blochs Deutung des Erzählers Johann Peter Hebel. In: Aurnhammer / Klessinger (Hrsg.): *Johann Peter Hebel und die Moderne*, S. 59–72, hier 67–68.

der Geradestehende, einer wie Hebels wohlgeneigter Hausfreund.[98] In der Vorrede zu Hebels Kalender von 1811 heißt es: „Der Hausfreund steht vor dem geneigten Leser mit aufrechtem Angesicht, und läßt sich beschauen um alles, was er in den vorjährigen Kalender geschrieben hat, und fürchtet nichts.“[99] Bei Kafka dagegen ist immer eine Krümmung eingezogen; gerecht, aufgerichtet, zurechtrückend, sind Kafkas Erzähler nicht. Die Krümmung ist mit dem Grotesken und dem Komischen konnotiert, aber zugleich auch mit den Resten des Erzählens, mit dem Zeigen von Kleinigkeiten, mit der Hoffnung wenigstens auf einen Moment Geselligkeit. Dafür macht sich schon der Erzähler der *Beschreibung eines Kampfes* klein:

> Als ich noch rasch nach einem Mittel suchte, um wenigstens ein Weilchen bei meinem Bekannten bleiben zu dürfen, fiel mir ein, daß ihm vielleicht meine lange Gestalt unangenehm sein könnte, neben der er seiner Meinung nach zu klein erschien. Und dieser Umstand quälte mich […] doch so sehr, daß ich meinen Rücken gebückt machte, bis meine Hände im Gehn meine Knie berührten. Damit aber mein Bekannter die Absicht nicht bemerkte, veränderte ich meine Haltung nur ganz allmählich, suchte seine Aufmerksamkeit von mir abzulenken, drehte ihn sogar einmal zum Flusse hin und zeigte ihm mit ausgestreckter Hand die Bäume der Schützeninsel und wie die Brückenlampen im Flusse sich spiegelten.[100]

Hier, wie im <*Dorfschullehrer*> und in der *Sorge des Hausvaters*, lässt sich über die gekrümmten Erzählerfiguren die Möglichkeit einer Ehrenrettung der Kafkaschen Geste vom gebückten Hals andeuten. Benjamin schreibt sie dem Buckligen, Gedrückten, dem von Schuld Entstellten zu;[101] Deleuze und Guattari arbeiten eine Dualität zwischen gesenktem und erhobenem Kopf heraus und betonen den gesenkten Kopf des „schuldig[en] und „schuldig mach[enden]“[102] Vaters. Der Blick des Gekrümmten nach unten ist aber eben auch der Blick zum Kleinen, zum Sonderbaren, zum Komischen,

98 Benjamin: Der Erzähler, S. 461–462.

99 Johann Peter Hebel: Des Hausfreunds Vorrede und NeuJahrswunsch. In: Ders.: *Sämtliche Schriften*, Bd. II, S. 242–245, hier S. 242.

100 Franz Kafka: Beschreibung eines Kampfes [Fassung B]. In: *KKA*, Nachgelassene Schriften und Fragmente I, S. 121–169, hier S. 132–133.

101 Walter Benjamin: Franz Kafka: Zur zehnten Wiederkehr seines Todestages. In: Ders.: *Gesammelte Schriften*, Bd. II,2, S. 409–438, hier S. 431–432; ders.: Franz Kafka: Beim Bau der Chinesischen Mauer, S. 678.

102 Deleuze / Guattari: *Kafka*, S. 15. Vgl. auch ebd., S. 9–10, 18.

zum – übrigens aufrechten – Odradek.[103] Nicht zuletzt ist der Gekrümmte ja auch der Schreibende und der Lesende. Der geneigte Blick ist der Blick in den Text.

Im besten Fall ist der Erzähler bei Kafka die Gestalt, in welcher der Geneigte sich selbst begegnet – nicht der Wohlgeneigte, aber doch der, der, wie der Dorfschullehrer, den Blick ab und an hinunter richtet. In der Regel ist Kafkas Neigungsgrad freilich viel steiler als der Hebels. Ist die Hinwendung des Dorfschullehrers zum Kleinen humoristisch, so bringt sie den erzählenden Kaufmann in der Nähe des grotesken Riesenmaulwurfs und lässt den Erzähler der *<Beschreibung eines Kampfes>*, dessen „Hände im Gehn [die] Knie berührten“, regelrecht zum Affen werden. Als Denunziationen sind diese ‚Erniedrigungen‘ freilich nicht zu lesen. Kafka verbiegt vielmehr seine Erzähler für die kleine Literatur.

103 „Mit Hilfe dieses letzten Stäbchens auf der einen Seite, und einer der Ausstrahlungen des Sternes auf der anderen Seite, kann das Ganze wie auf zwei Beinen aufrecht stehen.“ (Kafka: Die Sorge des Hausvaters, S. 283.)

Klimts Gorilla
Feindliche Gewalt, Typhon oder Gesamtkunstwerk?

Hanna Engelmeier

Eine auf den 20. April 1902 datierte Notiz eines gewissen Dr. Hirschfeld betrifft Gustav Klimts (1862–1918) *Beethovenfries*, der kurze Zeit zuvor im Rahmen der XIV. Ausstellung der Wiener Secession der Öffentlichkeit zugänglich gemacht worden war:

> Klimt produzierte diesmal wieder eine Kunst, der nur drei Leute, ein Arzt und zwei Wärter, gerecht werden könnten. Klimt's Fresken paßten für einen Krafft-Ebing-Tempel. Er schildert uns „Die Sehnsucht nach dem Glück“, zunächst „Die Leiden der schwachen Menschheit“, die sich flehentlich an den „wohlgerüsteten Starken“ einen Helden in goldener Rüstung, mit Bitten wenden; dann starren uns „Die feindlichen Gewalten“ entgegen, der Gigant Typhoeus als Orang-Utan, seine Töchter, die Gorgonen, Krankheit, Wahnsinn, Tod (zugleich Toroop's Töchter), Wollust, Unkeuschheit, Unmäßigkeit. [...] Die Darstellungen der Unkeuschheit an der Stirnwand des Saales gehören zu dem äußersten, was je auf dem Gebiete obsconer Kunst geleistet wurde.[1]

Die XIV. Ausstellung der Wiener Secession verstand sich als Gesamtkunstwerk, deren Zentrum eine Skulptur Max Klingers (1857–1920) bildete, die Ludwig van Beethoven zeigt (sie ist heute im Museum der Bildenden Künste in Leipzig zu sehen). Alle Arbeiten, die in den

1 Zit. n. Hermann Bahr: *Gegen Klimt: Historisches, Philosophie, Medizin, Goldfische, Fries.* Wien: Eisenstein 1903, hier S. 68–69. Vermutlich handelt es sich bei dem Autor um Robert Hirschfeld, einen Wiener Musikkritiker, der nicht nur eine Feindschaft gegen Klimt, sondern auch gegen Gustav Mahler pflegte. Insbesondere dessen Arrangements von Beethovens Werken brachten Hirschfeld auf (vgl. auch Alessandra Comini: *The Changing Image of Beethoven. A Study in Mythmaking.* New York: Rizzoli 1987, S. 394). Mit Toorop ist der Maler Jan Toorop gemeint, der zu Klimts Vorbildern zählte.

Räumen der Secession ausgestellt wurden, stellten den Rahmen für die Skulptur aus Marmor dar, die auf einem reich verzierten Bronzethron platziert war. Während die Skulptur keinerlei Anstoß erregte, arbeitete sich die Kritik an dem Werk Gustav Klimts ab, das mit einer Länge von 34 Metern und einer Höhe von 2,17 Metern den Eindruck eines der Räume bestimmte, die man vor dem Betrachten der Beethovenskulptur in der Haupthalle durchqueren musste. Von der kurzen Seite des Frieses (6,39 m) blickt die Betrachtenden ein Gorilla aus Perlmutt-Augen an, sein Mund ist weit geöffnet und lässt ein lückenhaftes Gebiss erkennen (Abb. 1). Die Kreatur dominiert den Eindruck des Raumes, auch wenn ihre Darstellung nur einen Teil des Werks einnimmt, dessen Teile sich wie folgt gliedern: Sehnsucht nach Glück / Leiden der schwachen Menschheit / Bitten an den Wohlgerüsteten Starken (Ritter) / Die feindlichen Gewalten / Krankheit, Wahnsinn, Tod / Wollust und Unkeuschheit / Nagender Kummer / Sehnsüchte und Wünsche der Menschen.[2]

In diesem Aufsatz geht es um den Teil „Die feindlichen Gewalten“: In der zentralen Figur des überdimensionierten, dental verwahrlosten Affen verschränken sich anthropologischer und evolutionsbiologischer Diskurs mit einer ästhetischen Debatte. Mit dem grauenerregenden Stellvertreter setzte sich Klimt gegen die massive Kritik zur Wehr, der er in den Jahren vor dem Entstehen des Frieses ausgesetzt war. Der Affe wird im Fries zum Medium eines als krisenhaft empfundenen Verhältnisses von Original und Kopie, das auch Gegenstand der virulenten Trope des ‚Nachäffens‘ ist, wie sie beispielsweise bei Max Nordau, aber auch bei Friedrich Nietzsche zu finden ist. Bei Nordau ist das Nachäffen unter anderem eine Chiffre für die jüdische Assimilation,[3] die er als Zionist mit scharfer Polemik kritisierte. ‚Der Affe‘ (als fragwürdiger Kollektivsingular) wird bei Nordau in gewisser Weise klassisch eingesetzt, in Form einer pejorativen Adressierung, von der eben die Aggression auszugehen scheint, mit der man dem Feind selbst zu Leibe rückt. Der Kraft dieser Figur war sich

2 Die Nennung dieser Aufteilung ist dem Katalog zur Ausstellung entnommen: Vereinigung bildender Künstler österreichische Secession: *XIV. Ausstellung der Vereinigung bildender Künstler österreichische Secession Wien. Klinger – Beethoven.* Wien: Holzhausen 1902, S. 25–26. Der bibliophile Katalog ist als Teil der Ausstellung zu verstehen.

3 Siehe dazu u. a. Kyung-Ho Cha: *Humanmimikry. Poetik der Evolution.* München: Fink 2010.

Abb. 1: Gustav Klimt: Die feindlichen Gewalten. Ausschnitt aus dem *Beethovenfries* (1902). Kaseinfarben, Goldfarbe, schwarze und farbige Kreiden, Graphit. Aufgetragener Stuck sowie verschiedene Applikationen (z. B. Spiegel, Perlmutter, Vorhangringe, etc.).

offenbar auch Klimt bewusst, der mit der Darstellung des Gorillas auf dem *Beethovenfries* angriffslustig ein stark aufgeladenes Diskursfeld bearbeitete. Er modellierte und antizipierte dabei nicht nur die Rezeption und Kritik seines Werks, sondern überformte diese gleichzeitig auch mit seiner eigenen Rezeption zeitgenössischer Kunstkritik und Philosophie, die ihrerseits von zahlreichen Diskurslinien durchzogen ist. Sich im Netz dieser Filiationen zu orientieren, gelingt dann, wenn Klimts Gorilla als exemplarische Gestaltung all dessen gesehen wird, was seinerzeit unter ‚Affe' subsummiert und von Klimt durch die komplexe Syntheseleistung, die der *Beethovenfries* darstellt, ganz neu in Bewegung gesetzt wurde. Die Modi der Selbstklassifikation des Menschen in Anthropologie und Kunst, die damit angesprochen sind, weisen auf die Tradition der Figur zurück, deren nähere Zukunft sowohl in Auftritten als freundliches Kuscheltier (*Curious George)* als auch als brüllende Bestie (*King Kong*) lag. Diese Konstellation zu verstehen, gelingt anhand eines Exkurses zu der mythischen Figur Typhon, mit der Klimts Gorilla identifiziert wird und die wichtige ikonografische Hinweise zum Gestaltungsprinzip des Frieses liefert. Die formalen Entscheidungen, die Klimt dabei traf, verweisen schließlich darauf, dass auf dem *Beethovenfries* die Menschheit in der Natur lediglich wie ein veränderliches, entwicklungsfähiges Ornament vorkommt, dessen Genealogie sich kontinuierlich bis zu tierischen, genauer: äffischen Vorfahren verfolgen lässt.

Was hatten Dr. Hirschfeld et al. gesehen?

Die drastische Wirkung des Gorillas auf dem *Beethovenfries* wird durch einen Blick auf die Anlage der gesamten Räumlichkeiten deutlich. Auf den einleitenden Seiten des Katalogs zur Ausstellung der Wiener Secession im Jahr 1902 verdeutlicht Ernst Stöhr, der als Autor zeichnet, dass die Schau, deren Planung sich bereits seit 1901 hinzog,[4] in erster Linie einen Beitrag zur Monumentalkunst leisten wolle. Die Beethovenskulptur Max Klingers, die der Bildhauer mit einiger Verzögerung im März 1902 fertigstellte, wurde erst später zum zentralen Objekt der Schau erhoben, am Anfang stand demgegenüber der Gedanke, ein Gesamtkunstwerk zu schaffen. Zur Raumplanung schreibt Stöhr dementsprechend:

> Ein einheitlicher Raum sollte vorerst geschaffen werden und Malerei und Bildhauerei diesen im Dienste der Raumidee dann schmücken. Hier gilt es, in gegebenen Verhältnissen, in enggezogenen Grenzen die Teile der Wirkung des Ganzen unterzuordnen. Die unerbittliche Logik zwingt zur Vertiefung in den Raumcharakter und zum Festhalten an einer leitenden Idee.
> Alle diese Forderungen werden bei Aufgaben der Monumentalkunst gestellt und das Höchste und Beste, was die Menschen zu allen Zeiten bieten konnten, entwickelte sich daran: die Tempelkunst.[5]

Der sakrale Charakter der Ausstellung, den Stöhr damit festschreibt, wurde auch durch die äußere Architektur des noch heute zu besichtigenden Gebäudes der Wiener Secession unterstützt, das mit einer auf dem Dach installierten Kugel aus vergoldeten Lorbeerblättern

4 Vgl. Marian Bisanz-Prakken: *Gustav Klimt. Der Beethovenfries: Geschichte, Funktion, Bedeutung*. München: dtv 1980, S. 13.

5 Vereinigung bildender Künstler österreichische Secession: *XIV*, S. 9–10. Über diesen Punkt waren sich offenbar nicht alle einig. Hermann Bahr schrieb anlässlich der zweiten Ausstellung der Secession davon, dass gerade der Ausstellungsraum keine Ähnlichkeit mit einem Tempel habe und es den ausgestellten Werken erlaube, für sich selbst zu sprechen (vgl. Beate Susanne Wehr: Die Secession Wien. In: Barbara Steffen (Hrsg.): *Wien 1900. Klimt, Schiele und ihre Zeit. Ein Gesamtkunstwerk*. Ostfildern: Hatje Cantz 2010, S. 25–33, hier S. 27).

an einen weihevollen Kuppelbau oder an eine antike Tempelanlage erinnert. Der Grundriss der Ausstellungsräume, der dem Katalog als Lageplan für die verschiedenen ausgestellten Werke beigegeben war, ruft ebenfalls Assoziationen zur Anlage einer Kirche mit Seitenschiffen und Altarraum hervor, dieser Eindruck wurde durch die Situierung und Inszenierung der Beethovenskulptur verstärkt. Sie war nur durch die Seitenflügel erreichbar und befand sich einige Stufen unterhalb deren Niveau, damit „der Besucher so nicht unvorbereitet vor das Werk geführt" würde.[6] Die Vorbereitung bestand darin, dass die Besucherinnen und Besucher einem vorgeschriebenen Rundgang durch die Ausstellung folgten, der sie zuerst nach links in den Raum führte, in dem sich der *Beethovenfries* befand. Unterhalb des Frieses, der über der Augenhöhe aufgetragen ist,[7] waren weitere Arbeiten in die Wand des Raumes eingelassen. Der Laufrichtung folgend steuerte der Besucher direkt auf „Die feindlichen Gewalten" zu. Die rechte Seitenwand des Raumes war zum Hauptsaal durchbrochen, so dass die Möglichkeit bestand, schon hier einen Blick auf Klingers Beethovenskulptur zu erhaschen, die ihrerseits wie die Statue einer antiken Gottheit inszeniert war. 60.000 Besucherinnen und Besucher kamen in die Sezession, um sich diese Darbietung anzuschauen.[8]

Die Inszenierung des *Beethovenfrieses* begünstigte, dass formal-ästhetische Gesichtspunkte der Gestaltung des Kunstwerks bei den zeitgenössischen Kritikern, die sich über das Werk in ihren Kritiken regelrecht erbrachen, unterbelichtet blieben. Sie beschäftigten sich lieber mit ihrem verletzten Sittlichkeitsempfinden, das sie vielfach mit Misogynie kompensierten:

> Der Gigant Typhoeus ist zu sehen, gegen den – offenbar ist er ein Bruder der Dummheit – „selbst die Götter vergebens kämpften". Uebrigens haben die Götter nicht vergeblich gekämpft und ihm eine Garnitur von Töchtern

6 Vereinigung bildender Künstler österreichische Secession: *XIV*, S. 24.

7 Der Fries wurde nach der Schau von den Wänden abgenommen und ist erst seit 1986 er wieder in den Räumen der Secession zu besichtigen. Basale Informationen Geschichte des Frieses finden sich unter http://www.secession.at/beethovenfries/geschichte_d.html (Zugriff am 03.03.2014). Zu diesem Zeitpunkt ist der Fries auch Gegenstand eines Restitutionsverfahrens der Nachkommen der jüdischen Industriellenfamilie Lederer, die den Fries erworben hatten und während des Zweiten Weltkrieges enteignet wurden.

8 Wehr: Die Secession Wien, S. 30.

> geschenkt, die seine gigantische Herkunft arg in Zweifel stellen. Es sind so ziemlich die übelsten Frauenzimmer, die ich je gesehen […].[9]

Die Differenz zwischen dem Gegenstand der Kritik und dem Thema, das Klimt zu gestalten wünschte, ist sehr groß. Welche Szenerie hatte es vermocht, die Gemüter so in Aufruhr zu versetzen?
Zur Linken des Gorillas, der im Katalog zur Ausstellung als das mythologische Ungeheuer Typhon identifiziert wird,[10] sind drei Frauengestalten zu sehen: Wollust, Unkeuschheit und Unmäßigkeit. Eine rothaarige und eine blonde junge Frau, beide unbekleidet, sind im Sitzen mit angezogenen Beinen dargestellt. Während die Rothaarige mit ihren Armen das rechte, aufgestellte Bein umfasst und ihre mit Blumen geschmückten Haare über ihren Körper fließen, sodass Geschlecht und Brust verdeckt sind, dreht sie ihr Gesicht ins Halbprofil und schaut von unten aus dem Bild heraus. Ihre blonde Nachbarin hat die Augen geschlossen, den Kopf hält sie geneigt auf die rechte Hand gestützt und schmiegt sich so an ihre Nachbarin. Ihr Gesicht scheint einen entrückten Ausdruck anzunehmen, die Lippen sind leicht geöffnet. Weitestgehend ist sie jedoch durch die große, stehende Gestalt einer dritten Frauenfigur verdeckt, eine im Profil dargestellte Person, deren nackter Oberkörper durch einen massiv nach vorn gewölbten, fetten Bauch gekennzeichnet ist, auf dem schwer ihre Brüste aufliegen, während sie leicht gekrümmt mit nach vorn gerecktem Kopf da steht. Ihre locker hängenden Arme sind mit vielen Armreifen geschmückt, die Perlen verschiedener Farben zieren, auch der Kopf ist mit einem Schmuckstück fast ganz bedeckt, das sowohl aus einer großen Goldplatte besteht, als auch mit zahlreichen Bändern bestückt ist, die durch Perlmutt und Edelsteine ergänzt werden. Ähnliche Verzierungen finden sich auf dem breiten Gürtel der den Rock zusammenhält, mit dem ihr ganzer Unterkörper bedeckt ist und über den der Bauch hängt. Die Augen dieser Figur scheinen weit aufgerissen, der Unterkiefer bestimmt nach vorn gereckt – so starrt sie in Richtung der Gorgonen, von denen Typhon auf der anderen Seite eingerahmt ist. Durch die Profilstellung dieser Figur wird der zweidimensionale Charakter der Darstellung stark betont, was ein

9 Ein Rezensent mit Namen Reichswehr zit. n. Bahr: *Gegen Klimt*, S. 68.
10 Vgl. Vereinigung bildender Künstler österreichische Secession: *XIV*, S. 26.

Anliegen Klimts war,[11] wie auch die vielen zeichnerischen Vorstudien zum *Beethovenfries* belegen. Die Bedeutsamkeit und Eigenständigkeit der Linie zeigt sich besonders deutlich am Fell der zentralen Figur, das ganz aus einzelnen Pinselstrichen zusammengesetzt ist, so lose allerdings, dass bisweilen der Untergrund hindurch schimmert. Die drei Gorgonen sind im Profil, frontal und im Halbprofil dargestellt. In ihren Haaren ringeln sich Schlangen, die sie wie in einer Liebkosung nah an ihre Gesichter ziehen. Um den Fußknöchel der Figur, die Typhon am nächsten steht, ringelt sich ebenfalls eine Schlange. Über ihren Köpfen türmen sich geisterhafte, an Totenköpfe erinnernde Gesichter, eine eingefallene und ausgezehrte vierte Gorgone stützt sich auf unsichtbare Balustraden auf, ihre Brüste hängen über den Köpfen ihrer Schwestern, während ihre verdrehten Augen mit beinahe farblosen Pupillen über sie hinweg blicken. Hinter der Gruppe der drei Grogonen sind verschiedene Ornamente zu erkennen, von denen eines aus ockerfarbenen und schwarzen Tropfen zusammengesetzt ist, die auf die Spitze gestellt und auf goldenen Grund gesetzt wurden. Dieses Muster scheint die Struktur der Schuppen der Schlangen, aber vor allem des riesigen Leibes Typhons zu wiederholen, der aus verschiedenen Elementen besteht. Auf den meisten Abbildungen von diesem Teil des Frieses ist nicht zu sehen, dass sich Typhon auf seinem Unterarm abstützt, in seiner Hand sieht man zwischen den Fingern einige Totenköpfe hervorblitzen. Der haarige Oberkörper des Gorillas geht in einen schuppigen Schlangenleib über, dessen Musterung teils an Totenköpfe erinnert. Die erdfarbene Tönung des sich vielfach windenden, und wie in Tentakel auslaufenden Körpers steht im Kontrast zu der bläulich-schwarzen Farbe von Typhons Flügel. Seine Federn gehen in eine Struktur aus kleinen Kreisen und Dreiecken über, an deren oberen Ende sich die Ornamente finden, die den Hintergrund für die Frauengruppe bilden, die Klimt Wollust, Unkeuschheit und Unmäßigkeit genannt hatte. Abseits von dem restlichen Personal findet sich vor dem Schlangenkörper Typhons noch

11 Vgl. Stephan Koja: „…so ziemlich die übelsten Frauenzimmer, die ich je gesehen". Gustav Klimts Beethoven-Fries. Entstehung und Programm. In: Ders. (Hrsg.): *Gustav Klimt - der Beethoven-Fries und die Kontroverse um die Freiheit der Kunst.* Erschien anlässlich der Ausstellung *La Destrucción Creadora. Gustav Klimt, el Friso de Beethoven y la Lucha par la Libertad del Arte*, siehe hierzu den gleichnamigen Katalog zur Ausstellung in der Fundación Juan March, Madrid, vom 6. Oktober 2006 bis 14. Januar 2007. München: Prestel 2006, S. 82–107, hier S. 96.

die Figur „Nagender Kummer“, wiederum eine stark ausgemergelte Frau, deren nackter Körper nur von einem durchscheinenden Tuch bedeckt ist, unter dem sie sich zusammenkrümmt und den linken Arm schützend über ihren Nacken gebreitet hat.[12]

Der Affe als Kunstrichter. Zum Kontext des *Beethovenfrieses*

Die vielen Verrisse des *Beethovenfrieses* hatten eine Vorgeschichte. Carl E. Schorske hat beschrieben, mit welchen Querelen Klimt konfrontiert war, nachdem er im Auftrag des Ministeriums für Kultus und Unterricht zwischen 1898 und 1904 drei Deckengemälde angefertigt hatte, die die Fakultäten Philosophie, Medizin und Jurisprudenz darstellen sollten. Die Gemälde, auf denen die zentrale, die Fakultät repräsentierende Gestalt stets eine Frau ist, erregten vor allem wegen der freizügig dargestellten Nacktheit und der schwülen Erotik, die mit Zeugnissen extremen körperlichen Verfalls kontrastiert wurde, großes Ärgernis. Auf Grund der „Beleidigung der öffentlichen Moral“ wurden nicht nur die Deckengemälde öffentlich geschmäht und diffamiert, auf öffentlichen Druck hin ließ die Staatsanwaltschaft die Ausgabe der Zeitschrift *Ver Sacrum* beschlagnahmen, in der Klimt Skizzen für *Medizin* veröffentlicht hatte.[13]

Es sind keine persönlichen Äußerungen Klimts überliefert, die seine tiefgreifende Kränkung durch die Zensur seiner Fakultätsbilder widerspiegeln. Es gibt jedoch ein Manuskript, in dem er sich zu seiner Person äußert: „Was ich bin und was ich will“. Dort heißt es:

> Das gesprochene wie das geschriebene Wort ist mir nicht geläufig, schon gar nicht dann, wenn ich über mich oder meine Arbeit äußern soll. Schon wenn ich einen einfachen Brief schreiben soll, wird mir Angst und bang wie vor drohender Seekrankheit. Auf ein artistisches oder literarisches Selbstporträt von mir wird man aus diesem Grund verzichten müssen. Was nicht weiter zu bedauern ist. Wer über mich – als Künstler, der allein beachtenswert ist – etwas wissen will, der soll meine Bilder aufmerksam betrachten und daraus zu erkennen suchen, was ich bin und was ich will.[14]

12 Mit diesem „nagenden Kummer“ spielte Klimt offenbar auf die damals noch stark verbreitete Syphilis an, wodurch er das Eskalationspotential seines Werks steigerte, siehe Koja: „…so ziemlich die übelsten Frauenzimmer, die ich je gesehen“, S. 96.

13 Vgl. Carl E. Schorske: Die Fakultätsbilder von Gustav Klimt und die Krise des liberalen Ich. In: Koja (Hrsg.): *Gustav Klimt*, S. 12–25, hier S. 21.

14 Zit. n. ebd.

Dementsprechend hat Klimt seinen Interpreten gleichermaßen das Risiko und die Chance zugemutet, mit werkimmanenten Hinweisen auf seinen Umgang mit den Kritikern zu arbeiten. Schorske spricht davon, dass Klimt zuerst eine „Kunst des Zorns und allegorisierter Aggression“ schuf, die schließlich „einer Kunst der Zurückgezogenheit und utopischer Abstraktion“ Raum gegeben habe.[15] Schließt man sich dieser (etwas pathetischen, dem Künstler aber möglicherweise gerade entsprechenden) Deutung an, so ist der *Beethovenfries* sicherlich der erstgenannten Phase zuzurechnen: Klimt verliert sich hier nicht im Ornamentalen, sondern greift ganz konkret die Themen auf, von denen er sicher sein konnte, dass sie in ihrer plakativen Deutlichkeit zu dem im voraus berechneten Aufschrei der Kritik führen würden: offensiv ausgelebte weibliche Sexualität, siechende Körper und insgesamt die Verfallenheit an die Natur, die ihre deutlichste Formulierung in der Feststellung des Tier-Seins des Menschen findet, garantierten die reflexhafte Abwehr der zeitgenössischen Rezeption. Nicht übersehen sollte man allerdings, dass Klimt seinen Zorn in Humor umzulenken versuchte: Sein Gemälde Goldfische (1901/1902), das neben einem riesigen Goldfischkopf vor allem sehr prominent Rücken und Hintern einer rothaarigen Frau zeigt, die den Betrachtenden recht keck ins Gesicht lacht, trug so lange den Arbeitstitel „Für meine Kritiker“ bis Klimt überzeugt werden konnte, es umzubenennen.[16] Auch die Darstellung eines mehr oder weniger zahnlosen Affen auf dem *Beethovenfries* scheint nicht ohne satirische Absicht; in Bahrs Broschüre *Gegen Klimt* findet sich dem Teil zu Philosophie ein Lichtenberg-Zitat vorgeordnet, das besagt, dass „solche Werke wie Spiegel“ seien: „wenn ein Affe hineinguckt, kann kein Apostel heraussehen“.[17] Wenn jedoch ein selbsternannter Apostel hineinguckt, kann offenbar durchaus ein Affe heraussehen.

Die Polyvalenz der Figur des Affen war zu Klimts Zeit in mehrfacher Hinsicht gesetzt: einerseits durch die lange Tradition in der Kunstgeschichte,[18] andererseits durch die Verwendung als

15 Ebd.

16 Schorske: Die Fakultätsbilder von Gustav Klimt und die Krise des liberalen Ich, S. 24.

17 Bahr: *Gegen Klimt*, S. 11.

18 Siehe dazu Horst Woldemar Janson: *Apes and Ape Lore in the Middle Ages and the Renaissance*. London: Warburg Institute, University of London 1952.

Standardreferenz in evolutionsbiologischen Diskursen.[19] Die schon länger instabile Grenze[20] zwischen Mensch und Tier schien begeisterten Darwin-Rezipienten nach Popularisierung der besonders im deutschen Sprachraum heiß diskutierten Abstammungsthese endgültig zu fallen. Der Erosionsprozess der Mensch-Tier-Grenze fand im Affen ein potentes Symbol, das jedoch gerade wegen seiner langen Geschichte nicht frei von Ambivalenzen bleiben konnte. Insbesondere die Fähigkeit zur Imitation, die den Menschenaffen immer wieder attestiert worden war, stand dabei häufig im Fokus. Während der Mensch als dasjenige Wesen galt, das zu einer schöpferischen Mimesis in der Lage sei, wurden Affen als Wesen aufgefasst, die allein geistloser Reproduktion fähig seien. Die Auseinandersetzung mit dem Nachmachen, auch als das „Äffische" bezeichnet, welches „das eigentlich und älteste Menschliche" sei,[21] ist beispielsweise

19 Darwin trat erst 1871 durch die Veröffentlichung von *Die Abstammung des Menschen* mit einer eigenen Schrift hervor, die sich mit dieser Formulierung der Abstammungsthese behutsam auseinandersetzte (Charles Darwin: *Die Abstammung des Menschen.* In: Ders: *Gesammelte Werke*, nach Übersetzungen aus dem Engl. v. J. Victor Carus. Frankfurt am Main: Zweitausendeins 2009, S. 693–1163); seine Kollegen Carl Vogt (1817–1895) und Ernst Haeckel (1834–1919) hatten zu dieser Zeit bereits mit rhetorischen und illustrativen Knalleffekten das Thema für den deutschen Sprachraum besetzt (vgl. Carl Vogt: *Vorlesungen über den Menschen seine Stellung in der Schöpfung und in der Geschichte der Erde*, 2 Bde. Gießen: J. Rickersche Buchhandlung 1863. Haeckels am stärksten zugespitztes anthropologisches Werk ist die *Anthropognie* (Ernst Haeckel: *Anthropogenie oder Entwickelungsgeschichte des Menschen. Wissenschaftliche Vorträge über die Grundzüge der menschlichen Ontogenie.* Leipzig: Engelmann 1874). Haeckels Popularisierungsstrategien führten dazu, dass aus seinen Werken mehr Menschen von Darwin erfuhren, als von Darwin selbst – allerdings begünstigte sie auch, dass sein etwas älterer Kollege Vogt in der Forschung sehr stark im Schatten blieb, auch wenn er seinerzeit mindestens ebenso erfolgreich war.

20 Zur Geschichte des Affe-Mensch-Verhältnisses liegen verschiedene Sammelbände und Monographien vor, die meisten kontextualisieren dieses jedoch vor allem innerhalb eines einzelnen Diskurses. Vgl. Hanna Engelmeier: *Der Mensch, der Affe. Anthropologie und Darwin-Rezeption 1850–1900.* Köln, Wien: Böhlau 2015, wo ich verschiedene Diskurslinien zusammengeführt habe, die bislang unzusammenhängend vorlagen; die zugehörige Bibliographie führt die verschiedenen Arbeiten auf.

21 Friedrich Nietzsche: Nachgelassene Fragmente 1880–1882. In: Ders.: *Kritische Studienausgabe*, Bd. 9, hrsg. v. Giorgio Colli / Mazzino Montinari. München: dtv / de Gruyter 1988, hier S. 55. Nietzsche unterscheidet „Nachmachen" und „Nachahmen", letzteres schlägt er einer schöpferischen Mimesis zu, das „Nachmachen" taucht hingegen häufiger im Zusammenhang mit dem Affen und geistloser Reproduktion auf. Diese Einteilung ist jedoch nicht einheitlich durchgehalten. Zur ambivalenten Rolle der Figur des Affen bei Nietzsche siehe auch Antonia Ulrich: Äffen und NachschAffen. In: *Kunst Medien* 3 (2005), http://edoc.hu-berlin.de/kunsttexte/download/kume/ulrich-affe.pdf (Zugriff am 16.02.2014).

wichtiger Bestandteil der Versuche Nietzsches, die Anthropologie über die Entwicklung eines neuen Menschenbildes zu reformieren. Die Unterscheidung Nachäffen und Nachahmen wird bei ihm analog zu anderen wichtigen Leitdifferenzen wie Zivilisation und Kultur oder Züchtung und Bildung konstruiert. Auch hier ist die Figur des Affen ambivalent, die einerseits zum gleichen semantischen Feld wie ‚das Tier' gehört, andererseits jedoch als Verkörperung der übelsten Eigenschaften des Menschen an Kontur gewinnt. Derart tauchte das ‚Nachäffen' auch als wiederkehrende Trope bei Max Nordau auf. In seinem Hauptwerk *Entartung* (1892) gehört das Nachäffen zu denjenigen Symptomen des Fin-de-Siècle, die Nordau als exemplarisch für den Verfall der gesamten menschlichen Gattung betrachtete. Jegliche mimetische Praxis in der Kunst war ihm verdächtig, eine reine Simulation von Pathologien zu sein, die er nur bei Geisteskranken meinte, beobachten zu können. Über Klimts Verteidiger Hermann Bahr schrieb er beispielsweise:

> Bahr ist Nachäffer von einer Unerbittlichkeit, die man nur in der schweren Hysterie antrifft. Kein einziger Schriftsteller von einiger Individualität, der ihm vor die Augen gekommen ist, hat seiner Nachäffungs-Wuth entrinnen können. [...] Alle Einzelheiten hat er sich, wie wir gleich sehen werden, aus Nietzsche, Stirner, Ibsen, den französischen Diabolikern, Decadenten und Impressionisten geholt.[22]

Ein derartiger, nicht eben zimperlicher Umgang der Kritik mit der zeitgenössischen Kunst und die unbekümmerte Vergabe von Ferndiagnosen heizte das Klima auf, in dem der *Beethovenfries* Skandal und Sensation zugleich werden konnte. Neben der Adressierung zeitgenössischer Diskurse zur Abstammungsthese und Evolutionstheorie findet sich hier die historische Folie, auf der die Bezüge verständlich werden, die Klimt auf dem Fries herstellt.

22 Max Nordau: *Entartung*, Bd. 2. Berlin: Duncker 1893, S. 437.

„Alles, was in diesen Naturerscheinungen maßlos und ungeordnet ist"[23] – Klimts Typhon

Darunter ist besonders die Identifikation des Gorillas mit dem Ungeheuer Typhon auffällig. Sie zehrt von verschiedenen Traditionen, die diese Figur umgeben, von denen nur eine die des Monstrums als Mischwesen ist, das aus dem Körper eines Gorillas, einer Schlange, eines Drachens und der Sphinx zusammengesetzt ist. Entscheidende Hinweise scheinen vielmehr aus Klimts Kenntnissen der ägyptischen und byzantinischen Kunst sowie der griechischen Antike zu erwachsen. Klimt archaisiert durch seine Verwendung der verschiedenen ikonografischen Traditionen die im *Beethovenfries* verhandelten Themen; damit lädt er sie mit kulturhistorischer Dignität auf und etabliert sie gleichzeitig als Konstanten der Konflikte um künstlerisches Schaffen. Die Verbindung dieser ästhetischen Debatten mit dem sichtbarsten Emblem der kontrovers diskutierten Evolutionstheorie universalisiert schließlich die Bedeutung der Figur des Affen für diese beiden Bereiche. Die starke Überhöhung des Künstlers, der die Macht hat, diese Kreatur auf seinem Fries zu entfesseln, kann kaum überschätzt werden. Er ist es schließlich auch, der durch die wort- und bildgetreuen Umsetzungen seiner unterschiedlichen Vorlagen den Betrachtenden überhaupt erst ein Medium an die Hand gibt, mit dem sie zwischen diesen verschiedenen Diskursen navigieren können. Die Macht, mit der Klimt dadurch sich selbst und die Figur des Affen ausstattet, ist bis dahin unerreicht.

Lisa Florman hat in einer Untersuchung der antiken Vorlagen Klimts überzeugend verdeutlicht, dass sich Klimt auf eine bestimmte, seinerzeit populäre Antikenrezeption stützte,[24] die durch Gottfried Sempers (1803–1879) Thesen zur Farbigkeit der antiken Architektur und Plastik[25] bestimmt war. Die genaue Kenntnis der von Semper beschriebene Farbpalette hatte er zuvor bereits in seinen Altären

23 Plutarch: Über Isis und Osiris. In: Ders.: *Drei religionsphilosophische Schriften. Über den Aberglauben – Über die späte Strafe der Gottheit – Über Isis und Osiris. Griechisch-deutsch*, aus d. Griech. übers. u. hrsg. v. Herwig Görgemanns, unter Mitarbeit v. Reinhard Feldmeier / Jan Assmann. Düsseldorf: Artemis & Winkler 2003, S. 136–273, hier S. 243.

24 Lisa Florman: Gustav Klimt and the Precedent of Ancient Greece. In: *The Art Bulletin* 72,2 (1990), S. 310–326.

25 Gottfried Semper / Johann Friedrich Hammerich: *Vorläufige Bemerkungen über bemalte Architectur und Plastik bei den Alten*. Altona: Hammerich 1834.

des Apoll bzw. des Dionysos bewiesen, die Teil der von ihm gemeinsam mit seinem Bruder Ernst und Franz Matsch zwischen 1886 und 1887 vorgenommenen Deckenausmalung des Wiener Burgtheaters waren.[26] Die Annahme einer Nietzsche-Rezeption drängt sich hier förmlich auf und es zeigt sich, dass insbesondere das Konzept des Dionysischen bei Klimt integraler Bestandteil des *Beethovenfrieses* ist. Speziell die ersten Seiten der *Geburt der Tragödie*, die der Widmung an Wagner folgen, scheinen für Klimt präskriptiv zu sein. In seiner Einführung des Dionysischen Prinzips schreibt Nietzsche:

> Man verwandle das Beethoven'sche Jubellied der „Freude" in ein Gemälde und bleibe mit seiner Einbildungskraft nicht zurück, wenn die Millionen schauervoll in den Staub sinken: so kann man sich dem Dionysischen nähern. Jetzt ist der Sclave ein freier Mann, jetzt zerbrechen alle starren, feindseligen Abgrenzungen, die Noth, Willkür oder „freche Mode" zwischen den Menschen gesetzt haben.[27]

Die Abhängigkeit des Apollinischen und Dionysischen voneinander und die „Nothwendigkeit" des „Barbarischen", die Nietzsche formuliert,[28] stehen im Zentrum von Klimts Gestaltung des „Jubellieds der Freude". Seine Umsetzung des bei Nietzsche als positiv gewerteten ‚Barbarentums' scheint sehr wörtlich zu erfolgen: Eine Figur hat es in den Händen – oder eben Klauen –, die „feindseligen Abgrenzungen" zu zerbrechen, von denen Nietzsche spricht, ist dabei jedoch auch in der Lage, „Noth" und „Willkür" auszuüben. Klimts Interpretation Typhons als dionysische Figur greift auch andere Aspekte auf, die Nietzsche in *Die Geburt der Tragödie* beschäftigen, wie etwa das Verhältnis von gegenständlicher und abstrakter Kunst. Bei Nietzsche wird dieses Verhältnis über die Unterscheidung zwischen darstellend-figurativer apollinischer Skulptur und abstrakter dionysischer Musik verhandelt,[29] bei Klimt findet es sich in der

26 Ebd., S. 315–316.

27 Friedrich Nietzsche: *Die Geburt der Tragödie. Unzeitgemäße Betrachtungen I–IV. Kritische Studienausgabe*, Bd. 1, hrsg. v. Giorgio Colli / Mazzino Montinari. München/ Berlin / New York: dtv / de Gruyter 1999, S. 29.

28 „Das ‚Titanische' und das ‚Barbarische' war zuletzt eine eben solche Nothwendigkeit wie das Apollinische!" (ebd., S. 40). Vgl. auch Florman: Gustav Klimt and the Precedent of Ancient Greece, S. 325.

29 Mit der Unterscheidung der „Kunst des Bildners, der apollinischen und der unbildlichen Kunst der Musik", des Dionysos, hebt *Die Geburt der Tragödie* an (Nietzsche: *Die Geburt der Tragödie*, S. 25).

Behandlung von Ornament und Bildnarrativ wieder. Klimts Vorlagen für das Bildnarrativ verdeutlichen, dass der Gorilla als dionysische Figur für eine formal-ästhetische Erneuerung der Kunst und ihre Freiheit in der Wahl ihrer Gegenstände einsteht. Diese Erneuerung modelliert Klimt als Transformation antiker Vorlagen. Klimts Gorilla oszilliert dementsprechend zwischen einer aggressiven Satire auf seine Kritiker und der Überhöhung der dionysischen Potentiale der Kunst.[30]

Klimt ging im *Beethovenfries* zu einer neuen Malweise über, die zeitgenössischen Forderungen nach einer technischen Orientierung an der ägyptischen und griechischen Kunst folgte.[31] Die Verbindung zur ägyptischen Antike[32] wird auch auf der semantischen Ebene eingelöst. Dafür ist einschlägig, dass Klimt sich auf die Figur Typhon beruft, da diese sowohl in der ägyptischen als auch in der griechischen Antike verankert ist. In der griechischen Mythologie tritt Typhon oder Typhoeus in verschiedenen Zusammenhängen auf.[33] Hier ist vor allem Plutarchs (ca. 45–120 n. u. Z.) Gestaltung Typhons in *Über Isis und Osiris*[34] (entstanden um 115 n. u. Z.) interessant. Typhon ist bei Plutarch die griechische Version des ägyptischen Gottes Seth[35] und taucht als feindlicher Bruder des inzestuösen Paars Isis und Osiris und Gott der Gewalt auf. Plutarchs Schrift soll den Mythos von Isis

30 Damit ist ausdrücklich auch die Musik gemeint – Klimts intensive Auseinandersetzung mit der Musik machte er zum Gegenstand verschiedener Gemälde, auf dem *Beethovenfries* liefern die Teile „Poesie“ und „Chor der Paradiesengel“ Zeugnis davon und verweisen auf seine Umsetzung von Beethovens „Jubellied“.

31 Zu den Hintergründen vgl. M. E. Warlick: Mystic Rebirth in Gustav Klimt's Stoclet Frieze: New Considerations of its Egyptianizing Form and Content. In: *The Art Bulletin* 74,1 (1992), S. 115–134.

32 Klimt war vermutlich auf verschiedenen Wege über ägyptische Kunst informiert worden: Die Ausstellung der Portraits Verstorbener auf Mumien, die 1887 von Theodor Graf organisiert wurde, ist hier ebenso zu nennen wie Schriften des fleißigen Chronisten der Wiener Kunst des Fin-de-Siècle und der Secession, Ludwig Hevesi, der 1894 in einem Aufsatz die neuesten Funde ägyptischer Kunst zur Kenntnis brachte (vgl. Warlick: Mystic Rebirth in Gustav Klimt's Stoclet Frieze, S. 123).

33 Als Sohn der Gaia und des Tartaros, der wiederum später den Höllenhund Kerberos zeugen wird, schildert ihn unter anderem Hesiod (ca. 700 v. u. Z.). Vgl. die Verse 820–822 in der *Theogonie* (Hesiod: *Theogonie. Griechisch und deutsch*, aus d. Griech. übers. u. hrsg. v. Albert von Schirnding. Darmstadt: WBG 1991).

34 Plutarch: Über Isis und Osiris, S. 243.

35 Reinhold Merkelbach: *Isis regina – Zeus Sarapis: die griechisch-ägyptische Religion nach den Quellen dargestellt.* München: Saur 2001, S. 253.

und Osiris für die Leserinnen und Leser im ersten Jahrhundert unserer Zeitrechnung aufarbeiten und vor allem Ressentiments gegenüber dem scheinbar seltsamen Glauben der Ägypter ausräumen, indem auf die Verbindung mit dem Götterglauben und der Philosophie der Griechen hingewiesen wird; ein Schwerpunkt ist hierbei die Tierverehrung. In Ägypten wurde der Affe als Symbol des Gottes Thoth verehrt, „der der Erfinder der Schrift und weiterer Künste sowie Präfiguration von Hermes/Merkur" war, und „repräsentiert, was den Menschen allererst zum Menschen, also zum gottähnlichen Lebewesen macht".[36] Die brutale Kraft, die von so einer prometheischen Figur auszugehen vermag, wird bei Klimt durch den Rekurs auf Plutarchs Typhon deutlich, der mit vielen verschiedenen Tieren assoziiert wird, wie Plutarch in Abschnitt 50 von *Über Isis und Osiris* berichtet: Er kann sowohl als Esel erscheinen (der wiederum auch zum Dionysos gehört) als auch als Flusspferd, Falke oder Krokodil – „sie [die Ägypter, H. E.] betrachten alle bösen und schädlichen Tiere, Pflanzen und Gemütsregungen als Werke, Teile und Regungen Typhons."[37] Die Zusammensetzung des Klimtschen Typhon aus verschiedenen Tieren erscheint auch vor diesem Hintergrund einleuchtend; alle ihre bedrohlichen Eigenschaften werden dadurch in der Figur des Gorillas vereinigt. Bei Plutarchs Aufarbeitung der Figur steht auch der Konflikt von rationalen und irrationalen Kräften und deren Naturalisierung im Vordergrund:

> Fassen wir zusammen! Es ist nicht richtig, Osiris und Isis als Wasser, Sonne, Erde oder Himmel zu erklären und auf der anderen Seite Typhon als Dürre oder Meer; vielmehr treffen wir wohl das Richtige, wenn wir schlechthin alles, was in diesen Naturerscheinungen maßlos und ungeordnet ist, sei es im Zuviel, sei es im Zuwenig, Typhon zuschreiben, hingegen die Ordnung, das Gute und Nützliche als Werk der Isis und als Abbild, Nachahmung und Logos des Osiris verehren und achten.[38]

Die Version eines grausamen Gottes, der seinen Bruder Osiris tötet und die Leiche später zerstückelt, ist in zweifacher Hinsicht instruktiv:

36 Hartmut Böhme: Der Affe und die Magie in der „Historia von D. Johann Fausten". In: Werner Röcke (Hrsg.): *Thomas Mann. Doktor Faustus 1947–1997*. http://www.culture.hu-berlin.de/hb/static/archiv/volltexte/texte/faustaff.html (Zugriff am 02.03.2014).

37 Plutarch: Über Isis und Osiris, S. 223.

38 Ebd., S. 243.

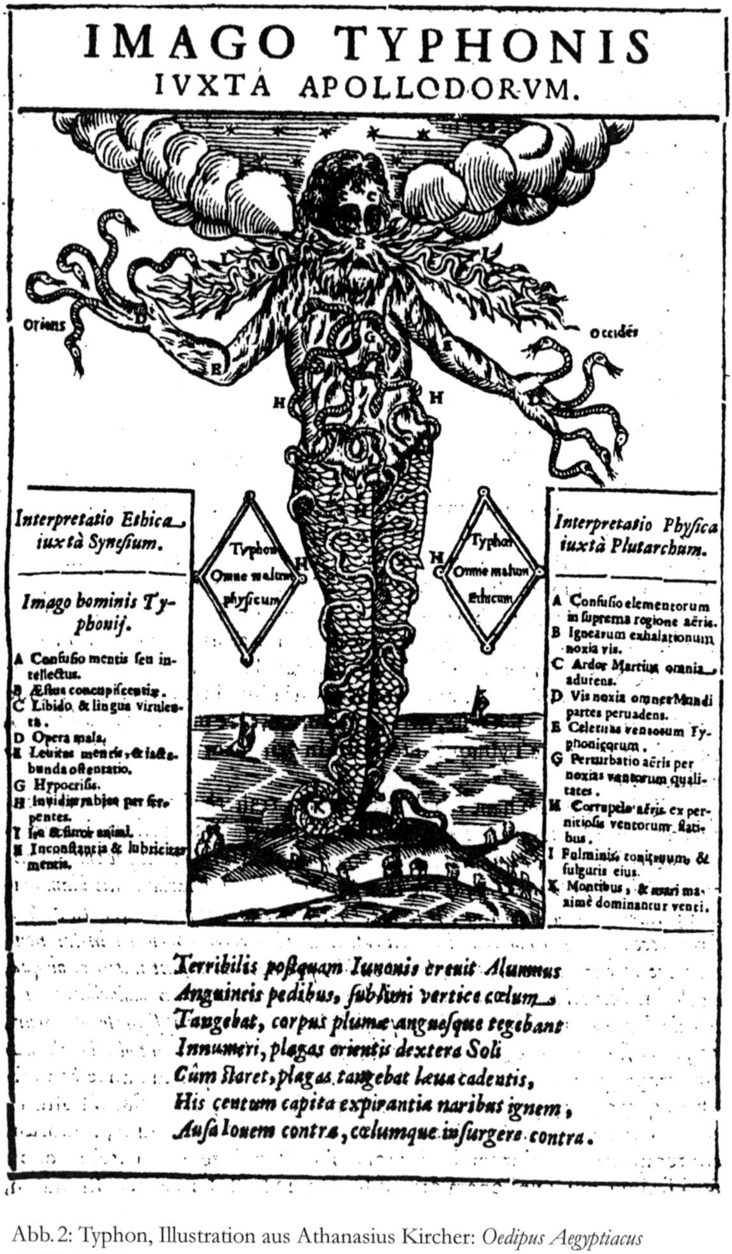

IMAGO TYPHONIS
IVXTA APOLLODORVM.

Oriens

Occidẽs

Typhon
Omne malum
physicum

Typhon
Omne malum
Ethicum

Interpretatio Ethica iuxtà Synesium.

Imago hominis Typhonij.

A Confusio mentis seu intellectus.
B Æstus concupiscentiæ.
C Libido & lingua virulenta.
D Opera mala.
E Leuitas mentis, & iactabunda ostentatio.
G Hypocrisis.
H Inuidiæ rabies per serpentes.
I Ira & furor animi.
K Inconstantia & lubricitas mentis.

Interpretatio Physica iuxtà Plutarchum.

A Confusio elementorum in suprema regione aëris.
B Ignearum exhalationum noxia vis.
C Ardor Martius omnia adurens.
D Vis noxia omnes Mundi partes peruadens.
E Celeritas ventorum Typhonicorum.
G Perturbatio aëris per noxias ventorum qualitates.
H Corruptio aëris ex perniciosis ventorum flatibus.
I Fulminis, tonitruum, & fulguris eius.
K Montibus, & mari maximè dominantur venti.

Terribilis postquam Iunonis creuit Alumnus
Anguineis pedibus, sublimi vertice cœlum
Tangebat, corpus plumæ anguesque tegebant
Innumeri, plagas orientis dextera Soli
Cùm staret, plagas tangebat læua cadentis,
His centum capita expirantia naribus ignem,
Ausa Iouem contra, cœlumque insurgere contra.

Abb. 2: Typhon, Illustration aus Athanasius Kircher: *Oedipus Aegyptiacus* (1652–1654).

einerseits weist sie auf die verächtliche Behandlung des „Aufgeblasenen, Hochmütigen, Tyrannischen“[39] hin, das Klimt in seinen Kritikern erblickt haben mag, andererseits scheinen sich auch Identifikationspotentiale für ihn selbst anzubieten. Der Typhon-Gorilla kann als Warnung an seine Kritiker verstanden werden, denen er androht, mit ihnen ebenso gnadenlos zu verfahren wie Typhon mit seinem Bruder; zur gleichen Zeit gilt er als Emblem für eine Kunst, die sich ungezügelt ihr Recht verschafft und eine scheinbar rationale Ordnung jederzeit zu zerstören vermag. Die Karikatur seiner Kritiker und die Selbststilisierung als grausamer Titan fallen in der Darstellung des Typhon auf dem Beethovenfries in eins.

Die Tradierung bestimmter Elemente der Bildgeschichte Typhons bezieht sich jedoch nicht allein auf die griechische Antike, sondern auch auf deren Rezeption in Kunstwerken anderer Epochen. Insbesondere zwei Darstellungen des Typhon aus dem 17. Jahrhundert sind hier einschlägig. Auf einem Stich Athanasius Kirchers (1602–1680) von 1652 (Abb. 2) steht Typhon als gigantisches Ungetüm in einer kargen Landschaft. Wie um die ganze Schrecklichkeit seiner Physis zu präsentieren, hält er seine Arme weit ausgebreitet, seine Hände sind mit jeweils fünf Schlangen als Finger versehen, weitere Schlangen winden sich in seinem Barthaar und um seine schuppigen Beine. Diese Darstellung korrespondiert mit der von Wenceslaus Hollar (1607–1677), auf dessen undatierter Darstellung (Abb. 3) Typhon jedoch zwei Harpyrien beigesellt sind. Sein Bart ist im Vergleich zu Kirchers Typhon domestiziert, und die Schlangenfinger sind zu biegsamen Ästen umgestaltet. Die Beine laufen wie in Schlangenschwänze aus, an die Klimts Darstellung Typhons ebenso erinnert wie an den haarigen Torso, mit dem Hollar sein Ungetüm ausgestattet hat. Auf die Gestaltung des schuppigen Leibes Typhons hat Klimt besonders viel Arbeit verwendet, hier wird seine Verwendung von Ornamenten besonders deutlich.

Der Mensch als Ornament der Naturgeschichte

In ihrem Aufsatz „Ornament als Evolution“ argumentiert Emily Braun dafür, dass Klimt das Ornament als zentrale schöpferische Kraft für die Kunst überhaupt betrachtet habe. Diese Auffassung

39 Merkelbach: *Isis regina*, S. 259.

Abb. 3: Typhon, Radierung von Wenceslaus Hollar (1607–1677).

komme auch in seiner Sicht auf die Evolution zum Ausdruck, in der gerade das Ornamentale entscheidende Funktionen übernimmt.[40] Damit sind die sekundären Geschlechtsmerkmale angesprochen, deren Form, Farbe und Größe entscheidender Faktor der sexuellen Selektion ist.[41] Die Verbindung der Bedeutung des Ornaments bei Klimt mit seiner Rezeption von Evolutionstheorien, die von ihr sehr plausibel dargelegt wird, stellt allerdings nur eine Voraussetzung für die Deutung des Ornamentalen im Beethovenfries dar, die hier angeboten werden soll: Klimt interpretiert den Menschen selbst als beständig in Veränderung begriffenes Ornament der Naturgeschichte; der Mensch ist in keinem Moment von seiner Entwicklungsgeschichte unabhängig, die er bis zu einem gewissen Punkt mit den Affen teilt. Die verdrängten Rudimente seiner alles anderen als

40 Emily Braun: Ornament as Evolution. Gustav Klimt and Berta Zuckerkandl. In: Ronald S. Lauder / Renée Price / Gustav Klimt (Hrsg.): *Gustav Klimt. The Ronald S. Lauder and Serge Sabarsky Collections.* New York / München: Neue Galerie New York / Prestel 2007, S. 145–169, hier S. 159.

41 Zu Geschlechtsmerkmalen als Ornamente der aktuellen evolutionstheoretischen Diskussion siehe Winfried Menninghaus: *Das Versprechen der Schönheit.* Frankfurt am Main: Suhrkamp 2003, S. 138–187.

göttlichen Abkunft, seine typhonische Natur, das heißt: seine brachialen Triebe und unbändigen Leidenschaften, beherrschen, bedrohen und befreien ihn zur gleichen Zeit.
Die Figur des Typhon, der als Figuration der dionysischen Kraft der abstrakten Kunst die apollinisch-gegenständliche Ordnung zerstört, verhilft dem Ornament zu seinem Recht, das sich seiner applikativen, uneigenständigen Funktion verweigert.[42] In der Figur des Affen archaisiert Klimt diese Idee, indem er sie einerseits als Rekurs auf die griechische Antike formuliert, zur gleichen Zeit aber andererseits auf das potenteste Kollektivsymbol der Abstammungsthese projiziert. Das Affe-Werden des Menschen, das im Beethovenfries eine ganze Freakshow entfesselt, ist gemeinsam mit der Befreiung des Ornaments als eine Befreiung vom Nachäffen als Selbstzucht zu lesen, die eine ‚echte Kunst' behindert. In einer quasi-dialektischen Geste lässt Klimt den Affen als Parodie auf das Nachäffen auftreten und macht ihn damit zum Vehikel einer wilden Kunst, die einen regelrechten Anschlag auf das Nachäffen verüben will. Das Nachäffen potenziert sich bis zur gewaltigen Selbstaufhebung und gibt eben damit jener ‚echten' Kunst Raum, die Klimts höchstes Ideal war, wie in einer der wenigen von Berta Zuckerkandl dokumentierten persönlichen Äußerungen Klimts deutlich wird, in der er auf den Skandal um seine Fakultätsbilder reagiert:

> Es geht bei jeder Gelegenheit gegen die echte Kunst und gegen echte Künstler los. Protegiert wird immer nur das Schwache, das Falsche. [...] Wenn, wie dies in der letzten Budgetausschußsitzung geschah, von einem Redner die Secession in der erniedrigendsten, ehrverletzendsten Art angegriffen wurde, und der Minister sich nicht bewogen fühlte, auch nur ein Wort dagegen zu erwidern, so soll wenigstens ein Künstler sich finden, der durch eine Tat beweist, daß die echte Kunst mit solchen Faktoren nichts mehr zu schaffen haben will.[43]

42 Es gibt hier stark divergierende Auffassungen. Während Florman das Ornament gerade als gegenständliche Figur deutet und in den Gegensatz zur dionysischen Musik verschiebt (Florman: Gustav Klimt and the Precedent of Ancient Greece, S. 323), weist Patricia A. Butz, die sich mit der griechischen Schrift als Ornament der griechischen Architektur beschäftigt, darauf hin, dass in der griechischen Antike Ornamente auch losgelöst von ihrer repräsentierenden Form verwendet wurden (Patricia A. Butz: Inscription as Ornament in Greek Architecture. In: Peter Schultz / Ralf von den Hoff (Hrsg.): *Structure, Image, Ornament. Architectural Sculpture in the Greek World: Proceedings of an International Conference Held at the American School of Classical Studies, 27–28 November 2004*. Oxford / Oakville, CT: Oxbow Books 2009, S. 30–40, hier S. 30–31).

43 Klimt zit. n. Christian Michael Nebehay: *Gustav Klimt. Dokumentation.* Wien: Verlag der Galerie Nebehay 1969, S. 325–326.

Debatten um Originalität und Echtheit in der Kunst waren nach den Erfahrungen Klimts in der XIV. Ausstellung der Wiener Secession ein wichtiges Gestaltungsprinzip, das den Distinktionswillen der Gruppe zum Ausdruck brachte. Die Erläuterungen im Katalog zur Anlage der Ausstellung thematisieren den Selbstanspruch der Künstler: „Die Beschränktheit der verfügbaren Mittel und die selbstverständliche Pflicht, durchweg echtes Material zur Anwendung zu bringen, den Schein und die Lüge energisch zu vermeiden, geboten gleicherweise an der größten Einfachheit der in Material und Formensprache festzuhalten."[44]

Die Bedrohung, die von den „feindlichen Gewalten" ausging, betraf dementsprechend vor allem die Kunst selbst, die sich mit allen zur Verfügung stehenden Mitteln vor der Verfälschung durch Schein und Lüge schützen muss. Diesen Wahrheitsanspruch teilte die künstlerische Weltanschauung der Sezession mit der biologischen Weltanschauung, die zeitgleich die Wahrheit der Abstammungsthese propagierte, und sich dabei eine eigene Ästhetik aufbaute. Braun weist auf Verbindungen zwischen dem zeichnerischen Werk Ernst Haeckels und den evolutionär informierten Arbeiten Klimts hin:[45] Sowohl Klimt als auch Haeckel verstehen Natur als Dekor, das sie über sequentielle Ornamentik gestalteten. Haeckel hatte seine sequentiellen Darstellungen der Embryonenentwicklung dazu genutzt, eine Genealogik zu entwerfen, deren Ziel stets der Mensch darstellt, in dessen Gesicht die Natur überhaupt ihren morphologisch am höchsten entwickelten Ausdruck findet.[46] Während Haeckel die einzelnen Individuen in seinen Embryonenreihen und die verschiedenen Stadien der „Keimesgeschichte des Antlitz"[47] als Ornamente eines Prozesses mit dem Mensch als Höhepunkt zeigte, verfolgt Klimts *Beethovenfries* eine weniger lineare Bewegung. Menschenähnliche Wesen erscheinen als Episoden in einem evolutionären Prozess, der sowohl Engel hervorbringt

44 Vereinigung bildender Künstler österreichische Secession: *XIV*, S. 23.

45 Vgl. ebd. S. 150ff. Braun wendet sich hier vor allem den Bildern der Reihe „Hoffnung" zu, die eine nackte Schwangere zeigen, und für die sich Klimt augenscheinlich an den embryologischen Zeichnungen Haeckels orientiert hat. Der Zyklus entstand allerdings erst nach dem *Beethovenfries*, ab 1903.

46 Vgl. dazu der Beitrag von Jenny Willner im vorliegenden Band.

47 Besonders auffällig ist die Präsentation dieser Tafel in der dritten Auflage, in der sie direkt neben dem Titelblatt platziert wurde (Ernst Haeckel: *Anthropogenie oder Entwickelungsgeschichte des Menschen. Wissenschaftliche Vorträge über die Grundzüge der menschlichen Ontogenie*. Leipzig: Engelmann ^{3}1877).

Abb. 4: Gustav Klimt: Diesen Kuß der ganzen Welt. Ausschnitt aus dem *Beethovenfries* (1902). Kaseinfarben, Goldfarbe, schwarze und farbige Kreiden, Graphit. Aufgetragener Stuck sowie verschiedene Applikationen.

als auch eine ganze Reihe monströser, bedrohlicher, versehrter und devianter Figuren, die von einem gigantischen Affen beherrscht werden. Die Bedrohlichkeit dieser Figur erschließt sich über ein Kontrastverhältnis. Unversehrt tritt die Menschheit nur in der Figur des „wohlgerüsteten Starken“ auf, der dem Paar in dem Teil des Frieses zur Hilfe eilt, der die Schiller-Verse „Diesen Kuss der ganzen Welt“ illustriert (Abb. 4). Der Affe vermittelt bei Klimt zwischen der Reinheit übermenschlicher Wesen (die der Engel) und dem Triebleben der Menschen, das als Vereinigung von Mann und Frau modelliert, die jedoch nur sehr züchtig als Kuss anmoderiert wird. Die Kraft der Sexualität wird hingegen vielmehr ausgelagert und findet in der Aggression des Affen ihr Symbol – Berichte über deren ungezügeltes Triebleben waren bereits zu Klimts Zeit Legion.[48]

Klimt führt im *Beethovenfries* Naturgeschichte als dramatische Bilderzählung vor, die in verschiedenen Akten abläuft, die in den einzelnen Bildteilen zu beobachten sind, und nicht zuletzt eine Reproduktionsgeschichte vorführen. Dies legt auch die Beobachtung von Braun nahe, die die Darstellung des Paares als Klimtsche Verarbeitung der Lebens- bzw. Stammbäume gedeutet hat.[49] Die Einheit der Menschheit in der Liebe, die Klimt vorführt, kann jedoch nicht in einen stabilen, dauerhaften Zustand übersetzt werden, da sie in jedem Moment von den feindlichen Gewalten bedroht ist, während die Rettung durch den wohlgerüsteten Starken ungewiss ist. Das Szenario, das Klimt hier entwirft, beschrieb bereits Ludwig Hevesi kurz nach der Entstehung des Frieses als narratives Ornament:

> Klimt hat sich die Sehnsucht der Menschheit nach dem Glück gedacht.... Und zwar zunächst als eine Art fortlaufendes Ornament, dicht unter der Decke, als eine rhythmische Folge von fließenden Formen, von stilisierten menschlichen Gliedmaßen und Köpfen, in denen sehnsüchtige Bewegungen ins Ferne streben. [...] Diese Bildhälfte [„Die feindlichen Gewalten“, H. E.] ist, rein als ornamentale Eingebung betrachtet, ein Anblick von gespenstischem Zauber.... Diese Prachtszene Klimts ist ohne Frage ein Gipfel der modernen dekorativen Malerei. Das Schlußbild der Reihe ist dann noch eine blühende Jubelszene mit Engelchören: Diesen Kuß der ganzen Welt.[50]

48 Vgl. dazu bspw. Londa Schiebinger: *Am Busen der Natur. Erkenntnis und Geschlecht in den Anfängen der Wissenschaft.* Stuttgart: Klett-Cotta 1995.

49 Braun: Ornament as Evolution, S. 157. Das Motiv verwendet Klimt auch im Stoclet Fries von 1911, der an die Themen des *Beethovenfrieses* anschließt, indem auch hier der Mythos von Isis und Osiris verarbeitet ist.

50 Zit. n. Nebehay: *Gustav Klimt,* S. 299.

Mit der Deutung des *Beethovenfrieses* als fortlaufendes Ornament hatte Hevesi diese Arbeit im Zentrum einer der entscheidenden Debatten der Kunst an der Wende zum 20. Jahrhundert positioniert. Abgesehen von der Frage, ob das Ornament überhaupt eine Berechtigung habe oder gar ein Verbrechen sei (so Adolf Loos), verliefen Frontlinien zwischen denjenigen, die sich mit seiner naturalistischen, applikativen und dekorativen Funktion zufrieden gaben und denjenigen, die das Ornament aus dem Naturalismus befreien wollten. Henry van de Velde (1863–1957) beschrieb den Übergang von einer repräsentativ-gegenständlichen Ornamentik zu einer abstrakten Formensprache als Notwendigkeit, um den Verfall des Ornaments an sich aufzuhalten:

> Bis jetzt waren wir dieser Gefühlsduselei anheimgegeben, welche die Entartung der Ornamentik bis zu einem solchen Grade zur Folge gehabt hat, daß diese nicht mehr die von der Sentimentalität angestrebte Wirkung hervorrufen konnte, sondern wie schwächliche Handwerksmäßigkeit wirkte, die ohne Bewußtsein zu Werke gegangen war und keinen Sinn angestrebt hatte.[51]

Die Entwicklung des Ornaments selbst formuliert van de Velde hier in der Rhetorik Nordaus, die alle künstlerischen Prozesse als Ausdruck der momentanen Verfassung der menschlichen Gattung sehen wollte. Die bei van de Velde implizit formulierte Naturgeschichte des Ornaments kommt auch in einer seiner eindringlichsten Formulierungen zum Ausdruck, die ganz auf die Autonomie der Form setzt:

> Das Ornament wird ein Organ und weigert sich, nur etwas Aufgeklebtes zu sein. Das kommt von den Absichten seines Schöpfers; als er es wählte und jedem anderen vorzog, hat er sich gefragt, welchen Platz es einnehmen, welche Aufgabe es erfüllen, welches Licht es erhalten werde, er hat den Raum bedacht, der ihm zugeteilt ist und die Einflüsse der Linien, welche jeden Raum einschließen und nur das Element erlauben, dessen Erscheinen sie gefordert haben. [...]
> Die Ornamentik ist keinen anderen Gesetzen unterworfen als denen, welche ihr Harmonie und Gleichgewicht anstrebendes Ziel ihr auferlegt. Sie strebt nicht danach, irgend etwas darzustellen, und ohne diese Freiheit würde sie nicht bestehen.[52]

Einem Verständnis von Mimesis zufolge, das diese als Nachahmung der Natur auffasst, würde van de Veldes Einschätzung als eine

51 Henry van de Velde: Das neue Ornament (1901). In: Michael Weisser (Hrsg.): *Ornament und Illustration um 1900. Handbuch für Bild- und Textdokumente bekannter und unbekannter Künstler aus der Zeit des Jugendstil.* Frankfurt am Main 1985, S. 46–48, hier S. 47.

52 Ebd.

Loslösung von der mimetischen Funktion des Ornaments gedeutet werden müssen. Folgt man jedoch Nietzsche, der die Mimesis mit Bildung und Kultur identifiziert, während er das Nachäffen als zivilisatorische Dressur auffasst, und damit eine Aufwertung der Mimesis erreicht, scheint van de Velde das Ornament als mimetisches Formenspiel ebenfalls nicht abzulehnen. Es ist der Zwang zur naturalistischen Repräsentation, den er überwinden will, nicht jedoch jene „Anbetung der Natur“[53], in der Nietzsche Nachahmung und Bildung vereint sah. Wird diese Bildung als Bildgebung und Ikonisierung verstanden, so erklärt sich der hohe Stellenwert, den die Nachahmung bei Nietzsche und Klimt gleichermaßen genoss. Die Radikalität der Absage an die Darstellung, die van de Velde fordert, wird von Klimt nicht vollständig umgesetzt, seine Malerei ist nicht abstrakt. Klimt leiht sich jedoch im Detail den emanzipatorischen Gestus des van de Veldeschen Ornaments, indem er es mit der organischen Form verbindet (so beispielsweise im Fell und schuppigen Leib Typhons) und die „Kunstformen der Natur“ (Haeckel) als grundsätzlich ornamental auffasst. ‚Der Mensch‘ kann von daher bei ihm nur als relational verstanden werden, in seiner Verbundenheit mit seiner Umwelt, und mit deren Geschichte, in der die menschliche Genealogie eine tierische ist.

Der Affe in Klimts „Liebesleben der Natur“

An der Entstehung dieser Kunstformen interessierte Klimt vor allem die Frage der Reproduktion, die nicht nur als Serialität des Ornaments aufgefasst werden kann, sondern bei Klimt als Teil der Sexualität behandelt wird. Diese Thematik zu verhandeln, war zur Entstehungszeit des Frieses nicht zuletzt immer wieder Anlass gewesen, überhaupt über Evolutionstheorie zu schreiben. Hier tat sich Wilhelm Bölsche (1861–1939) hervor, dessen *Liebesleben in der Natur* (1898) als Zentralorgan erotisch-wissenschaftlicher Literatur fungierte. Auch bei Bölsche geht es vordergründig darum, die sexuelle Reproduktion der Lebewesen anhand darwinscher Lehrsätze zu erklären.

Das Wahrheitspathos, mit dem Bölsche die Schilderung des Liebeslebens in der Natur zur Waffe gegen die Lüge auf erotischem Gebiet stilisiert, formuliert er am deutlichsten in *Die naturwissenschaftlichen*

53 Nietzsche: *Die Geburt der Tragödie*, S. 341.

Grundlagen der Poesie (1887).[54] Klimt arbeitet Bölsches emphatisches Plädoyer für die Wahrheit im *Beethovenfries* insofern aus, als dass er die Diversität des Erotischen und Triebhaften ins Zentrum seiner Darstellung rückt. Dabei wird in dem Titel „Die feindlichen Gewalten“, unter dem der Gorilla zu sehen ist, die archaische Gewalt dieser Triebe betont, indem er direkt auf die schlechte Reputation des Sexualverhaltens der Affen anspielt. Die gemeinsame Abbildung der Gorgonen und anderer stark sexualisierter Frauenfiguren weist auf die immer im Raum stehende Gefahr hin, die durch die Kopräsenz von Affe und Frau entsteht. Einerseits markiert sie eine Verstärkung triebhafter Potenzen, andererseits die Bedrohung der Zivilisation durch das Ausagieren des Sexualtriebs. Klimt löst die Bedrohung durch die Sexualität nicht auf, verleiht ihr aber eine rechtfertigende Komponente, indem er die Szenerie des *Beethovenfrieses* religiös und genealogisch überformt. Die Andeutung eines paradiesischen Rosen- bzw. Liebesgartens, in den Klimt die Kuss-Szene des *Beethovenfrieses* eingebaut hat, unterstreicht diese Interpretation. Klimt arbeitet mit einer eigentümlichen Mischung aus christlich getönter Genealogie und Darwin-Rezeption, die einen guten Teil der Anziehungskraft der Schriften Bölsches ausmacht. Mit seinem Zugriff auf Anthropologie bediente Bölsche einerseits die Sehnsucht nach dem Vertrauten, Hergebrachten (Schöpfungsgeschichte der Bibel), befriedigte jedoch andererseits das Bedürfnis nach neuen Sinnstiftungsangeboten, die zu den modernen Naturwissenschaften passen sollten (Darwinismus). Beide Elemente kommen auch in Klimts *Beethovenfries* zum Tragen, der jedoch den Konflikt dieser Bedürfnisse nicht aussöhnen, sondern ausagieren wollte, was in Gestalt des typhonischen Gorilla geschieht. In Klimts Phantasmagorie wird Genealogie (sei sie nun evolutionär oder historisch gedacht) durch den Anschluss an diese Traditionen schließlich zu einer Bilderzählung, deren mythologischer Charakter eine Folie bietet, auf der die Darstellung ihrer Protagonisten und ihrer sexuell aufgeladenen Handlungen in besonderem Maße skandalisierend wirken konnte. Dabei fordert die Abbildung Typhons als Riesengorilla den Glauben an die christliche Genealogie heraus, da es sich um eine Inzest treibende Figur direkt aus der paganen Bilderwelt handelt. Diese Figur soll nun als möglicherweise

54 Wilhelm Bölsche: *Die naturwissenschaftlichen Grundlagen der Poesie. Prolegomena einer realistischen Ästhetik*, hrsg. v. Johannes J. Braakenburg. München: dtv 1976, S. 45–46.

monströser und bedrohlicher Teil der menschlichen Genealogie etabliert werden.
Der Drift einer der Naturwissenschaft dienenden Kunst ins Religiöse teilt Klimts Arbeit mit Bölsches Ästhetik. Ziel von Bölsches Prolegomena zur Poetik ist schließlich eine Kunst, die realistische Idealtypen erschafft[55] und dabei gleichermaßen einem monistischen Ziel dient, nämlich der Aufhebung der Grenze zwischen Kunst und Wissenschaft:

> Einen Menschen bauen, der naturgeschichtlich echt ausschaut und doch sich so zum Typischen, zum Allgemeinen, zum Idealen erhebt, dass er im Stande ist, uns zu interessiren aus mehr als einem Gesichtspuncte, – das ist zugleich das Höchste und das Schwerste, was der Genius schaffen kann. Wie so der Mensch Gott wird, ist darin enthalten, – aber es wird jederzeit auch darin sich offenbaren, wieso er Gottes Knecht ist. Das Erhebendste dabei ist der Gedanke, dass die Kunst mit der Wissenschaft empor steigt.[56]

Bölsche fordert die literarische Anthropologie auf, zum Gesamtkunstwerk zu werden. Dabei koinzidiert die Frage nach den Gattungsgrenzen in der Biologie nach der Frage der Gattungsgrenzen in der Kunst. Innerhalb der als Gesamtkunstwerk angelegten Beethovenausstellung in der Wiener Secession widmete sich auch Klimt in der Figur des Affen dieser Frage. Der sexuell aggressive Gorilla, den er hier zeigte, allegorisiert eine Kunst, deren wilde Natur keine Gattungsgrenzen kennt und sich Wissenschaft, Religion, Malerei, Musik und Literatur gleichermaßen einverleibt. Darin bestand die Provokation seines Gesamtkunstwerks. Denn nach Odo Marquard wird das Gesamtkunstwerk nicht

> dadurch problematisch […], daß es zu unwirklich ist; es wird vielmehr dort problematisch, wo es zu wirklich wird: wo das identitätssystematische Programm Kunst und Wirklichkeit identisch setzt – konvertibel macht – und dadurch beiden seine Identitäten absolut aufzwingt: die Identität von Nichtkunst und

55 Bölsche spricht in diesem Zusammenhang nicht von Naturalismus; in der Forschung sind jedoch seine Werke vielfach vor allem hinsichtlich ihrer Zurechenbarkeit zu dieser Epoche untersucht worden. Vgl. dazu auch Lothar Schneider: Im Banne des Kunstwollens / An der Traumgrenze. Bölsches Grundlagen als Poetik einer guten Evolution. In: Gerd-Hermann Susen / Edith Wack (Hrsg.): *„Was wir im Verstande ausjäten, kommt im Traume wieder". Wilhelm Bölsche 1861–1939.* Würzburg: Königshausen & Neumann, S. 69–105, hier S. 72.

56 Bölsche: *Die naturwissenschaftlichen Grundlagen der Poesie*, S. 11.

> Kunst, von Ernst und Unernst, von Verantwortungsbewußtsein und Leichtsinn, von Wirklichkeit und Schein.[57]

Den phobischen Reflex seiner Kritiker forderte Klimt dadurch heraus, dass er mit genau diesen Eigenschaften des Gesamtkunstwerks spielte, das es schließlich nicht mehr erlaubte, zwischen Genie und Syphilitikerin, Wollust und stiller Größer, Marmor und Pelz, Affe und Beethoven haltbare Grenzen einzuziehen. ‚Der Affe', dessen Eignung als Emblem der Frage nach Gattungsgrenzen seit Aufkommen der Abstammungsthese gefestigt war, setzte Klimt in einem Werk ein, in dem es gerade um die Freiheit einer Kunst geht, die dabei ist, sich die Formensprache und Gegenstände zu erarbeiten, die einer evolutionsbiologisch informierten Malerei angemessen erscheinen. Dabei konnte er sich darauf verlassen, mit der Darstellung eines Affen direkt Sensibilitäten zu berühren, die auch Bölsche nutzte, um seine Ausführungen zum Liebesleben der Natur immer wieder zu pointieren. Bölsche arbeitet zu diesem Zweck mit einer vertraulichen Ansprache seiner Leserinnen und Leser, die er mit der normativen Kraft des Faktischen ihres Wohers (Stammbaum) und Wohins (letztes Loch) konfrontiert:

> Du im Stammbaum deiner Jahrtausende, als ungeheurer Organismus, der Völker treibt, wie ein Birnbaum grüne Blätter, und Kulturen wie Blütenschnee. Von dem diese Völker wieder herabregnen wie gelbes Laub und die Kulturen fallen wie ausgelebte weiße Blütenblättchen, deren Liebesdienst erfüllt. Und der dann beide wieder neu treibt auf einem höheren Ast.[58]

Bölsche stilisiert den Menschen hier zum Getriebenen seiner Genealogie, die ihm dennoch nicht erlaubt, seine alles bestimmende Herkunft zu verneinen:

> Du magst dich wehren oder nicht: mit einem Wesen dieser Art [wie der Affenmensch von Java, H. E.], dessen Knochen heute im Museum zu jedermanns Kenntnisnahme liegen, bist „du" im wesentlichen einfach erreicht. Die Sortiermaschine wirft dich ins letzte Loch. Du bist ein höchst entwickelter Affe.[59]

57 Odo Marquard: Schwundtelos und Mini-Essenz – Bemerkungen zur Genealogie einer aktuellen Diskussion. In: Ders. / Karlheinz Stierle (Hrsg.): *Identität.* München: Fink 1979, S. 348–369, hier S. 367.

58 Wilhelm Bölsche: *Das Liebesleben in der Natur. Eine Entwicklungsgeschichte der Liebe*, Bd. 2. Leipzig: Diederichs 1900, S. 8.

59 Ebd., S. 109.

Es gibt kein Entkommen: so wie sich Typhon, im Gegensatz zu seinen Geschwistern Isis und Osiris, nicht von einem bösen Dämon in einen guten Gott verwandeln kann und stets das hässliche Double seiner göttlichen Abkunft von Kronos und Rhea bleibt, so kann auch der Mensch sich nicht von seiner Leibhaftigkeit lösen, die ihn mit seinen Vorfahren zusammenschließt. Der genüssliche Enthüllungsgestus, mit dem Bölsche seine Leser einer evolutionsbiologischen Konfrontationstherapie unterzieht, ist auch Klimt zu eigen. Auf dem *Beethovenfries* zeigt er die Gesichter zentraler Figuren in Frontalansicht, sie fordern die Betrachtenden geradezu dazu auf, mit ihnen in Blickkontakt aufzunehmen, so wie auch Bölsche seine Leserinnen und Leser direkt adressiert. Die Einbettung der so Angesprochenen in eine Naturgeschichte, die er als Geschichte vom beständigen Vergehen und Entstehen gleich dem Lauf der Jahreszeiten erzählt, wird in Klimts *Beethovenfries* in einem monumentalen Panorama entfaltet, als dessen Herrscher ein zahnloser Gorilla eingesetzt wird. Mit der Verdichtung einer ganzen Reihe von ästhetischen Problemen, kulturellen Kontroversen und naturwissenschaftlichen Debatten in einer einzigen Figur wird sowohl bei Bölsche als auch bei Klimt vordergründig eine Komplexitätsreduktion erreicht, und ein Medium zur anthropologischen Selbstverständigung geschaffen. Wie diese zur Selbstverteidigung gerät, sobald sich herausstellt, dass die eigene Abstammung mit derjenigen zusammenfällt, die man als feindliche Gewalten bekämpfen will, hat Klimt in der Auseinandersetzung mit seinen Kritikern deutlich erfahren. Er gestaltete sie in einem vielschichtigen Spiel mit Rezeptionen, dessen hintergründige Ironie darin liegt, dass sie in der Figur des Affen zunächst als brachial-brutal-banal erscheint. Auch heute noch werden Besucherinnen und Besucher der Wiener Secession aus dem Raum vertrieben, in dem der *Beethovenfries* aufgebracht ist. Allerdings liegt das wohl eher an der Kälte, die der Ausstellungsraum heute ausstrahlt – dem Gorilla glücklich entkommen, können sie seine und ihre Herkunft zu ergründen versuchen.

Kröten schreiben
Überlegungen zum tierischen Medium einer antiväterlichen Poetologie der Moderne

Annette Keck

Unter Kröte steht bezeichnenderweise in Kluges *Etymologischem Wörterbuch* zu lesen: „Herkunft unklar".[1] Gleiches gilt für den besser beleumundeten Frosch[2] („unsicher"),[3] auch wenn Frosch und Kröte, wie Bernd Hüppauf in seiner vierhundertseitigen Abhandlung schreibt,[4] eigentlich kaum zu unterscheiden sind. Frösche und Kröten gehören, biologisch gesehen, zu den Froschlurchen, wie die Unke auch, deren „Lautform" wieder nach Kluge „vielleicht zu l. *anguis m./f.* ‚Aal, Schlange' usw." gehört, jedoch ergeben sich „bei dieser Sippe verschiedene Unklarheiten", zumal Unke auch eine lautmalerische Veränderung von Krötengeräuschen sein könnte.[5] Diese Unklarheiten der Kröte sowie eine Legende um Neros Schwangerschaft bilden die Ausgangspunkte meiner nachfolgenden Beschäftigung mit ‚Kröten schreiben' – sowohl im Sinne des *genitivus subjectivus* als auch im Sinne des *genitivus objectivus*.. Die Nero-Legende findet sich in Gottfried Kellers *Sinngedicht*, einem Novellenzyklus aus dem Jahr 1882, und zwar in der Regine-Erzählung. In der Rahmenhandlung begegnet uns schon

1 Friedrich Kluge: *Etymologisches Wörterbuch der deutschen Sprache*, bearb. v. Elmar Seebold. 24., durchges. u. erw. Auflage. Berlin / New York: de Gruyter 2002, S. 542.

2 Zur Unterscheidung von Frosch und Kröte siehe auch Walter Hirschberg: *Frosch und Kröte in Mythos und Brauch*. Wien / Köln / Graz: Böhlau 1988, S. 87–90.

3 Kluge: *Etymologisches Wörterbuch*, S. 319.

4 Bernd Hüppauf: *Vom Frosch. Eine Kulturgeschichte zwischen Tierphilosophie und Ökologie*. Bielefeld: Transcript 2011.

5 Kluge: *Etymologisches Wörterbuch*, S. 943.

auf den ersten Seiten ein „lebendiger Frosch in einem Glase“, der dort, im Labor des Physiologen Reinhart, „seines Stündleins [harrt]“, ist er doch das Tier, das die Hinwendung der Wissenschaften zur Physiologie wie kein zweites erleiden musste.[6] Im Lauf der Romanhandlung verlässt Reinhart Frosch und Labor (und wir diese mit ihm), um in der Welt draußen seine Augen zu heilen. Er trifft *en passant* auf Lucie, genannt Lux, sie verwickeln sich in einen Erzählstreit, der letztlich zur Ehe der beiden führt. Durchgespielt wird in den Novellen, welche Parameter – sprich Vermögen, Bildung, körperliche Schönheit und ‚Rasse‘ – erfüllt sein müssen, damit eine Ehe gelinge, d.h. die „Zuchtwahl“ erfolgreich sei.[7] Alle Novellen sind über das ‚Sinngedicht‘ Friedrich Logaus („Wie willst du weiße Lilien zu roten Rosen machen? Küß eine weiße Galathee: sie wird errötend lachen.“ (S. 100)) dem Pygmalion-Motiv verpflichtet: Sie zitieren und variieren Strukturelemente der Belebung eines weiblichen (Kunst- bzw. Liebes-)Objekts durch einen männlichen Akteur, wie sie von den Ovid’schen *Metamorphosen* vorgegeben sind.

Die Geschichte der Regine erzählt nun Reinhart. Es ist die Geschichte einer *mésalliance*, die Geschichte einer Ehe zwischen einem Dienstmädchen und einem deutschstämmigen bildungsbürgerlichen Amerikaner, der mit seiner Frau eine „recht sinnige und mustergültige deutsche Frauengestalt über den Ozean zurückzubringen“ (S. 140) erhofft. Dementsprechend wird Regine einem rigiden Bildungsprogramm unterzogen, das jedoch nur zum Teil fruchtet. Die Herkunft des Dienstmädchens, so weiß es unser Erzähler, sein „Geschlecht“, gehört zu denjenigen, „dessen ungebrochene Leiblichkeit noch aus den Tiefen uralten Volkstumes hervorgegangen [ist]“ (S. 149). Leider hat diese ungebrochene Leiblichkeit einen Haken, denn das „Seelenwesen“ und die „moralische[] Widerstandskraft“ dieses Geschlechts

6 Gottfried Keller: Das Sinngedicht [1851]. In: Ders.: *Sämtliche Werke in sieben Bänden*, Bd. 6: Sieben Legenden, Das Sinngedicht, Martin Salander, hrsg. v. Dominik Müller. Frankfurt am Main: Deutscher Klassiker Verlag 1991, S. 95–381, hier S. 97. Wird im Folgenden mit eingeklammerter Seitenangabe zitiert.

7 Wie Gerhard Kaiser anmerkt, setzt sich das *Sinngedicht* damit deutlich von der auf Bocaccios *Decamerone* zurückgeführten Traditionslinie ab, in der „die Ehe vorwiegend als Anstachelung listiger und lüsterner Liebhaber und Liebhaberinnen zum Ehebruch erscheint“. (Gerhard Kaiser: Experimentieren oder erzählen? Zwei Kulturen in Gottfried Kellers ‚Sinngedicht‘. In: *Jahrbuch der deutschen Schillergesellschaft. Internationales Organ für neuere deutsche Literatur* 45 (2001), S. 278–301, hier S. 279.)

haben im Lauf der Zeiten gelitten, was sich an Eltern und Geschwistern von Regine zeigt (S. 149–150). Die Figur der Regine wird von dieser zweifelhaften Herkunft kontaminiert. Dies wird in der Erzählung auf verschiedenen Ebenen durchgespielt: So erfährt bspw. der Erzähler Reinhart von einem nächtlichen Männerbesuch, der am Ende der Erzählung als familiale Hilfsaktion aufgeklärt wird (es war Regines letztlich unschuldiger Bruder, der sich auf der Flucht befand und dringend etwas zu Essen benötigte). Die Novelle endet mit dem Selbstmord Regines, der jedoch alle (moralischen) Zweifel an der Reinheit ihrer Liebe ausräumt, als Beweis ihrer treuen ‚Gattenliebe' fungiert. Das Interessante an dieser Erzählung ist nicht nur, dass die Frage nach der (zweifelhaften) Herkunft in das Pygmalion-Narrativ eingespannt wird, sondern auch – so meine These – dass die zweifelhafte Herkunft ein subkutanes poetologisches Prinzip ausbildet, das sich in der Kröte figuriert.[8]

Den Ursprung der Erzählung legt die Forschung in die Ehe des Physiologie-Professors Jacob Henle (1809–1885), dessen Vorlesungen Keller im *Grünen Heinrich* zitiert. Henle hatte seine Braut, die Näherin Elise Egloff, einem zweijährigen rigiden Erziehungsexperiment unterworfen, bevor er sie heiratete. Diese Ehe wurde schon früh literarisch. Bereits aus den posthum herausgegebenen Briefen wird deutlich, dass beide sich in einem ‚Roman' wähnten[9] und ausgerechnet Henles Freund Berthold Auerbach veröffentlichte noch zu Lebzeiten Elise Egloffs die Erzählung *Die Frau Professorin*. Wie der Teufel es will, erfuhr Henle nach dem Tod seiner Frau von dieser Erzählung nicht durch den Autor, sondern durch eine weitere Autorin, die Münchner Schriftstellerin Charlotte Birch-Pfeiffer. Sie hatte aus dem ‚Stoff' ein (sehr erfolgreiches) Drama *Dorf und Stadt* geschaffen, was Henle sehr gegen Auerbach aufbrachte. Auerbach wiederum klagte auf Urheberrechtsverletzung, doch der Klage wurde nicht stattgegeben, da Charlotte Birch-Pfeiffer nachweisen konnte, dass sie „weniger als zwei

8 Vgl. hierzu auch Annette Keck: Von Monstern, Wechselbälgern, großen Häuptern und rätselhaften Sumpfgeschöpfen: Experimentelle (Miss)Bildungen der Literatur im 19. Jahrhundert. In: Bettine Menke / Thomas Glaser (Hrsg.): *Experimentalanordnungen der Bildung. Exteriorität – Theatralität – Literarizität.* Paderborn: Fink 2014, S. 187–208.

9 Gunhild Kübler: *„Mein lieber böser Schatz!" Der Anatom und das Nähmädchen. Eine Geschichte in Briefen.* Zürich: Unionsverlag 2004, S. 5.

Drittel des Auerbachschen Textes […] verwendet hatte".[10] Wenn Sie jetzt etwas ungeduldig sind, weil Sie doch etwas von Kröten lesen wollen, vielleicht gar etwas von schreibenden Kröten oder dem Schreiben von Kröten, kann ich Sie beruhigen, just mit Plagiatsverdacht und weiblicher Autorschaft kommt die Kröte ins Spiel, auch wenn sie sich erst noch unsichtbar macht.

I. Der Schmierteufel: Die Kunst des idealistischen Realismus' und die Geschlechterdifferenz

Die Kröte kommt ins Spiel, als Erwin während seiner Bildungsarbeit nach Amerika zurückkehren muss. Trotz inständigen Bittens von Regine, sie mitzunehmen, lässt er sie allein zurück, bestärkt durch den Gedanken, „um jeden Preis die letzte Hand an sein Bildungswerk legen zu können, ehe er die Gattin in das Vaterhaus mitbringe" (S. 164). Die letzten Verfeinerungen überlässt er drei Damen der Gesellschaft, die „im Rufe einer großen und schönen Bildung standen", die man aber, wie unser Erzähler Reinhart weiß, „in manchen Kreisen schon um diese Zeit die drei Parzen nannte, weil sie jeder Sache, deren sie sich annahmen, schließlich den Lebensfaden abschnitten" (S. 164–165). Reinharts folgende Beschreibung der Parzen, die sich „Sammetgazelle", „Bienchen" und „Rotkäppchen" nennen,[11] lässt an Misogynie nichts zu wünschen übrig: „Sie waren immer in Geräusch, Bewegung und Unruhe; denn sie besaßen alle drei selbstzufriedene und gleichgültige Männer, die sich nicht um die Frauen kümmerten" (S. 165), sprich ihrer Aufsichtspflicht nicht nachkamen. Böse Zungen behaupten, dass sie gegen den öffentlichen Anschein von harmloser Schwärmerei und Bildungsbeflissenheit „unter sich eine Sprache wie mit allen Hunden gehetzt [führten]" (S. 165). Inbegriff der wildwüchsigen Frauen oder wie es im Text

10 Kübler: *„Mein lieber böser Schatz!"*, S. 13.

11 Nach Ursula Amrein zeigt die „gegenseitige Stilisierung […] die Entfernung und Entfremdung" von einem „Zustand weiblicher Naturhaftigkeit" an, was die „Diskrepanz von Anspruch und Wirklichkeit" offenkundig macht, die auch in der „zur Schau gestellten Herzlichkeit" deutlich wird, „hinter der sich nicht als Verlogenheit und Boshaftigkeit verstecken". (Ursula Amrein: *Brautschau und Augenkur. Zur diskursiven Logik der Geschlechterdifferenz in Gottfried Kellers ‚Sinngedicht'*. Bern / Berlin / Frankfurt am Main / New York / Paris / Wien: Lang 1994, S. 181.)

heißt das „Wahrzeichen ihres Geniewesens" ist eine „junge Malerin, die schon in allen Schulen gewesen":

> Eigentlich war es ein junger Maler, denn sie schneuzte wie ein kleines Kätzchen, wenn man sie Malerin nannte. Die schöne wohlklingende Endsilbe, mit welcher unsere deutsche Sprache in jedem Stande, Berufe, und Lebensgebiete die Frau bezeichnet und damit dem Begriffe noch einen eigenen poetischen Hauch und Schimmer verleihen kann, war ihr zuwider wie Gift und sie hätte die verhaßten zwei Buchstaben am liebsten ganz ausgereutet. War man dagegen gezwungen, den männlichen Artikel *der* und *ein* mit ihrem Berufsnamen zu verbinden, so tönte ihr das wie Musik in die Ohren. Sie trug stets ein schäbiges Filzhütchen auf dem Kopfe und ließ das Kleid so einrichten, daß sie ihre Hände zu beiden Seiten in die Taschen stecken konnte, wie ein Gassenjunge. Diese Art Verirrung mahnt mich immer an die mittelalterliche Sage vom Kaiser Nero. (S. 165)

Der Verstoß der Malerin ist ein dreifacher: Zum einen verstößt sie gegen eine Künstlergenealogie, indem sie schon in allen Schulen gewesen ist, d. h. ihre künstlerische Herkunft indistinkt ist. Zweitens setzt sie sich über die soziale Ordnung hinweg, welche nach einer eindeutigen geschlechtlichen Markierung verlangt, d. h. einer Übereinstimmung von *sex* und *gender*. Dieser Verstoß zeigt sich auch darin, dass die Malerin „mehr Männer- als Frauenkleider [besaß]", die sie zu „geheimen Streifz[ügen]" nutzte (und zu denen sie auch ihre Freundinnen verführte), „um als freie Männer unter das Volk zu gehen und die unauslöschliche Neugierde zu befriedigen" (S. 166–167). Drittens ist diese Verweigerung einer geschlechterdifferenten Markierung ihrer Person ein Verstoß gegen die Poesie: Der „poetische[] Hauch und Schimmer" der Weiblichkeit, der mit und in der sprachlichen Bezeichnung verliehen werden kann (S. 165), wird verweigert. Anders formuliert – diese Verweigerung verstößt gegen das poetologische Programm der Erzählung. Dies wird umso deutlicher, als der Malerin eine Gegenfigur zur Seite gestellt wird. Reinhart erzählt der Malerin von Angelika Kaufmann, weil diese zu denjenigen gehört,

> welche neben ihrem Rufe in den schönen Künsten zugleich des unvergänglichen Ruhmes einer idealen Frauengestalt mit heiterem oder tragischem Schicksal genossen. Zuletzt schilderte ich den lieblichen Eindruck, den das Bildnis der Angelika Kaufmann, von ihr selbst gemalt, auf mich gemacht habe, den blühenden Kopf mit den vollen reichen Locken von einem grünen Efeukranze umgeben, der Körper in weißes Gewand gehüllt, und ich vervollständigte die Gestalt, indem ich sie begeistert an die *Glasharmonika* setzte, das Auge emporgehoben, und rings um sie her die edelste römische Gesellschaft gruppierte, welche den ergreifenden Tönen lauschte. (S. 171, Hervorhebung von mir)

Bei Angelika Kaufmann werden Kunst, Gestalt, Lebenserzählung zu einem lieblichen, wie es weiter heißt, „schönen" ‚Bild' zusammengefasst,[12] das Reinhart zur Kenntlichkeit vervollständigt. Dass Angelika Kaufmann sich einen Medienwechsel gefallen lassen muss, ist Programm: Die Glasharmonika figuriert als Inbegriff der Transparenz, einer Kunst des Immateriellen, während die Malerin ein „Schmierteufel" ist (S. 170), der ekle Materialität zum Vorschein bringt und, wie die sumpfige Kröte auch, mit Verderblichkeit, Höllenqualen und Tod sinnbildlich aufgeladen wird. Reinhart dagegen entwirft zwar mit Angelika Kaufmann eine Engelskunst,[13] doch erweist sie sich nicht als Sinnbild ihrer, sondern *seiner* Autorschaft: Indem er sie über die Glasharmonika ‚vervollständigt', bringt er ihr wahres Wesen, ihr ‚Wahrzeichen' in der Fiktion zur Erscheinung.

Das ‚Wahrzeichen' der Schmierteufel-Kunst aber ist die Kröte, wie sie in der ‚Sage' von Neros „Gelüste nach einer Geschlechtsänderung" gefeiert wird:

> Er habe wollen guter Hoffnung werden und ein Kind gebären und zweiundsiebenzig Ärzten bei Todesstrafe befohlen, ihm dazu zu verhelfen. Die hätten keinen andern Ausweg gewußt, als dem Scheusal einen Zaubertrank zu brauen. Weil aber der Teufel nichts Wirkliches, sondern nur Blendwerke schaffen könne, so sei Nero allerdings schwanger geworden, zu seiner großen Zufriedenheit, und habe aber dann eine dicke Kröte aus dem Munde zu Tage gefördert. Auch für das Tierlein sei er dankbar gewesen und habe sich voll Eitelkeit Domina und Mutter nennen lassen. Dann habe er ein großes Freudenlager errichtet, um das Geburtsfest zu begehen. Die Amme des Kindleins, in grünen, mit goldenen Vögeln gestickten Atlas gekleidet, sei mit dem Kind auf dem Schoße auf einen silbernen Wagen gesetzt worden, welchem hundert fremde Könige hätten folgen müssen nebst unendlichen Würdenträgern, Priestern und Kriegern. Und so sei der Zug unter dem Schalle der Posaunen, Flöten und Pauken hinaus

12 Reinhart insistiert mit seiner Erzählung auf der Bildfunktion des Weiblichen, obwohl diese über den scheiternden ‚Pygmalion' Erwin problematisiert erscheint. Silvia Eiblmayr konstatiert erst für die klassische Moderne ein problematisch-Werden der weiblichen Bildfunktion. An Ovids *Pygmalion* entwickelt sie „die Frau als Symbol und Symptom der ästhetischen Problematik", die durch ein „Oszillieren […] zwischen Selbsttäuschung und Imagination, das die Beziehung des Künstlers zu seinem Werk prägt", gekennzeichnet ist. (Silvia Eiblmayr: *Die Frau als Bild. Der weibliche Körper in der Kunst des 20. Jahrhunderts.* Berlin: Reimer 1993, S. 12–13.)

13 Dass Reinhart ausgerechnet Angelika Kaufmann wählt, ist nicht ohne Ironie, denn auch wenn sie hier als Inbegriff von ungetrübter Reinheit fungiert, so trägt der Name Kauf-Mann ausgerechnet das ein, was ausgeschlossen werden soll: Geschlechtswechsel und ökonomisches Profitstreben. Diesen Hinweis verdanke ich Roxanne Phillips.

> gegangen nach dem Lager. Als jedoch der Wagen über eine Brücke gefahren sei, unter der sich eine trübe Lache befunden, habe die Kröte das schöne Sumpfwasser gewittert und sei vom Schoße der Amme hinunter gesprungen und nicht mehr gesehen worden. Auf diese Art dachte die Sage den Nero am allerärgsten zu brandmarken, und sie knüpfte an das Märchen unmittelbar den Untergang des Tyrannen.
> In der Tat hat die Wut, sich die Attribute des andern Geschlechts anzueignen, immer etwas Neronisches; möge jedes Mal die Kröte in den Sumpf springen! (S. 166)

Diese Allegorie[14] kehrt die Frau-zu-Mann-Travestie der Malerin in der Kunst in eine Mann-zu-Frau-Travestie um. Sie entspricht Diskussionen um den ‚künstlichen' Geschlechtswechsel von Mann zu Frau, wie er bis in die Frühe Neuzeit virulent war. Während mit Blick auf das *one sex model* die Frau-zu-Mann-Transformation denkbar war,[15] steht die Mann-zu-Frau-Transformation im Zeichen (verwerflicher) Künstlichkeit. Erstere verdankt sich der im *one sex model* angelegten Vorstellung, dass es im Prinzip nur ein Fortpflanzungsorgan gebe, das sich aufgrund geringerer Hitze des weiblichen Körpers in diesem eingefaltet findet. Sofern die Geschlechterordnung skaliert zu verstehen ist, ist ein Geschlechtswechsel *qua* Erhitzung denkbar, d. h. ein Ausfalten oder Ausstülpen der Geschlechtsorgane erscheint möglich. Ein Wechsel *qua* ‚Erkältung' (im Sinne von Einfalten oder Einstülpen) ist jedoch nicht denkbar, d. h. Neros Wunsch nach Mutterschaft durchkreuzt *qua* Kunst die Ordnung der Natur, was als Verstoß gegen die gottgewollte Ordnung begriffen (und geahndet) wird. Dies gilt umso mehr, als diese Durchkreuzung auch in fataler Nähe zur Homosexualität steht, d. h. der Imitation männlicher Sexualpraktiken, die ebenfalls auf ‚Kunst' zurückgreift, im Sinne des Gebrauchs von „illicit inventions to supply the deficencies of her sex".[16]

14 Interessanterweise steht in den mittelalterlichen Fassungen dieser „Sage" (S. 165), die im Laufe der Erzählung zu einem „Märchen" (S. 166) mutiert, der Realitätsgehalt nicht infrage. Sowohl in der Kaiserchronik aus dem 12. als auch im mittelhochdeutschen Versepos *Moriz von Craûn* aus dem 13. Jahrhundert ist von Erfindung nicht die Rede. In letzterem ist der Selbstversuch als Kontrast zur Regierung Julius Cäsars (als Hochzeit des Rittertums) gesetzt. *Mauricius von Craûn. Mittelhochdeutsch/Neuhochdeutsch*, nach dem Text von Edward Schröder, hrsg., übers. u. kommentiert v. Dorothea Klein. Stuttgart: Reclam 2008, v. 104ff.

15 Hierzu und im Folgenden Thomas Laqueur: *Auf den Leib geschrieben. Die Inszenierung der Geschlechter von der Antike bis Freud.* München: dtv 1996, S. 157.

16 Diese These kann durch die mittelhochdeutsche Fassung dieser Erzählung gestützt werden, lässt sich Nero doch im *Moriz von Craûn* „wie eine Frau behandeln",

Im *Sinngedicht* steht das neronische Geburtsphantasma in geschlechterdifferenter Verkehrung für die Vorstellung von weiblicher Autorschaft, für die Transgression der im Pygmalion-Mythos fixierten Geschlechtergrenzen von männlichem Künstler und weiblichem (Bildungs-)Objekt. Anders aber als bei der Sage von Nero, bei dem die Krötengeburt als Anfang vom Ende fungiert,[17] wirkt in der folgenden Erzählung das Ergebnis der ‚künstlichen' Bemühungen nicht bei der Malerin, sondern bei ihrem Modell tödlich: Die Parzen drängen Regine, der neronischen Malerin Modell zu stehen, die (ohne das Wissen und Einverständnis von Regines Ehemann) gleich mehrere Bilder von Regine anfertigt und verkauft. Dem Wunsch nach Geschlechtsänderung entspricht die verfälschende Darstellung dieser ‚Kunst': Regine, in der Erzählung von Reinhart als Bildnis reiner Liebe gefasst,[18] erscheint im Bild als ein „käufliches Malermodell"[19] (S. 183), als Prostituierte oder – um einen Begriff zu verwenden, der gleich signifikant werden wird – als Hetäre. Statt Innerlichkeit wird schiere (körperlich-sexuelle) Materialität in den Vordergrund gerückt. Hinzukommt, dass „das Alles mit einer scheinbaren Frechheit gemalt, wie sie von gewissen Kunstjüngern mit unendlichem mühevollem Salben und Schmieren [...] erworben [...] wird" (S. 168). Die Kröte ist Inbegriff dieser Schmierkunst, die ihre Form aus dem Material heraus

auch hatte er „man für wîbes lîp", schlief mit Männern statt mit einer Frau. (*Mauricius von Craûn*, v. 143–44; Lorraine Daston / Katherine Park: The Hermaphrodites and the Orders of Nature. Sexual Ambiguity in Early Modern France. In: Louise Fradenburg / Carla Freccero (Hrsg.): *Premodern Sexualities*. New York / London: Routledge 1996, S. 117–136, hier S. 128). Auch Daston und Park verweisen auf Nero über de Tessants *Quatorze histoires prodigieuses* von 1567.

17 In der Fassung der *Kaiserchronik*, die Keller vorlag, ist Nero derart über den Verlust seines Kindes erzürnt, dass er fünfzehn Königskinder enthaupten lässt. Deren Väter ziehen daraufhin gegen Rom in den Krieg, Nero unterliegt in der Schlacht und lässt sich infolge dessen von seinem Marschall töten (S. 998).

18 „Unwillkürlich setzte sie [Regine] sich auf eine Bank [...]. Ein seliges Lächeln spielte eben so leis um den Mund, wie das Wasser um die Blumen, und ich sah wohl, daß die lebendige Kristallglocke, die so treu die Rosen schützte, die Gedanken der Frau nur wieder auf den Mann zurückgewendet hatte. Wie ich so neben ihr stand und sie meinerseits voll Teilnahme betrachtete, ohne daß sie dessen inne ward, fühlte ich mich innig bewegt. Ich hätte vormals nie geglaubt, daß es eine so reine Freude geben könnte, wie diejenige ist, in die Liebe einer holden Frau zu einem Dritten hinein zu sehen und ihr nur Gutes zu wünschen!" (S. 174).

19 Hier wird noch einmal offensichtlich, dass und wie sich ausgerechnet das ‚Gegenmodell' Angelika Kauf-Mann als von der ‚Materialität der Kommunikation' kontaminiert erweist.

gewinnt. Damit aber steht sie gerade nicht für die ‚Effekthascherei' von Un-Kunst (wie Reinhart im *Sinngedicht* meint) ein, sondern weist voraus auf eine (autonom kodierte) modernistische Kunstauffassung. Welche Funktion der Kröte dabei zukommt, ist die Frage der folgenden Überlegungen.

II. Der Sumpf, die Kröte und die Hetären: Bildfelder einer anti-väterlichen Poetologie des Tierischen

Der Wunsch nach dem Verschwinden der Kröte im Sumpf, d. h. der Wunsch nach Repression der Schmierkunst kann Aufschlüsse geben über das Konkurrenzunternehmen, das Reinhart bzw. die Erzählung bei dem Schmierteufel von Malerin in Kellers *Sinngedicht* wittert. Hier kommt nun auch Johann Jakob Bachofens (1815–1887) Konstruktion eines Zeitalters des Hetärismus ins Spiel.[20] Bachofen setzt an den Ursprung des Patriarchats das Matriarchat. Innerhalb des Matriarchats unterscheidet er wiederum zwischen dem „tiefere[n] aphroditisch-hetärische[n]", d. h. promisken und dem „cerealisch-eheliche[n]" Matriarchat: Erstere entspreche „der regellosen Sumpfzeugung", zweitere „dem geordneten Ackerbau".[21] Der Vorstellung einer regellosen Sumpfzeugung liegt, wie Bachofen Plutarch zitierend schreibt, die Vorstellung zugrunde, dass „[n]icht die Erde [...] dem Weibe, sondern das Weib der Erde nach[ahmt]".[22] Weiter heißt es:

20 Anlässlich einer Tagung zur „Natalität des Schöpferischen" der Forschungsgruppe *Anfänge (in) der Moderne* hat Karin Leonhard in ihrem Vortrag zur sottobosco-Malerei des 16. Jahrhunderts darauf verwiesen, dass und wie bei Walter Benjamin, Erwin Panofsky und dem weniger bekannten Literaturwissenschaftler Walter Borinski die Kulturtheorie des Mutterrechts von Johann Jakob Bachofen in die Auseinandersetzung mit dem Barock eingegangen ist, was Auslöser für meine folgenden Überlegungen war. Borinski (1861–1922) war Scherer-Schüler und wurde von Walter Benjamin vielfach in seinem Trauerspielbuch zitiert. Borinski ist „als einer der Entdecker des ‚deutschen Barock' in die Geschichte der Frühneuzeitgermanistik eingegangen". (Karin Leonhard: Mutter Erde, oder die Farbe Braun. Zur Promiskuität des barocken Blickfelds. In: Michael Ott / Lars Schneider / Aage A. Hansen-Löve (Hrsg.): *Natalität. Geburt als Anfangsfigur in Literatur und Kunst.* München: Fink 2014, S. 151–169, hier S. 151.)

21 Johann Jakob Bachofen: *Der Mythus von Orient und Occident. Eine Metaphysik der Alten Welt. Aus den Werken von J. J. Bachofen*, mit einer Einleitung von Alfred Baeumler, hrsg. v. Manfred Schröter. München: Beck 1956, S. 289.

22 Ebd.

> Aus diesem Grunde ist es wahrscheinlich, daß die erste Entstehung durch die Kraft und Stärke des Schöpfers aus der Erde in größter Vollkommenheit bewirkt worden, ohne daß solche Organe und Gefäße, wie sie jetzt die Natur in den zeugenden Wesen ihrer Schwäche wegen hervorbringen muß, dazu erforderlich waren.[23]

Zur Unterstützung der These von der Urzeugung aus der Erde zitiert Bachofen wiederum Plutarch: „Noch bis jetzt [...] bringt die Erde ganz vollständige Tiere hervor, wie z. B. Mäuse in Aegypten, und an vielen andern Orten Schlangen, Frösche und Grillen, wenn von außen eine andere Ursache oder Kraft hinzukommt."[24] Die Vorstellung einer regellosen Sumpfzeugung, d. h. das Entstehen von Schlangen, Krebsen, Fröschen bzw. Kröten aus der Mischung von Erde und Wasser oder auch Sonne, erweist sich bei Bachofen als spontan, promisk und unreguliert; sie setzt das Überleben im (väterlichen) Symbolischen aus, bildet dementsprechend keine Genealogien aus und basiert auf einer Vermischung von Leben und Tod, da aus verwesenden Elementen neues Leben entstehen kann.[25]

Walter Borinski verweist – von Bachofen inspiriert – bei seinen Überlegungen zur erotischen Kodierung der Farbe Braun auf den Hetärismus und als dessen Inbegriff auf Phryne: „Diese erotische Bedeutung des Braun führt schon im Altertum durch den Namen der Phryne auf das Tier, das als einziger offener Träger des Wortstamms in der Sprache, den Namen mit ihr teilt: die Braune an sich, die Kröte (rana bufo)."[26] Phrynes erotische Anziehungskraft war bekanntlich unwiderstehlich: Sie war so schön, dass sich ihr angeblich kein Mann entziehen konnte. Diese Anziehungskraft nun identifiziert Borinski

23 Bachofen: *Der Mythus von Orient und Occident*, S. 156. Carl von Linné fasste „Farne, Pilze, Moose, Algen und Flechten, weil sie keine Fortpflanzungswerkzeuge zur Schau tragen, in der Klasse der Kryptogamen zusammen"; um eine solche Schöpfung ohne Gefäß handelt es sich hier. Siehe Dietmar Schmidt: *Die Physiognomik der Tiere. Von der Poetik der Fauna zur Kenntnis der Menschen.* München: Fink 2011, S. 101.

24 Bachofen: *Der Mythus von Orient und Occident*, S. 156.

25 Leonhard: Mutter Erde, oder die Farbe Braun, S. 165–167.

26 Karl Borinski: Nochmals die Farbe Braun. Nachträge zum Jahrgang 1918, 10. Abhandlung. In: *Sitzungsberichte der Bayerischen Akademie der Wissenschaften. Philosophisch-philologische und historische Klasse (1920, 1. Abt.).* München: Verlag der Bayerischen Akademie der Wissenschaften 1920, S. 11. Cornelia Vismann führt dem widersprechend den Namen der Hetäre, Phryne, nicht auf ihre bräunliche Hautfarbe, sondern auf ihren großen Mund zurück. Cornelia Vismann: Vor ihren Richtern nackt. In: Dies. / Friedrich Kittler: *Vom Griechenland.* Berlin: Merve 2001, S. 39–65, hier S. 39.

mit der Kröte, welche „im engeren Sinn die Sexualität“ anzeige.[27] Zum Beleg seiner These von der ‚Gleichung Kröte-Gebärmutter‘ führt er sowohl „ältere[] deutsche[] und bayerische[] Volkssagenforscher“ des 19. Jahrhunderts an, wie auch die Arbeiten von Ethnographen, Anatomen und Gynäkologen jüngeren Datums.[28] An das Ende seiner Beweisführung setzt er in Platons Rede von der Gebärmutter im *Timaios* als „ein auf Kindererzeugung begieriges Lebewesen“[29] die Kröte ein. Dass diese Annahme kein wunderlicher Sonderfall ist, zeigt die Dissertation des in Bayern prominenten Volkskundlers Rudolf Kriß (1903–1973) zum Gebärmuttervotiv neun Jahre später (1929).[30] Kriß führt als Beleg für die Richtigkeit der Gleichsetzung von Kröte und Gebärmutter die Erzählung von Neros Schwangerschaft im *Moriz von Craûn* an und weist mit ihrem Vorläufer in der Kaiserchronik „den frühesten literarischen Beleg für die Auffassung der Kröte als Gebärmutter“ aus.[31] Hier wollte Nero unbedingt wissen, wie es Frauen zumute ist, wenn sie schwanger sind. Er bekommt auf sein Drängen vom Arzt ein Pulver verschrieben, welche das Wachsen einer Kröte in seinem Magen zur Folge hat, von der er der starken Schmerzen wegen wieder befreit werden muss. Die entscheidenden Verse lauten: „dô diu krete in dem man/ grôze wahsen began,/ do gelîchte er einem wîbe/ vornen an dem lîbe.“[32]

Abgesehen davon, dass dieser Beleg alles andere als klar benennt, was an Nero nun einer Frau gleicht, scheint es mir für die folgenden Überlegungen noch einmal wichtig zusammenzufassen, dass die Kröte für ein unbändiges oder ungebändigtes Zeugungsprinzip einsteht, das *qua* unsicherer Vaterschaft keine paternalen Genealogien

27 Borinski: Nochmals die Farbe Braun, S. 12.

28 Ebd., S. 13.

29 Platon: Timaios 91c, zit. n. Ders.: *Werke in acht Bänden. Griechisch und Deutsch*, Bd. 7: Timaios. Kritias. Philebos, bearb. v. Klaus Widdra, griechischer Text v. Albert Rivaud / Auguste Diès, aus d. Griech. v. Hieronymus Müller / Friedrich Schleiermacher, hrsg. v. Günther Eigler. Darmstadt: WBG 1972.

30 Aber noch in der Gegenwart wird die Verbindung von Fruchtbarkeit und Kröte in der populären Unterhaltungsliteratur weitergeführt, wo bspw. im Roman von Susanne Leinemann die Attraktivität eines Hotels über eine (geheime) Krötengrotte motiviert wird, deren Quell zu Schwangerschaften verhelfen soll. Vgl. Susanne Leinemann: *Sommer mit Nebenwirkungen*. München: Diana 2013.

31 Rudolf Kriß: *Das Gebärmuttervotiv. Ein Beitrag zur Volkskunde nebst einer Einleitung über Arten und Bedeutung der deutschen Opferbräuche*, Augsburg: Filser 1929. S. 32–33.

32 *Mauricius von Craûn*, v. 167–170.

ausprägt, d.h. ein Überleben im Symbolischen aussetzt. Zudem ist mit der Zuordnung der Kröte zur regellosen Sumpfordnung die Differenz zwischen Tod und Leben geschleift.
Bachofen führt nun in seinem Kapitel über Lykien aus, dass dort die im Hetärismus herrschende Vorstellung des Todes als „Vorbedingung und Folge des Lebens“ in einer Fülle an „tiefsinnigen Bildern und Symbolen“ präsent ist.[33] Er verweist unter anderem auf den Kampf Bellerophons gegen die Chimära, welchen er mit Hilfe des Pegasus bestand. Dass Bellerophon aber mit diesem Kampf die Sterblichkeit nicht aus der Welt schaffen konnte, führt zu einer Klage gegen die Götter, die Bachofen folgendermaßen interpretiert:

> Er [Bellerophon] will den mütterlichen Stoff, der ihm vergebens gebiert, der nur Sterbliches hervorbringt, nur dem Tod Nahrung gibt, mit Unfruchtbarkeit gestraft wissen, und führt deshalb fortan, wie Pygmalion, ein vereinsamtes Leben. Lieber keine Geburten, als solche, die stets dem Untergange verfallen. […] Das Salz soll fortan nicht zeugen, sondern verderben, den mütterlichen Stoff nicht fruchtbar, sondern unfruchtbar machen. […] Der Tor! Er verkennt das innerste Gesetz […].[34]

Bellerophon, am Scheidepunkt zwischen Mutterrecht und Vaterrecht, teilt also dasselbe Schicksal wie der vom *Sinngedicht* zahlreich variierte Pygmalion. Zudem kommt mit Bellerophons Klage die Frage nach (symbolischer) Vaterschaft ins Spiel, die, wie Bachofen pointiert schreibt, „die Natur einer bloßen Fiktion niemals abzulegen [vermag].“[35] Im aphroditisch-hetärischen Zeitalter ist sie akzidentell und ohne symbolische Bedeutung, im cerealisch-ehelichen zwar existent, der Mutter jedoch untergeordnet: „Dem stofflichen Prinzip der Mütterlichkeit blieb der Sieg über die unstoffliche, erweckende Kraft des Mannes.“[36]
Wenn mit der Sage von Neros Schwangerschaft im *Sinngedicht* die Kröte in den Sumpf gewünscht respektive zum Verschwinden gebracht werden soll, dann entspricht dieser Wunsch der Torheit Bellerophons, den Tod als Vorbedingung *und* Folge des Lebens und damit verbunden das Stoffliche, Materielle, die Matrix allen Seins durchzustreichen. Die Kröte figuriert in ihrer Un-Gestalt als anti-pygmalionische oder

33 Bachofen: *Der Mythus von Orient und Occident*, S. 69–70.
34 Ebd., S. 70–71.
35 Ebd., S. 47.
36 Ebd., S. 66.

wie Karin Leonhard im Anschluss an Walter Benjamins Bachofen-Essay schreibt als „anti-väterliche[] Poetologie“:

> [I]m Bachofen-Essay ging es Benjamin nicht allein um den materialistischen Entwurf einer Vorgeschichte, in der die Positionen von Mutter und Hetäre noch ungeschieden, die leibliche Existenz noch nicht abgewertet war, sondern auch um den Entwurf einer anti-väterlichen Poetologie. Der Idee von Kreativität, wie sie in der Vorstellung geistiger Schöpfung – dem Prinzip des Vaters folgend – tradiert worden sei, wird ein archaischer Eros entgegengehalten, der nicht auf eine Schöpfung im Intellektuellen, eine göttliche Schöpfung oder idealistisch-mimetische Nachahmung zielt.[37]

Genau diese idealistisch-mimetische Nachahmung aber fordert Reinhart in Kellers *Sinngedicht* ein und mit ihr eine klare Distinktion der Geschlechter, in der das väterliche Prinzip den Sieg davonträgt; so auch bei Angelika Kaufmann mit der Glasharmonika, in der das Ich des Erzählers als bildzeugendes Prinzip sprachlich präsent ist. Die promiske, schmierige und teuflische Kröte[38] steht dagegen ein für eine „kreatürliche, auf Stoff gegründete und beinahe noch formlose Schöpfung“.[39] Sie hat keinen identifizierbaren Vater, somit können sich aus ihr und mit ihr keine Genealogien in seinem Namen ausbilden. Unklare Herkunft ist ihr Programm, auch kann – wie bereits gesagt – ihr Tod zum Material für neues Leben, neue Sumpferzeugungen werden. Die Unterscheidung zwischen Tod und Leben fällt damit in sich zusammen, was uns wieder zur Regine-Erzählung zurückbringt, zu den drei Parzen, die sich den Schmierteufel zum Maler als Wahrzeichen erkoren haben, und damit zur subkutanen Poetik der Erzählung.

III. Tod und Leben: Die Parzen

Reinharts Erzählung in Kellers *Sinngedicht* kodiert das Treiben der Parzen mit dem Tod, doch handelt sie sich mit diesen die Kröte wieder ein; denn die Namen der drei Parzen, Nona, Decima und Parca indizieren, dass es sich bei ihnen ehemals um Fruchtbarkeitsgöttinnen

37 Leonhard: Mutter Erde, oder die Farbe Braun, S. 158.

38 Hüppauf zufolge wurde der Teufel im christlichen Vorstellungsbereich auch als eine Kröte vorgestellt. Hüppauf: *Zum Frosch*, S. 61; vgl. ebd., S. 60–134 (Kap. 3 „Der Frosch in Theologie und Magie“).

39 Leonhard: Mutter Erde, oder die Farbe Braun, S. 158.

gehandelt hat. Darüber hinaus stehen die Parcae, wie allgemein bekannt und wie im *Neuen Pauly* notiert, ein für

> die Kunst und Lit. Seit Catull (64, 305ff) und den augusteischen Dichtern spinnen die P. die Schicksalsfäden (*fatalia stamina*), rezitieren (*dicere*) bzw. Singen (*canere*) bei Götterhochzeiten und Heroengeburten ihr Schicksalslied (*carmen*), zeichnen die Einzelschicksale auf ehernen Tafeln auf und bestimmen den Todes- bzw. „Parzentag" eines jeden Menschen.[40]

Die Parzen sind in der Logik von Kellers Erzähler keine Geburtshelferinnen, sondern Mörderinnen, indem sie die engelsgleiche Regine buchstäblich ‚in den Dreck ziehen'. Zu diesem Dreck gehört auch, dass es ihnen als „Renommistinnen" (S. 167) nicht genügt, ein schönes (von ihren Ehemännern kontrolliertes) Bild der Weiblichkeit abzugeben, sondern dass sie in der Welt der ‚freien Männer' neugierig (und das heißt auch begehrlich) zirkulieren und in dieser an deren Kunst-Produktion teilhaben wollen: Sie begehren materialiter die Künstler und ihre Kunst, um sich selbst zu produzieren. Diese Rezeption erweist sich gleichermaßen als parasitär destruktiv wie produktiv.

Das Ende der Erzählung sucht dagegen eine Entmischung zu postulieren, indem gegen den toten Körper Regines ihr (unsterblicher) Abschiedsbrief als ‚Wahrzeichen' von „Gattenliebe" gesetzt wird (S. 196). Doch auch dieses ist – und das ist der Clou – von unklarer Herkunft: „Woher sie solche Töne genommen, sei eben das Rätsel der ewigen Natur selbst, wo jegliches Ding unerschöpflich zahlreich geboren werde und in Wahrheit doch nur ein einziges Mal da sei." (S. 196)

In die Geschichte der *mésalliance* ist, so möchte ich resümierend schließen, eine Kröte zweifelhafter Herkunft eingearbeitet, die gerade nicht im Sumpf verschwindet, sondern die diese Erzählung umtreibt. Es ist der Stoff, der von Anfang an entwendet wird, in Dreiecks- wenn nicht gar Vielecksgeschichten eingespannt: die Geschichte, die der Schwager von Henle Auerbach erzählt, der diese Geschichte wiederum in seinen *Dorfgeschichten* veröffentlicht, die wiederum von Charlotte Birch-Pfeiffer auf die Bühne gebracht wird, um dann von Keller

40 Albert Henrichs: Parcae. In: Hubert Cancik / Helmuth Schneider / Manfred Landfester (Hrsg.): *Der Neue Pauly. Brill Online 2013.* http://referenceworks.brillonline.com/entries/der-neue-pauly/parcae-e908040 (Zugriff am 28.03.2013).

neu geschrieben zu werden. Schon auf dieser Ebene ist keine eindeutige Vaterschaft festzustellen.

Wenn aber den Renommistinnen tödliche Effekte zugeschrieben werden, dann gilt dies umso mehr für Auerbach und Keller selbst. Beide Erzählungen insistieren auf der Kinderlosigkeit des ungleichen Paares, was bei Elise Egloff nicht der Fall war (sie gebar vor ihrem frühen Tod zwei Kinder) – und dies, obwohl jeweils die Ehe als Experiment durchgespielt wird, die letztlich dem Gedanken des idealen (Fortpflanzungs-)Partners verpflichtet ist. Die Erzählungen vollziehen damit nicht nur die Trennung zwischen (fruchtbarer) Mutter und (steriler) Hetäre, Fortpflanzung und Sexualität,[41] sondern entgehen damit auch dem im Pygmalion-Mythos strukturell angelegten Inzest-Motiv. Da aber das väterliche bzw. pygmalionische Prinzip in den Erzählungen ebenfalls scheitert – bei Auerbach verlässt die Frau Professorin ihren Mann und geht aufs Land zurück, bei Keller begeht Regine Selbstmord – bleibt *contre cœur* das Prinzip der Kröte als unreguliertes, unkontrollierbares, promiskes und anti-pygmalionisches Produktionsprinzip in die Erzählung eingefaltet und weist auf ein Literaturverständnis des 20. Jahrhunderts voraus, wie es Walter Benjamin bei Kafkas Frauenfiguren zu entdecken vermeint: „Sumpfgeschöpfe" seien sie, aus dem „Moorboden" des Bachofenschen Hetärismus entstiegen, mit „rätselhafter Schuld" behaftet.[42]

41 Gerburg Treusch-Dieter: *Von der sexuellen Rebellion zur Gen- und Reproduktionstechnologie.* Tübingen: Konkursbuchverlag 1990, S. 9. Siehe auch Otto Weininger: *Geschlecht und Charakter. Eine prinzipielle Untersuchung*, Nachdruck der ersten Auflage Wien 1903. München: Matthes & Seitz 1980, insbes. S. 280–313.

42 Walter Benjamin: Franz Kafka. Zur zehnten Wiederkehr seines Todestages. In: Ders.: *Gesammelte Schriften*, Bd. II,2, hrsg. v. Rolf Tiedemann / Hermann Schweppenhäuser. Frankfurt am Main: Suhrkamp 1977, S. 409–438, hier S. 430.

„Vom Fisch an aufwärts giebt es keinen Rückfall“ Bedrohlicher Optimismus in Wilhelm Bölsches *Das Liebesleben in der Natur*

Jenny Willner

1. Ein vergessener Bestseller

In seinem dreibändigen Werk *Das Liebesleben in der Natur. Eine Entwicklungsgeschichte der Liebe*,[1] erschienen zwischen 1898 und 1903, widmet sich Wilhelm Bölsche der Evolutionsgeschichte als Geschichte animalischer Paarungspraktiken. Gegenstand detaillierter Beschreibungen sind Vorgänge der Befruchtung bei Würmern, in Schwärmen von Mücken und Heringen, bei Krokodilen sowie bei Mammuten und zahlreichen anderen Säugetieren. Das Format gleicht am ehesten einem Roman:[2] Bölsches Erzählerpersona durchstreift Stadt- und Naturlandschaften, naturkundliche Museen sowie archäologische Ausgrabungsorte. Der umfassende Stoff wird somit teils durch die verschiedenen Etappen in der Geschichte der Evolution gegliedert, teils durch Orte in der Erzählgegenwart, die als Ausgangspunkt bei der Vergegenwärtigung vergangener „Liebesakt[e]“ (I, S. 83) fungieren.

Als Kapitelauftakt in diesem Sinne dient im ersten Band die Betrachtung eines Fossilienfunds: In Stuttgart sei ein versteinertes Exemplar der Gattung Ichthyosaurus zu sehen, „mit starken Flossen, kolossalen

1 Wilhelm Bölsche: *Das Liebesleben in der Natur. Eine Entwicklungsgeschichte der Liebe*, 3 Bde. Leipzig: Diederichs 1898–1903. Als Sigle dient die jeweilige Bandangabe.

2 *Das Liebesleben in der Natur* wurde bereits als Roman gelesen, siehe Wolfram Hamacher: *Literatur und Sinnfindung im 19. Jahrhundert. Studien zu Wilhelm Bölsche.* Würzburg: Königshausen & Neumann 1993.

Augen und einer Krokodilschnauze". Zwischen den Rippen des Weibchens seien ihre ungeborenen Jungen zu erkennen, die „mit der trächtigen Alten noch vor der Geburt von irgendeinem Sturm erstickt und im Schlamm begraben" wurden. (I, S. 83) Das Interesse Bölsches gilt allerdings weder dem Tod dieses partikularen Weibchens mit ihrem Nachwuchs noch dem Aussterben der gesamten Gattung Ichthyosaurus. Die Betrachtung dient vielmehr als Vorwand für eine spekulative wie feierliche Schilderung des Paarungsverhaltens urzeitlicher Fischreptilien:

> Kein Zweifel, daß diese Jungen im Übrigen erzeugt waren in regelrechtem Liebesakt, wie heute noch alle Reptile, alle Wirbeltiere erzeugt werden. Durch körperliche Vermischung einer Samenzelle und einer Eizelle. Durch einen gemeinsamen Akt von Mann und Weib, der jedenfalls auch von einer heftigen Liebesbrunft begleitet war. Die Ichthyosaurier waren wenigstens zum Teil kolossale Tiere: bis zu zehn Metern Länge. Wenn ihre enorme senkrechte Schwanzflosse die Wellen peitschte im erotischen Sturm, so muß das kein schwächliches Schauspiel gewesen sein. [...] Die Ichthyosaurier mögen noch dazu gebrüllt haben nach Art ihrer näheren Verwandten, der Krokodile. Vielleicht erhob sich auch über der Stätte ihres Liebesrauschs jene Wolke penetranten Moschusgeruchs, die vom brünftigen Krokodil ausströmt.
> So schaut die Phantasie in ein Liebesidyll [...]. Wie entlegen es zeitlich ist, erhellt am besten, wenn du dir denkst, daß diese Schaumwelle, die der Begattungsakt der Ichthyosaurier in der Gegend des heutigen Schwaben etwa erregte, in Sicht der Liebenden sich am Riff einer ozeanischen Koralleninsel gleich denen der heutigen Südsee brechen konnte. (I, S. 83–84)

Die Betrachtung des Fossilienfunds geht über in eine „Phantasie" über Schaumwellen und brüllende, kopulierende Bestien, um schließlich vom Exotismus des *fin dè siecle* aufgefangen zu werden: Korallenriff und Wellenschlag bilden am Ende die Kulisse, vor der sich die Fischreptilien als Liebespaar abzeichnen. Derart verwandelt Bölsche die „Gegend des heutigen Schwaben" in eine von Moschusgeruch umwehte Südseelandschaft, in der er die „Liebesbrunft" wie das „Liebesidyll" der Ichthyosaurier verortet.

Eine heftige, animalische Brunft wird in *Das Liebesleben in der Natur* als Kontinuität über die „Äonen der Zeit" (I, S. 6) gedacht; sie ist sowohl das verbindende Element von Mensch und Tier als auch der Motor eines fortwährenden entwicklungsbiologischen Fortschritts. Das naturwissenschaftliche Interesse legitimiert hier die explizite bis voyeuristische Auseinandersetzung mit sexuellen Vorgängen: „Unsere bekanntesten Krebse, der Flusskrebs, der Hummer, die Garnele, der Taschenkrebs: Sie alle begatten sich regelmäßig." (I, S. 90) Der Umgang Bölsches mit Sexualität bietet einerseits das Gegenmodell zur Pathologisierung in Krafft-Ebings *Psychopathia Sexualis* (1886), andererseits die gleichsam kryptopornografische Kehrseite von *Brehms Tierleben* (1863–1869). Vergleichbar berühmt wie diese beiden Werke waren die drei Bände vor hundert Jahren allemal: Sie wurden in den Lesekreisen und Volksbüchereien der Arbeiterbewegung und der Lebensreformer gelesen,[3] in einer Fachzeitschrift für Frauenärzte wurden sie gar als Pflichtlektüre für Kollegen sowie für alle jungen Menschen ab vierzehn, spätestens sechzehn Jahren empfohlen.[4] *Das Liebesleben in der Natur* dürfte für einen nicht unwesentlichen Teil jener Generation, die in den Jahrzehnten nach 1900 erwachsen wurde, eine Art Fibel der Sexualaufklärung gewesen sein. Es war ein Bestseller: Im Jahr 1927 wurde eine Gesamtauflage von über 80.000 erreicht, zudem wurden die Bände in acht Sprachen übersetzt.[5] Mit dem Erfolg des Buches wurde das Thema Kopulationspraktiken salonfähig, es handelt sich um das erste bejahende Werk über Sexualität in deutscher Sprache, das einen sichtbaren Platz in den bürgerlichen Bücherregalen erhielt.[6]

Es besteht ein eklatanter Kontrast zwischen der Popularität von *Das Liebesleben in der Natur* im beginnenden 20. Jahrhundert und der Tatsache, dass dieses Werk hundert Jahre später einem breiteren Lesepublikum nicht einmal dem Titel nach bekannt ist. Eine einfache Erklärung für diesen Bruch in der Rezeption könnte darin bestehen, dass der Text von einer Wirkung lebte, die sich längst erübrigt hat: Sensationell ist mittlerweile weder die Darlegung des evolutionshistorisch

3 Michael Hagner / Philipp Sarasin: Wilhelm Bölsche und der „Geist". Populärer Darwinismus in Deutschland 1887–1934. In: *Nach Feierabend. Zürcher Jahrbuch für Wissensgeschichte* 4 (2008), S. 47–68, hier S. 52.

4 Freudenberg: Liebesleben in der Natur. In: *Der Frauenarzt* 18,2 (1903), S. 65–68, zit. bei Azzouni: Populärwissenschaft als fachwissenschaftliche Autorität, S. 28.

5 Antoon Berentsen: *„Vom Urnebel zum Zukunftsstaat." Zum Problem der Popularisierung der Naturwissenschaften in der deutschen Literatur (1880–1910).* Berlin: Oberhofer 1986, S. 175–176.

6 Siehe Safia Azzouni: Populärwissenschaft als fachwissenschaftliche Autorität. Wilhelm Bölsches „Das Liebesleben in der Natur" und die Anfänge der Sexualwissenschaft. In: *Jahrbuch Literatur und Medizin* 3 (2009), S. 13–38, hier S. 21–22. Für Bölsches sexualitätsbejahende Darstellung sei Paolo Mantegazzas *Fisiologia dell'amore* (1873–1886) ein Vorbild gewesen. Anders als Bölsche konzentrierte sich Mantegazza allerdings ausschließlich auf die Sexualität des Menschen, nicht der Tiere.

bedingten Verwandtschaftsverhältnisses von menschlichen und nichtmenschlichen Lebewesen noch die explizite Schilderung von Paarungspraktiken. Die Trilogie wäre demnach in Vergessenheit geraten, weil sie keine Effekte mehr erzeugt. Für die folgenden Überlegungen bildet jedoch eine stärkere Hypothese den Ausgangspunkt: Die Bände Bölsches sind nach wie vor geeignet, heftige Wirkungen auszulösen, allerdings haben sich diese von der Faszination in Richtung eines Unbehagens verlagert, eines Gefühls von Befremdung und peinlicher Berührung – starke Gründe eigentlich, um die Lektüre abzubrechen. Warum dann weiterlesen?

Das Unbehagen, um das es hier geht, betrifft nicht so sehr den Gegenstand von Bölsches Schilderungen: Die Verwischung der Grenzen zwischen menschlichen und nichtmenschlichen Lebewesen ist nicht mehr das primäre Skandalon oder Faszinosum. Eine ganz andere Grenzverwischung macht *Das Liebesleben in der Natur* so sozialhistorisch relevant wie schwer rezipierbar. Es handelt sich um die Ambivalenz der Schilderungen Bölsches, genauer: um die Schwierigkeit, sie auf einer Skala zwischen emanzipatorisch und totalitär einzuordnen. Diese Ambivalenz lässt sich auf sowohl inhaltlicher als auch rhetorischer Ebene nachzeichnen und soll im Folgenden näher untersucht werden. Michael Hagner und Philipp Sarasin haben unlängst anhand von Bölsche dazu aufgerufen, „das so genannte populärwissenschaftliche Wissen in Deutschland im Kaiserreich und in der Weimarer Republik" genauer in den Blick zu nehmen, „um Hitlers Erfolg zu verstehen."[7] Gemeint ist damit vor allem die Evolutionstheorie monistischer Prägung, wie sie von Ernst Haeckel begründet und von Bölsche vertreten wurde,[8] eine Traditionslinie, die durch selektives Zitieren mal als humanistische Leistung, mal als wesentliche Präfiguration des Faschismus dargestellt worden ist.[9] Bölsche

7 Hagner / Sarasin: Wilhelm Bölsche und der „Geist", S. 61–62. Vgl. auch ebd., S. 57–58: Die deutsche Populärwissenschaft habe die Schärfe Darwins nicht ausgehalten, sondern ihre Lektüre der Naturgeschichte darin münden lassen, dass der Mensch bereits im Fisch zu erkennen sei und die gesamte Wirklichkeit der Hervorbringung des Geistes diene.

8 Eine eingehende Untersuchung des evolutionistischen Monismus bei Haeckel bietet Bernhard Kleeberg: *Theophysis. Ernst Haeckels Philosophie des Naturganzen.* Köln / Weimar / Wien: Böhlau 2005.

9 Während die eine Seite den emanzipatorischen Stand Haeckels gegen die Kreationisten seiner Zeit betont und zu Recht die Tatsache hervorhebt, dass der von

selbst verkörpert diese Ambivalenz geradezu: Vor dem Ersten Weltkrieg war er noch „eine Art libertärer, dem anarchistischen Mutualismus zugeneigter Linker", seit 1905 war er allerdings auch Mitglied der deutschen „Gesellschaft für Rassenhygiene".[10] Die Jahre der Weimarer Republik erlebte er als persönlichen Niedergang, mit dem Nationalsozialismus verband er die Hoffnung auf Normalität: Kurz vor seinem Tod, drei Jahrzehnte nach der Publikation von *Das Liebesleben in der Natur*, sah er in der NS-Ideologie eine Entsprechung dessen, wofür er mit seinem Werk eingetreten war.[11]

Nur um den Preis erheblicher Komplexitätsreduktion lässt sich jedoch eine gerade Linie von der deutschen Transformation der Evolutionstheorie hin zum Nationalsozialismus ziehen. Vor dem Hintergrund der repressiven Körperkultur der wilhelminischen Ära liest sich *Das Liebesleben in der Natur* als eine subversive Schrift: Bölsche argumentiert ausführlich für den „moderne[n] Befreiungskampf der Frau" (III, S. vii) und bezieht sich durchgehend affirmativ bis euphorisch auf Körperflüssigkeiten und Mischzustände, deren erziehungs- und sozialisationsbedingte Abwehr Klaus Theweleit zufolge konstitutiv sei für die soldatische Männlichkeit bis hin zum Nationalsozialismus.[12] Safia Azzouni hat überzeugend dargelegt, wie *Das Liebesleben*

Haeckel gegründete Monistenbund von den Nationalsozialisten verboten wurde (Robert J. Richards: *The Tragic Sense of Life. Ernst Haeckel and the Struggle over Evolutionary Thought.* Chicago / London: University of Chicago Press 2008), legt die Gegenseite den Fokus auf die keineswegs periphere Rolle von eugenischem Gedankengut in seinen Schriften: Von Haeckel aus führe der Weg über Bölsche direkt zu Hitler (Daniel Gasman: *Haeckel's Monism and the Birth of Fascist Ideology*. New York: Lang 1998). Fruchtbarer ist eine Herangehensweise, die explizit von den Ambivalenzen ausgeht, wie z. B. bei Martina King, die anhand der Sonderrolle des „Bazillus" bei Bölsche demonstriert, wie seine Rhetorik zwischen Verniedlichung und Rassismus bzw. Antisemitismus schwankt. Martina King: Staatsfeind und Schönheitsgöttin. Bakteriologisches Wissen in Wilhelm Bölsches populärdarwinistischen Schriften. In: Gerd-Hermann Susen / Edith Wack: Einleitung (Hrsg.): *„Was wir im Verstande ausjäten, kommt im Traume wieder". Wilhelm Bölsche 1861–1939*. Würzburg: Königshausen & Neumann 2012, S. 287–317, hier S. 317: „Bölsches bakteriologisch inspirierte Fluchtwege aus der Moderne sind bis zur Widersprüchlichkeit von einander verschieden und gerade das weist ihn einmal mehr als Schlüsselfigur für ein vertieftes Epochenverständnis aus."

10 Hagner / Sarasin: Wilhelm Bölsche und der „Geist", S. 51.

11 Gerd-Hermann Susen / Edith Wack: Einleitung. In: Dies. (Hrsg.): *„Was wir im Verstande ausjäten"*, S. 7–16, hier S. 12.

12 Klaus Theweleit: *Männerphantasien*, 2 Bde. Basel / Frankfurt am Main: Stroemfeld / Roter Stern 1986.

in der Natur für die Anfänge der Sexualwissenschaft diskursbegründend war: Die Bände wurden sowohl von Magnus Hirschfeld als auch von Sigmund Freud rezipiert und beeinflussten die Arbeiten beider.[13] Bölsche selbst befürwortete eine Veränderung des Paragrafen 175 und somit die Entkriminalisierung von Homosexualität,[14] über das Medium ‚Tierbeschreibung' trug er zudem erheblich zur Enttabuisierung von Körperfunktionen bei, ob bei seiner Spekulation über die hohe Orgasmusfähigkeit, die der Atlantosaurus seinem „Schwanzgehirn" zu verdanken gehabt habe, (I, S. 87) oder bei der Auseinandersetzung mit der Entstehung des „Liebesglied[s]" (II, S. viii) früher Reptilien, etwa anhand des Krokodils als „wilder Geselle im Liebeskoller" (II, S. 297).

Die Lektüre dieser Schrift bewirkt eine Verwirrung unseres sozial- und kulturhistorischen Sensoriums. Einerseits verfügt die Betonung der Kontinuität von nichtmenschlichen und menschlichen Lebewesen über ein subversives Potential: Auf den ersten Blick sind Bölsches Schilderungen zu destabilisierend, um etwa mit dem von Theweleit analysierten geschlossenen männlichen Körperideal vereinbar zu sein. Andererseits trägt *Das Liebesleben in der Natur* insgesamt zur ideologischen Verfestigung eines Menschenbildes bei, das wesentlich von Vorstellungen der Gesundheit, des Fortschritts und der Überlegenheit geprägt ist. Bölsches Narrativ kreist um das Tierische im Menschen, aber führt zu keiner posthumanen Relativierung seines Status. Vielmehr handelt es sich um die rhetorische Aufrüstung des Menschenbildes mit Hilfe des Animalischen: Das Bild vom Menschen wird durch die Konfrontation mit einer tierischen Vergangenheit und Gegenwart sowie mit der Herkunft aus dem Schlamm destabilisiert, allerdings nur um gestärkt wieder daraus hervorzugehen. Insofern muss *Das Liebesleben in der Natur* als Immunisierungsversuch gegen jene Krise gelesen werden, die mit dem Wissen um die Evolutionsgeschichte drohen könnte. Nicht zuletzt münden Bölsches animalische Kopulationsszenarien in optimistische Zukunftsvisionen, die rückblickend erschauern lassen: Aufs Unheimlichste vermengt

13 Azzouni: Populärwissenschaft als fachwissenschaftliche Autorität, S. 34–37. Zu Freuds Rezeption von Haeckel und Bölsche siehe Frank J. Sulloway: *Freud, Biologist of the Mind. Beyond the Psychoanalytical Legend.* New York: Basic Books 1979, S. 199, 258–264.

14 Azzouni: Populärwissenschaft als fachwissenschaftliche Autorität, S. 34.

sich sexualitätsbejahendes und normüberschreitendes Gedankengut mit Fantasien von Stärke und Überlegenheit im Sinne eugenischer Idealvorstellungen.

2. Kränkung und Euphorie in der Darwin-Rezeption

Das Liebesleben niederer Tiere erhält bei Bölsche eine durchgehend anthropozentrische Rahmung. Der „ganze kolossale wilde Unterbau der Geschlechtsliebe […] vom Tier herauf, vom Fisch, von der Eintagsfliege“ (I, S. 33) sei nötig gewesen, damit der Mensch entstehen konnte. Einer Werbeanzeige im *Börsenblatt des deutschen Buchhandels* aus dem Jahr 1900 nach zu urteilen, ging die erhoffte Wirkung der Lektüre von *Das Liebesleben in der Natur* weit über das Ziel der Wissensvermittlung hinaus:

> [G]leichwie es im menschlichen Dasein, z. B. beim Absturz, Momente giebt, wo auf eine Minute zusammengedrängt das gesamte Leben im Geiste vorüberzieht, so durchlebt der Leser mit Bölsche in einer Stunde die Entwicklung seines Geschlechts vom Fisch über Molchfisch, Kröte, Eidechse, Schnabeltier, Igel und Affen und die seiner Liebesorgane.[15]

Mit literarischen Mitteln stiftet Bölsche Verwandtschaft zwischen Fisch, Molchfisch, Kröte und Mensch, wobei der Blick in die evolutionsbiologische Vergangenheit stets die „Liebesorgane“ in den Fokus nimmt. Ingo Stöckmann bezeichnet die Erzählweise treffend als einen „hymnisch ausfabulierte[n] Abstieg in die abgedunkelten Regionen einer organischen Substanzgeschichte“,[16] Peter Sprengel schildert, wie hier das Wissen um den hohen Platz des Menschen auf der Leiter der Evolution mit einer Faszination an der Vorstellung von Regression einhergeht.[17] Den Erzählstil Bölsches kennzeichnet in der Tat ein euphorischer Tonfall, der sowohl im Dienst des Rückblicks als auch der Zukunftsvision steht und der sich in den Zeugnissen der frühen Rezeption fortsetzt. Zu den begeisterten Leserinnen zählte

15 *Börsenblatt des deutschen Buchhandels* (1900), zit. n. Berentsen: *„Vom Urnebel zum Zukunftsstaat“*, S. 176.

16 Siehe Ingo Stöckmann: Im Allsein der Texte. Zur darwinistisch-monistischen Genese der literarischen Moderne um 1900. In: *Scientia Poetica* 9 (2005), S. 263–291, hier S. 267.

17 Siehe hierzu Peter Sprengel: *Darwin in der Poesie. Spuren der Evolutionstheorie in der deutschsprachigen Literatur des 19. und 20. Jahrhunderts.* Würzburg: Königshausen & Neumann 1998, S. 143.

die Baronin, Pazifistin und Nobelpreisträgerin Berta von Suttner, die sich in ihren Memoiren wie folgt an einen Lesekreis im Jahr 1908 erinnert:

> Immer noch pflegten wir täglich mindestens eine Stunde uns gegenseitig vorzulesen. Damals hatten wir Bölsche entdeckt. Der führte uns in die Hallen der Naturwunder, weihte uns ein in die Mysterien der Universumspracht. Oft geschah es, wenn das Gelesene uns eine Offenbarung brachte, daß wir im Lesen innehielten, um einen stummen Händedruck zu tauschen.[18]

Zahlreiche Passagen in Bölsches *Liebesleben in der Natur* laden zu einer entsprechend intimen Lesehaltung ein. Es sind Formulierungen, die geeignet sind, entweder weihevolle Entrückung oder peinliche Betroffenheit zu erzeugen. Bölsches Erzählerpersona verwendet durchgehend ein emphatisches ‚Du', allerdings verbunden mit dem Anspruch, die Grenzen der Individuation und damit die Identität des lesenden Gegenübers durch Regressionsfantasien zu strapazieren. „An einen schönen Ort möchte ich dich entführen", beginnt das erste Kapitel. „Und dort möchte ich dir erzählen …". In einer Küstenlandschaft am Mittelmeer lenkt Bölsche die Aufmerksamkeit von den erhabenen Klippen gezielt nach unten, hinunter auf „Nischen seifengrünen, nur leise ziehenden Seichtwassers". (I, S. 1) Am Rande dieses Seichtwassers schlägt er einen einladenden Tonfall an: „Hier laß uns von der Liebe reden." (I, S. 3) „Vom Heraufgang der Liebe durch die Zeiten. Von ihrem Werden im Tier". (I, S. 4)

Sumpfgebiete und ihre Bewohner bilden in den Jahrzehnten um 1900 ein fantasmatisches Territorium, das weiblich konnotiert ist und vielfältige rhetorische und narrative Strategien erzeugt.[19] Klaus Theweleit hat darauf hingewiesen, dass das Motiv der Flut, des Sumpfes und des Schlamms gerade im Wilhelminismus keineswegs etwa von einem

18 Bertha von Suttner: *Lebenserinnerungen*. Berlin: Verlag der Nation 1968, S. 351–352. Mit Blick auf Bölsches späte Bewunderung Adolf Hitlers sprechen Hagner und Sarasin vom politischen Versagen jener intellektuellen Kreise, „die sich einst […] zuweilen auch bei der gemeinsamen Bölsche-Lektüre vor Ergriffenheit stumm die Hände gedrückt hatten" (Hagner / Sarasin: Wilhelm Bölsche und der „Geist", S. 61).

19 Man denke an Bachofens einflussreichen Begriff des Aphroditisch-Hetären als Form einer ursprünglichen, promisken Weiblichkeit, die sich durch unregulierte Sumpfzeugung charakterisiere, siehe Johann Jakob Bachofen: *Das Mutterrecht. Eine Untersuchung über die Gynaikokratie der alten Welt nach ihrer religiösen Natur*, hrsg. v. Hans-Jürgen Heinrichs. Frankfurt am Main: Suhrkamp 1975. Vgl. hierzu im vorliegenden Band den Beitrag von Annette Keck.

Interesse für geografische und meteorologische Gegebenheiten zeuge, ihr Auftreten habe vielmehr indirekt den soldatisch-aufrechten Körper als Bezugspunkt. Diese gepanzerte Form der Männlichkeit sei als Ergebnis von Sauberkeitserziehung und schwarzer Pädagogik zu verstehen und zeichne sich durch panische Abwehr aller Formen von Lust und Körperlichkeit aus, die im Kaiserreich als verboten, unrein oder unmännlich codiert waren. Der negativ konnotierte Sumpf sei genau das, wovor dieser sozialhistorisch verheerende Männertypus sich mit aller Gewalt abgrenzen müsse.[20]

Gegenüber einer solchen paranoisch strukturierten Sexualangst wird in *Das Liebesleben in der Natur* der Bruch aller Dämme inszeniert. Bölsche verortet die nichtmenschliche Vergangenheit des Menschen in urtümlichen Wasseransammlungen und bejaht diese Vorstellung rückhaltlos. Er spricht in lyrischen Worten von der innigen Verbindung des Menschen mit Wesen, die im weichen Schlamm kriechen:

> Groteske Geschöpfe ohne eine Spur deiner Gestalt waren „du“. Sie krochen am Meeresstrand, als dieser Strand noch der weiche Schlamm war […]. Und mit all diesen Wesen, die du waren und doch nicht du vor Äonen der Zeit, hängst du zusammen durch die ungeheure Weltenkraft der Liebe, der Zeugung, des ewigen Gebärens und Werdens. (I, S. 6)

Die obigen Zeilen beginnen mit einer Provokation gegen das negative Verhältnis zum Schlamm, das als vorherrschende Haltung vorausgesetzt wird. Die Erzählstrategie ist darauf ausgerichtet, dem Unbehagen bei der Vorstellung einer Verbundenheit mit Sumpfwesen entgegenzuwirken: Die „Geschöpfe“, die zunächst als grotesk bezeichnet werden, erweisen sich als Boten einer „ungeheure[n] Weltenkraft der Liebe“. Als zögerte sein lesendes Gegenüber noch vor dem Sprung in den Schlamm, muntert Bölsche zur Verbrüderung auf: „Du und ich, wir sind ein paar vernünftige Menschen, nicht wahr, die sich verstehen? Laß uns einen Bund schließen, […] daß wir ein Stück Wahrheitsweg mit einander wandern. […] Von der Liebe wollen wir reden. Von der Liebe im All.“ (I, S. 5)

Bölsches schwärmerische bis euphorische Bezugnahme auf die menschliche Verbundenheit mit einfachen Lebewesen bildet keineswegs eine Ausnahme, sondern markiert ein bislang kaum eingehender

20 Theweleit: *Männerphantasien*, Bd. 1, insbes. S. 521–523. Theweleit geht davon aus, dass diese Persönlichkeitsstruktur für den „weißen Terror“ im Allgemeinen und die Entstehung des Nationalsozialismus im Besonderen entscheidend war.

analysiertes Charakteristikum der Evolutionsbegeisterung im deutschsprachigen Raum, wie sie mit Ernst Haeckel begann.[21] Diese Haltung steht in eklatantem Kontrast zu einer anderen, negativen Auffassung dieses Zusammenhangs: dem vielfach überlieferten Drama der Darwin-Rezeption, das in der heftigen Ablehnung der Vorstellung einer verwandtschaftlichen Nähe von Mensch und Tier besteht. Zu letzterem Paradigma einer Kränkung des menschlichen Selbstbildes hat vor allem Sigmund Freud beigetragen: Die Evolutionstheorie zählt ihm zufolge zu den empfindlichsten Kränkungen, die die menschliche Eigenliebe habe erleiden müssen. Kränkend sei gewesen, dass „die biologische Forschung das angebliche Schöpfungsvorrecht des Menschen zunichte machte, ihn auf die Abstammung aus dem Tierreich und die Unvertilgbarkeit seiner animalischen Natur verwies."[22] Gillian Beer geht in ihrer klassisch gewordenen Studie *Darwin's Plots* darauf ein, dass zahlreiche viktorianische Darwin-Leser von einem physischen Schaudern bei der Lektüre berichten: Mit Artenmischung waren Kontaminationsängste verbunden, bezüglich der Vorstellung einer Verwandtschaft des Menschen mit Krokodilen und Polypen sprachen die Gegner Darwins von schmutzigen Stammbäumen, ihre Reaktionen seien dem Schrecken vergleichbar, wenn man einen Frosch in seinem Bett entdecke.[23]

21 Mit Ernst Haeckel setzt die Faszination für die Evolutionstheorie bei der Faszination für niedere Tiere an. Noch bevor Haeckel mit dem evolutionistischen Monismus ein theoretisches Konzept aufstellte, legte er den Fokus seiner Naturwahrnehmung auf mikroskopisch kleine ‚Schöpfungswunder': Die Schönheit im Schmutz und im Schlamm diente ihm als Beleg einer sinnhaft strukturierten Natur. Siehe Bernhard Kleeberg: *Theophysis. Ernst Haeckels Philosophie des Naturganzen.* Köln / Weimar / Wien: Böhlau 2005, S. 89–91.

22 Sigmund Freud: *Vorlesungen zur Einführung in die Psychoanalyse.* In: Ders. *Studienausgabe in zehn Bänden mit einem Ergänzungsband*, Bd. I, hrsg. v. Alexander Mitscherlich / James Strachey / Angela Richards. Frankfurt am Main: Fischer 1989, S. 34–445, hier S. 283–284. Freud betrachtet die Entdeckung des Unbewussten als dritte Kränkung des menschlichen Selbstbildes und inszeniert sich selbst somit als Nachfolger von Kopernikus und Darwin. Werner Michler hat darauf hingewiesen, dass es sich bei Freuds Kränkungsparadigma um ein Kryptozitat aus Ernst Haeckels *Natürliche[r] Schöpfungsgeschichte* handele, vgl. Werner Michler: *Darwinismus und Literatur. Naturwissenschaftliche und literarische Intelligenz in Österreich, 1869–1914.* Wien: Böhlau 1999, S. 102.

23 Gillian Beer: *Darwin's Plots. Evolutionary Narrative in Darwin, George Eliot and Nineteenth Century Fiction.* Cambridge University Press 2009, S. 7: „Many Victorian rejections of evolutionary ideas register a physical shudder. In its early readers one of the lurking fears it conjured was miscegeny – the frog in the bed – or what Ruskin called the ‚filthy heraldries which record the relation of humanity to the ascidian and the crocodile'".

Mit *Das Liebesleben in der Natur* vollzieht sich scheinbar das Gegenteil: Die Vorstellung einer Verwandtschaft figuriert hier nicht als Auslöser von phobischen Reaktionen, vielmehr folgt, um bei Beers Bild zu bleiben, auf den Fund des Frosches im Bett ein optimistischer Jubelgesang, der freilich nicht weniger bedenklich anmutet als die viktorianisch prüde Haltung. Nachdem Bölsche seinen Leserinnen und Lesern bereits mit der Anredeform ‚du' gleichsam auf den Leib gerückt ist, lässt er eine urtümliche Welt aus dampfenden, zuckenden Körpern wieder auferstehen. Auf die einleitenden Lockrufe ins Seichtwasser folgt zunächst eine Schilderung vom „Begattungssturm“ (I, S. 11) der Eintagsfliegen und danach die sieben Seiten lange Schilderung einer „Fisch-Orgie“ (I, S. 36) vor der Küste Norwegens, im Folgenden auszugsweise zitiert:

> In unermeßlichem Gewimmel zusammengedrängt, wälzt sich eine silberne Insel von Tieren heran.
> Der Häring [sic] naht, zu Millionen vereint. […] Jetzt hier, jetzt dort blitzt ein ganzer Körper herauf, als spielten weißblaue Flammen aus dem erregten, brausenden Element, als wolle die Insel sich in vulkanischen Zuckungen entladen. (I, S. 18)

> Endlich wird der Boden flach, die ersehnte Küste ist nah. Alle Radien streben jetzt in einen Punkt zusammen … und aus den dunklen Wassern schimmert die silberne Insel der Millionen, die ihren Schein bis in die Nebelwolken wirft.
> Aber die ungeheure Fischmenge staut sich. Die Enge des Zusammendrängens löst die ganze verhaltene Liebeswollust plötzlich aus, in einer Form, die, wie dieser ganze Massensturm, etwas beinahe Brutales, jedenfalls etwas Gigantisches hat. Durch die Salzflut ergießen sich dichte Wolken männlicher Samenflüssigkeit, Wolken so gewaltig, daß der Ozean sich weithin trübt, daß die ganze Silberinsel wollüstig bewegter Fische darin badet, darin schwimmt. […] Ein Schauspiel ohnegleichen. Die Zeugung zu einem Gesamtakt erweitert, unter dessen Zuckungen, dessen wilden Ergießungen der Ozean quillt und gärt. (I, S. 19–20)

Im Fischschwarm als „Insel von Tieren“ vollzieht sich ein orgiastisches Geschehen, das durch den Einsatz von Signalworten im Rahmen des textuellen Verfahrens simuliert wird: Von brausender Erregung und Zuckungen ist die Rede, von einer Menge, die sich staut, von der „Enge des Zusammendrängens“, gefolgt von einer plötzlichen Auflösung. Auf diesem Höhepunkt der Orgie kulminiert auch die Bildsprache, und zwar in der rhetorischen Verschmelzung von Hering und ejakulierendem Mann im Zeichen der Eroberung der Weltmeere: Es ist nicht etwa Fischmilch, sondern „dichte Wolken männlicher Samenflüssigkeit“, die sich durch „die Salzflut ergießen“, bis „der Ozean sich weithin trübt“ und unter „Zuckungen“ „quillt und gärt“.

Aus mehreren Gründen soll der Mensch sich selbst in dieser Fisch-Orgie erkennen. Zunächst zelebriert Bölsche den Fisch als Erfinder der heterosexuellen Liebe, denn unter den Wirbeltieren habe der Fisch als Erster die absolute Trennung von Mann und Weib vollzogen. „Vom Fisch an aufwärts giebt es keinen Rückfall unter dieses feste Prinzip hinunter mehr“, (I, S. 26) verkündet Bölsche:

> Das Amphibium erbte es [das Prinzip] vom Fisch, das Reptil vom Amphibium, das Säugetier vom Reptil. In der ansteigenden Kette der Säuger war es der Affe, der sein Doppelgeschlecht dem Menschen weitergab. Als Mann und Weib tritt der Mensch in die Geschichte ein. […] [D]er wirkliche wilde Urmensch, der das Mammut, den Höhlenbären und das Riesenfaultier jagte, umfing in der Höhle oder Sandgrube, die ihm als Schlupfwinkel diente, vom ersten Tage an sein wildes Urmenschenweib. (I, S. 26)

Vom Fisch an geht die Entwicklung steil aufwärts, über den Begattungsakt des Reptils, des Säugetiers und des Höhlenmenschen bis hin zur höchsten Kultur, denn gerade sie entwickelt sich Bölsche zufolge als direkte Verlängerung des Geschlechtstriebs: „Darum das groteske Nachtbild des Häringszuges. Dieselbe Naturkraft, die da unten in den grauen Urwassern gärt“ führe zur „purpurne[n] Lotusblume der Kultur. […] Weil es so ist, darum kann alles Vergangene nicht roh sein. Es muss selber dir wie eine edle Knospe scheinen.“ (I, S. 43)

Die auf den ersten Blick bescheiden anmutende Parallelisierung von Hering und Mensch dient paradoxerweise der Überhöhung des Letzteren, denn Bölsches Heringe werden mit „etwas Gigantische[m]“ (I, S. 19) assoziiert. Zwar endet die „Fisch-Orgie“ für eine Unzahl „liebesentflammter Häringe“ tödlich: Sie werden von einem ebenfalls „gigantische[n] Finnwal“ verschlungen, vom entsetzlichen Gebiss der Haie „wie Butter zermalmt“ und verfangen sich schließlich „inmitten all ihrer Wollust“ in Fischernetzen, um anschließend in die Boote geworfen und vermutlich von Menschen verspeist zu werden. (I, S. 21) In raunendem Tonfall heißt es jedoch daraufhin: „Aber der große dunkle Zweck ist erfüllt“ (I, S. 22). Die Maschen der Fischernetze „überziehen sich mit dickem, hemmendem Schleim: Sie sind in das Meer von freischwimmendem Samen hineingeraten.“ (I, S. 21) Aus den befruchteten Eiern werde „ein Heer winziger neuer Fischlein entstehen. Bis auch über sie in schwellender Reife die Sehnsucht kommt.“ (I, S. 22)

In ihrer von Gilles Deleuze inspirierten Lektüre der Schriften Darwins hat Elisabeth Grosz unlängst eine Reihe antiessentialistischer, dynamischer und insofern offener Grundzüge herausgearbeitet.[24] Ein entsprechendes Unterfangen wäre mit den deutschsprachigen Adepten Darwins wenig sinnvoll: Bölsches Projekt einer lektürebasierten Partizipation des Menschen an der „Fisch-Orgie“ ließe sich zwar als eine Fantasie vom Tierwerden begreifen, aber dieses Tierwerden dient nicht dem Kleinwerden als Dezentrierung oder Verflüchtigung von Sinn, wie es Deleuze befürworten würde, im Gegenteil: „Nichts bleibt da innerlich klein“, verspricht Bölsche, „Licht strömt zurück auf diese […] Fische im Ozean.“ (I, S. 43)

Den evolutionistischen Enthusiasmus um 1900 hat Werner Michler als das Phänomen einer massenpsychologischen Überwindung seelischer Widerstände charakterisiert: Von der von Freud bezeugten Kränkung sei in weiten Teilen gerade der deutschsprachigen Darwin-Rezeption überhaupt keine Spur, man müsse sich also fragen, warum die Evolutionstheorie, wenn sie denn als Kränkung zu verstehen sei, eine so große Anhängerschaft gewinnen konnte.[25] Wenn eine heftig abgewehrte Sehnsucht darin besteht, sich in den Sumpf hineinzustürzen und sich als Tier zu bekennen, dann dürfte der Erfolg Bölsches in der Tat die kollektive Bereitschaft voraussetzen, alle Widerstände zu überwinden, die einen solchen Impuls hemmen. Das Problem ist allerdings, dass jene Dichotomie, die man mit Theweleit als ‚soldatisch-männlicher Körper versus Sumpf‘ bezeichnen könnte, dadurch eher zugespitzt als überwunden wird. Das Kränkungsparadigma wird bei Bölsche nur scheinbar obsolet. Entscheidend ist, dass bei Bölsche die Vorstellung des Kleinseins und der Nähe zum Urschlamm bis zum Schluss im Grunde negativ besetzt bleibt: „[D]u und wir alle ein Gewürm dieser dicken Kugel Erde“, (I, S. 78) konstatiert er, allerdings nur um mit narrativen Mitteln eine Möglichkeit herzustellen, gestärkt aus der Gefahr hervorzugehen, die der Vergleich mit dem Gewürm für das Selbstbild bedeutet.

24 Elisabeth Grosz: *The Nick of Time. Politics, Evolution, and the Untimely.* Durham: Duke University Press 2004, S. 17–19. Grosz legt die Betonung auf die Rolle von Differenz und Wiederholung bei Darwin, der seine Theorie unterwegs und im Zeichen der Offenheit entwickelt habe.

25 Michler: *Darwinismus und Literatur*, S. 103.

Zusammenfassend lässt sich konstatieren, dass Bölsches Erfolg damit zusammenhängen dürfte, dass er eine Form von Immunisierung gegenüber der Gefahr der Kränkung verspricht. Dies geschieht zum einen durch die genüssliche Inszenierung der menschlichen Teilhabe an einer animalisch-natürlichen Potenz: Das Motiv einer Verbundenheit von Mensch und Tier dient offenbar dazu, sich der eigenen Virilität im Zeitalter von Industrialisierung und Nervosität zu versichern. Zum anderen wird die Krise durch teleologische Vorstellungen umgangen, die eine Überhöhung des Vergangenen und Niederen bewirken: In den einfachsten Lebensformen wird der Keim des Fortschritts vermutet. Bölsches serielle Auseinandersetzung mit dem „Begattungssturm" (I, S. 11) vollzieht sich im Rahmen einer Sinnzuschreibung. In diesem Narrativ verdichten sich die Begattungsakte zur vorgeblichen Evidenz, dass das Leben einen „Zweck" erfülle, der „über das Individuum [...] hinaus" (I, S. 12) greift. *Das Liebesleben in der Natur* steht im Zeichen der grenzenlosen Potenz und Fruchtbarkeit, hier geht das Kleinwerden in eine Großmachtfantasie über, und diese Dynamik strukturiert sämtliche Tierbeschreibungen der Trilogie. Anhand einer vergleichenden Lektüre mit Darwin und Haeckel soll im Folgenden genauer demonstriert werden, wie die Regressionsfantasie bei Bölsche in den Dienst des Teleologieprinzips gestellt wird.

3. Amorphe Ahnen. Darwin, Haeckel und Bölsche

Mit seinem „erotischen Monismus"[26] trägt Wilhelm Bölsche zu einer gewaltigen Verschiebung evolutionistischer Rhetorik bei. Seine Schreibweise schöpft aus den Arbeiten des Jenaer Biologen und Philosophen Ernst Haeckel, dessen Transformation der Evolutionstheorie er literarisch umsetzt und auf die Spitze treibt. Bernhard Kleeberg hat gezeigt, bis zu welchem Ausmaß die Thesen Darwins durch Haeckel unterschwellig an romantische und naturteleologische

26 Siehe Alfred Kelly: *Descent of Darwin. The Popularization of Darwinism in Germany, 1860–1914*. University of North Carolina Press 1981, S. 36–56: „Erotic Monism – The Climax of Popular Darwinism". Für eine literaturwissenschaftliche Herangehensweise siehe Monika Fick: *Sinnenwelt und Weltseele. Der psychophysische Monismus in der Literatur der Jahrhundertwende*. Tübingen: Niemeyer 1993; zu Bölsche siehe ebd., S. 59–62, 174–176.

Vorstellungen angepasst wurden.[27] Was bei Haeckel wie bei Bölsche dafür abhanden geht, bildet den zentralen Gegenstand von Gillian Beers Darwin-Lektüre: Das Neue am Denkgebäude Darwins besteht Beer zufolge in der radikalen Desorientierung. Darwin sei zutiefst polyvalent, wobei seine antiteleologische Tendenz in einem Spannungsverhältnis zu einer Sprache stehe, die noch vom Teleologiegedanken durchdrungen sei: „He was telling a new story, against the grain of the language available to tell it in.“[28]
Für die mit Haeckel beginnende Rezeptionslinie, und darin besteht mit Blick auf Bölsche das Wesentliche, bewirkt das Wissen um die Evolutionsgeschichte keine Desorientierung, im Gegenteil: Die Entwicklungslehre bezeichnet Haeckel als „sichere[n] Ariadnefaden, den wir [...] in fester Hand halten“,[29] den Monismus als „Katechismus“,[30] der Wortbedeutung nach also als Leitfaden oder gar als Religionsersatz. Beer betont, dass der Fortschrittsgedanke bei Darwin zwar erkennbar sei, sich allerdings nie ganz von der Idee einer bis dahin unvorstellbaren Form des Sterbens erholt habe. In einer vielzitierten Passage in *On the Origin of Species* (1859) konstatiert Darwin, dass die überwiegende Mehrheit aller Entwicklungslinien unterbrochen werden und dass nur ein geringer Anteil der heute vorhandenen Lebewesen in einer entfernten Zukunft Nachkommen haben werden. Die meisten Arten sterben aus:

> Judging from the past, we may safely infer that not one living species will transmit its unaltered likeness to a distant futurity. And of the species now living very few will transmit progeny of any kind to a far distant futurity; for the manner in which all organic beings are grouped, shows that the greater number of species

27 Kleeberg: *Theophysis,* wo eine zentrale These darin besteht, dass Haeckel sich innerhalb jener teleologischen Deutungsmuster bewegt, die er zu verabschieden vorgibt. Zur tragenden Rolle der Goethe-Rezeption für Haeckels Darwin-Transformationen siehe außerdem Hans Werner Ingensiep: Metamorphosen der Metamorphosenlehre. Zur Goethe-Rezeption in der Biologie von der Romantik bis in die Gegenwart. In: Peter Matussek (Hrsg.): *Goethe und die Verzeitlichung der Natur.* München: Beck 1998, S. 259–275.

28 Beer: *Darwin's Plots*, S. 3; vgl. auch ebd., S. 47–49.

29 Ernst Haeckel: Gott-Natur (Theopyhsis). Studien über monistische Religion. [1914] In: Olaf Breidbach / Uwe Hoßfeld (Hrsg.): *Gott-Natur (Theopyhsis).* Stuttgart: Steiner 2008, S. 37–107, hier S. 93 [57].

30 Haeckel: Gott-Natur (Theophysis), S. 84.

> of each genus, and all the species of many genera, have left no descendants, but have become utterly extinct.[31]

Das Wort „extinct" war vor Darwin nicht im heutigen Sinne geläufig,[32] und es ist bezeichnend für seine deutschsprachige Rezeption, dass dieser Begriff darin eine lediglich untergeordnete Rolle einnimmt: Der erotische Monismus Bölsches ist als Philosophie des grenzenlosen Optimismus bezeichnet worden, als Evolution ohne Opfer.[33] Wenn die Leistung Darwins darin bestand, teleologische Prämissen fragwürdig erscheinen zu lassen, betreiben seine berühmtesten deutschsprachigen Anhänger eine Restauration des Teleologieprinzips.[34] Wenn das Wissen um das Aussterben ein dunkles Zentrum von *On the Origin of Species* bildet, dann lässt sich die Linie Haeckel-Bölsche als der Versuch zusammenfassen, diesen Megatod rhetorisch zu umgehen. Wenn schließlich die durch Darwin geförderte Einsicht von der Verwandtschaft von Mensch und Tier eine Krise auslöste, trugen Haeckel und Bölsche dazu bei, das Bild vom Menschen als Krone der Schöpfung wieder zu verfestigen – und zwar paradoxerweise indem sie die intrinsische Verwandtschaft von Mensch und Tier noch stärker betonten als seinerzeit Darwin.

„Light will be thrown on the origin of man and his history"[35], lautete noch in *On the Origin of Species* die einzige Äußerung Darwins über die Konsequenzen der Evolutionstheorie für die Frage nach der biologischen Abstammung des Menschen. Diese Andeutung, die einer Auslassung gleichkam, bot Haeckel den Einstieg: Die These von der animalischen Herkunft des Menschen hat er als Erster im Namen des Darwinismus öffentlichkeitswirksam artikuliert. Bei einem Auftritt

31 Charles Darwin: *On the Origin of Species.* 5. überarb. u. erg. Aufl. London: Murray 1869, S. 578.

32 Lange schloss man bei Fossilienfunden unbekannter Tierarten darauf, dass diese an unbekanntem Ort weiterlebten. Erst 1796 stellte Georges Cuvier die These auf, dass Tierarten infolge katastrophaler klimatischer Veränderungen aussterben können. Dennoch wurde noch zu Zeiten Darwins der Begriff des Aussterbens vor allem auf ausgestorbene Adelsfamilien bezogen. Vgl. Gillan Beer: Darwin and the Uses of Extinction. In: *Victorian Studies* 51,2 (2009): Darwin and the Evolution of Victorian Studies, S. 321–331, hier S. 321–322, siehe auch Beer: *Darwin's Plots*, S. 13.

33 Kelly: *Descent of Darwin*, S. 48: „Obviously, erotic monism is a philosophy of boundless optimism. Chaos and pain are downgraded to a transitional stage."

34 Vgl. auch Sprengel: *Darwin in der Poesie*, S. 21.

35 Darwin: *On the Origin of Species*, S. 578.

vor der Stettiner Versammlung der Naturforscher im Jahr 1863 verkündete er, dass der Begriff von der „Verwandtschaft der Arten“ seit Darwin kein „blos bildlicher Ausdruck“ mehr sei, vielmehr gewinne der Begriff angesichts der Entwicklungslehre „seine volle ursprüngliche sachliche Bedeutung“ wieder, „indem er uns die gemeinsame Abstammung derselben [der Arten] von einem Stammvater, ihre wirkliche B l u t s - V e r w a n d t s c h a f t , enthüllt.“[36] Diese These wird durch Haeckel von Beginn an als freudige Botschaft, als säkulares Evangelium formuliert. Entsprechend wurde seine Rede rezipiert: Im Jahr 1908 erklärt Hermann Bahr rückblickend, dass Haeckel mit seiner Stettiner Rede der „deutsche Führer zur Natur“[37] geworden sei, „in diesem, der einem jungen Germanenkönig glich, lag immer schon ein zitterndes Verlangen der Ungeduld, Erwartung und Bereitschaft zu den großen Verwegenheiten. [...] Haeckel, jung und schön und hell, [...] dieser glühende, Jugend ausdampfende, wie der Morgen leuchtende Mensch sprach aus, was Darwin war.“[38] In Gestalt des hellen Germanenkönigs wird Haeckel somit als Oberhaupt einer Großfamilie dargestellt, er wird zum „deutschen Führer“ einer Bewegung erklärt, die von der biologisch begründeten Zusammengehörigkeit des Menschen mit der gesamten Natur ausgeht: „Früher war's eine Naturgeschichte, jetzt ist's unsere Familiengeschichte; da hören wir doch ganz anders zu“.[39]

Haeckels Stettiner Rede ist ein Dokument dafür, wie jegliche Krisenstimmung, die das Wissen um die Verwandtschaft von Mensch und Tier hätte verursachen können, im Augenblick seiner expliziten Artikulation umgangen wurde. Haeckel spricht von einer „progressive[n] Metamorphose“[40] der Lebewesen und verwendet wiederholt das

36 Ernst Haeckel: Ueber die Entwicklungstheorie Darwins. In: C.A. Dohrn / Dr. Behm (Hrsg.): *Amtlicher Bericht über die acht und dreißigste Versammlung deutscher Naturforscher und Ärzte in Stettin im September 1863*. Stettin: Hessenlands Buchdruckerei 1864, S. 17–30, hier S. 29–30.

37 Hermann Bahr: Natur. In: Ders.: *Essays*. Leipzig: Insel 1912, S. 127–136, hier S. 132. Zu den literatur- und kulturgeschichtlichen Folgen von Haeckels Rede, u. a. am Beispiel von Bahr, siehe Ursula Renner: „Jetzt aber war der Mensch auch ein Tier geworden“. Verwandlungsgeschichten um 1900. In: *Hofmannsthal Jahrbuch zur europäischen Moderne* 19 (2011), S. 357–399.

38 Bahr: Natur, S. 127.

39 Ebd., S. 133.

40 Haeckel: Ueber die Entwicklungstheorie Darwins, S. 26.

Bild einer Stufenleiter, die vom Knorpelfisch über Labyrinthodonten, Reptilien, fliegende Eidechsen, känguruartige Beuteltiere und Affen bis hin zum Menschen führt: „Wenn man von da an Stufe für Stufe in der Schichtenfolge aufwärts steigt, so bemerkt man, wie diese niedrigen, unvollkommenen Geschöpfe durch zahlreichere, höhere, vollkommenere Formen verdrängt werden“, bis mit dem Menschen die „höchste Stufe“ der Säugetiere erreicht sei.[41] Von dieser bislang höchsten Stufe werde der Siegeszug noch weiter gehen, denn Haeckel ruft das „Gesetz des Fortschritts“ aus, das auch für „das Soziale“ gültig sei.[42] Den durch ihn selbst repräsentierten naturwissenschaftlichen Fortschritt begreift er als nahtlose Fortsetzung des biologischen: „Denn dieser Fortschritt ist ein Naturgesetz […]. Schon der blosse Stillstand ist ein Rückschritt und jeder Rückschritt trägt den Keim des Todes in sich selbst. Nur dem Fortschritte gehört die Zukunft.“[43] Indem Haeckel den Fortschritt als Gesetz des Lebens proklamiert und das Stehenbleiben bereits mit dem Tod als Gegenteil des Lebens verbindet, erscheint der Tod als unnatürlicher Widersinn. Als sei ihm an der Abschaffung des Todes gelegen, spricht Haeckel noch in seinen letzten Schriften von der anorganischen als von der „sogenannten toten Natur“,[44] denn seiner monistischen Lehre zufolge ist das ganze Universum, sind auch Kristalle und Steine beseelt.[45] Das Bild von der „Stufenleiter der aufsteigenden Entwicklung“[46] zieht sich bis in die 1910er Jahre hinein durch seine Schriften.

Vor diesem Hintergrund ist die abgründige Rhetorik auffällig, auf welche Darwin selbst zurückgreift, wenn er acht Jahre nach Haeckels Stettiner Rede mit *The Descent of Man* (1871) auf die Frage nach der Abstammung des Menschen näher eingeht. Der Kontrast zum hymnischen Stil in der deutschsprachigen Rezeption ist kein bloßes Oberflächenphänomen:

41 Haeckel: Ueber die Entwicklungstheorie Darwins, S. 27.

42 Ebd., S. 28.

43 Ebd.

44 Haeckel: Gott-Natur (Theophysis), S. 82.

45 Siehe u. a. Ernst Haeckel: *Kristallseelen. Studien über das anorganische Leben.* Leipzig: Kröner 1917; ders.: *Zellseelen und Seelenzellen. Vortrag gehalten am 22. März 1878 in der Concordia zu Wien.* Leipzig: Alfred Kröner 1923.

46 Haeckel: Gott-Natur (Theophysis), S. 85.

> The early progenitors of man must have been once covered with hair, both sexes having beards; their ears were probably pointed, and capable of movement; and their bodies were provided with a tail, having the proper muscles. [...] The males had great canine teeth which served them as formidable weapons. At a much earlier period the uterus was double, [...] the eye was probably protected by a third eyelid or nicitating membrane. At a still earlier period the progenitors of man must have been aquatic in their habits; for morphology plainly tells us that our lungs consist of a modified swim-bladder, which once served as a float. [...] In the lunar or weekly recurrent periods of some of our functions we apparently still retain traces of our primordial birthplace, a shore washed by the tides. [...] These early ancestors of man, thus seen in the dim recesses of time, must have been as simply, or even still more simply organized than the lancelet or amphioxus.[47]

In Verhältnis zu Haeckels Stettiner Rede fällt in dieser Passage zunächst das Bild der Abwärtsbewegung anstelle des Bildes von der Stufenleiter auf. Die Frage nach der Abstammung des Menschen, *The Descent of Man*, wird hier nicht nur verhandelt, sondern im Modus des Indirekten mit einem Textverfahren kommentiert, das eine rückläufige Bewegung inszeniert: von „[t]he early“ über „[a]t a much earlier period“ bis hin zu „[a]t a still earlier period“. Wenn hier die Menschheit mit ihren frühen Ahnen konfrontiert wird, erscheinen in einer gleitenden Aufreihung Weibchen mit Bart („both sexes having beards“) und nicht näher bestimmte Lebewesen mit spitzen, beweglichen Ohren, Hundegebiss und wedelndem Schwanz („tail, having the proper muscles“). Noch früheren Ahnen wird eine doppelte Gebärmutter („the uterus was double“) und ein drittes Augenlid zugesprochen, das als Nickhaut, waagerecht und reptilienhaft vor dem Auge gezuckt haben müsse („third eyelid or nicitating membrane“). Am Ende der Passage dreht Darwin die Entwicklung noch weiter zurück und zugleich nach unten, bis er sich schließlich auf die Menschheit insgesamt implizit als auf ein menstruierendes ‚Wir‘ bezieht, dessen monatliche Zyklen nämlich vom Wechsel der Gezeiten und somit von einer Herkunft im Meer zeugen („lunar or weekly recurrent periods of some of our functions“).

Indem die Rückwärtsbewegung in die menschliche Vergangenheit als räumlicher Abstieg in dunkle Gewässer erzählt wird, lenkt die Passage

47 Charles Darwin: *The Descent of Man, and Selection in Relation to Sex. The Works of Charles Darwin*, Bd. 21, hrsg. v. Paul H. Barrett / R. B. Freeman. London: Pickering 1989, S. 166.

die Aufmerksamkeit auf die zweite Bedeutung des titelgebenden Substantivs *descent*: ‚The Descent of Man' vollzieht sich hier regelrecht als ‚Abstieg des Menschen'. Von besonderer Signifikanz ist die Verräumlichung der Zeit, die am Ende der Passage durch die Vorstellung des Sehens zusätzlich hervorgehoben wird: Die frühen Ahnen des Menschen, gesehen in den trüben, verschwommenen Hohlräumen, Nischen oder gar Unterbrechungen der Zeit („seen in the dim recesses of time"), seien noch einfacher organisiert gewesen als das erste Lebewesen mit Rückgrat, nämlich das Lanzettfischchen („lancelot"). Das Bild von Nischen oder Unterbrechungen der Zeit führt die Gedanken zu den ausgestorbenen Lebensformen, die Darwin bereits in *On the Origin of Species* darauf schließen ließen, dass die meisten evolutionären Linien unterbrochen werden. Von diesen Sackgassen der Evolution, die Darwin zufolge eher Regel als Ausnahme bilden, zeugen die Fossilien als versteinertes Leben, Splitter der Zeit.

In *Das Liebesleben in der Natur* geht Bölsche auf den ersten Blick mit der Evolutionstheorie um, als hätte er dabei nicht nur die von Haeckel zugespitzte Rhetorik der aufsteigenden Entwicklung, sondern zugleich Darwins doppelbödigen Umgang mit dem Titelwort ‚Descent' im Sinn: „Medusen, Würmer und Krebse", so Bölsche, bilden „nur eine Stufe, über die du noch weiter hinab kannst", und zwar zu Wesen, die „gar keine Organe mehr besitzen" und dennoch über eine „große Ähnlichkeit mit dir" verfügen. (I, S. 97) Anders als bei Darwin wird hier jedoch die Abwärtsbewegung durch die Betonung des Könnens („noch weiter hinab kannst") als sportliche Leistung dargestellt: „Mit solchem Bazillus hast du denn in der That jetzt das Unterste, das Einfachste erreicht" (I, S. 98), konstatiert Bölsche und resümiert: „Wir sind an dem Leitseil Darwins hinabgeklettert in den Schacht der Jahrmillionen so tief es ging. Vom Kompliziertesten zum Einfachsten. Vom Menschen zum Bazillus." (I, S. 100)

Für Bölsche ist das Hinabklettern in die Welt der Quallen, Würmer und Einzeller nur als Bedingung des Aufstiegs von Belang. Gegen die Thanatos-Linie Darwins, die in ihrer verräumlichten Zeit Abgründe eröffnet, stellt er eine dynamische, vitalistische Liebesrhetorik, die es erlaubt, die virtuelle Evolutionsleiter mit unbeschädigtem Selbstbild wieder herauf zu klettern. Von der Liebe der Niederen lernen, heißt hier, groß werden lernen. Es geht ums Aufsteigen: „Sie [die Liebe] lehrt uns die einzige Form, wo die Vernichtung nicht grauenvoll ist. Wo sie ein seliges Aufsteigen in eine höhere Gemeinschaft ist." (I, S. 39) Die Formulierung entspricht der Vorstellung, dass den Fischkörpern die Kraft zur Höherentwicklung innewohnt. Dem Fisch ist die Menschwerdung gleichsam einprogrammiert: „Jahrmillionen zurück: und der Mensch ist Fisch, ein Urfisch verschollener Zeit, in dem nur erst die Anlage steckte, dermaleinst ein Mensch zu werden" (I, S. 22).

Zwar gibt es Bölsche zufolge vom Fisch an aufwärts keinen Rückfall, denn ein Rückfall würde, mit Haeckel gesprochen, den „Keim des Todes"[48] in sich tragen. Zentral ist allerdings die Vorstellung, am Fischsein immer wieder anzuknüpfen: „Erinnere dich …" (I, S. 7–8), wiederholt Bölsche zu Beginn des ersten Bandes alle paar Zeilen. Dieser Aufruf impliziert eine „Ur-Erinnerung" (I, S. 9), ein Leibgedächtnis,[49] das jeder Leserin und jedem Leser den Zugang zum früheren Dasein als Fisch und somit auch zu den Orgien der Heringe in der Gegenwart ermöglichen soll. In dieser auffälligen „Doppelstruktur aus regressiver Phantasie und Fortschrittsoptimismus"[50] zeigt sich Bölsches dramatische Interpretation von Ernst Haeckel: Für Bölsche ist die Möglichkeit eines Leibgedächtnisses sowohl aufgrund der gattungsgeschichtlichen Vergangenheit des Menschen als auch aufgrund seines embryonalen Vorlebens möglich. Diese Vorstellung bezieht sich auf das sogenannte Biogenetische Grundgesetz Haeckels, wie dieser es im Jahr 1866 in der *Generellen Morphologie* zum Naturgesetz erklärte, mit der *Natürlichen Schöpfungsgeschichte* 1868 weiterentwickelte und 1874 zum Ausgangspunkt seiner *Anthropogenie* erklärte.[51] Die Beobachtung, dass die Embryonen sämtlicher Wirbeltiere Merkmale stammesgeschichtlich älterer Lebewesen aufweisen, hatte Haeckel als Beleg dafür gewertet, dass die Ontogenese grundsätzlich als Rekapitulation der Phylogenese zu verstehen sei: Die embryologische Entwicklung des Individuums wiederhole die Entwicklung seiner Gattung in gedrungener Form. Die Kiemenspalten und das freistehende

48 Haeckel: Ueber die Entwicklungstheorie Darwins, S. 28.

49 Vgl. Stöckmann: Im Allsein der Texte, S. 267.

50 Ebd., S. 270.

51 Kleeberg erläutert die Hintergründe von Haeckels Biogenetischem Grundgesetz in der romantischen Biologie, der idealistischen Morphologie und der Naturphilosophie Schellings: Haeckel reformuliere das romantisch-idealistische Gesetz des Parallelismus und passe es der darwinistischen Deszendenztheorie an, siehe Kleeberg: *Theophysis*, S. 136–137, 140.

Schwänzchen des menschlichen Embryos in den ersten zwei Monaten sei in diesem Sinne „ein unwiderleglicher Zeuge für die unleugbare Thatsache, daß er von geschwänzten Voreltern abstammt".[52] Zu gewisser Zeit habe der menschliche Embryo „im Wesentlichen den anatomischen Bau eines Lanzetthierchens, später eines Fisches, noch später den Bau von Amphibien-Formen und Säugethier-Formen"[53] besessen. Die Embryologie nannte Haeckel deshalb ein „schwere[s] Geschütz im ‚Kampf um die Wahrheit'".[54]
Für die Frage danach, was genau an Bölsches Schilderungen dazu geeignet ist, aus gegenwärtiger Perspektive ein Unbehagen hervorzurufen, sind Haeckels Bildtafeln zur Illustration dieses Prinzips besonders aufschlussreich. Haeckels Bilder und Bölsches Narrativ erhellen sich gegenseitig: Wie sich im Folgenden zeigt, kann *Das Liebesleben in der Natur* sowohl als narrative Zuspitzung des Biogenetischen Grundgesetzes gelesen werden, als auch als Antwort auf die Illustrationen in Haeckels *Anthropogenie.*

4. Der Urfisch im Mutterleib. Haeckels Schautafeln und Bölsches *Liebesleben*

Im Jahr 1891 rezensierte Bölsche die vierte, um einige Illustrationen ergänzte Auflage von Haeckels *Anthropogenie* und bezeichnete das Buch als Baustein einer „sich bildenden, neuen an die Naturwissenschaft anknüpfenden Weltanschauung" sowie als „Dokument einer in den höchsten Geistesregionen ausgefochtenen Wahrheitsschlacht".[55] Für die Konstitution dieser biologisch begründeten Weltanschauung[56] ist sowohl die visualisierende Rhetorik als auch das visuelle

52 Ernst Haeckel: *Natürliche Schöpfungsgeschichte.* Berlin: Reimer 1872, S. 258.

53 Siehe Ernst Haeckel: *Anthropogenie. Mit 15 Tafeln, 330 Holzschnitten und 44 genetischen Tabellen.* 3., umgearb. Aufl. Leipzig: Engelmann 1877, S. 4.

54 Ebd., S. XVI.

55 Wilhelm Bölsche: Häckels Anthropogenie im neuen Gewande. In: *Freie Bühne* 2 (1891), S. 1097–1101; 1217–1221, hier S. 1098. Dazu siehe auch Olaf Breidbach: Bemerkungen zu Wilhelm Bölsches Bedeutung für die Popularisierung der Naturwissenschaften. In: Susen / Wack (Hrsg.): *„Was wir im Verstande ausjäten"*, S. 225–246, hier S. 225.

56 Zum Begriff der Weltanschauung siehe v. a. Horst Thomé: Weltanschauungsliteratur. Vorüberlegungen zu Funktion und Texttyp. In: Lutz Danneberg / Friedrich Vollhardt (Hrsg.): *Wissen in Literatur im 19. Jahrhundert.* Tübingen: de Gruyter 2002, S. 338–380.

Anschauungsmaterial wesentlich. Haeckels Theorie bezieht sich auf einer grundsätzlichen Ebene auf das Sichtbare: Mit der *Anthropogenie* widmet er sich der vergleichenden Morphologie und orientiert sich im Sinne von Goethes organologisch-ästhetischer Morphologiebegriff an Formen, Gestalten und Ordnungsprinzipien in der Natur. Was Haeckel an Form und Gestalt sieht, erfährt – dem Ideal der Anschaulichkeit entsprechend – mit den von ihm selbst angefertigten Illustrationen eine ästhetisierende Zuspitzung. Dass diese Herstellung von Evidenzen mit einer erheblichen interpretatorischen Tätigkeit einhergeht, liegt auf der Hand und macht das Material für aktualisierende Analysen umso fruchtbarer. Mit zeitlicher Distanz tritt das historisch Spezifische der Abbildungen dem Anspruch einer naturwissenschaftlichen Darstellung gegenüber in den Vordergrund, wobei auch der aktuelle Deutungshorizont als historisch spezifisch reflektiert werden muss: Aus heutiger Perspektive rufen Haeckels Bilder Assoziationen wach, die zur Zeit ihrer Entstehung kaum denkbar gewesen sein dürften. Die Tafeln lassen sich nicht betrachten, ohne dass sich das kulturelle und historische Wissen um die Geschichte des 20. Jahrhunderts aufdrängt.

Auf Haeckels Illustration zur „Vergleichung der Embryonen eines Fisches, eines Amphibiums, eines Reptils und eines Vogels" sowie „von vier verschiedenen Säugetieren (Schwein, Rind, Kaninchen und Mensch)"[57] (Abb. 1) sind acht Wesen in jeweils drei Stadien ihrer embryonalen Entwicklung dargestellt: Im ersten der drei abgebildeten Stadien ähneln sich die Embryonen der verschiedenen Lebewesen stark, erst im letzten Stadium lässt sich erraten, welcher Embryo zum Fisch und welcher zum Schwein, zum Hund oder zum Menschen werden wird. Das Bild soll veranschaulichen, dass auch die höheren Organismen zu Beginn ihrer Ontogenese der niedrigsten Ordnung angehören, um sich im Verlauf der embryonalen Entwicklung entsprechend der aufsteigenden phylogenetischen Stufenleiter noch im Mutterleib zu einer höheren Lebensform zu erheben.[58] Die Anordnung der Reihen ist allerdings suggestiv: Nur wenn man die Reihen senkrecht von oben nach unten liest, stehen die Tierarten vom Fisch bis zum Menschen getrennt nebeneinander. Nach abendländischer

57 Siehe Haeckel: *Anthropogenie*, Tafel VI, VII (o. Pag.); sowie ebd., S. 290 („Erklärung von Tafel VI und VII").

58 Kleeberg: *Theophysis*, S. 140.

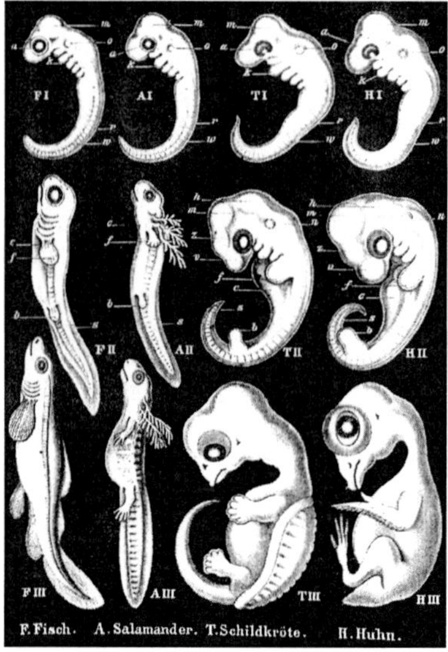

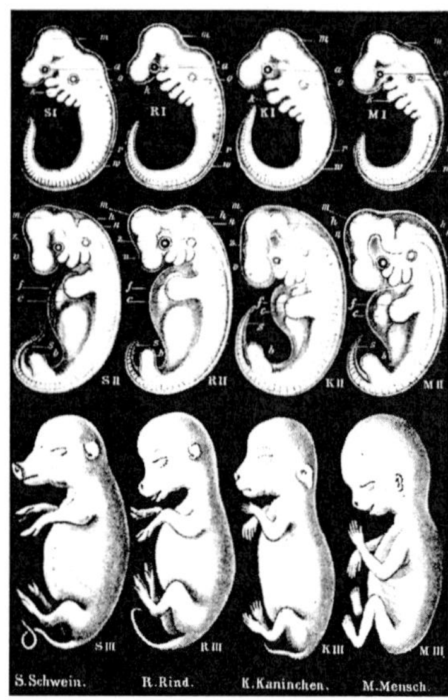

Abb. 1: Ernst Haeckel: Vergleichung der Embryonen eines Fisches, eines Amphibiums, eines Reptils und eines Vogels auf drei verschiedenen Entwickelungsstufen (links); Vergleichung der Embryonen von vier verschiedenen Säugetieren (Schwein, Rind, Kaninchen und Mensch) auf drei verschiedenen Entwickelungsstufen (rechts).

Lesegewohnheit ist eine Lektüre entlang der waagerechten Achse von links nach rechts naheliegender, und diese Lesart suggeriert eine Metamorphose, bei der die hierarchisch ansteigende Ahnenlinie mit der Vorstellung einer Heimsuchung durch nichtmenschliche Ahnen im menschlichen Mutterleib einhergeht: Als befände sich in der Gebärmutter der Embryo eines Fisches, der sich zunächst in den Embryo eines Amphibiums verwandelt, um dann der Reihe nach zum Reptil, Vogel, Schwein, Rind, Kaninchen und schließlich zum Menschen zu werden. Das Bild lässt an eine Röntgenaufnahme denken, die Gespenstisches zum Vorschein bringt: Im Leib des Menschen werden die Figuren seiner eigenen animalischen Ahnengalerie zum Leben erweckt.

Bölsches Erzählstrategie in *Das Liebesleben in der Natur* lässt sich als die literarische Umsetzung einer solchen Lektüre dieser Schautafel von links nach rechts begreifen. Mit dem Fisch steht der Mensch Bölsche zufolge vor allem deshalb in Verbindung, weil jeder Mensch im

Mutterleib bereits „noch einmal Fisch“ gewesen sei, weil der Körper einer jeden Mutter als Nährboden für strebsame Urfische zu verstehen sei, die „immer aufwärts steigen“ wollen (I, S. 22–23):

> [T]ief im Leibe der schwangeren Mutter zeigt sich an dem keimenden Embryo ein großes, bedeutsames Mysterium. Der reifende Keim wird, ehe er Mensch wird, noch einmal Fisch. In der dunklen Muttertiefe, wo weder Land ist noch Meer, zeigen sich an der winzig zarten Knospe des kommenden Menschleins die Kiemspalten am Halse, die der Fisch braucht, um aus seinem Element, dem Wasser, besonders kunstvoll den nährenden Sauerstoff auszuscheiden. [...] Das Bild des Urfisches zittert wie im Dunste noch einmal auf, des Urfisches, der im Grau verdämmerter Zeiten höheren Wesen das Leben gab, Wesen, die immer aufwärts steigen sollten, bis zuletzt der Mensch wie eine neue Überwelt aus ihrer Krone flammte [...]. So ist auch dieses wilde, dieses groteske Bild aufs innigste verknüpft mit dir. (I, S. 22–23)

Hier wird der Sumpf und das trübe Gewässer, das „Grau verdämmerter Zeiten“, im Körper einer jeden schwangeren Frau verortet und als Herkunft des Individuums idealisiert: In der „dunklen Muttertiefe, wo weder Land ist noch Meer“ finden sich amorphe Lebewesen mit Kiemspalten am Halse, in der Schwangeren „zittert“ das „Bild des Urfisches [...] wie im Dunste noch einmal auf“.

Gerade mit Blick auf diesen Motivkomplex sind die Schautafeln Haeckels für das Verständnis der erzählerischen Dynamik bei Bölsche entscheidend. Die frühen Entwicklungsstadien des menschlichen Individuums werden einerseits mit dem Animalischen parallelisiert, andererseits mit einem Bild des Menschen kombiniert, das den vorangehenden Entwicklungsstadien als zielgerichtet erscheinen lässt.[59] Dabei erzeugt die scheinbar rein naturwissenschaftlich begründete Anordnung auf den Schautafeln Haeckels metonymische Verknüpfungen, die weit über den Bereich der Biologie hinausgehen: Die Bilder operieren mit religiösen, esoterischen und erotischen Konnotationen. Das Titelbild der *Anthropogenie* (Abb. 2) erzählt ebenfalls vom Biogenetischen Grundgesetz, allerdings mit Fokus auf die „Entwickelungsgeschichte des Gesichts“[60]. In einem schematischen Raster bestehend

59 Ebd., S. 141. Kleeberg zufolge zeigt sich in diesen Bildern, wie der Mensch bei Haeckel als vollkommenstes Wesen, wenn auch nicht als *causa finalis* Haeckel zufolge an der Spitze der natürlichen Entwicklung steht.

60 Haeckel: *Anthropogenie*, Tafel I (Titelbild): „Entwickelungsgeschichte des Gesichts von vier Säugetieren (Mensch, Fledermaus, Katze, Schaf) in drei verschiedenen Stadien der Ausbildung“, sowie ebd., S. 649 („Erklärung“).

aus zwei senkrechten Spalten mit je vier Kästen werden die verschiedenen Arten durch Porträts repräsentiert: Oben Mensch und Schaf, unten Fledermaus und Katze. Über allen vieren sind je zwei Modelle ihrer embryonalen Vorformen zu sehen, sodass jedes Wesen in dreifacher Ausführung dargestellt wird: Zweimal als Embryo, einmal in mehr oder weniger vertrauter Gestalt. Der Mensch erscheint hier als Mann mit hoher Stirn, gerader Nase, Vollbart und schulterlangem, gewelltem Haar, sein Mund ist leicht geöffnet. Er sieht aus wie ein Prophet, schwankend zwischen dem männlichen Schönheitsideal der Antike und dem mitteleuropäisch geprägten Bild einer blonden Christusfigur. Das neben ihm aufgestellte Schaf wird durch einen gehörnten Widder repräsentiert, der sowohl an das Tierkreiszeichen denken lässt als auch – mit dem Bärtigen kombiniert – an das dem christlichen Erlöser zugeordnete Opfertier; eine Vorstellung, die durch die Hörner allenfalls leicht ins Teuflische geschoben wird.
In der darunter befindlichen Reihe ist das Teuflische umso präsenter, und zwar in Kombination mit dem Weiblichen: Links unten befindet sich etwas, das Haeckel in der Bilderläuterung als das Gesicht einer Fledermaus bezeichnet. Was zu sehen ist, lässt sich kaum als Gesicht lesen: Der Ausschnitt und die Rahmung erzeugt den Eindruck einer behaarten Vulva mit Teufelsohren, wobei die Assoziation zum Weiblichen auch dem daneben befindlichen Bild einer Katze zu verdanken ist, deren böser Blick eher an die Bilderwelt der Hexenverfolgungen als an zoologische Taxonomie denken lässt. Über Mensch, Schaf, Fledermaus und Katze gruppieren sich die Embryonen als amorphe bis groteske Gestalten auf einer Bordüre – man denke an Bölsches Formulierung „[g]roteske Geschöpfe ohne eine Spur deiner Gestalt waren ‚du'". (I, S. 6) Unheimlich wirkt der Umstand, dass mit den Embryonen, wie im Falle der Fledermaus, etwas formal als Porträt dargeboten wird, was noch lange nicht die Kriterien dessen erfüllt, was man gemeinhin als Gegenstand eines Porträts, als ein Gesicht, bezeichnen würde. Hier werden Gesichter produziert, die den Begriff des Gesichts strapazieren und dazu beitragen, den für niedrig befundenen Lebensformen nicht nur eine Seele, sondern auch eine Zielrichtung zuzusprechen: Alle vier Wesen mitsamt den ihnen jeweils zugeordneten Embryonen sind dem Betrachter zugewandt, als seien sie Teil eines geschlossenen Heeres, mit dem Blick nach vorn. Dass sogar die Embryonen von vorn und in aufgerichteter Stellung

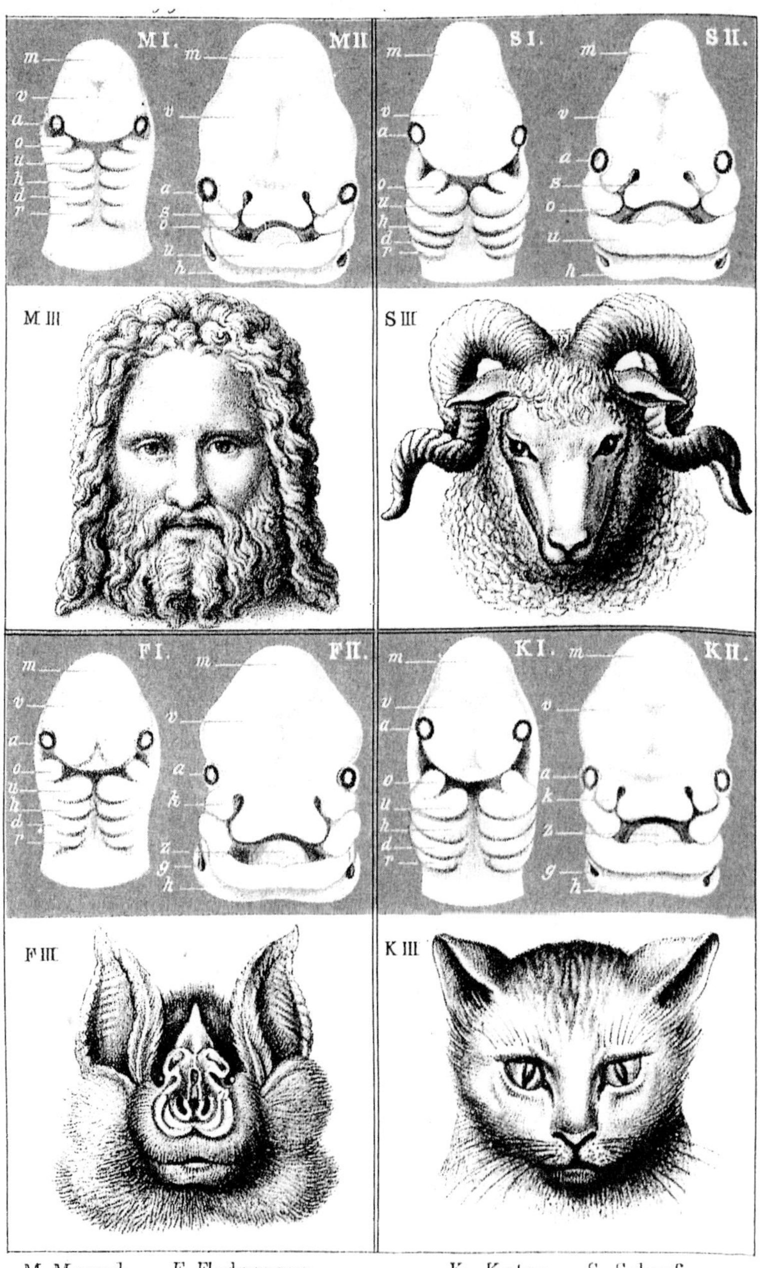

Abb. 2: Ernst Haeckel: Entwickelungsgeschichte des Gesichts von vier Säugethieren (Mensch, Fledermaus, Katze, Schaaf) in drei verschiedenen Stadien der Ausbildung).

Abb. 3: Giambattista della Porta: *De Humana Physiognomonia*, I–IV. Vici Aequensis: I Cacchium 1586, Buch III, S. 194 (ohne Titel).

abgebildet sind, lässt sie zudem wie phallische Symbole emporragen. Es stellt sich die Frage, was es ist, das uns hier anblickt: Ist es die menschliche Vergangenheit als Tier, die individuelle Vergangenheit als Embryo, die Wahrheit des Selbst als das denkbar Andere oder ist es das Gesicht als beseeltes Geschlechtsorgan?
Indem Haeckel Mensch und Schaf mit den Augen auf exakt gleicher Höhe darstellt, nötigt er den betrachtenden Blick dazu, die Schnauze des Widders mit der Prophetennase zu vergleichen. Diese Strategie, Verknüpfungen zwischen Mann und Widder zu erzeugen, schöpft aus einem breiten kulturellen Bildgedächtnis, das von einer Sichtweise der Welt als Netz geheimer Analogien bis hin zur Tradition der Karikatur reicht. Unter anderem erinnert die Form der Gegenüberstellung an die Illustrationen zur Physiognomik bei Giambattista della Porta, der die Ähnlichkeit menschlicher Gesichter mit verschiedenen Tieren optisch hervorhob, um von äußeren Merkmalen auf Charaktereigenschaften zu schließen (vgl. Abb. 3).[61] Mit dem Mann auf Haeckels Schautafel wird allerdings gerade nicht ein Schafskopf von

61 Giambattista della Porta: *De Humana Physiognomonia*, 4. Bde. Vici Aequensis: I Cacchium 1586, Buch III, S. 194.

Mensch, sondern vielmehr ein für besonders erfolgreich befundener Typus dargestellt, wodurch, rückblickend betrachtet, eine konnotative Nähe zu jenen Disziplinen entsteht, die im 20. Jahrhundert die Physiognomik beerben sollten, etwa zu den Rassentheorien und zur Eugenik.

Nicht weniger unheimlich mutet eine spätere Variation des gleichen Motivs an, von Haeckel erst mit der vierten, von Bölsche 1891 rezensierten Auflage der *Anthropogenie* hinzugefügt:[62] Auf einer Tafel mit dem Titel „Keimesgeschichte unseres menschlichen Antlitzes"[63] wird das biogenetische Grundgesetz als kreisförmige Struktur erzählt, die das zentral abgebildete Lebewesen ‚Frau und Mutter' wie eine Aura umstrahlt. (Abb. 4) Dieses Porträt befindet sich inmitten von sieben Gestalten: fünf nummerierten Embryonen, einem kleinen Buben und einer faltigen Greisin. Das Gesicht der alten Frau lässt an den Tod denken, wobei sich angesichts der kreisförmigen Struktur die Frage aufdrängt, ob der Mensch sich nach dem Tod womöglich wieder in eines jener merkwürdigen Wesen verwandeln könnte, die mit eins bis fünf nummeriert sind. Fest steht nämlich auch hier, dass die Wesen, die im Menschen heranwachsen, aus denen Menschen werden sollen, als denkbar fremd und befremdend dargestellt werden. Zugleich werden sie als tragende Bestandteile eines Gesamtzusammenhangs präsentiert, der mit allen ikonografischen Mitteln glorifiziert wird. Bei den Embryonen erzeugt auch hier der Porträtausschnitt durch das Fehlen eines zu porträtierenden Gesichts sonderbare Effekte: Embryo Nummer eins sieht wie ein Phallus aus, Nummer zwei und drei lassen die Assoziation zwischen Raupe, Verpuppung und ausgewachsenem Insekt schwanken. Embryo Nummer vier hat schief liegende Augen und streckt die Zunge heraus – eine fratzenhafte Visage, die an die Drolerien gotischer Kirchen gemahnt: Teufelsskulpturen,

62 Bölsche: Häckels Anthropogenie im neuen Gewande; siehe dazu Breidbach: Bemerkungen zu Wilhelm Bölsches Bedeutung für die Popularisierung der Naturwissenschaften, S. 225.

63 Da dieses Bild in den früheren Ausgaben nicht vorhanden ist, wird hier eine spätere Ausgabe zitiert, Ernst Haeckel: *Anthropogenie oder Entwickelungsgeschichte des Menschen. Keimes und Stammesgeschichte.* Leipzig: Engelmann 1910, Tafel I; siehe auch ebd., S. 918 („Erklärung"): „Diese Tafel zeigt die Veränderungen, welche unsere menschliche Gesichtsbildung während des individuellen Lebens erleidet. Das Antlitz ist in allen Figuren von vorn (voll en face) gesehen."

die das Böse verkörpern und zugleich abwehren sollen. Der letzte Embryo, Nummer fünf, führt die Gedanken zu Visualisierungen außerirdischen Lebens im Genre des *Science Fiction*. Es dürfte kein Zufall sein, dass die später dominierende Ikonografie des *Aliens* aus dem Weltall – die Kombination einer kindlichen Gesichtsstruktur mit insektoiden oder reptilienhaften Merkmalen – an Haeckels Embryonen erinnert: Das Fremdeste überhaupt war im 20. Jahrhundert schon längst im Körper des Menschen, in der Gebärmutter der Frau lokalisiert worden.

Wie der Mann, der auf Haeckels Illustration mit einem Widder parallelisiert wird, verkörpert auch die Frau im Zentrum des Bildes von der „Keimesgeschichte unseres menschlichen Antlitzes" einen bestimmten Typus. Es handelt sich dabei weder um jenes wilde Urmenschenweib, das in der Schilderung Bölsches vom Höhlenmenschen umfangen wird, noch um den abjekten weiblichen Körper, der sich den Sumpfwelten zuordnen ließe und der die Geschlechterrollen und die Individuation bedroht. Vielmehr wird hier die eigene, fremde Herkunft durch ein Frauenbild gebannt, das zwischen Nymphe, Madonna und der zeittypischen Projektion einer antiken Schönheit schwankt, nicht ohne den schwülstigen Schlafzimmerblick des *fin de siècle* – man beachte die Augenlider und die weiten Pupillen.

In *Das Liebesleben in der Natur* tragen verschiedene Frauenfiguren dazu bei, dass Fortpflanzungsvorgänge sowohl als grotesk dargestellt als auch für natürlich erklärt, stilisiert und überhöht werden. Für Bölsche ist die Frau das ursprünglichere Menschenwesen.[64] Ihre Anatomie wird einerseits konnotativ mit dem Schlamm und dem darin wohnenden Getier, also mit Vorstellungen des Unreinen und des Todes verbunden. Andererseits wird dieser sowohl der Fruchtbarkeit als auch Motivkomplex des Kreatürlichen von anderen Bildern des Weiblichen aufgefangen, die das Amorphe bannen und eine grandiose Zukunft versprechen sollen. Haeckels Tafel sollte man vor Augen haben, wenn der Erzähler in *Das Liebesleben in der Natur* einen Strand in Schweden mit dem „Urstrand" aller landlebenden Tiere verbindet und die Vorstellung eines schönen Mädchens evoziert. Er fragt, ob vielleicht die Spur ihres „nackten, weiblichen Fußes" (I, S. 92) im

64 Vgl. Berentsen: *„Vom Urnebel zum Zukunftsstaat"*, S. 109–110.

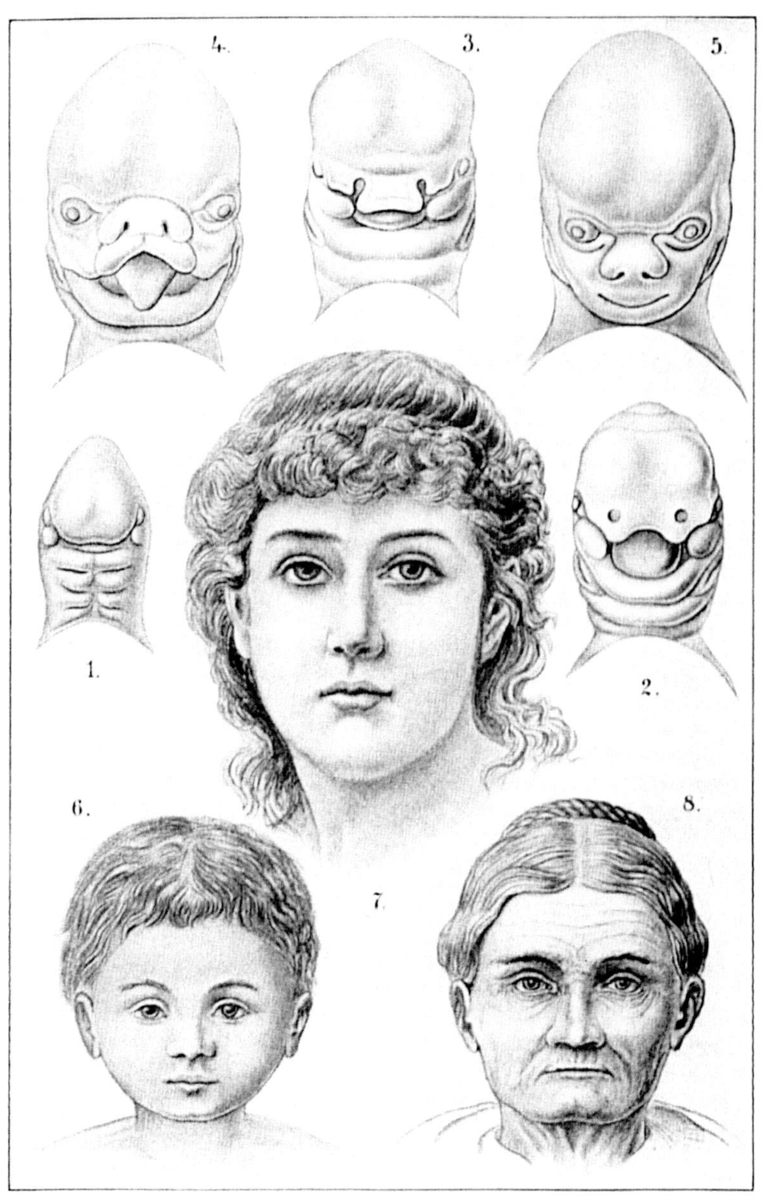

Abb. 3: Ernst Haeckel: Keimesgeschichte unseres menschlichen Anlitzes.

Sandstein noch zu finden sei. Nein, lautet die Antwort, zu jener Zeit habe es nur Krebse und Würmer am Strand gegeben: „Aber in dem Wurm, der dort sich für die Zeit der Ebbe ängstlich im Sande vergrub, enthalten der Kraft nach schon alle Menschenmädchen der kommenden Zeit …" (I, S. 96) Haeckels Tafel sollte man auch am Ende von *Das Liebesleben in der Natur* vor Augen haben, wo eine Zukunft ausgemalt wird, die von Frauen vorbereitet wird, die Rohkost essen und sittliches Nacktturnen als „Stählung" betreiben, um die „Unkraft des Kulturweibes" zu überwinden, damit „das Weib wieder zur echten Mutter, zum echten ‚Weibe'" werde. (III, S. 288)

Elisabeth Grosz zufolge werden die amorphen Herkünfte des Menschen bei Darwin nie gebannt, bei ihm werde die Vorstellung des Ursprungs überhaupt eher destabilisiert als verfestigt: „There is no origin of species because there is no unity from which descent is derived […]".[65] Am Ende von *The Descent of Man* legt Darwin die Betonung auf den Spuren der Herkunft in der Gegenwart: „Man still bears in his bodily frame the indelible stamp of his lowly origin."[66] Bölsche kehrt diese Formulierung gleichsam um und erkennt eine Ankündigung höherer Lebewesen bereits im niederen Tier:[67] „Schnabeltier, Beuteltier, Affe und Mensch steckten damals im Fisch." (I, S. 96) Im Schnabeltier, das noch im „wilde[n] Sumpfdickicht Australiens" (I, S. 27) lebt, wähnt er in diesem Sinne bereits die fest umrissene Gestalt einer menschlichen Mutter:

> Dort birgt sich das Schnabeltier, das niedrigste aller Säugetiere, heute noch ein Abbild der ersten Säuger auf Erden. Das Schnabeltier legt noch Eier wie ein Reptil; die unendlich innige Verkettung, die das Menschenkind im Mutterleibe mit dem mütterlichen Organismus erfährt, fehlt noch ganz. Aber schon trägt die eine der beiden überlebenden Arten dieser Schnabeltiere das Ei in einem weichen Hautbeutel am Leibe mit sich herum. Und ist das Junge hier endlich ausgebrütet, so leckt es aus einer Drüse des mütterlichen Leibes Milch. Das ist das Urbild der Mutter im menschlichen Sinne. […] Der Begriff der Mutter, überkommen vom Tier, aus der ganzen Kette dämonischer Gestalten vom grotesken

65 Grosz: *The Nick of Time*, S. 25. Darwin behandele den Begriff des Ursprungs als sprachliche Konstruktion und sei insofern postmodern (ebd., S. 23).

66 Darwin: *The Descent of Man*, S. 644.

67 Vgl. Hagner / Sarasin: Wilhelm Bölsche und der „Geist", S. 58: Bölsche drehe das Arrangement um und erkenne im Fisch bereits den Menschen: „Das wieder in die Evolution eingeschleuste Prinzip [des Geistes] kommt einer Revision Darwins gleich."

> Schnabeltier bis zum Orang-Utan und Gorilla herauf, flammt mit einem ganz neuen Lichte auf, da er in die Geschichte der Menschheit tritt. (I, S. 27–28)

Wie auf Haeckels Schautafel fungiert hier das „Urbild“ von der Mutter im Tierreich als Gegenpol zu jenem destabilisierenden Potential, das den Schilderungen unmenschlich wirkender entwicklungsbiologischer Verwandter innewohnt. Bölsches Erzählerpersona inszeniert zwar die komplette Entgrenzung, kehrt allerdings nach jeder Transgression zur Figur der Mutter zurück, an deren Schürze sie sich gleichsam festhält. Diese Mutter ist eine gesellschaftliche Institution, die mit einem Ideologiegebäude verknüpft ist – beginnend mit den Geschlechterrollen über die biologistische Befürwortung der bürgerlichen Kleinfamilie bis hin zur Idealisierung der germanischen Frau.

Während Darwin in *The Descent of Man* in Regionen weilt, die eine affirmative Rezeption seines Werks in der poststrukturalistischen und feministischen Theoriebildung ermöglichen, mündet das Narrativ seiner deutschsprachigen Adepten in Beschwörungen von Potenz, Fruchtbarkeit und steiler Progression, kombiniert mit einem Mutterbild, das das Amorphe bannt. Die Bilder gehen fließend ineinander über: In den Leibern der Mütter leben strebsame Fischwesen, denen der Wille innewohnt, zum Vertreter der „Überwelt“ (I, S. 23) heranzuwachsen. Selbst die Sixitinische Madonna Raffaels sei „im festen Kern ihrer Gestalt [...] ein Weib“, das „aus der Tierheit herüberkam“. (I, S. 24–25) Die Nähe zum Schlamm und seinem Getier stellt keine Bedrohung für das grandiose Bild des Menschen dar, wenn dieses in jedem vorangegangenen Glied der evolutionären Kette seine Bestätigung findet: „Der ganze kolossale wilde Unterbau der Geschlechtsliebe – vom Tier herauf, vom Fisch, von der Eintagsfliege – ist nötig, um die große Menschenschöpfung der Menschheitsliebe organisch werden zu lassen.“ (I, S. 33) Weil der Mensch bei Bölsche als das Ziel der ihm vorangegangenen Evolution gedacht wird, figuriert sogar die „Fisch-Orgie“ letzten Endes als Mittel menschlicher Selbstvergewisserung. An die tierische Vergangenheit anzuknüpfen, heißt hier, an der Aufwärtsbewegung teilzunehmen, die zu den höchsten geistigen Sphären führt: „Dieser Fisch, diese Eintagsfliege ist Christus, ist Goethe, ist Raffael. Ist das Evangelium, ist Faust, ist die Madonna. Ist die Menschenliebe, der Sternentraum, die Kunst.“ (I, S. 43).

5. Heringsschwarm und Massenerfahrung

> Nichts fürchtet der Mensch mehr als die Berührung durch Unbekanntes. […] Es ist die Masse allein, in der der Mensch von dieser Berührungsfurcht erlöst werden kann. Sie ist die einzige Situation, in der diese Furcht in ihr Gegenteil umschlägt.
>
> (Elias Canetti, *Masse und Macht*)

Die Betonung einer Mensch-Tier-Kontinuität in *Das Liebesleben in der Natur* lässt sich nicht als Dezentrierung oder Fragmentierung beschreiben, vielmehr mündet Bölsches Rhetorik der Entgrenzung in einen totalisierenden Diskurs:[68] Die mit literarischen Mitteln gestiftete Verwandtschaft von Mensch und Tier ist hier tragender Bestandteil der monistisch gedachten ‚All-Einheit', sie trägt zum Versuch bei, Ganzheit im Sinne einer geschlossenen Weltanschauung herzustellen. Offen bleibt dabei die Frage, wie sich solche rhetorische wie weltanschauliche Totalisierungsbemühungen zu politisch-totalitären Tendenzen verhalten. Horst Thomé behandelt den bei Bölsche zentralen Begriff der Weltanschauung als epochales Schlüsselwort und bezeichnet den immensen Bedarf an Weltanschauungsliteratur, der sich von der zweiten Hälfte des 19. Jahrhunderts bis hin zum Nationalsozialismus feststellen lässt, als Krisensymptom.[69] Die Vermutung, dass zwischen Totalisierungsbestreben und Totalitarismus ein Zusammenhang bestehen könnte, klingt auch bei Ingo Stöckmann an, der anhand von Bölsche von einer „*politische[n] und totalitäre[n] Latenz*"[70] der textuell reproduzierten Totalität des Organischen spricht.

Diese Problematik führt zurück zur eingangs festgestellten Ambivalenz der Textwelten Bölsches: Gerade das Totalisierungsbestreben in *Das Liebesleben in der Natur* wird durchgehend von einzelnen Momenten begleitet, die das paranoid strukturierte Narrativ der Stärke, des Aufstiegs und der Ganzheit sowohl stört als auch erst anspornt. Ein subversives Potential steckt im desintegrativen Motivkomplex des Kreatürlichen. Allerdings – und dies dürfte hiermit deutlich

68 Was dies für die Schreibweise bedeutet, zeigt Ingo Stöckmann in seiner Analyse der Textstrategien darwinistisch-monistischen Schreibens als semiotische Abdichtungsbemühungen gegen eine andrängende Phänomenwelt, vgl. Stöckmann: Im Allsein der Texte, S. 286, 288.

69 Thomé: Weltanschauungsliteratur, S. 344, 357.

70 Vgl. Stöckmann: Im Allsein der Texte, S. 291 (Herv. im Original).

geworden sein – geht die euphorische Affirmation all dessen, was das Menschenbild bedroht, bei Bölsche in die Fantasie über, Teil einer größeren Einheit zu sein, die wiederum in einer fortwährenden Aufwärtsbewegung begriffen ist. Dies gilt gerade dann, wenn der Mensch zum dritten Mal Fisch wird: Nach dem phylogenetisch bedingten Dasein als Fisch in der Gattungsgeschichte und dem ontogenetisch bedingten Dasein als Fisch im Mutterleib erfolgt durch die lesende Teilnahme an der „Fisch-Orgie“ (I, S. 20) ein Fischsein dritter Ordnungsstufe, als Wiederholung einer altbewährten Daseinsform qua „Ur-Erinnerung“ (I, S. 9), als Beschwörung einer gattungsübergreifenden Gemeinschaft beim Paarungsakt, der jedesmal die Teilhabe des Einzelnen an der Potenz, Größe und Stärke der Natur empfinden lassen soll.

Für die Vorstellung von Stärke, die in Bölsches Narrativ wirksam wird, ist die Bereitschaft wesentlich, sich als Teil des Tierschwarms zu begreifen. Bölsches Begriff des Sozialen wird direkt aus dem Biologischen hergeleitet:

> Das soziale Ideal. Wie das dampft, blutet, wogt in unsre fast grauenhaft helle Tageswirklichkeit hinein. […] Eine Frage, angelegt in jenen Eintagsfliegen, die der Brunftdrang aus der räuberischen Einsiedlerschaft des Larven-Individuums zu zwei Stunden Seligkeit der Geschlechtsgemeinschaft ohne Daseinssorgen erweckt. (I, S. 34)

Das Bild eines im engsten Sinne biologistischen, eines dampfenden, blutenden sozialen Ideals wird zunächst mit dem Bild des Fliegenschwarms verbunden und geht wenige Seiten später gleitend in die Vorstellung einer Menschenmasse uber. Bei Bölsche – und dies ist die finsterste Seite seiner Tierliebe – wartet der Schwarm, wartet die Masse bereits auf jemanden, der „ihre Sonne“ (I, S. 39) werden soll. Vom Bild des Abseilens in die Tiefe, in die topografisch unten befindliche Vergangenheit, geht Bölsche bereits um 1900 dazu über, eine Zukunftsvision zu evozieren, die hoch am Himmel situiert wird:

> Nur wie durch einen Riß in den Wolken kannst du das heute erst schauen. Denn die neue Weltanschauung formt sich noch, ballt sich, verdichtet sich und wirft Ringe selber erst wie ein werdender Stern. Wer will ahnen, was einst alles noch um sie kreisen und wer ihre Sonne werden wird. (I, S. 39)

Die Wolken am Himmel reißen, wer wird die Sonne der neuen Weltanschauung sein? Um die Wende zum 20. Jahrhundert, in *Das Liebesleben in der Natur*, geht es noch um die Weltanschauung einer evolutionsgeschichtlich wie sexuell aufgeklärten Menschheit. Philipp Sarasin und Michael Hagner haben hervorgehoben, dass Bölsche in einer anderen Schrift, knapp drei Jahrzehnte später, nur noch die Deutschen im Sinn hat:[71]

> Gewaltiger als irgendwo gehen diese Personen gerade durch unsere deutsche Geschichte bis auf den heutigen Tag. Wo die große Person sinkt, da erscheint das Volk zu sinken, wo sie plötzlich zwischen uns tritt, ist es allemal, als rissen die Nebel wieder. Was war Goethe selbst für solche Persönlichkeit, die durch die Zeiten wirkt, was der Freiherr von Stein, was der Große Friedrich, was Luther! Ich brauche nicht den Namen zu nennen, an den wir alle im Augenblick denken und vor dem auch der schärfste Gegner dieses Wunder der Persönlichkeit zugeben muss.[72]

Die Aufreihung strahlender deutscher ‚Genies', die zwischen den reißenden Nebelschwaden sichtbar werden, enthält eine deutlich markierte Auslassung. Der Name dieses „Wunders der Persönlichkeit" muss im Jahr 1934 nicht einmal genannt werden.

In *Das Liebesleben in der Natur* mündet die Orgie immer wieder in eine evolutionsbiologisch begründete Fantasie von Fortschritt, Wachstum und Veredelung; in die Verkündung von Idealen, die rückblickend betrachtet als die verengende Komponente des gesamten Denkgebäudes erkennbar werden. Eine besondere Ironie besteht darin, dass genau jenes Menschenbild, das um 1900 das Unbehagen an den amorphen Lebenswelten auffangen sollte, vor einem veränderten Deutungshorizont das noch heftigere Unbehagen auslöst: Obszöner als alle liebestollen Würmer, Reptilien und Mammute ist aus heutiger Perspektive die Vision von Gesundheit und Fortschritt, die von Bölsche entworfen wird. *Das Liebesleben in der Natur* ist also aus mehreren Gründen schwer rezipierbar geworden. Bereits mit den ersten Zeilen bildet die Art der Schilderung eine Hürde. Ans Unerträgliche grenzt allerdings nicht nur das genussbetonte Narrativ und die Hinwendung zur Tierwelt im zeittypischen Tonfall der Entrückung, zurückschrecken lässt vor allem der Aufruf zur Selbstaufgabe im Namen einer für natürlich erklärten Kraft, die auf eine Zukunft der Schönen, Starken und Gesunden zusteuert. Diesem Diskurs, den Bölsche bedient und

71 Hagner / Sarasin: Wilhelm Bölsche und der „Geist", S. 61.

72 Wilhelm Bölsche: *Was muss der neue deutsche Mensch von Naturwissenschaft und Religion fordern?* Berlin: Buchholz & Weißwange 1934, S. 4, zit n. Hagner / Sarasin: Wilhelm Bölsche und der „Geist", S. 61.

vorantreibt, wohnt eine spezifische Form von Gewalt inne, denn hier geht die Dynamik von Masse und ‚Führer‘ mit eugenischen Vorstellungen einher: Gegen Ende seiner Trilogie reflektiert Bölsche darüber, wie die Auseinandersetzung mit dem Liebesleben dazu führen solle, dass die Wissenschaft mit „besonnener Forscherweisheit“ in die natürliche Zuchtwahl lenkend eingreifen möge, „zum Heil immer gesünderer, kräftigerer, glücklicherer Generationen“. (III, S. 332–333) Die „Rasse“ müsse „vorwärts“ gebracht werden, (III, S. 140) die Rückschau auf die Geschichte der Evolution sei als ein „Sichbesinnen“ zu verstehen, als ein „Sichsammeln zu einem unerhörten noch höheren Entwickelungsruck“. (III, S. 333)

Bei Bölsche vollzieht sich der Diskurs um die intrinsische Verwandtschaft des Menschen mit amorphen Lebewesen als doppelte Geste: Angesichts der drohenden Kränkung des Menschlichen inszeniert *Das Liebesleben in der Natur* den Sprung hinein in den Urschlamm als (ger)manische Flucht nach vorn. Die Bewegung zurück zu den amorphen Ahnen in der Tiefe schlägt in eine Form von Fortschrittsoptimismus um, bei dem die neuen, siegreichen Menschen hoch am Himmel anvisiert werden. Wenn wir Haeckels Schautafeln in der *Anthropogenie* nicht mehr betrachten können, ohne an jene biopolitischen Projekte zu denken, die zur Entstehungszeit noch in der Zukunft lagen, liegt es ebenfalls an dieser Doppelstruktur: Die euphorische Bezugnahme auf Lebewesen, die für besonders niedrig befunden werden, geht mit der Fantasie von der Zukunft des gesunden und siegreichen Idealmenschen einher. Bei Haeckel wie bei Bölsche sind alle Tiere zielstrebig der Zukunft zugewandt, sie werden getrieben von einem Drang, der jeder Amöbe und jedem Fisch zugesprochen wird. Der Versuch zu imaginieren, wohin die damit suggerierte Bewegung führen soll, lässt sich aus historisch zurückblickender Perspektive kaum vom Wissen um die Verbrechen des Nationalsozialismus trennen.

Das Unbehagen, das *Das Liebesleben in der Natur* auslöst, kann deshalb im schrillen Auflachen über einzelne Passagen allenfalls vorübergehend Linderung finden. Nicht die beschriebenen Paarungspraktiken noch lebender oder ausgestorbener Tiere, sondern die Begeisterung, mit der sie beschrieben werden, ist rückblickend das Beunruhigende. Das Unheimliche, das hier vorliegt, hat wenig mit unseren nichtmenschlichen Vorfahren als biologische Wesen zu tun und umso mehr mit unseren menschlichen Vorfahren als gesellschaftliche Wesen, die dieses Narrativ um 1900 in vollen Zügen genießen. Mit dem Fokus auf animalische Regungen, in einem Narrativ der Lebensbejahung, der Natur- und der Tierliebe vollzieht sich eine emphatische Hinwendung zum Leben, die an Tödliches denken lässt. Das wirklich Alarmierende in *Das Liebesleben in der Natur* ist die Bejahung tierischer Sexualität im Namen von Wissenschaft, Natürlichkeit und Fortschritt, und zwar im historischen Moment kurz bevor die Hinwendung zum Leben tödlich zu werden beginnt. „Vom Fisch an aufwärts giebt es keinen Rückfall" (I, S. 26): Was damit als Versprechen formuliert wird, liest sich vor diesem Hintergrund wie eine Drohung.

Bestialität: Vermittlung *more ferarum*[1]

Jacques Lezra

> Der erste Anblick einer zahllosen Weltenmenge vernichtet gleichsam meine Wichtigkeit, als eines *tierischen Geschöpfs* …
>
> (Immanuel Kant, *Kritik der praktischen Vernunft*)

> … die Eidechse […] hat eine *eigene Beziehung* zu Felsplatte und Sonne und anderem.
>
> (Martin Heidegger, *Die Grundbegriffe der Metaphysik*)

Ein junger Mann, Archäologe, fühlt sich zu einem antiken, nicht weiter identifizierten Basrelief hingezogen, welches er in einem Museum in Rom gesehen hat. Er erwirbt ein Simulacrum; er nennt die Figur Gradiva, die grazil Schreitende; sie hängt an seiner Wand. Ein fürchterlicher Angsttraum versetzt die schöne Gradiva nach Pompeji zum Augenblick des Vesuv-Ausbruchs. Einige Zeit später reist unser junger Protagonist zur Ausgrabungsstätte und trifft dort in der Casa di Meleagro auf eine junge Frau, die, wie er meint, verblüffende Ähnlichkeit aufweist mit der Figur aus Rom, an seiner Wand, in seinem Traum. Er stellt ihr in der Grabungsstätte nach und überzeugt sich, dass sie keine Statue oder gar ein Geist, sondern ein Wesen aus Fleisch und Blut ist. Die beiden reden miteinander, sie flirten, *oeillades* werden ausgetauscht und sie verrät ihm, dass sie seinen Namen kennt: Norbert Hanold. Zoe Bertgang – so lautet der Name der Gradiva

1 Bei diesem Beitrag handelt es sich um eine Übersetzung von Jacques Lezra: Bestiality: Mediation More Ferarum. In: Daniel Hoffman-Schwarz / Barbara Natalie Nagel / Lauren Shizuko Stone (Hrsg.): *Flirtations: Rhetoric and Aesthetics This Side of Seduction*. New York: Fordham University Press 2015, S. 125–135.

rediviva – entpuppt sich als Kindheitsfreundin und ehemalige Nachbarin, Tochter eines recht exzentrischen Zoologen, dessen Interesse inzwischen vor allem der Forschung eines Kollegen gilt, einem Mann namens Eimer, sowie einer auf Capri lebenden Eidechsenspezies. Als Jugendliche war Zoe in Norbert verliebt. Im Laufe der Zeit, die die beiden zwischen den Ruinen Pompejis miteinander verbringen, realisiert Norbert, dass hinter seiner Vernarrtheit in die Gradiva die Anziehung steckt, die schon immer von Zoe auf ihn ausging. Eine Archäologie seines Gefühlslebens wurde freigelegt: Hinter dem Gipsabdruck eines namenlosen, antiken Geistes verbirgt sich das lebende Objekt seiner frühesten Zuneigung. Die Novelle kommt zu einem glücklichen Ende; der Flirt führt zu einer stürmischen Begegnung zwischen den Ruinen; Leidenschaft mündet in Verlobung, und Freud kann nun allen Ernstes mit seiner Analyse beginnen.[2]

Der Weg, der vom ersten – zwar sozial gebilligten, doch nur versteckten – Blick zu häuslichen Resultaten führt, ist in Stein gemeißelt. Von einer ersten *oeillade* hin zum Vollzug begeht man einen oft beschrittenen Pfad, der sich vor und hinter uns ontogenetisch und phylogenetisch erstreckt: Wir gehen von Theben nach Delphi und zurück über einen alten Kreuzweg. Auf diesem alten, steinigen Weg verläuft sich der erste Blick in einer Vision des wahren Objektes (womöglich gar Urobjekts), das unser Auge trifft: die Katastrophe. Wir verlieren unsere Augen, mit denen wir gesehen, geflirtet, gezwinkert haben.

So die Geschichte, die man uns glauben macht – und wir glauben sie, während wir Freud lesen und uns durch seine diversen, expliziten und impliziten Topologien hindurch bewegen. Freud zieht für uns so manchen Schluss; andere belässt er mehr oder weniger implizit, wie zum Beispiel die offenkundige Tatsache, dass die Psychoanalyse als Disziplin natürlich selbst – im Maße, wie sie selbst auf Mechaniken der Übertragung beruht – eine Art stillgestellter *oeillade* darstellt, einen komplexen Doppelflirt. Wenn im analytischen Szenario Blicke zwischen dem Unbewussten der einen und dem einer anderen Figur ausgetauscht werden, so wird dabei sorgsam darüber gewacht, dass es zum Vollzug nicht kommen kann; dafür sorgt schon die atemlose,

2 Sigmund Freud: Der Wahn und die Träume in W. Jensens ‚Gradiva' (1906). In: Ders.: *Gesammelte Werke*, Bd. VII. London: Imago 1993, S. 31–123.

versteinernde Armatur der Therapie, die das Geschehen rahmt, dafür sorgen darüber hinaus ethische Normen, Lexikon, Erwartung. Dies also die Geschichte, die Freud uns zu lesen gibt.[3]

Aber es ist nicht die einzige Geschichte und es ist nicht die, auf die ich mich hier – wie kurz auch immer – konzentrieren werde. An jenem eigentümlichen Kreuzweg, den Freuds Analyse mit Wilhelm Jensens Novelle[4] einschlägt, steht eine Figur ganz anderer Art: die vermittelnde Figur des Tieres, das begehrt und begehrt wird. Dieses Tier hat zur Gewohnheit, Angewohnheit oder Kultur, sein Begehren so kundzutun, wie die wilden Tiere es eben tun: *more bestiarum* oder, wie Freud zu sagen pflegt, *more ferarum*. Ein Ausdruck, auf den wir zum ersten Mal in Freuds Analyse des „Wolfsmanns" treffen, wo die Szene des nachmittäglichen Koitus „*a tergo, more ferarum*" von Analytiker und Patient aus dem Wolfstraum und einigen Randaspekten rekonstruiert wird.[5]

3 Die Geschichte dieser Übertragungsdynamik wurde wohl am besten von Peter Rudnytzky geschildert, siehe ders.: Freud's Pompeian Fantasy. In: Sander Gilman (Hrsg.): *Reading Freud's Reading*. New York: New York University Press 1995, S. 211–231.

4 Wilhelm Jensen: *Gradiva. Ein pompejanisches Phantasiestück*. Dresden / Leipzig: Reissner 1903.

5 Sigmund Freud: Aus der Geschichte einer infantilen Neurose (1918). In: Ders.: *Gesammelte Werke. Studienausgabe*, Bd. VIII: Zwei Kinderneurosen, hrsg. v. Alexander Mitscherlich / Angela Richards / James Strachey. Frankfurt am Main: Fischer 2000, S. 125–232. Hier wird diese Position zum ersten Mal von Freud beschrieben: „Große, auffällige Hinterbacken empfand er von der Pubertät an als den stärksten Reiz des Weibes; ein anderer Koitus als der von rückwärts bereitete ihm kaum Genuß. Die kritische Erwägung ist zwar berechtigt, hier einzuwenden, daß solche sexuelle Bevorzugung der hinteren Körperpartien ein allgemeiner Charakter der zur Zwangsneurose neigenden Personen sei und nicht zur Ableitung von einem besonderen Eindruck der Kinderzeit berechtige. Sie gehöre in das Gefüge der analerotischen Veranlagung und zu jenen archaischen Zügen, welche diese Konstitution auszeichnen. Man darf die Begattung von rückwärts – *more ferarum* – doch wohl als die phylogenetisch ältere Form auffassen." (Ebd., S. 160.) Der in analytischer Hinsicht interessantere Punkt kommt Freud später in den Sinn und zwar an zwei Stellen. Zunächst assoziiert er die Position damit, dass beide Genitalsätze sichtbar sein müssten, um dann von dieser Forderung Abstand zu nehmen – das Objekt des Blickes müssten vielmehr die Eltern des kleinen Zeugen sein: „[D]ie Bedeutung, welche späterhin den Stellungen von Mann und Weib für die Angstentwicklung und als Liebesbedingung zukommt, (lässt) keine andere Wahl, als zu schließen, es müsse ein *coitus a tergo, more ferarum*, gewesen sein. Aber ein anderes Moment ist nicht so unersetzlich und mag fallengelassen werden. Es war vielleicht nicht ein Koitus der Eltern, sondern ein Tierkoitus, den das Kind beobachtet und dann auf die Eltern geschoben, als ob es erschlossen hätte, die Eltern machten es auch nicht anders. / Dieser Auffassung kommt vor allem

Bestialität oder Feralität – ohne Frage: reißerisch und grenzenlos provokativ, die skandalöse Kreuzung der Grenze zwischen den Spezies; eine letzte Beleidigung der taxonomischen Norm; eine komplizierte Wunde, die dem Spezies-Narzissmus geschlagen wird. Doch zugleich (und vielleicht weniger evident) gerade darum ein reißerisches und provokatives Thema, weil jede menschliche Paarung, jede mensch-menschliche Beziehung sich *more ferarum* vollzieht – zumindest in dem Sinne, dass menschliche Tiere auch Bestien, *ferae*, sind. Wir flirten und, ob wir es wissen oder nicht, ob wir wollen oder nicht: So wie wir es tun, imaginieren wir die energetischen Bewegungen der Eltern, fügen uns ein in die Syntax und Topologie der Urszene, in ihre Taxonomie. Wir nehmen die vierfüßige Haltung der Mutter ein, jene analytisch und praktisch erforderte Funktion, nach der die väterliche Penetration *a tergo* erfolgen muss, damit beide Genitalsätze bloßliegen, traumatisch unserem eigenen Blick freigegeben wie auch dem des kleinen, erstaunten Zeugen. Nehmen wir also an, dass nach dieser Darstellung der alte, ödipale Pfad und der ebenso alte Pfad

zugute, daß die Wölfe des Traumes ja eigentlich Schäferhunde sind und auch in der Zeichnung als solche erscheinen. Kurz vor dem Traum war der Knabe wiederholt zu den Schafherden mitgenommen worden, wo er solche große weiße Hunde sehen und sie wahrscheinlich auch beim Koitus beobachten konnte. Ich möchte auch die Dreizahl, die der Träumer ohne jede weitere Motivierung hinstellte, hieher beziehen und annehmen, es sei ihm im Gedächtnis geblieben, daß er drei solcher Beobachtungen an den Schäferhunden gemacht. Was in der erwartungsvollen Erregtheit seiner Traumnacht hinzukam, war dann die Übertragung des kürzlich gewonnenen Erinnerungsbildes mit *allen* seinen Einzelheiten auf die Eltern, wodurch aber erst jene mächtigen Affektwirkungen ermöglicht wurden. Es gab jetzt ein nachträgliches Verständnis jener vielleicht vor wenigen Wochen oder Monaten empfangenen Eindrücke, ein Vorgang, wie ihn vielleicht jeder von uns an sich selbst erlebt haben mag. Die Übertragung von den koitierenden Hunden auf die Eltern vollzog sich nun nicht mittels eines an Worte gebundenen Schlußverfahrens, sondern indem eine reale Szene vom Beisammensein der Eltern in der Erinnerung aufgesucht wurde, welche sich mit der Koitussituation verschmelzen ließ. Alle in der Traumanalyse behaupteten Details der Szene mochten genau reproduziert sein. Es war wirklich an einem Sommernachmittag, während das Kind an Malaria litt, die Eltern waren in weißer Kleidung beide anwesend, als das Kind aus seinem Schlaf erwachte, aber – die Szene war harmlos. Das Übrige hatte der spätere Wunsch des Wißbegierigen, auch die Eltern bei ihrem Liebesverkehr zu belauschen, auf Grund seiner Erfahrungen an den Hunden hinzugefügt, und nun entfaltete die so phantasierte Szene alle die Wirkungen, die wir ihr nachgesagt haben, die nämlichen, als ob sie durchaus real gewesen und nicht aus zwei Bestandteilen, einem früheren indifferenten und einem späteren, höchst eindrucksvollen, zusammengekleistert worden wäre. / Es ist sofort ersichtlich, um wieviel das Maß der uns zugemuteten Glaubensleistung erleichtert wird.

der Bestien ohne größere Verluste miteinander in Deckung gebracht werden können; nehmen wir ferner an, dass menschliche und tierische Taxonomien einander tatsächlich nachahmen. Dann ist auf diesem Pfad der Flirt nicht nur immer heterosexuell, sondern auch immer *bestial* strukturiert. Die affektive Archäologie des menschlichen Lebens kennt keinen anderen Weg als durch die Figur des Nicht-Menschlichen hindurch, welche über die Urszene des elterlichen Geschlechtsverkehrs führt.

Hier nun die zwei Linien oder Bewegungsgrundsätze, die sich durch Freuds Lektüre der *Gradiva*-Novelle ziehen: Die erste Linie spannt sich zwischen dem Objekt der Zu- oder Abneigung und dem ungehörigen, fetischistischen, fesselnden oder traumatischen Objekt. Diese beiden Vektoren sind nicht chronologischer, sondern positioneller Art. Gradivas Bildnis, das zu Beginn der Geschichte umbenannt, umgeformt

Wir brauchen nicht mehr anzunehmen, daß die Eltern den Koitus in Gegenwart des, wenn auch sehr jugendlichen, Kindes vollzogen haben, was für viele von uns eine unliebsame Vorstellung ist. Der Betrag der Nachträglichkeit wird sehr herabgesetzt; sie bezieht sich jetzt nur auf einige Monate des vierten Lebensjahres und greift überhaupt nicht in die dunklen ersten Kindheitsjahre zurück. An dem Verhalten des Kindes, welches von den Hunden auf die Eltern überträgt und sich vor dem Wolf anstatt vor dem Vater fürchtet, bleibt kaum etwas Befremdliches. Es befindet sich ja in der Entwicklungsphase seiner Weltanschauung, die in *Totem und Tabu* als die Wiederkehr des Totemismus gekennzeichnet worden ist. Die Lehre, welche die Urszenen der Neurosen durch Zurückphantasieren aus späteren Zeiten aufklären will, scheint in unserer Beobachtung trotz des zarten Alters von vier Jahren bei unserem Neurotiker eine starke Unterstützung zu finden. So jung er ist, so hat er es doch zustande gebracht, einen Eindruck aus dem vierten Jahr durch ein phantasiertes Trauma mit 1½ Jahren zu ersetzen; diese Regression erscheint aber weder rätselhaft noch tendenziös. Die Szene, die herzustellen war, mußte gewisse Bedingungen erfüllen, welche infolge der Lebensumstände des Träumers gerade nur in dieser frühen Zeit zu finden waren, wie z. B. die eine, daß er sich im Schlafzimmer der Eltern im Bette befand. / Für die Richtigkeit der hier vorgeschlagenen Auffassung wird es aber den meisten Lesern geradezu entscheidend scheinen, was ich aus den analytischen Ergebnissen an anderen Fällen hinzugeben kann. Die Szene einer Beobachtung des Sexualverkehrs der Eltern in sehr früher Kindheit – sei sie nun reale Erinnerung oder Phantasie – ist in den Analysen neurotischer Menschenkinder wahrlich keine Seltenheit. Vielleicht findet sie sich ebenso häufig bei den nicht neurotisch Gewordenen. Vielleicht gehört sie zum regelmäßigen Bestand ihres – bewußten oder unbewußten – Erinnerungsschatzes. So oft ich aber eine solche Szene durch Analyse entwickeln konnte, zeigte sie dieselbe Eigentümlichkeit, die uns auch bei unserem Patienten stutzig machte, sie bezog sich auf den *coitus a tergo*, der allein dem Zuschauer die Inspektion der Genitalien ermöglicht. Da braucht man wohl nicht länger zu bezweifeln, daß es sich nur um eine Phantasie handelt, die vielleicht regelmäßig durch die Beobachtung des tierischen Sexualverkehrs angeregt wird.“ (Ebd., S. 174–176.)

und reproduziert wird, zieht die Aufmerksamkeit des Archäologen auf sich. Von nun an wird sich seine Neigung nur Liebesobjekten zuwenden, die dem Bild ähneln oder dieses Bild in Gedächtnis rufen, mag man diese Objekte auch insofern als unzulänglich empfinden, als sie nicht das Bild, sondern lebendig sind. Zoes Erinnerungen an Norberts Gesicht, ans jugendliche Gefühl der Verliebtheit in ihn und an den Verlust dieses Objekts in dem Moment, da sich Norberts Aufmerksamkeit fort von Zoe und seinem Archäologiestudium zuwendete – all dies zieht umgekehrt Zoes Aufmerksamkeit auf ihren Vater zurück: auf den Mann, dessen Platz Norbert hätte einnehmen sollen, aber dies nicht getan hat, dessen exzentrische Eigenschaften Norbert jedoch teilt. Tatsächlich sind es eben diese Eigenschaften, die Norbert von ihr haben abdriften lassen und zu einer Fixierung auf die Archäologie führten (im Fall ihres Vater auf die Zoologie).

Die zweite Spur, der Freud für uns in seiner Analyse von Jensens Novelle nachgeht, ist jener Pfad, auf dem menschliche Tiere den Platz nicht-menschlicher Tiere einnehmen: Kanarienvögel, Fliegen und vor allem Eidechsen.[6]

6 Mit Abstand die interessanteste Lektüre der Eidechse in Jensens Geschichte hat Mary Bergstein: Gradiva Medica: Freud's Model Female Analyst as Lizard-Slayer. In: *American Imago* 60,3 (2003), S. 285–301. „Freud", schreibt Bergstein, „may have unconsciously overlooked one of his own motivations for equating Gradiva-Zoe's facility in snaring lizards with her capabilities as a psychoanalyst. That reason lies in the archeology of the Greco-Roman world, which is what most attracted Freud to analyze Jensen's novel in the first place. In the world of Greek mythology, the lizard-slayer, or Sauroktonos, is a version of the prophetic (seeing) Apollo and the curative, serpent-slaying physician, Asklepios. The lizard symbolizes Apollo's powers of divination as well as his role as a sun-god, Helios, both of which are appropriate to the story of Gradiva, where the Mediterranean noon-day sun produces foretelling hallucinations […] The original Apollo Sauroktonos, a bronze sculpture by the fourth-century B. C. Greek sculptor Praxiteles, was famous enough to have been described by the Roman historian Pliny the Elder (who was, incidentally, the most famous person to have been killed by the eruption of Mt. Vesuvius) in his Natural History and glossed by the Martial in his epigram, Sauroctonos Corinthius. By the time he wrote ‚Delusions and Dreams', Freud had seen two of the extant marble versions of Praxiteles' Apollo Sauroktonos: one at the Louvre during his residence in Paris in 1885–1886, and the other in the sculpture galleries of the Vatican Museum in Rome on his trips there in 1901 and 1902 (LIMC 1984, plate 302, nos. 53, 53a). It is significant that Freud may have discussed the Vatican Sauroktonos with his friend Emanuel Löwy who came home to Vienna from his position as professor of ancient art history at the University of Rome frequently around the turn of the century and held long conversations with Freud about ancient art and archeology." (Ebd., S. 292–293.)

Hier die zwei Momente, von denen der erste jener ist, in dem sich Zoes Vater mit einem Ausruf an Norbert wendet:

> Der drehte den Kopf um, da Norbert dicht an ihn hingerathen war, sah diesen einen Augenblick überrascht an und sagte dann: „Interessiren Sie sich auch für die Faraglionensis? Das hätte ich kaum vermuthet, aber mir ist es durchaus wahrscheinlich, dass sie sich nicht nur auf den Faraglionen bei Capri aufhält, sondern sich mit Ausdauer auch am Festland finden lassen muss."[7]

Und hier reflektiert Zoe über die verschrobene Eidechsenliebe ihres Vaters:

> Im Uebrigen bin ich mir schon von frühauf darüber klar gewesen, dass ein Frauenzimmer auf der Welt nur zu etwas nützt, wenn sie einem Mann die Mühe abnimmt, zu bestimmen, was im Hause geschehen soll; die erspare ich meinem Vater fast stets, und du kannst nach dieser Richtung also auch für deine Zukunft ziemlich beruhigt sein. Sollte er jedoch zufällig einmal und grade in diesem Fall eine andere Meinung haben als ich, da machen wir's so einfach wie möglich. Du fährst für ein paar Tage nach Capri hinüber, fängst dort mit einer Grasschlinge – wie man's macht, kannst du an meinem kleinen Finger einüben – eine Lacerta faraglionensis, lässt sie hier wieder laufen und fängst sie vor seinen Augen noch einmal. Dann stellst du ihm die Wahl frei zwischen ihr und mir, und du hast mich so sicher, dass es mir beinah' um dich leid thut.[8]

Jensen entwickelt hier seine eigene Taxonomie, wie ich zeigen will, und zwar indem er die Verwandtschaft zwischen dem Archäologen Norbert, Zoes Zoologenvater und dem Erzähler aufdeckt, wobei auch der Erzähler die beiden hellsichtig in eine Kategorie fasst: Beide sind Teil einer eigenartigen Superspezies, die auf Klassifizierung erpicht ist. Ihre Ordnungswut ist bis zur Gradiva *rediviva* vorgedrungen, also zu Zoe. Wir haben es mit einem taxonomischen Impuls zu tun, der wie eine dem Kind angeborene Charakteristik weitervererbt wurde – man könnte auch sagen: wie das Geheimnis eines Anderen, das in ihr begraben liegt. Denn auch Zoe bedient sich der taxonomischen Imagination, und dies nicht nur, wenn sie sich auf die Lieblingseidechse ihres Vaters bezieht, sondern auch, wenn sie (wie auch der Erzähler) die Eidechse benutzt, um Norbert und ihren Vater im selben *taxon* zu klassifizieren.

Aber hier passiert noch mehr. Freud legt großen Wert auf den Umstand, dass Jensen Zoe – Figur des Lebens – mit der kuriosen,

7 Jensen: *Gradiva*, S. 96.

8 Ebd., S. 147–148.

geschmeidigen *lacerta Faraglionensis* identifiziert. Zoe bringt Norbert bei, wie man die Eidechse fängt, nachdem sie denselben Trick von ihrem Vater gelernt hat, der ihn wiederum von seinem „Kollegen" Eimer hat. Zoe lehrt Norbert, die Eidechse zu fangen, damit er sie auch einfangen, sie aus ihrer heimischen Ökologie der exklusiven Vater-Tochter-Beziehung entführen kann. Damit ihr Vater seine Tochter Norbert übergeben kann, bringt Zoe Norbert bei, wie er die Eidechse als Ersatz für sie ihrem Vater übergeben kann. Zoe gibt sich Norbert in Person, indem sie sich in Eidechsengestalt durch Norbert ihrem Vater übergibt. Hier handelt es sich jedoch keinesfalls um irgendeine alte Echse. Die blaue Eidechse von Capri, *lacerta faragoliensis* (auch bekannt unter dem Namen *podarcis sicula coerulea*) wurde zum ersten Mal 1872 von einem umstrittenen Zoologen mit dem uns wohlbekannten Namen Theodor Eimer beschrieben, der, wie er 1898 in seinem *On orthogenesis: and the impotence of natural selection in species formation* schrieb, „in jener Form der Mauereidechse [*lacerta faragoliensis*] [...] ein Thier gefunden (hatte), welches man mit demselben Recht als Art wie als Abart bezeichnen durfte: so sehr ist es von der Stammform verschieden."[9]

Lacerta Faraglionensis, stellt sich heraus, ist nicht nur schön, sie stellt auch ein taxonomisches Rätsel dar, das in den Debatten des späten 19. Jahrhunderts zwischen darwinschen und lamarckschen Evolutionsbiologen eine besondere Stellung einnahm. Gradiva/Zoes Identifikation mit dieser taxonomischen „Abart[]"[10], wie Eimer die Eidechse, die weder Art noch Spezies, sondern irgendwie beides ist, nennt, ist entscheidend. Nur deshalb verstehen wir allmählich die merkwürdige Rolle, die Zoe in Jensens Geschichte spielt: Zoe ist sowohl das Subjekt der Klassifikation als auch ihr Objekt, sowohl das Tier, welches das Wissensgebiet klassifiziert, wie auch das klassifizierte Tier innerhalb des Wissensgebietes. Wir können weder sagen, ob ihr Trieb nach Klassifikation und Identifikation – danach, sich selbst unter anderen Tieren zu klassifizieren und zu identifizieren, aber

9 G.H. Theodor Eimer: *Die Entstehung der Arten aufgrund von Vererben erworbener Eigenschaften nach den Gesetzen organischen Wachsens. Ein Beitrag zur einheitlichen Auffassung der Lebewelt*, 1. Teil. Jena: Fischer 1888, S. 4. Für einen Überblick über Eimers Karriere und eine scharfsinnige Beschreibung der Behauptungen der Orthogenese siehe Stephen Jay Gould: *The Structure of Evolutionary Theory*. Cambridge, Mass.: Harvard University Press 2002, S. 351–396.

10 Eimer: *Die Entstehung der Arten*, S. 121.

auch die Männer in ihrem Leben zu klassifizieren und identifizieren – das Attribut einer Spezies oder einer Art ist. Noch können wir sagen, ob diese Eigenschaft taxonomischer Überdeterminierung den *mores* ihres Vaters oder ihrer Heredität entspringt. Zoe, Figur des Lebens, erlangt Kontrolle über ihre Identität und behauptet sie, indem sie sich mit der Eidechse identifiziert; Zoe erklärt die eigentümliche Taxonomie der Eidechse zu ihrer eigenen, ihre Einzigartigkeit innerhalb der zoologischen Welt und innerhalb der taxonomischen Rekonstruktion dieser Welt, ihrer disziplinären Weltkarte. Zoe/Gradiva ist eine *hapax*-Spezies. Wenn sich Zoe bei Jensen mit der seltsamen Eidechse assoziiert, auf die ihr Vater es abgesehen hat, wenn sie Norbert rät, die Faraglioni-Felsen zu besuchen, dort eine blaue Eidechse zu fangen, um sie dann an Land freizulassen, sie wieder zu fangen, um sie dann ihrem Vater im Tausch gegen sich selbst darzubieten, dann droht Zoe damit, Eimers These Schiffbruch erleiden zu lassen. Schließlich hatte Eimer behauptet, die Charakteristiken, welche die Eidechse annehme, würden als erworbene Charakteristiken orthogenetisch vererbt; die aufs Festland versetzte Eidechse aber wäre dort in einem völlig anderen Habitat aufgrund ihrer charakteristischen Farbe und psychologischen Zahmheit in evolutionärer Hinsicht unerklärlich gewesen.

Doch *sie* – Zoe – ist ja selbst bereits da: Dass sie die von Freud beschriebene evolutionäre Taxonomie Schiffbruch erleiden lässt, schlägt Wellen bis auf den philosophischen Grund. Wenn sich Gradiva/Zoe als Eidechse Norbert übergibt, wenn sie sich erlaubt, für eine blaue Eidechse aus Capri genommen zu werden, dann kehrt sie damit die Entscheidung ihres Vater (seine Tochter herzugeben oder auch nicht) und die Entscheidung ihres Liebhabers (die Tochter anzunehmen, die Einwilligung des Vaters zu erbeten oder auch nicht) um in lauter Nicht-Entscheidungen; denn mit ein und derselben Geste überreicht sie sich gleich beiden Liebhabern, beiden Männern. Indem Zoe die scheinbare Wahl, die ihr Vater hat, zu einer zwischen ihrer menschlichen Gestalt und ihrer bestialischen macht, indem Zoe sich Norbert als Eidechse übergibt, damit er sie dann zur Frau hat, bringt es Zoe – kurz gesagt – fertig, die Entscheidungen der Männer auf eine Scheinwahl zwischen funktional identischen Termini zu reduzieren. Zoe/Gradiva bringt ihrem Liebhaber bei, wie er sie ihrem Vater auszuhändigen hat, womit sie letztlich sein Vermögen vernichtet, selbst zu *entscheiden* oder zu wählen – ein Vermögen, das wir gemeinhin mit der nomologischen, genauer der kantschen Version klassisch deontologischer Ethik verbinden. Entscheidungen dieser Art – z.B. die Entscheidung, sich zu domestizieren oder zu akkulturieren, einen Namen anzunehmen und in eine Taxonomie einzutreten – derlei Entscheidungen sind an sich nicht Teil des *nomos*. Aber sind sie Bestandteil des ökologischen *ethos*?

Da er im Begriff ist, seine Analyse der Novelle zu beenden, lenkt Freud die Aufmerksamkeit seiner Leser/innen auf die folgende, herrliche Passage aus *Gradiva*. Es ist an dieser Stelle im Text, dass Freud auf die Frage antwortet, ob das Tier am Kreuzweg (das ‚bestialische' Tier am Kreuzweg) auf demselben Pfad wandelt wie der alte Mann, der uns auf dem Weg von Delphi nach Theben begegnet, wo die beiden Pfade einander auf der Seite von *ethos* oder *nomos* kreuzen. Hier gibt uns Freud auch Gelegenheit, den Ort der Psychoanalyse in, unter, vor, jenseits der anderen Geisteswissenschaften zu thematisieren. Zoe spricht zu Norbert:

> Das waren also Sie damals; doch als die Altertumswissenschaft über Sie gekommen war, machte ich die Entdeckung, daß aus dir – entschuldigen Sie, aber Ihre schickliche Neuerung klingt mir doch zu abgeschmackt und paßt auch nicht zu dem, was ich ausdrücken will – ich wollte sagen, da stellte sich heraus, daß aus dir ein unausstehlicher Mensch geworden war, der, wenigstens für mich, keine Augen mehr im Kopf, keine Zunge mehr im Mund und keine Erinnerung mehr da hatte, wo sie mir an unsere Kindheitsfreundschaft sitzengeblieben war. Darum sah ich wohl anders aus als früher, denn wenn ich ab und zu in einer Gesellschaft mit dir zusammenkam, noch im letzten Winter einmal, sahst du mich nicht, und noch weniger bekam ich deine Stimme zu hören, worin übrigens keine Auszeichnung für mich lag, weil du's mit allen andern ebenso machtest. Ich war Luft für dich, und du warst mit deinem blonden Haarschopf, an dem ich dich früher oft gezaust, so langweilig, vertrocknet und mundfaul wie ein ausgestopfter Kakadu und dabei so großartig wie ein – Archäopteryx heißt das ausgegrabene vorsintflutliche Vogelungetüm ja wohl. Nur daß dein Kopf eine ebenfalls so großartige Phantasie beherbergte, hier in Pompeji mich auch für etwas Ausgegrabenes und wieder lebendig Gewordenes anzusehn – das hatte ich nicht bei dir vermutet, und als du auf einmal ganz unerwartet vor mir standest, kostete es mich zuerst ziemliche Mühe, dahinter zu kommen, was für ein unglaubliches Hirngespinst deine Einbildung sich zurechtgearbeitet hatte. Dann machte mir's Spaß.[11]

Freud bemerkt über diese Zeilen:

11 Jensen: *Gradiva*, S. 25.

> Wenn Zoe die für sie so betrübende Verwandlung ihres Jugendgespielen schildert, so beschimpft sie ihn durch einen Vergleich mit dem Archäopteryx, jenem Vogelungetüm, das der Archäologie der Zoologie angehört. So hat sie für die Identifizierung der beiden Personen einen einzigen konkreten Ausdruck gefunden; ihr Groll trifft den Geliebten wie den Vater mit demselben Worte. Der Archäopteryx ist sozusagen die Kompromiß- oder Mittelvorstellung, in welcher der Gedanke an die Torheit ihres Geliebten mit dem an die analoge ihres Vaters zusammenkommt.[12]

Dieser „einzige[] konkrete[] Ausdruck" „für die Identifizierung der beiden Personen" ist der Archäopteryx – ein Kompositum, archaische Version einer anderen einzigartigen Figur, die ebenfalls Zoe/Gradiva ist: die Eidechse. Aber der Archäopteryx ist noch viel mehr. Als „einzige[r] konkrete[r] Ausdruck" dient der Urvogel nicht nur dazu, „Personen" aus Zoe/Gradivas psychischer Menagerie zu identifizieren bzw. zu kondensieren, sondern auch verschiedene Ebenen von Freuds Ausführungen. Der Archaeopteryx ist die transformierte Eidechse; in ihr trifft Zoe/Gradivas Vater mit ihrem Liebhaber aufeinander. Er ist die Figur, die das aufkommende psychoanalytische Establishment dazu einsetzt, eine empirische Wissenschaft zu konzipieren, in der Zoologie und Archäologie zusammenfinden, aber auch zusammen (als ‚ein' Biest) absteigen: hinab zur Vorgeschichte wissenschaftlicher Untersuchung, die sich paradoxerweise nur mit der Oberfläche menschlichen und animalischen Verhaltens befasst. Darüber hinaus ist der Archaeopteryx Freuds oder auch Jensens Gestalt für eine ‚Ausdrucksform', eine Denkfigur. Mag diese Denkfigur als Repräsentation derlei ‚Kompromißvorstellungen' auch nützlich sein – sie muss aus dem Weg geschafft und überwunden werden. Anstelle einer „Kompromiß- oder Mittelvorstellung" in Gestalt des versteinerten Vogels (wie auch seines lebendigen Gegenstücks, der außerordentlichen Eidechse einer Mittelmeerinsel) bietet uns die Psychoanalyse eine andere Form des ‚Ausdrucks': nicht länger „konkret", nicht länger Kompromiß-, Mittel-, Medianvorstellung zwischen zwei etablierten Ordnungssystemen oder Taxonomien, Archäologie und Zoologie. Denn Zoe/Gradivas Identifikation der ‚zwei Menschen' ist nicht (oder nicht nur) eine der Pathologie zugehörige Spezies oder Art, die durch den gewieften Erzähler bzw. den noch gewiefteren Leser Freud diagnostiziert und klassifiziert werden müsste. Natürlich

12 Freud: Der Wahn und die Träume in W. Jensens ‚Gradiva', S. 26–27.

geschehen solche ‚Identifkationen' immer: Sie bilden die schillernde Substanz unseres Begehrens, eines Begehrens, das stets archäologisch geprägt ist, das heimgesucht wird von Restobjekten und Fossilien, die zum Teil unter, aber auch in unseren Liebesobjekten zum Vorschein kommen, nur um sich sogleich wieder abzulösen, davon zu fliegen, auseinander zu klaffen.

Wenn dann auf einmal eine Identifikation einer Gestalt mit einer anderen zum Stillstand kommt, d. h. wenn die schon lange tote Gestalt, nach der ich mich sehne, plötzlich zu steinerner Gestalt findet, oder wenn sich meine libidinöse Ausdrucksweise auf eine ungehörige oder unkonventionelle Stelle oder Identität fixiert – dann werden pathologische Wiederholungsvorgänge installiert, Symptomatologien errichtet, eine Pathologie identifiziert, klassifiziert, und schließlich als kurierbar erklärt. Taxonomie, darauf läuft es hinaus, ist auf dieser Ebene Effekt und Symptom einer zum Stillstand gebrachten Substitution, einer allzu konkreten Form der Kompromiß- oder Mittelvorstellung. Aber die bestialische Gestalt von (oder für) Vermittlung, auf die Freud zwischen den Ruinen trifft, folgt nicht den Regeln des ‚konkreten' Ausdrucks. Sie ist weder Art noch Abart; der Name ‚Eimer' ist weder rein fiktional noch rein historisch noch bloßer Eigenname *oder* Name eines Haushaltsgegenstands; aber er ist auch nicht – oder nicht einfach – all dies auf einmal (so wie der Archaeopteryx zugleich Teil der Zoologie und Teil der Archäologie ist). Vielmehr zerstört die Tatsache, dass er sich an einem Ort, in ein und derselben Fiktion befindet, den Wahrheitsanspruch des anderen Teils. Die bloße Möglichkeit, dass die blaue Eidechse von Capri auf dem Festland gefunden oder gewaltsam dorthin gebracht werden könnte, um dort nachher wissenschaftlich ‚entdeckt' zu werden, vernichtet die Taxonomie – und zugleich vernichtet diese Möglichkeit die Evolutionsprinzipien, welche die Eidechse erst zu begründen half. Aber das ist trivial; andere Taxonomien werden gefunden; Art und Abart bleiben distinkt voneinander dank der Produktion weiterer, dazwischenliegender Spezies oder Arten. Freuds Vermittlung dessen, wie die Bestien es tun – *more ferarum* – bringt Modi der Beschreibung, der Ursache, Determinierung und Geschichte in intensiven, dynamischen und blockierten Austausch.[13]

13 Ich teile nicht die Ansicht von Kritikern wie Zvi Lothane, der Freuds Analyse von Jensens *Gradiva* als Bericht einer Goethischen „synthesis of psychology, art,

Nicht nur, dass von nun an eine *jede* Entdeckung, ungeachtet ihrer Disziplin (ob Zoologie, Archäologie oder Psychoanalyse) sich skeptischste Befragung gefallen lassen muss. Nein, was an Freuds *more ferarum* weitaus skandalöser, ja abstoßend wirkt, ist nicht in erster Linie die große epistemologische Verlegenheit, die es hervorruft. Ich habe zuvor bereits erwähnt, dass Zoe es genießt, ihren Liebhaber dazu zu verleiten, ihr Substitut und Bild – die Eidechse – aus einem ökologischen Rahmen in einen anderen zu versetzen. Auch habe ich bereits bemerkt, dass diese Anordnung oder Einladung in einem falschen, nur *vorgeblichen* Handel mündet, der dazu konzipiert ist, Zoe/Gradivas Begehren intakt zu lassen – ein Handel, der auf der komplexen Oberfläche des maskulinen, ödipalen Dramas stattfindet, in welches Liebhaber, Vater, ja sogar der ferne Zoologe Eimer involviert sind.

Die Vermittlung *more ferarum* zwingt uns dazu, Antworten auf disziplinäre und epistemologische Fragen außerhalb des Bereichs klassisch-normativer Ethik zu suchen, außerhalb der heteronormativen Urszene, der sie klassisch entspringt, aber innerhalb des Fragenhorizonts, den Freud notorisch, permanent, allgegenwärtig *nicht denken konnte*. Die Antworten ziehen sich gleich beweglichen Fußabdrücken durch den Korpus von Freuds Arbeiten: was das nicht-menschliche Tier will; was es heißt, die sexuelle Objektwahl von dem alten, steinernen Pfad des Ödipus' zu entkoppeln. Wenn wir in *diesem* Register operieren wollen – auf dem Gebiet der Reproduktion von Zoe/Gradivas

and literature" liest, zu der es Freud angeblich bringe (siehe Zvi Lothane: The Lessons of a Classic Revisited: Freud on Jensen's *Gradiva*. In: *The Psychoanalytic Review* 97,5 (2010), S. 789–817, hier S. 790). Eine stärkere, überzeugendere Sicht auf die Beziehung zwischen diskursiven Modi – den Disziplinen –, die in Freuds Text arrangiert und umkämpft werden, findet sich bei einem Kritiker wie Geoffrey Hartman, der behauptet, der *Gradiva*-Essay präsentiere und performe das hellenistische Ideal dessen, was Freud in einem Brief an Fliess vom 21. September 1899 „Formgefühl" nennt: *Aus den Anfängen der Psychoanalyse: Briefe an Wilhelm Fliess. Abhandlungen und Notizen aus den Jahren 1887–1902*, hrsg. v. Marie Bonaparte / Anna Freud / Ernst Kris. London: Imago 1950, S. 318. Laut Hartman verkörpert die Disziplin der Psychoanalyse Formgefühl und setzt dieses Formgefühl in Gestalt der Zoe/Gradiva ein, um den (bzw. die Figuren des) Analysanten zu seinen (ihren) uneingestandenen, erotischen Bindung zu führen. Zwar leuchtet mir diese Interpretationslinie eher ein, doch scheint mir Freuds Text sehr viel vager, als sich Hartman (geschweige denn Lothane) eingesteht, in Bezug auf die Frage, ob Mischfiguren – seien sie Arten des Formgefühls, der Literaturpsychoanalyse oder animalischer Art wie der Archaeopteryx – etwas anderes sind als Chimären. Siehe Geoffrey Hartman: Psychoanalysis as a Cultural Ideal: "Form Feeling" in Freud's Essay on *Gradiva*. In: *American Imago* 65,4 (2008), S. 505–522.

Begehren –, dann werden wir Kants wunderbare Zeilen vom Ende der *Kritik der praktischen Vernunft* stark erweitern müssen. Denn nach Freud werden wir sehen, dass uns die Perspektive, die *oeillade* der *animal creature*, dazu auffordert oder einlädt, das, was wir ‚Entscheidung', ‚Autonomie' und ‚Verantwortung' nennen, aus dem vor der Küste liegenden Ressort der normativen Ethik zurück aufs disziplinäre Festland zu schmuggeln, von dem es seit Kant getrennt ist. Nach Freud sind wir dazu eingeladen, ja aufgefordert, uns einzugestehen, dass uns nicht allein Prinzipien zu Taten und Entscheidungen treiben – nicht die Liebe zur Weisheit, auch nicht ein primär philosophisches oder wissenschaftliches Begehren –, sondern dass unsere Taten und Entscheidungen vielmehr von den Sitten der Bestien, vom gebräuchlichen Ethos der Tiere geprägt sind, weil uns gerade wieder irgendein Tier bezaubernd zuzwinkert.

Aus dem Amerikanischen von Barbara Natalie Nagel

Abbildungsverzeichnis

Maréchal, Sylvain

Reisen des Pythagoras

Maréchal, Sylvain

Reisen des Pythagoras

Inktank publishing, 2018

www.inktank-publishing.com

ISBN/EAN: 9783747772027